住房和城乡建设部"十四五"规划教材

高等职业教育工程管理类专业"十四五"数字化新形态教材

建设工程法规与实务

刘旭灵　主　编

张　竹　肖　洋　副主编

方　拯　主　审

中国建筑工业出版社

图书在版编目(CIP)数据

建设工程法规与实务 / 刘旭灵主编；张竹，肖洋副
主编. — 北京：中国建筑工业出版社，2021.12（2023.6重印）
住房和城乡建设部"十四五"规划教材　高等职业教
育工程管理类专业"十四五"数字化新形态教材
ISBN 978-7-112-26697-5

Ⅰ. ①建… Ⅱ. ①刘… ②张… ③肖… Ⅲ. ①建筑法
－中国－高等职业教育－教材 Ⅳ. ①D922.297

中国版本图书馆 CIP 数据核字(2021)第 208990 号

本教材根据最新的建设工程法律法规，结合建设工程项目管理实践，以"双证"(毕业证与职业资格证)融通为指南进行编写，主要内容包括：建设工程基本法律制度与实务，建设许可法律制度与实务，建设工程发承包、合同法律制度与实务，建设工程安全生产法律制度与实务，建设工程质量法律制度与实务，建筑劳务用工及劳动合同法律制度与实务，建设工程纠纷解决法律制度与实务等。教材系统地介绍从事工程建设和现场管理工作所需要的法律知识并训练运用能力。

全教材共分 7 个学习情境，每个情境均由导学案例、丰富的习题、思维导图、情境小结及课程思政知识点。为方便广大师生使用，本教材以活页教材形式出版，还建立了多媒体教学电子课件、微课、教学标准(参考)、在线题库等教学支持服务平台，大部分内容采用了线上教育及"互联网＋"的形式出版。

本教材可以作为高等职业院校建设工程管理类专业的课程教材，也可供土建类相关专业选择使用，还可作为成人教育、相关职业岗位培训教材以及工程管理人员的参考或自学用书。

为更好地支持相应课程的教学，我们向采用本书作为教材的教师提供教学课件，有需要者可与出版社联系，邮箱：jckj@cabp.com.cn，电话：(010)58337285，建工书院 http://edu. cabplink. com。

责任编辑：吴越恺　张　晶
责任校对：关　健

住房和城乡建设部"十四五"规划教材
高等职业教育工程管理类专业"十四五"数字化新形态教材
建设工程法规与实务
刘旭灵　主　编
张　竹　肖　洋　副主编
方　拯　主　审
＊
中国建筑工业出版社出版、发行（北京海淀三里河路 9 号）
各地新华书店、建筑书店经销
北京红光制版公司制版
北京市密东印刷有限公司印刷
＊
开本：787 毫米×1092 毫米　1/16　印张：23　字数：552 千字
2022 年 1 月第一版　　2023 年 6 月第二次印刷
定价：**69.00** 元（赠教师课件）
ISBN 978-7-112-26697-5
(38114)

出 版 说 明

党和国家高度重视教材建设。2016 年，中办国办印发了《关于加强和改进新形势下大中小学教材建设的意见》，提出要健全国家教材制度。2019 年 12 月，教育部牵头制定了《普通高等学校教材管理办法》和《职业院校教材管理办法》，旨在全面加强党的领导，切实提高教材建设的科学化水平，打造精品教材。住房和城乡建设部历来重视土建类学科专业教材建设，从"九五"开始组织部级规划教材立项工作，经过近 30 年的不断建设，规划教材提升了住房和城乡建设行业教材质量和认可度，出版了一系列精品教材，有效促进了行业部门引导专业教育，推动了行业高质量发展。

为进一步加强高等教育、职业教育住房和城乡建设领域学科专业教材建设工作，提高住房和城乡建设行业人才培养质量，2020 年 12 月，住房和城乡建设部办公厅印发《关于申报高等教育职业教育住房和城乡建设领域学科专业"十四五"规划教材的通知》（建办人函〔2020〕656 号），开展了住房和城乡建设部"十四五"规划教材选题的申报工作。经过专家评审和部人事司审核，512 项选题列入住房和城乡建设领域学科专业"十四五"规划教材（简称规划教材）。2021 年 9 月，住房和城乡建设部印发了《高等教育职业教育住房和城乡建设领域学科专业"十四五"规划教材选题的通知》（建人函〔2021〕36 号）。为做好"十四五"规划教材的编写、审核、出版等工作，《通知》要求：（1）规划教材的编著者应依据《住房和城乡建设领域学科专业"十四五"规划教材申请书》（简称《申请书》）中的立项目标、申报依据、工作安排及进度，按时编写出高质量的教材；（2）规划教材编著者所在单位应履行《申请书》中的学校保证计划实施的主要条件，支持编著者按计划完成书稿编写工作；（3）高等学校土建类专业课程教材与教学资源专家委员会、全国住房和城乡建设职业教育教学指导委员会、住房和城乡建设部中等职业教育专业指导委员会应做好规划教材的指导、协调和审稿等工作，保证编写质量；（4）规划教材出版单位应积极配合，做好编辑、出版、发行等工作；（5）规划教材封面和书脊应标注"住房和城乡建设部'十四五'规划教材"字样和统一标识；（6）规划教材应在"十四五"期间完成出版，逾期不能完成的，不再作为《住房和城乡建设领域学科专业"十四五"规划教材》。

住房和城乡建设领域学科专业"十四五"规划教材的特点，一是重点以修订教育部、住房和城乡建设部"十二五""十三五"规划教材为主；二是严格按照专业标准规范要求编写，体现新发展理念；三是系列教材具有明显特点，满足不同层次和类型的学校专业教学要求；四是配备了数字资源，适应现代化教学的要求。规划教材的出版凝聚了作者、主审及编辑的心血，得到了有关院校、出版单位的大力支持，教材建设管理过程有严格保障。希望广大院校及各专业师生在选用、使用过程中，对规划教材的编写、出版质量进行反馈，以促进规划教材建设质量不断提高。

住房和城乡建设部"十四五"规划教材办公室
2021 年 11 月

前　　言

"建设工程法规"是高等职业教育工程管理类、土建施工类、市政工程类专业的专业基础课程。其目的是培养学生掌握一定的法律知识和建筑业安全与质量管理、建设工程合同、劳动合同、争议解决等基本法律制度，进而具备合同审查、建设工程项目合规管理、法律风险防控等能力。

本教材基于工作情景来组织教学内容，主要特点是以职业能力为主线，采用行动导向、任务驱动、案例载体，教、学、练一体化，按照实际工作需要选取教材内容，实现教材与工作实际的零距离"无缝对接"。教材中融入了二级建造师等执业（岗位）资格考试、国家职业技能鉴定标准的相关内容，每个情境都配备了大量习题，实现学历教育与职业资格认证的衔接。此外，结合相关法规共设计了十四个课程思政教学主题，教师可以在每个情境学习前或学习中插入引导案例，培养学生牢固的社会主义核心价值观和职业道德，落实立德树人的根本任务。教材编写团队邀请华新项目管理集团有限公司、湖南建工集团总公司参与教材的编写和审定，在学习情境的设计特别是案例和习题的设计上充分尊重企业意见，使得本教材成为典型的校企"双元"合作开发教材，充分体现和推动了产学研结合。

教材共分7个学习情境，由湖南城建职业技术学院刘旭灵担任主编，设计全书结构、编写学习情境7并负责全书统稿。教材具体编写分工如下：湖南城建职业技术学院廖玮琪编写学习情境1；湖南城建职业技术学院张舒平编写学习情境2；湖南城建职业技术学院戴欣萌编写学习情境3；湖南城建职业技术学院肖洋编写学习情境6；湖南化工职业技术学院杨亚楠、湖南坤桥工程项目管理有限公司欧亮编写学习情境4；湖南水利水电职业技术学院张竹编写学习情境5；华新项目管理集团有限公司李一总裁、湖南城建职业技术学院刘可定编写背景案例及分析；湖南建工集团总公司总法律顾问方拯负责主审。湖南化工职业技术学院杨亚楠、湖南城建职业技术学院刘可定也为教材编写工作付出了大量劳动。

本教材在编写过程中，参考了部分书籍和资料，已在参考文献中注明，在此谨向其作者深表谢意。同时由于作者的经验和水平有限，教材中难免有不妥之处，敬请广大读者不吝指正。

编　者

2021年4月

目　　录

学习情境 1　建设工程基本法律制度与实务

📚 **知识点**

1. 代理的法律特征和主要种类；
2. 代理行为的设立和终止；
3. 无权代理与表见代理；
4. 物权的法律特征和主要种类；
5. 与土地相关的物权；
6. 物权的设立、变更、转让、消灭和保护；
7. 债的内容、产生原因及常见种类；
8. 知识产权的法律特征和种类、知识产权的保护及侵权责任；
9. 保险与保险索赔的法律规定；
10. 建设工程保险的常见种类；
11. 法律责任的特征和基本种类；
12. 民事责任的种类及承担方式；
13. 行政责任的种类及承担方式；
14. 刑事责任的种类及承担方式。

✍ **能力点**

1. 能够准确辨别实践中的无权代理和表见代理；
2. 能够运用代理制度便捷解决工程实践中的相关问题；
3. 能够运用物权的保护解决物权纠纷问题；
4. 能够全面正确履行合同中的责任和义务；
5. 能够运用知识产权制度合法保护自身权益，杜绝侵权行为发生；
6. 能够运用保证的相关规定解决工作中的担保纠纷问题；
7. 能够运用定金罚则解决工作生活中的实际问题；
8. 能够运用保险索赔解决实际问题；
9. 能够运用民事责任、行政责任和刑事责任的相关规定解决民事纠纷，明确行政责任和刑事责任中各方所承担的责任。

思维导图

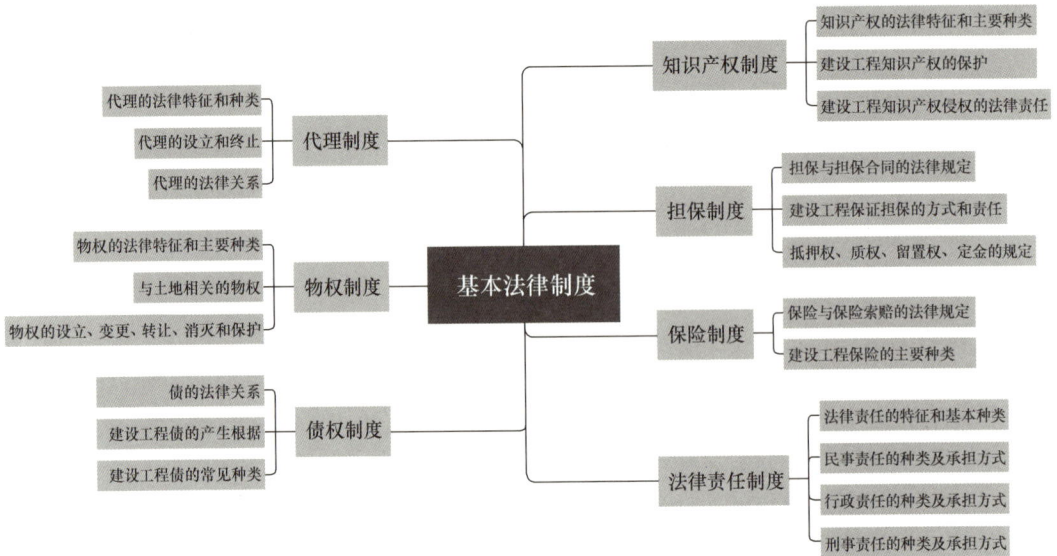

课程思政："头顶上的安全"需要大家共同守护

城市的天际线因一幢幢拔地而起的摩天大楼不断被刷新着，这标志着时代在进步，经济在迅猛发展。然而，来自高楼的伤害也在不断发生着：我国某地一高层住宅曾发生一起高空坠物事件，一名骑着电动车的男子疑似被空中坠落的红砖砸中后当场身亡。一个有关城市高空抛物威胁人们"头顶安全"的社会问题再次引起人们的热议。

"高空坠物"现象被称为"悬在城市上空的痛"。而很多案例中的痛点还在于，很多高空坠物找不到责任人。2021年1月1日起施行的《中华人民共和国民法典》（简称《民法典》）中，备受社会关注的高空抛物治理问题，得到进一步完善和细化。《民法典》第一千二百五十四条规定：禁止从建筑物中抛掷物品。从建筑物中抛掷物品或者从建筑物上坠落的物品造成他人损害的，由侵权人依法承担侵权责任；经调查难以确定具体侵权人的，除能够证明自己不是侵权人的外，由可能加害的建筑物使用人给予补偿。可能加害的建筑物使用人补偿后，有权向侵权人追偿。

法律建设大多数情况下源于人们的生活实践，是一个不断更新，不断完善的过程。身为社会主义新时代的接班人，同学们应当具备良好的思想品德，"头顶上的安全"需要大家共同守护，切莫成为"高空坠物"的"幕后黑手"，要养成文明生活习惯，坚决抵制高空抛物，共创和谐幸福社会；身为工程人，我们更应该具有工匠精神和职业道德，在工程实践中要严守法律，运用法律思维解决问题，运用法律手段开展工程建设。

任务1.1 建设工程代理制度

【案例1-1】2018年11月，甲施工企业中标某大厦工程，负责施工总承包。2019年5

月，甲公司将该大厦装饰工程施工分包给丙装饰公司。甲公司驻该项目的项目经理为李某；丙公司驻该项目的项目经理为王某。李某与王某是多年的老朋友，一向私交不错。2020 年 6 月，甲公司在该项目上需租赁部分架管、扣件，但资金紧张。李某听说王某与丁材料租赁公司关系密切，便找到王某帮忙赊租架管、扣件。王某答应了李某的请求。随后，李某将盖有甲公司合同专用章的空白合同书及该单位的空白介绍信交给王某。同年 7 月 10 日，王某找到丁租赁站，出具了甲公司的介绍信（没有注明租赁的财产）和空白合同书，要求租赁脚手架。丁租赁公司经过审查，认为王某出具的介绍信与空白合同书均盖有公章，真实无误，确信其有授权，于是签订了租赁合同。丁租赁公司依约将脚手架交给王某，但王某将脚手架用到了由他负责的其他装修工程上。后丁租赁公司多次向甲公司催要价款无果后，将甲公司诉至人民法院。

请问：

1. 事件中王某的行为属无权代理还是表见代理，为什么？

2. 表见代理的法律后果是什么？

在建设工程活动中，通过委托代理实施民事法律行为的情形较为常见。因此，了解和熟悉有关代理的基本法律知识是十分必要的。

案例1-1解析

1.1.1 代理的法律特征和主要种类

1. 代理法律特征

《中华人民共和国民法典》（下简称《民法典》）第一百六十一条规定，民事主体可以通过代理人实施民事法律行为。依照法律规定、当事人约定或者民事法律行为的性质，应当由本人亲自实施的民事法律行为，不得代理。代理人在代理权限内，以被代理人名义实施的民事法律行为，对被代理人发生效力。代理人不履行或者不完全履行职责，造成被代理人损害的，应当承担民事责任。代理人和相对人恶意串通，损害被代理人合法权益的，代理人和相对人应当承担连带责任。

代理具有如下法律特征：

（1）代理人必须在代理权限范围内实施代理行为

代理人实施代理活动的直接依据是代理权。因此，代理人必须在代理权限范围内与第三人或相对人实施代理行为。

代理人实施代理行为时有独立进行意思表示的权利。代理制度的存在，正是为了弥补一些民事主体没有资格、精力和能力去处理有关事务的缺陷。如果仅是代为传达当事人的意思表示或接受意思表示，而没有任何独立决定意思表示的权利，则不是代理，只能视为传达意思表示的使者。

（2）代理人一般应该以被代理人的名义实施代理行为

《民法典》第一百六十二条规定，代理人在代理权限内，以被代理人名义实施的民事法律行为，对被代理人发生效力。

（3）代理行为必须是具有法律意义的行为

代理人为被代理人实施的是能够产生法律上的权利义务关系，产生法律后果的行为。例如，代理人请朋友聚餐、聚会等，不能产生权利义务关系，就不是代理行为。

（4）代理行为的法律后果归属于被代理人

代理人在代理权限内，以被代理人的名义同相对人进行的具有法律意义的行为，在法

律上产生与被代理人自己的行为同样的后果。因而，被代理人对代理人的代理行为承担民事责任。

2. 代理的主要种类

《民法典》第一百六十三条规定，代理包括委托代理和法定代理。

（1）委托代理

委托代理按照被代理人的委托行使代理权。因委托代理中，被代理人是以意思表示的方法将代理权授予代理人的，故又称"意定代理"或"任意代理"。

（2）法定代理

法定代理是指根据法律的规定而发生的代理。例如，无民事行为能力人、限制民事行为能力人的监护人是其法定代理人。

3. 滥用代理权

滥用代理权是代理人在行使代理权时，违背被代理人的意志、损害被代理人利益的行为。滥用代理权的行为不是代理行为，而是无效民事行为，代理人应承担由此引起的法律责任。滥用代理权有下列几种情况：

（1）代理人以被代理人的名义同自己进行民事行为；

（2）代理人在同一项民事法律关系中，同时代理双方当事人实施同一行为；

（3）代理人与第三人恶意串通、实施损害被代理人利益的行为，在这种情况下，代理人和第三人负连带责任；

（4）代理人进行违法代理活动。代理人如知道被委托代理的事项违法仍然进行代理活动，或被代理人知道代理人的代理行为违法而不表示反对的由被代理人和代理人负连带责任。

1.1.2　建设工程代理行为的设立和终止

1. 建设工程代理行为的设立

建设工程活动的代理行为不仅要依法实施，有些还要受到法律的限制。

（1）不得委托代理的建设工程活动

依照法律规定、当事人约定或者民事法律行为的性质，应当由本人亲自实施的民事法律行为，不得代理。

建设工程的承包活动不得委托代理。《中华人民共和国建筑法》规定，禁止承包单位将其承包的全部建筑工程转包给他人，禁止承包单位将其承包的全部建筑工程肢解以后以分包的名义分别转包给他人。实行施工总承包的，建筑工程主体结构的施工必须由总承包单位自行完成。

（2）一般代理行为无法定的资格要求

一般的代理行为可以由自然人、法人担任代理人，对其资格并无法定的严格要求。即使是诉讼代理人，也不要求必须由具有律师资格的人担任。下列人员可以被委托为诉讼代理人：①律师、基层法律服务工作者；②当事人的近亲属或者工作人员；③当事人所在社区、单位以及有关社会团体推荐的公民。

（3）民事法律行为的委托代理

建设工程代理行为多为民事法律行为的委托代理。民事法律行为的委托代理，可以用书面形式，也可以用口头形式。但是，法律规定用书面形式的，应当用书面形式。

2. 建设工程代理行为的终止

《民法典》第一百七十三条规定，有下列情形之一的，委托代理终止：

（1）代理期间届满或者代理事务完成；

（2）被代理人取消委托或者代理人辞去委托；

（3）代理人丧失民事行为能力；

（4）代理人或者被代理人死亡；

（5）作为被代理人或者代理人的法人、非法人组织终止。

建设工程代理行为的终止，主要是上述第（1）、（2）、（5）三种情况。

（1）代理期间届满或代理事项完成

被代理人通常是授予代理人某一特定期间内的代理权，或者是某一项也可能是某几项特定事务的代理权，那么在这一期间届满或者被指定的代理事项全部完成，代理关系即告终止，代理行为也随之终止。

（2）被代理人取消委托或者代理人辞去委托

委托代理是被代理人基于对代理人的信任而授权其进行代理事务的。如果被代理人由于某种原因失去了对代理人的信任，法律就不应当强制被代理人仍须以其为代理人。反之，如果代理人由于某种原因不愿意再行代理，法律也不能强制要求代理人继续从事代理。因此，法律规定被代理人有权根据自己的意愿单方取消委托，也允许代理人单方辞去委托，均不必以对方同意为前提，并以通知到对方时，代理权即行消灭。

但是，单方取消或辞去委托可能会承担相应的民事责任。委托人或者受托人可以随时解除委托合同。因解除合同给对方造成损失的，除不可归责于该当事人的事由以外，应当赔偿损失。

（3）作为被代理人或者代理人的法人、非法人组织终止

在建设工程活动中，不管是被代理人还是代理人，任何一方的法人终止，代理关系均随之终止。因为，对方的主体资格已消灭，代理行为将无法继续，其法律后果亦将无从承担。

《民法典》第一百七十四条规定，被代理人死亡后，有下列情形之一的，委托代理人实施的代理行为有效：

1）代理人不知道且不应当知道被代理人死亡；

2）被代理人的继承人予以承认；

3）授权中明确代理权在代理事务完成时终止；

4）被代理人死亡前已经实施，为了被代理人的继承人的利益继续代理。

作为被代理人的法人、非法人组织终止的，参照适用前款规定。

《中华人民共和国民法典》第一百七十五条规定，有下列情形之一的，法定代理终止：

1）被代理人取得或者恢复完全民事行为能力；

2）代理人丧失民事行为能力；

3）代理人或者被代理人死亡；

4）法律规定的其他情形。

1.1.3 建设工程代理法律关系

建设工程代理法律关系与其他代理关系一样，存在着两个法律关系：一是代理人与被

代理人之间的委托关系；二是被代理人与第三人的合同关系。

1. 一般情况下代理人在代理权限内以被代理人的名义实施代理行为

《民法典》第一百六十二条规定，代理人在代理权限内，以被代理人名义实施的民事法律行为，对被代理人发生效力。

这是代理人与被代理人基本权利和义务的规定。代理人必须取得代理权，并依据代理权限，以被代理人的名义实施民事法律行为。被代理人要对代理人的代理行为承担民事责任。

2. 转托他人代理应当事先取得被代理人的同意

《民法典》第一百六十九条规定，代理人需要转委托第三人代理的，应当取得被代理人的同意或者追认。转委托代理经被代理人同意或者追认的，被代理人可以就代理事务直接指示转委托的第三人，代理人仅就第三人的选任以及对第三人的指示承担责任。转委托代理未经被代理人同意或者追认的，代理人应当对转委托的第三人的行为承担责任，但是在紧急情况下代理人为了维护被代理人的利益需要转委托第三人代理的除外。

3. 无权代理与表见代理

《民法典》第一百七十一条规定，行为人没有代理权、超越代理权或者代理权终止后，仍然实施代理行为，未经被代理人追认的，对被代理人不发生效力。相对人可以催告被代理人自收到通知之日起三十日内予以追认。被代理人未作表示的，视为拒绝追认。行为人实施的行为被追认前，善意相对人有撤销的权利。撤销应当以通知的方式做出。

（1）无权代理

无权代理是指行为人不具有代理权，但以他人的名义与相对人进行法律行为。无权代理一般存在三种表现形式：①自始未经授权。如果行为人自始至终没有被授予代理权，就以他人的名义进行民事行为，属于无权代理。②超越代理权。代理权限是有范围的，超越了代理权限，依然属于无权代理。③代理权已终止。行为人虽曾得到被代理人的授权，但该代理权已经终止的，行为人如果仍以被代理人的名义进行民事行为，则属无权代理。

被代理人对无权代理人实施的行为如果予以追认，则无权代理可转化为有权代理，产生与有权代理相同的法律效力，并不会发生代理人的赔偿责任。如果被代理人不予追认的，对被代理人不发生效力，则无权代理人需承担因无权代理行为给被代理人和善意相对人造成的损失。

（2）表见代理

表见代理是指行为人虽无权代理，但由于行为人的某些行为，造成了足以使善意相对人相信其有代理权的表象，而与善意相对人进行的、由本人承担法律后果的代理行为。《民法典》第一百七十二条规定，行为人没有代理权、超越代理权或者代理权终止后，仍然实施代理行为，相对人有理由相信行为人有代理权的，代理行为有效。

表见代理除需符合代理的一般条件外，还需具备以下特别构成要件：1）须存在足以使相对人相信行为人具有代理权的事实或理由。这是构成表见代理的客观要件。它要求行为人与本人之间应存在某些事实上或法律上的联系，如行为人持有由本人发出的委任状、已加盖公章的空白合同书或者有显示本人向行为人授予代理权的通知函告等证明类文件。2）须本人存在过失。其过失表现为本人表达了足以使相对人相信有授权意思的表示，或者实施了足以使相对人相信有授权意义的行为，发生了外表授权的事实。3）须相对人为善意。这是构成表见代理的主观要件。如果相对人明知行为人无代理权而仍与之实施民事行为，则相对人为主观恶意，不构成表见代理。

表见代理对本人产生有权代理的效力，即在相对人与本人之间产生民事法律关系。本人受表见代理人与相对人之间实施的法律行为的约束，享有该行为设定的权利和履行该行为约定的义务。本人不能以无权代理为抗辩。本人在承担表见代理行为所产生的责任后，可以向无权代理人追偿因代理行为而遭受的损失。

（3）知道他人以本人名义实施民事行为不作否认表示的视为同意

本人知道他人以本人名义实施民事行为而不作否认表示的，视为同意。这是一种被称为默示方式的特殊授权。就是说，即使本人没有授予他人代理权，但事后并未作否认的意思表示，应视为授予了代理权。由此，他人以其名义实施法律行为的后果应由本人承担。

（4）不当或违法行为应承担的法律责任

1）损害被代理人利益应承担的法律责任

代理人不履行职责而给被代理人造成损害的，应当承担民事责任。代理人和相对人串通，损害被代理人利益的，由代理人和相对人负连带责任。

2）相对人故意行为应承担的法律责任

相对人知道行为人没有代理权、超越代理权或者代理权已终止还与行为人实施民事行为给他人造成损害的，由相对人和行为人负连带责任。

3）违法代理行为应承担的法律责任

代理人知道被委托代理的事项违法仍然进行代理活动的，或者被代理人知道代理人的代理行为违法不表示反对的，被代理人和代理人负连带责任。

【任务 1.1 小结】

1. 了解代理的法律特征和主要种类。
2. 了解代理行为的设立以及代理行为终止的情形。
3. 辨别无权代理和表见代理。
4. 了解不当或违法代理行为应承担的法律责任。

班级：_____ 姓名：_____ 成绩：_____

【任务 1.1 习题】

一、单项选择题

1. 下列关于代理的叙述，( )是不正确的。

A. 无权代理行为的后果由被代理人决定是否有效

B. 代理权是代理人进行代理活动的法律依据

C. 无权代理的法律后果由被代理人承担

D. 代理人只能在代理权限内实施代理行为

2. 下列关于代理的说法，不正确的是( )。

A. 代理人在代理权限内，以被代理人的名义实施民事法律行为

B. 法人可以通过代理人实施民事法律行为

C. 依照法律规定或者按照双方当事人约定，应当由本人实施的民事法律行为，不得代理

D. 建设工程承包活动可以委托代理

3. 甲公司授权其业务员张某购买一批建材，甲公司向张某签发了授权委托书，但委托书中并未明确授权委托期限。后不久甲公司与张某解除了劳务关系，张某怀恨在心，恶意与乙公司签订合同购买一批建材，给乙公司造成了经济损失，其法律后果应该由( )。

A. 张某自行承担责任　　　　　　B. 甲公司自行承担责任

C. 乙公司自行承担责任　　　　　D. 甲公司与张某向乙公司承担连带责任

4. 关于表见代理的错误说法是( )。

A. 表见代理的行为人没有代理权　　B. 表见代理是无效代理

C. 表见代理在本质上属于无权代理　　D. 善意相对人有理由相信行为人有代理权

5. 关于表见代理的说法，正确的是( )。

A. 表见代理属于无权代理，对本人不发生法律效力

B. 本人承担表见代理产生的责任后，可以向无权代理人追偿因代理行为而遭受的损失

C. 表见代理中，由行为人和本人承担连带责任

D. 第三人明知行为人无代理权仍与之实施民事行为，构成表见代理

6. ( )是指根据法律的规定而发生的代理。

A. 法定代理　　　B. 指定代理　　　C. 委托代理　　　D. 意定代理

7. 自然人甲委托乙购买生产设备，乙以甲的名义与自己订立合同，把自己的生产设备卖给甲，这属于( )。

A. 表见代理　　　B. 无权代理　　　C. 委托代理　　　D. 滥用代理权

8. 作业班组以项目部名义租赁了一批钢管，项目经理得知后未置可否。项目完工后，钢管出租方索要租金被拒绝。出租方可以起诉( )。

A. 作业班组　　　B. 项目经理　　　C. 项目部　　　D. 施工企业

9. 代理人需要转委托第三人代理的，（　　）。

A. 应当取得被代理人的同意或者追认　　　B. 不需要取得被代理人的同意或者追认

C. 只需要第三人同意　　　D. 应当通知被代理人

10. 根据《民法典》，施工单位的项目经理属于施工单位的（　　）。

A. 委托代理人　　　B. 法定代理人　　　C. 指定代理人　　　D. 职务代理人

二、多项选择题

1. 我国代理的种类有（　　）。

A. 委托代理　　　B. 法定代理

C. 指定代理　　　D. 约定代理

E. 特殊代理

2. 下列各项中，既属于委托代理的终止事项，又属于法定代理或指定代理终止的是（　　）。

A. 代理期间届满或代理事项完成　　　B. 代理人死亡

C. 被代理人恢复民事行为能力　　　D. 代理人丧失民事行为能力

E. 被代理人死亡

3. 在代理关系中，委托代理关系终止的条件包括（　　）。

A. 被代理人的法人终止　　　B. 被代理人取得民事行为能力

C. 被代理人取消委托　　　D. 代理事项完成

E. 代理期限届满

三、简答题

甲施工企业在某条公路的施工过程中，需要购买一批水泥。甲施工企业的采购员张某持介绍信到乙建材公司要求购买一批 B 强度等级的水泥。由于双方有长期的业务关系，未签订书面的水泥买卖合同，乙建材公司很快就发货了。但乙建材公司发货后，甲施工企业拒绝支付货款。甲施工企业提出的理由是，公司让张某购买的水泥是 A 强度并非 B 强度等级。双方由此发生纠纷。

请问：水泥买卖合同是否有效？合同纠纷如何处理？

任务 1.2　建设工程物权制度

【案例 1-2】某投资有限公司与某县土地管理局于 2018 年 3 月 18 日订立《工业开发及用地出让合同》，约定该投资有限公司在取得土地使用证后 1 个月内将进行工业项目开工建设等相关事项。之后，县土地管理局依合同约定将土地交付给该投资有限公司使用。该投资有限公司对土地进行平整等工作，支付相关费用 78 万元。2018 年 6 月 16 日，县土地管理局以改变土地规划为由，要求该投资有限公司退回土地使用权。此时，尚未完成土地使用权登记。县土地管理局认为由于尚未进行土地使用权登记，合同还没有生效。该投资有限公司则向法院提起诉讼，要求继续履行合同，办理建设用地使用权登记手续。

请问：

1. 双方订立的合同是否生效？
2. 原告的建设用地使用权是否已经设立？
3. 纠纷应当如何解决？

案例1-2解析

物权是一项基本民事权利，也是大多数经济活动的基础和目的。在建设工程活动中涉及的许多权利都是源于物权。建设单位对建设工程项目的权利来自于物权中最基本的权利——所有权，施工单位的施工活动是为了形成《民法典》物权中的物——建设工程。

1.2.1　物权的法律特征和主要种类

1. 物权的法律特征

物权，是指权利人依法对特定的物享有直接支配和排他的权利。

所有民事主体都能够成为物权权利人，包括法人、法人以外的其他组织、自然人。物权的客体一般是物，包括不动产和动产。不动产，是指土地以及房屋、林木等地上定着物。动产是指不动产以外的物。

物权具有以下特征：

（1）物权是支配权

物权是权利人直接支配的权利，即物权人可以依自己的意志就标的物直接行使权利，无须他人的意思或义务人的行为介入。

（2）物权是绝对权

物权的权利人可以对抗一切不特定的人。物权的权利人是特定的，义务人是不特定的，且义务内容是不作为，即只要不侵犯物权人行使权利就履行义务。

（3）物权是财产权

物权是一种具有物质内容的、直接体现为财产利益的权利。财产利益包括对物的利用、物的归属和就物的价值设立的担保。

（4）物权具有排他性

物权人有权排除他人对于他行使物权的干涉。而且同一物上不许有内容不相容的物权并存，即"一物一权"。

2. 物权的主要种类

物权包括所有权、用益物权和担保物权。

（1）所有权

《民法典》第二百四十条规定，所有权人对自己的不动产或者动产，依法享有占有、使用、收益和处分的权利。

1）占有权

占有权是指对财产实际掌握、控制的权能。占有权是行使物的使用权的前提条件，是所有人行使财产所有权的一种方式。占有权可以根据所有人的意志和利益分离出去，由非所有人享有。例如，根据货物运输合同，承运人对托运人的财产享有占有权。

2）使用权

使用权是指对财产的实际利用和运用的权能。通过对财产实际利用和运用满足所有人的需要，是实现财产使用价值的基本渠道。使用权是所有人所享有的一项独立权能。所有人可以在法律规定的范围内，以自己的意志使用其所有物。

3）收益权

收益权是指收取由原物产生出来的新增经济价值的权能。原物新增的经济价值，包括由原物直接派生出来的果实、由原物所产生出来的租金和利息、对原物直接利用而产生的利润等。收益往往是因为使用而产生的，因而收益权也往往与使用权联系在一起。但是，收益权本身是一项独立的权能，而使用权并不能包括收益权。有时，所有人并不行使对物的使用权，仍可以享有对物的收益权。

4）处分权

处分权是指依法对财产进行处置，决定财产在事实上或法律上命运的权能。处分权的行使决定着物的归属。处分权是所有人的最基本的权利，是所有权内容的核心。

（2）用益物权

《民法典》第三百二十三条规定，用益物权人对他人所有的不动产或者动产，依法享有占有、使用和收益的权利。

用益物权包括土地承包经营权、建设用地使用权、宅基地使用权和地役权。

国家所有或者国家所有由集体使用以及法律规定属于集体所有的自然资源，单位、个人依法可以占有、使用和收益。此时，单位或者个人就成为用益物权人。

《民法典》第三百二十六条规定，用益物权人行使权利，应当遵守法律有关保护和合理开发利用资源、保护生态环境的规定。所有权人不得干涉用益物权人行使权利。

因不动产或者动产被征收、征用，致使用益物权消灭或者影响用益物权行使的，用益物权人有权获得相应补偿。

（3）担保物权

《民法典》第三百八十六条规定，担保物权人在债务人不履行到期债务或者发生当事人约定的实现担保物权的情形，依法享有就担保财产优先受偿的权利，但是法律另有规定的除外。

担保物权的担保范围包括主债权及其利息、违约金、损害赔偿金、保管担保财产和实现担保物权的费用。当事人另有约定的，按照其约定。

1.2.2 与土地相关的物权

1. 土地所有权与土地承包经营权

《民法典》第二百四十九条规定，城市的土地，属于国家所有。法律规定属于国家所有的农村和城市郊区的土地，属于国家所有。

《民法典》第三百三十条规定，农村集体经济组织实行家庭承包经营为基础、统分结合的双层经营体制。

农民集体所有和国家所有由农民集体使用的耕地、林地、草地以及其他用于农业的土地，依法实行土地承包经营制度。

《民法典》第三百三十一条规定，土地承包经营权人依法对其承包经营的耕地、林地、草地等享有占有、使用和收益的权利，有权从事种植业、林业、畜牧业等农业生产。

土地承包经营权自土地承包经营权合同生效时设立。登记机构应当向土地承包经营权人发放土地承包经营权证、林权证等证书，并登记造册，确认土地承包经营权。

土地承包经营权人依照法律规定，有权将土地承包经营权互换、转让。未经依法批准，不得将承包地用于非农建设。

2. 建设用地使用权

建设用地使用权是因建造建筑物、构筑物及其附属设施而使用国家所有的土地的权利。建设用地使用权只能存在于国家所有的土地上，不包括集体所有的农村土地。

《民法典》第三百四十四条规定，建设用地使用权人依法对国家所有的土地享有占有、使用和收益的权利，有权利用该土地建造建筑物、构筑物及其附属设施。

建设用地使用权可以在土地的地表、地上或者地下分别设立。

设立建设用地使用权的，应当向登记机构申请建设用地使用权登记。建设用地使用权自登记时设立。登记机构应当向建设用地使用权人发放建设用地使用权证书。建设用地使用权人应当合理利用土地，不得改变土地用途；需要改变土地用途的，应当依法经有关行政主管部门批准。

建设用地使用权人有权将建设用地使用权转让、互换、出资、赠与或者抵押，但法律另有规定的除外。建设用地使用权人将建设用地使用权转让、互换、出资、赠与或者抵押，应当符合以下规定：①当事人应当采取书面形式订立相应的合同。使用期限由当事人约定，但不得超过建设用地使用权的剩余期限。②应当向登记机构申请变更登记。③附着于该土地上的建筑物、构筑物及其附属设施一并处分。

住宅建设用地使用权期间届满的，自动续期。非住宅建设用地使用权期间届满后的续期，依照法律规定办理。该土地上的房屋及其他不动产的归属，有约定的，按照约定；没有约定或者约定不明确的，依照法律、行政法规的规定办理。

建设用地使用权消灭的，出让人应当及时办理注销登记。登记机构应当收回建设用地使用权证书。

3. 宅基地使用权

《民法典》第三百六十二条规定，宅基地使用权人依法对集体所有的土地享有占有和使用的权利，有权依法利用该土地建造住宅及其附属设施。

宅基地使用权的取得、行使和转让，适用土地管理的法律和国家有关规定。

宅基地因自然灾害等原因灭失的，宅基地使用权消灭。对失去宅基地的村民，应当依法重新分配宅基地。

已经登记的宅基地使用权转让或者消灭的，应当及时办理变更登记或者注销登记。

4. 地役权

《民法典》第三百七十二条规定，地役权人有权按照合同约定，利用他人的不动产，以提高自己的不动产的效益。他人的不动产为供役地，自己的不动产为需役地。

地役权有以下几个性质：

（1）地役权是存在于他人不动产之上的物权；

（2）地役权是以他人不动产供自己的不动产便利之用的权利；

（3）地役权具有从属性；

（4）地役权具有不可分性。

设立地役权，当事人应当采用书面形式订立地役权合同。

地役权自地役权合同生效时设立。当事人要求登记的，可以向登记机构申请地役权登记；未经登记，不得对抗善意第三人。

需役地以及需役地上的土地承包经营权、建设用地使用权、宅基地使用权部分转让时，转让部分涉及地役权的，受让人同时享有地役权。供役地以及供役地上的土地承包经营权、建设用地使用权、宅基地使用权部分转让时，转让部分涉及地役权的，地役权对受让人具有约束力。

5. 相邻权

相邻权指不动产的所有人或使用人在处理相邻关系时所享有的权利。具体来说，在相互毗邻的不动产的所有人或者使用人之间，任何一方为了合理行使其所有权或使用权，享有要求其他相邻方提供便利或是接受一定限制的权利。

相邻权实质上是对所有权的限制和延伸。

《民法典》第二百八十八条规定，不动产的相邻权利人应当按照有利生产、方便生活、团结互助、公平合理的原则，正确处理相邻关系。

相邻关系中较常行使的权利包括：

（1）土地或建筑物范围内历史形成的必经通道，相邻各方享有通行的权利，土地或建筑物的所有人、使用人不得阻止或堵塞；相邻一方因建筑施工、铺路架线必须临时占用他方土地的，他方应予以方便，但施工方应合理使用，完工后恢复原状，造成损失要给予补偿。

（2）对自然流水，相邻各方都有权使用，不得擅自堵塞或排放；相邻一方必须通过另一方土地排水的，另一方应当允许，但使用者应采取措施减少损失，并给予对方损失补偿。

（3）在建房挖沟时，应当与邻人房屋等不动产保持一定距离，不得影响邻人房基，不得将屋檐水或流水泻入邻人的土地或房屋，也不得影响他人通风、采光或生活；相邻一方所有的竹木根枝越界影响他人房屋的通风、采光、建筑物牢固及正常使用的，他方有权责令其截除根枝或伐去竹木，已造成损失的，应予赔偿。

相邻不动产的所有人或使用人在行使自己的所有权或使用权时，应当以不损害其他相邻人的合法权益为原则。如果因权利的行使，给相邻人的人身或财产造成危害，相邻人有权要求停止侵害、消除危险和赔偿损失。在处理相邻关系时，相邻各方应该本着有利生产、方便生活、团结互助、公平合理的原则，互谅互让，协商解决。协商不成，可以请求人民法院依法解决。

1.2.3　物权的设立、变更、转让、消灭和保护

1. 不动产物权的设立、变更、转让、消灭

不动产物权的设立、变更、转让和消灭，依照法律规定应当登记的，经依法登记，发生效力；未经登记，不发生效力，但法律另有规定的除外。依法属于国家所有的自然资源，所有权可以不登记。不动产登记，由不动产所在地的登记机构办理。

物权变动的基础往往是合同关系，如买卖合同导致物权的转让。需要注意的是，当事人之间订立有关设立、变更、转让和消灭不动产物权的合同，除法律另有规定或者合同另有约定外，自合同成立时生效；未办理物权登记的，不影响合同效力。

2. 动产物权的设立和转让

动产物权以占有和交付为公示手段。动产物权的设立和转让，应当依照法律规定交付。动产物权的设立和转让，自交付时发生效力，但法律另有规定的除外。船舶、航空器和机动车等物权的设立、变更、转让和消灭，未经登记，不得对抗善意第三人。

3. 物权的保护

物权的保护，是指通过法律规定的方法和程序保障物权人在法律许可的范围内对其财产行使占有、使用、收益、处分权利的制度。《中华人民共和国民法典》第二百三十三条规定，物权受到侵害的，权利人可以通过和解、调解、仲裁、诉讼等途径解决。

因物权的归属、内容发生争议的，利害关系人可以请求确认权利。无权占有不动产或者动产的，权利人可以请求返还原物。妨害物权或者可能妨害物权的，权利人可以请求排除妨害或者消除危险。造成不动产或者动产毁损的，权利人可以请求修理、重作、更换或者恢复原状。侵害物权，造成权利人损害的，权利人可以请求损害赔偿，也可以请求承担其他民事责任。

《民法典》第二百三十九条规定，对于物权保护方式，可以单独适用，也可以根据权利被侵害的情形合并适用。

侵害物权，除承担民事责任外，违反行政管理规定的，依法承担行政责任；构成犯罪的，依法追究刑事责任。

【任务 1.2 小结】

1. 了解物权的法律特征和主要种类。
2. 区分所有权、用益物权和担保物权。
3. 了解并掌握与土地相关的物权。
4. 区分地役权和相邻权。
5. 了解物权的设立、变更、转让、消灭和保护。

班级：_____　　姓名：_____　　成绩：_____

【任务 1.2 习题】

一、单项选择题

1. 下列关于地役权的表述中，正确的是（　　　）。

A. 地役权可以单独转让

B. 地役权自合同签订时设立

C. 地役权是按照当事人的约定设立的用益物权

D. 当事人可以采用口头形式订立地役权合同

2. 建设用地使用权人对依法取得使用权的土地享有的权利不含（　　　）。

A. 占有权　　　　B. 所有权　　　　C. 收益权　　　　D. 使用权

3. 下列选项中，属于担保物权的是（　　　）。

A. 抵押权　　　　B. 地役权　　　　C. 处分权　　　　D. 用益物权

4. 下列关于城市建设用地使用权的表述中，正确的是（　　　）。

A. 城市建设用地使用权，可在土地地表、地上或地下分别设立

B. 严禁以划拨方式设立建设用地使用权

C. 经营性建设用地可以采用招标、拍卖方式出让

D. 建设用地使用权存在于国有土地和集体土地上

5. 施工方甲单位由于建设需要，需要经过乙厂的道路运送建筑材料。于是，甲、乙双方订立合同，约定施工方甲单位向乙厂支付一定的费用，甲单位可以通过乙单位的道路运送材料。在此合同中，施工单位甲拥有的权利是（　　　）。

A. 相邻权　　　　B. 地役权　　　　C. 土地租赁权　　　　D. 建设用地使用权

6. 建设用地使用权自（　　　）时设立。

A. 合同签订　　　B. 合同生效　　　C. 登记　　　　D. 支付出让金

7. 下列关于收益权的说法，正确的是（　　　）。

A. 使用权包括收益权

B. 收益权不是一项独立的权能

C. 收益权是指收取由原物产生出来的新增经济价值的权能

D. 所有人不行使对物的使用权，则不能享有对物的收益权

8. 下列权利中，不属于物权的是（　　　）。

A. 抵押权　　　　B. 房屋产权　　　　C. 房屋租金　　　　D. 建设用地使用权

9. 在财产所有权中，所有权内容的核心是（　　　）。

A. 占有权　　　　B. 使用权　　　　C. 收益权　　　　D. 处分权

10. 动产物权的设立和转让，除法律另有规定外，自（　　　）时发生效力。

A. 占有　　　　　B. 交付　　　　C. 登记　　　　D. 合同成立

二、多项选择题

1. 下列权利中，属于用益物权的是（　　　）。

A. 地役权　　　　　　　　　　　　B. 留置权

C. 土地承包经营权　　　　　　　D. 宅基地使用权

E. 建设用地使用权

2. 国有建设用地使用权的用益物权，可以采用（　　）方式成立。

A. 出租　　　　　　　　　　　　B. 出让

C. 划拨　　　　　　　　　　　　D. 抵押

E. 转让

3. 所有权的内容包括（　　）。

A. 占有权　　　　　　　　　　　B. 处分权

C. 使用权　　　　　　　　　　　D. 抵押权

E. 收益权

4. 建设用地使用权人有权将建设用地使用权进行（　　）。

A. 出让　　　　　　　　　　　　B. 互换

C. 出资　　　　　　　　　　　　D. 赠与

E. 抵押

5. 下列关于物权特征的表述中，正确的有（　　）。

A. 物权是支配权　　　　　　　　B. 物权是相对权

C. 物权是财产权　　　　　　　　D. 物权是排他权

E. 物权是绝对权

三、思考题

地役权和相邻权有何区别？

任务 1.3　建设工程债权制度

【案例 1-3】 甲施工企业某个项目在施工过程中，与乙材料供应商订立了材料买卖合同，但施工单位误将应支付给乙材料供应商的货款支付给了丙材料供应商。

请问：

丙材料供应商是否应当返还材料款，应当返还给谁，为什么？

如果丙材料供应商拒绝返还材料款，乙材料供应商应当如何保护自己的权利，为什么？

案例1-3解析

在建设工程活动中，经常会遇到一些债权债务的问题。因此，学习有关债权的基本法律知识，有助于在实践中防范债务风险。

1.3.1　债的法律关系

1. 债的概念

债是按照合同的约定或者按照法律规定，在当事人之间产生的特定的权利和义务关系，享有权利的人是债权人，负有义务的人是债务人。债权人有权要求债务人按照合同的约定或者依照法律的规定履行义务。

《民法典》第一百一十八条规定，民事主体依法享有债权。债权是因合同、侵权行为、无因管理、不当得利及法律的其他规定，权利人请求特定义务人为或者不为一定行为的权利。

2. 债的内容

债的内容，是指债的主体双方间的权利与义务，即债权人享有的权利和债务人负担的义务，即债权与债务。债权为请求特定人为特定行为作为或不作为的权利。

债权与物权不同，物权是绝对权，而债权是相对权。债权相对性理论的内涵，可以归纳为以下三个方面：①债权主体的相对性；②债权内容的相对性；③债权责任的相对性。债务是根据当事人的约定或者法律规定，债务人所负担的应为特定行为的义务。

1.3.2　建设工程债的产生根据

1. 合同

在当事人之间因产生了合同法律关系，也就是产生了权利义务关系，便设立了债的关系。任何合同关系的设立，都会在当事人之间发生债权债务的关系。合同引起债的关系，是债发生的最主要、最普遍的依据。合同产生的债被称为合同之债。

建设工程债的产生，最主要的也是合同。施工合同的订立，会在施工单位与建设单位之间产生债；材料设备买卖合同的订立，会在施工单位与材料设备供应商之间产生债的关系。

2. 侵权

侵权，是指公民或法人没有法律依据而侵害他人的财产权利或人身权利的行为。侵权行为一经发生，即在侵权行为人和被侵权人之间形成债的关系。侵权行为产生的债被称为侵权之债。在建设工程活动中，也常会产生侵权之债。如施工现场的施工噪声，有可能产生侵权之债。

《民法典》第一千二百五十二条规定，建筑物、构筑物或者其他设施倒塌、塌陷造成他人损害的，由建设单位与施工单位承担连带责任，但是建设单位与施工单位能够证明不存在质量缺陷的除外。建设单位、施工单位赔偿后，有其他责任人的，有权向其他责任人追偿。因所有人、管理人、使用人或第三人的原因，建筑物、构筑物或者其他设施倒塌塌陷造成他人损害，由所有人、管理人、使用人或第三人承担侵权责任。

《民法典》第一千二百五十三条规定，建筑物、构筑物或者其他设施及其搁置物、悬挂物发生脱落、坠落造成他人损害，所有人、管理人或者使用人不能证明自己没有过错的，应当承担侵权责任。所有人、管理人或者使用人赔偿后，有其他责任人的，有权向其他责任人追偿。

《民法典》第一千二百五十四条规定，禁止从建筑物中抛掷物品，从建筑物中抛掷物品或者从建筑物上坠落的物品造成他人损害的，由侵权人承担侵权责任；经调查，难以确定具体侵权人的，除能够证明自己不是侵权人的外，由可能加害的建筑物使用人给予补偿。可能加害的建筑物使用人补偿后，有权向侵权人追偿。

3. 无因管理

无因管理，是指管理人员和服务人员没有法律上的特定义务，也没有受到他人委托，自觉为他人管理事务或提供服务。无因管理在管理人员或服务人员与受益人之间形成了债的关系。无因管理产生的债被称为无因管理之债。

4. 不当得利

不当得利，是指没有法律上或者合同上的依据，有损于他人利益而自身取得利益的行为。由于不当得利造成他人利益的损害，因此在得利者与受害者之间形成债的关系。受损失的人可以请求得利人返还取得的利益。不当得利产生的债被称为不当得利之债。

1.3.3　建设工程债的常见种类

1. 施工合同债

施工合同债是发生在建设单位和施工单位之间的债。施工合同的义务主要是完成施工任务和支付工程款。对于完成施工任务，建设单位是债权人，施工单位是债务人；对于支付工程款，则相反。

2. 买卖合同债

在建设工程活动中，会产生大量的买卖合同，主要是材料设备买卖合同。材料设备的买方有可能是建设单位，也可能是施工单位。他们会与材料设备供应商产生债。

3. 侵权之债

在侵权之债中，最常见的是施工单位的施工活动产生的侵权。如施工噪声或者废水废弃物排放等扰民，可能对工地附近的居民构成侵权。此时，居民是债权人，施工单位或者建设单位是债务人。

【任务 1.3 小结】

1. 了解债的内容。

2. 掌握建设工程债的产生根据。

3. 了解建设工程债的常见类型。

4. 区分无因管理和不当得利。

班级：_____　　姓名：_____　　成绩：_____

【任务 1.3 习题】

一、单项选择题

1. 引起债权债务管理发生最主要、最普遍的根据是（　　）。

A. 合同　　　　　B. 侵权　　　　　C. 无因管理　　　　　D. 不当得利

2. 没有法定或者约定的义务，为避免他人利益受到损失进行管理或者服务的，有权要求受益人偿付因此而支付的必要费用，这属于债的发生原因之（　　）。

A. 合同　　　　　B. 侵权　　　　　C. 无因管理　　　　　D. 不当得利

3. 在建工程的建筑物、构筑物或者其他设施倒塌造成他人损害的，由建设单位与施工企业承担连带责任。该责任在债的产生根据中属于（　　）之债。

A. 侵权　　　　　B. 合同　　　　　C. 无因管理　　　　　D. 不当得利

4. 某宾馆发生火灾，邻近的单位主动组织人员灭火，这一行为使宾馆减少了 10 万元的损失，而该单位却因此损失 1 万元。下列表述正确的是（　　）。

A. 宾馆与单位之间产生了不当得利之债

B. 宾馆与单位之间产生了无因管理之债

C. 宾馆与单位之间产生合同之债

D. 该单位有权要求宾馆支付 5 万元赔偿

5. 关于债权相对性理论的内涵，下列说法不正确的是（　　）。

A. 债权主体的相对性　　　　　　　　B. 债权范围的相对性

C. 债权内容的相对性　　　　　　　　D. 债权责任的相对性

6. 按照合同约定或者法律规定，在当事人之间产生特定权利和义务关系的是（　　）。

A. 债　　　　　B. 所有权　　　　　C. 知识产权　　　　　D. 担保物权

7. 承包商乙在施工合同的履行中拖延工期 2 个月，给发包人甲造成了较大的经济损失，则发包人甲可向乙公司主张（　　）之债。

A. 合同　　　　　B. 侵权　　　　　C. 不当得利　　　　　D. 无因管理

8. 物权和债权的性质分别可以表述为（　　）。

A. 相对权，绝对权　　　　　　　　　B. 相对权，相对权

C. 绝对权，相对权　　　　　　　　　D. 绝对权，绝对权

9. 甲向乙购买价值 50 万元的钢材，合同约定甲应于 12 月 12 日付款。此前因另一合同关系，乙欠甲 30 万元，此欠款已于 12 月 1 日到期，而乙一直未付。12 月 25 日，甲收到乙的通知，得知乙已将 50 万元钢材款债权转让于丙。12 月 28 日，丙向甲索要 50 万元钢材款。则下列选项正确的是（　　）。

A. 乙转让债权的行为无效，甲应付 50 万元给乙

B. 乙转让债权的行为无效，甲只需付 20 万元给乙即可，另 30 万元可主张抵消

C. 乙转让债权的行为有效，甲应付 50 万元给丙

D. 乙转让债权的行为有效，甲只需付 20 万元给丙即可，另 30 万元可主张抵消

10. 就法律关系的主体而言，债的主体（　　）。

A. 双方都是特定的

B. 双方都不是特定的

C. 债权人是特定的，债务人是不特定的

D. 债务人是特定的，债权人是不特定的

二、多项选择题

1. 根据我国《民法典》以及相关的法律规范的规定，能够引起债的发生的法律事实，即债的发生根据，主要有（　　）。

A. 不当得利　　　　　　　　　B. 无因管理

C. 合同　　　　　　　　　　　D. 侵权行为

E. 不可抗力

2. 在建设项目施工中，施工单位与其他主体产生合同之债的情形有（　　）等。

A. 施工单位与材料供应商订立合同

B. 施工现场的砖块坠落砸伤现场外的行人

C. 施工单位将本应汇给甲单位的材料款汇入了乙单位账号

D. 材料供应商向施工单位交付材料

E. 施工单位向材料供应商支付材料款

3. 甲建筑设备生产企业将乙施工单位订购的价值10万元的某设备错发给了丙施工单位，几天后，甲索回该设备并交付给乙，乙因丙曾使用过该设备造成部分磨损而要求甲减少价款1万元。下列关于本案中债的性质的说法，正确的有（　　）。

A. 甲错发设备给丙属于无因管理之债

B. 丙向甲返还设备属于不当得利之债

C. 乙向甲支付设备款属于合同之债

D. 甲向乙少收1万元货款属于侵权之债

E. 丙擅自使用该设备对乙应承担侵权之债

4. 建筑物、构筑物或者其他设施倒塌造成他人损害的，由（　　）承担连带责任。有其他责任人的，有权向其他责任人追偿。

A. 监理单位　　　　　　　　　B. 建设单位

C. 设计单位　　　　　　　　　D. 施工单位

E. 质监站

5. 关于施工合同的义务下列说法中正确的是（　　）。

A. 施工合同义务包括完成施工任务和支付工程价款

B. 对于完成施工任务，建设单位是债务人，施工单位是债权人

C. 对于支付工程价款，建设单位是债权人，施工单位是债务人

D. 对于支付工程价款，建设单位是债务人，施工单位是债权人

E. 对于完成施工任务，建设单位是债权人，施工单位是债务人

三、思考题

李某误将其3万元现金存到了吴某的账户中，李某向吴某要求归还时，吴某拒不归还，由此引发纠纷。

请问：吴某是否应当返还3万元？为什么？

任务 1.4   建设工程知识产权制度

【案例 1-4】某建设单位委托某设计院进行一个建设工程项目的设计工作，合同中没有约定工程设计图的归属。设计院委派张某等完成了这一设计任务。该项目完成后，建设单位没有经过设计院同意，将该设计图纸用于另一类似项目。但由于地质条件的差别，工程出现质量问题，给建设单位造成了一定的损失。

请问：

1. 建设单位未经设计院同意，能否将该设计图纸用于另一类似项目？为什么？

2. 建设单位应当向设计院还是向张某等设计人员主张赔偿，这一赔偿请求能否获得支持？为什么？

案例 1-4 解析

当今，我们所处的时代也被称为知识时代，其突出的表现就是知识在经济活动和日常生活中有着重要的作用。在建设工程活动中也是如此，知识产权引领着工程建设领域的技术进步，知识产权法律制度保护着相关权利人的利益。

1.4.1   知识产权的法律特征和主要种类

1. 知识产权的概念

知识产权是权利人对其创造的智力成果依法享有的权利。

知识产权可以分为两大类：一类是著作权，包括邻接权；另一类是工业产权，主要包括专利权和商标权。

2. 知识产权的法律特征

知识产权作为一种无形财产权，对其进行法律保护不同于有形财产，从而也就具有了不同于有形财产的法律特征。

（1）财产权和人身权的双重属性

其他的民事权利都只有财产权或人身权的单一属性，只有知识产权具有财产权和人身权的双重属性。

（2）专有性

知识产权同其他财产所有权一样，具有绝对的排他性。权利人对智力成果享有专有权，其他人若要利用这一成果必须经过权利人同意，否则构成侵权。

（3）地域性

知识产权在空间上的效力并不是无限的，而要受到地域的限制，其效力只及于确认和保护知识产权的一国法律所能及的地域内。对于有形财产则不存在这一问题，无论财产转移到哪个国家，都不会发生财产所有人自动丧失所有权的情形。

（4）期限性

知识产权仅在法律规定的期限内受到法律的保护，一旦超过法定期限，这一权利就自行消灭。该智力成果就成为整个社会的共同财富，为全人类共同所有。有形财产权没有时间限制，只要财产存在，权利就必然存在。

3. 知识产权的常见种类

在建设工程中常见的知识产权主要是专利权、商标权、著作权以及发明权和其他科技成果。计算机软件也是工程建设中经常使用的，计算机软件属于著作权保护的客体。

（1）专利权

专利权是指权利人在法律规定的期限内，对其发明创造所享有的制造、使用和销售的专有权。国家授予权利人对其发明创造享有专有权，能保护权利人的利益，使其公开其发明创造的技术内容，有利于发明创造的应用。在建设工程活动中，不断有新技术产生，有许多新技术是取得了专利权的。

发明专利权的期限为 20 年，实用新型专利权的期限为 10 年，外观设计的期限为 15 年，均自申请日起计算。国务院专利行政主管部门收到专利申请文件之日为申请日。如果申请文件是邮寄的，以寄出的邮戳日为申请日。

（2）商标权

商标专用权是指企业、事业单位和个体工商业者对其注册的商标依法享有的专用权。由于商标有表示质量和信誉的作用，他人使用商标所有人的商标，有可能对商标所有人的信誉造成损害，必须严格禁止。同其他知识产权不同，商标专用权的内容只包括财产权，商标设计者的人身权受《著作权法》保护。

商标专用权包括使用权和禁止权两个方面。使用权是商标注册人对其注册商标充分支配和完全使用的权利，权利人也有权将商标使用权转让给他人或通过合同许可他人使用其注册商标。禁止权是商标注册人禁止他人未经其许可而使用注册商标的权利。

商标专用权的保护对象是经过国家商标管理机关核准注册的商标，未经核准注册的商标不受《商标法》保护。

注册商标的有效期为 10 年，自核准注册之日起计算。但是，商标与其他知识产权的客体不同，往往使用时间越长越有价值。商标的知名度较高往往也是长期使用的结果。因此，注册商标可以无数次提出续展申请，其理论上的有效期是无限的。注册商标有效期满，需要继续使用的，应当在期满前 12 个月内申请续展注册；在此期间未能提出申请的，可以给予 6 个月的宽展期。宽展期满仍未提出申请的，注销其注册商标。每次续展注册的有效期为 10 年。

（3）著作权

著作权，是指作者及其他著作权人依法对文学、艺术和科学作品所享有的专有权。在我国，著作权等同于版权。

著作权保护的客体是作品，在建设工程活动中，会产生许多具有著作权的作品。

1）文字作品

对于施工单位而言，施工单位编制的投标文件等文字作品、项目经理完成的工作报告等，都会享有著作权。建设单位编制的招标文件等文字作品也享有著作权。

2）建筑作品

建筑作品是指以建筑物或者构筑物形式表现的有审美意义的作品。

3）图形作品

图形作品是指为施工、生产绘制的工程设计图、产品设计图，以及反映地理现象、说明事物原理或者结构的地图、示意图等作品。

著作权的主体是指从事文学、艺术、科学等领域的创作出作品的作者及其他享有著作权的公民、法人或者其他组织。在特定情况下，国家也可以成为著作权的主体。

在建设工程活动中，有许多作品属于单位作品。由法人或者其他组织主持，代表法人或者其他组织意志创作，并由法人或者其他组织承担责任的作品，法人或者其他组织视为作者。如招标文件、投标文件，往往就是单位作品。单位作品的著作权完全归单位所有。

在建设工程活动中，有些作品属于职务作品。公民为完成法人或者其他组织工作任务所创作的作品是职务作品。职务作品与单位作品在形式上的区别在于：单位作品的作者是单位，而职务作品的作者是公民个人。

在建设工程活动中，有些作品属于委托作品。一般情况下，勘察设计文件都是勘察设计单位接受建设单位委托创作的委托作品。受委托创作的作品，著作权的归属由委托人和受托人通过合同约定。合同未作明确约定或者没有订立合同的，著作权属于受托人。

著作权的保护期由于权利内容以及主体的不同而有所不同：①作者的署名权、修改权、保护作品完整权的保护期不受限制。②公民的作品，其发表权、使用权和获得报酬权的保护期，为作者终生及其死后50年。如果是合作作品，截止于最后死亡的作者死亡后第50年的12月31日。③法人或者其他组织的作品、著作权（署名权除外）由法人或者其他组织享有的职务作品，其发表权、使用权和获得报酬权的保护期为50年，截止于作品首次发表后第50年的12月31日，但作品自创作完成后50年内未发表的，不再受《著作权法》保护。

（4）计算机软件

计算机软件是指计算机程序及其有关文档。

软件著作权属于软件开发者，《计算机软件保护条例》另有规定的除外。如无相反证明，在软件上署名的自然人、法人或者其他组织为开发者。

由两个以上的自然人、法人或者其他组织合作开发的软件，其著作权的归属由合作开发者签订书面合同约定。接受他人委托开发的软件，其著作权的归属由委托人与受托人签订书面合同约定；无书面合同或者合同未作明确约定的，其著作权由受托人享有。由国家机关下达任务开发的软件，著作权的归属与行使由项目任务书或者合同规定；项目任务书或者合同中未作明确规定的，软件著作权由接受任务的法人或者其他组织享有。

自然人的软件著作权，保护期为自然人终生及其死亡后50年，截止于自然人死亡后第50年的12月31日；软件是合作开发的，截止于最后死亡的自然人死亡后第50年的12月31日。法人或者其他组织的软件著作权，保护期为50年，截止于软件首次发表后第50年的12月31日，但软件自开发完成之日起50年内未发表的，不再受到《计算机软件保护条例》的保护。

1.4.2　建设工程知识产权的保护

建设工程知识产权权利人的权益受到损害包括违约和侵权两种情况，当事人可以寻求的保护途径包括民法保护、行政法保护和刑法保护。

1. 建设工程专利权的保护

《中华人民共和国专利法》规定，建设工程发明或者实用新型专利权的保护范围以其权利要求的内容为准，说明书及附图可以用于解释权利要求的内容。外观设计专利权的保护范围以表示在图片或者照片中的该产品的外观设计为准，简要说明可以用于解释图片或者照片所表示的该产品的外观设计。

专利权人或者利害关系人有证据证明他人正在实施或者即将实施侵犯专利权的行为，

如不及时制止将会使其合法权益受到难以弥补的损害的，可以在起诉前向人民法院申请采取责令停止有关行为的措施。申请人提出申请时，应当提供担保；不提供担保的，人民法院可驳回申请。

人民法院应当自接受申请之时起48小时内做出裁定；有特殊情况需要延长的，可以延长48小时。裁定责令停止有关行为的，应当立即执行。当事人对裁定不服的，可以申请复议一次；复议期间不停止裁定的执行。

2. 建设工程商标权的保护

《中华人民共和国商标法》规定，注册商标的专用权，以核准注册的商标和核定使用的商品为限。有下列行为之一的，均属侵犯注册商标专用权：

（1）未经商标注册人的许可，在同一种商品上使用与其注册商标相同的商标的；

（2）未经商标注册人的许可，在同一种商品上使用与其注册商标近似的商标，或者在类似商品上使用与其注册商标相同或者近似的商标，容易导致混淆的；

（3）销售侵犯注册商标专用权的商品的；

（4）伪造、擅自制造他人注册商标标识或者销售伪造、擅自制造的注册商标标识的；

（5）未经商标注册人同意，更换其注册商标并将该更换商标的商品又投入市场的；

（6）故意为侵犯他人商标专用权行为提供便利条件，帮助他人实施侵犯商标专用权行为的；

（7）给他人的注册商标专用权造成其他损害的。

3. 建设工程著作权的保护

著作权的保护，如果侵权行为同时损害公共利益的，可以由著作权行政管理部门责令停止侵权行为，没收违法所得，没收、销毁侵权复制品，并可处以罚款；情节严重的，著作权行政管理部门还可以没收主要用于制作侵权复制品的材料、工具、设备等；构成犯罪的，依法追究刑事责任。

1.4.3 建设工程知识产权侵权的法律责任

1. 建设工程知识产权侵权的民事责任

承担侵权责任的方式主要有：

（1）停止侵害

停止侵害是指建设工程知识产权被侵权时，权利人有权要求侵权人停止侵害。

（2）排除妨碍

排除妨碍是指建设工程知识产权权利人行使其权利受到不法阻碍或妨害时，有权请求加害人排除或请求人民法院强制排除，以保障权利正常行使的措施。

（3）消除危险

消除危险是指行为人的行为对建设工程知识产权造成潜在威胁的，权利人可以要求其采取有效措施消除危险。

（4）返还财产

返还财产是指侵权人因为侵权行为而占有了建设工程知识产权所有人的财产，权利人有权要求返还。

（5）恢复原状

恢复原状是指建设工程知识产权权利人有权要求侵权人恢复权利被侵害前的原有状态。

（6）赔偿损失

赔偿损失是指侵权行为给建设工程知识产权权利人造成财产上的损失时，应当以其财产赔偿对方所蒙受的财产损失。

（7）赔礼道歉

赔礼道歉主要适用于人身权受到侵害时的责任。

（8）消除影响、恢复名誉

消除影响、恢复名誉与赔礼道歉类似，主要适用于人身权受到侵害时的责任，在建设工程知识产权中也会有人身权的内容，如著作权，可以适用这两种民事责任。

以上承担侵权责任的方式，可以单独适用，也可以合并适用。

2. 建设工程知识产权侵权的行政责任

（1）侵犯建设工程专利权的行政责任

在侵犯建设工程专利权的行为中，需要承担行政责任的主要是假冒专利，除依法承担民事责任外，应当由专利主管部门责令改正并予公告，没收违法所得，可以并处违法所得5倍以下的罚款；没有违法所得的或违法所得在5万元以下的，可以处25万元以下的罚款。

对于未经专利权人许可，实施其专利这一侵权行为，引起纠纷的，专利权人或者利害关系人可以请求专利主管部门处理；专利主管部门处理时，认定侵权行为成立的，可以责令侵权人立即停止侵权行为。

（2）侵犯建设工程商标权的行政责任

1）使用注册商标违法的行政责任

商标注册人在使用注册商标的过程中，自行改变注册商标、注册人名义、地址或者其他注册事项的，由地方工商管理部门责令限期改正；期满不改正的，由商标局撤销其注册商标。注册商标成为其核定使用的商品的通用名称或者没有正当理由连续3年不使用的，任何单位或者个人可以向商标局申请撤销该注册商标。商标局应当自收到申请之日起9个月内做出决定。有特殊情况需要延长的，经国务院工商管理部门批准，可以延长3个月。

2）使用未注册商标违法的行政责任

将未注册商标冒充注册商标使用的，或者使用未注册商标中含有不得作为商标使用标志的，由地方工商行政管理部门予以制止，限期改正，并可以予以通报，违法经营额5万元以上的，可以处违法经营额20%以下的罚款，没有违法经营额或者违法经营额不足5万元的，可以处1万元以下的罚款。

（3）侵犯建设工程著作权的行政责任

按照《著作权法》的规定，有下列侵权行为的，如果同时损害公共利益的，可以由著作权行政管理部门责令停止侵权行为，予以警告，没收违法所得，没收、无害化销毁侵权复制品主要用于制作侵权复制品的材料、工具、设备等；并可处以罚款。

1）未经著作权人许可，复制、发行、表演、放映、广播、汇编、通过信息网络向公众传播其作品的；2）出版他人享有专有出版权的图书的；3）未经表演者许可，复制、发行录有其表演的录音录像制品，或者通过信息网络向公众传播其表演的；4）未经录音录像制作者许可，复制、发行、通过信息网络向公众传播其制作的录音录像制品的；5）未经许可，播放或者复制广播、电视的；6）未经著作权人或者与著作权有关的权利人许可，故意避开或者破坏权利人为其作品、录音录像制品等采取的保护著作权或者与著作权有关的权利的技术措施的；7）未经著作权人或者与著作权有关的权利人许可，故意删除或者改变作品、录音录像制品等的权利管理电子信息的；8）制作、出售假冒他人署名的作品的。

3. 建设工程知识产权侵权的刑事责任

建设工程知识产权侵权行为中，可能构成犯罪的是，违反知识产权保护法，未经知识产权所有人许可，非法利用其知识产权，侵犯国家对知识产权的管理秩序和知识产权所有人的合法权益，违法所得数额较大或者情节严重的行为。

（1）侵犯商标权的刑事责任

1）假冒注册商标罪

《刑法》规定，未经注册商标所有人许可，在同一种商品上使用与其注册商标相同的商标，情节严重的，处3年以下有期徒刑或者拘役，并处或者单处罚金；情节特别严重的，处3年以上7年以下有期徒刑，并处罚金。

2）销售假冒注册商标的商品罪

销售明知是假冒注册商标的商品，销售金额数额较大的，处3年以下有期徒刑或者拘役，并处或者单处罚金；销售金额数额巨大的，处3年以上7年以下有期徒刑，并处罚金。

3）非法制造、销售非法制造的注册商标标识罪

伪造、擅自制造他人注册商标标识或者销售伪造、擅自制造的注册商标标识，情节严重的，处3年以下有期徒刑、拘役或者管制，并处或者单处罚金；情节特别严重的，处3年以上7年以下有期徒刑，并处罚金。

（2）侵犯专利权的刑事责任

假冒他人专利，情节严重的，处3年以下有期徒刑或者拘役，并处或者单处罚金。

（3）侵犯著作权的刑事责任

1）侵犯著作权罪

以营利为目的，有下列侵犯著作权情形之一，违法所得数额较大或者有其他严重情节的，处3年以下有期徒刑或者拘役，并处或者单处罚金；违法所得数额巨大或者有其他特别严重情节的，处3年以上7年以下有期徒刑，并处罚金：①未经著作权人许可，复制发行其文字作品、音乐、电影、电视、录像作品，计算机软件及其他作品的；②出版他人享有专有出版权的图书的；③未经录音录像制作者许可，复制发行其制作的录音录像的；④制作、出售假冒他人署名的美术作品的。

2）销售侵权复制品罪

以营利为目的，销售明知是侵权复制品，违法所得数额巨大的，处3年以下有期徒刑或者拘役，并处或者单处罚金。

【任务 1.4 小结】

1. 了解知识产权的法律特征和主要种类。
2. 掌握各类知识产权的保护期限。
3. 了解知识产权的保护及侵权责任的承担。

班级：_____　姓名：_____　成绩：_____

【任务 1.4 习题】

一、单项选择题

1. 知识产权是指民事权利主体（公民、法人）基于创造性的（　　）而享有的权利。

A. 劳动成果　　　　B. 智力成果　　　　C. 精神成果　　　　D. 科学成果

2. 某建筑设计公司工程师张某接受公司指派的任务，为某住宅楼绘制了工程设计图。按照著作权法的规定，下列表述正确的是（　　）。

A. 张某享有工程设计图的署名权，该公司享有著作权的其他权利

B. 张某享有工程设计图的发表权、署名权、修改权和保护作品完整权，该公司享有著作权的其他权利

C. 张某享有工程设计图的所有权利，但该公司在其业务范围内可以优先使用

D. 该公司享有工程设计图著作权的所有权利，但应当给予张某相应的奖励

3. 专利权的保护对象，是指依法应授予专利的发明创造。根据《专利法》及其实施细则的规定，包括发明、实用新型和（　　）。

A. 内部设计　　　　B. 产品方案　　　　C. 外观设计　　　　D. 产品构造

4. 下列事项中，属于专利保护对象的是（　　）。

A. 施工企业的名称或标志　　　　　　B. 施工企业编制的投标文件

C. 施工企业编制的施工方案　　　　　D. 施工企业发明的新技术

5. 计算机软件也是工程建设中经常使用的，计算机软件属于（　　）保护的客体。

A. 专利权　　　　B. 商标权　　　　C. 著作权　　　　D. 发明权

6. 甲设计员根据公司要求，日夜研究开发出某算量计价软件，终于在 2019 年 11 月 6 日研发成功，但此软件一直未发表，则著作权截止日为（　　）。

A. 2019 年 10 月 30 日　　　　　　　B. 2019 年 11 月 6 日

C. 2019 年 12 月 6 日　　　　　　　　D. 2019 年 12 月 31 日

7. 软件著作权的归属，下列说法错误的是（　　）。

A. 由两个以上的自然人、法人或者其他组织合作开发的软件，其著作权的归属由合作开发者签订书面合同约定

B. 接受他人委托开发的软件，其著作权的归属由委托人与受托人签订书面合同约定

C. 无书面合同或者合同未作明确约定的，其著作权由委托人享有

D. 由国家机关下发任务开发的软件，著作权的归属与行使由项目任务书或者合同规定

8. 关于计算机软件的法律保护说法错误的是（　　）。

A. 同一计算机程序的源程序和目标程序为同一作品

B. 软件著作权属于软件开发者

C. 除合同另有约定外，未经该软件著作权人许可，不得向任何第三方提供修改后的软件

D. 自然人的软件著作权，保护期为自然人终生及其死亡后 60 年，截止于自然人死亡后第 60 年的软件完成日

9. 王某经长期研究发明了高黏度建筑涂料胶粉，2001 年 3 月 5 日委托某专利事务所申请专利，3 月 15 日该专利事务所向国家专利局申请了专利，5 月 15 日专利局将其专利

公告，2003 年 2 月 13 日授予王某专利权。该专利权届满的期限是(　　)。

    A. 2021 年 3 月 5 日　　　　　　　　　　B. 2021 年 3 月 15 日

    C. 2021 年 5 月 15 日　　　　　　　　　　D. 2023 年 2 月 13 日

    10. 有著作权侵权行为的，应当根据具体情况承担停止侵害、消除影响、赔礼道歉、赔偿损失等民事责任；对于损害公共利益或情节严重的侵权行为，可以由(　　)依法追究其行政责任；构成犯罪的，依法追究刑事责任。

    A. 知识产权保护组织　　　　　　　　　　B. 国家出版局

    C. 政府相关管理部门　　　　　　　　　　D. 著作权行政管理部门

二、多项选择题

    1. 知识产权是指民事主体对智力劳动成果依法享有的专有权利，以下不属于知识产权的有(　　)。

    A. 著作权　　　　B. 肖像权　　　　C. 姓名权　　　　D. 专利权

    E. 商标权

    2. 在建设项目施工中，施工单位与其他主体产生合同之债的情形有(　　)等。

    A. 施工单位与材料供应商订立合同

    B. 施工现场的砖块坠落砸伤现场外的行人

    C. 施工单位将本应汇给甲单位的材料款汇入了乙单位账号

    D. 材料供应商向施工单位交付材料

    E. 施工单位向材料供应商支付材料款

    3. 著作权法保护的对象是作品著作，根据《著作权法》及其实施条例的规定，作品的种类有很多种，其中，在工程建设领域较为常见的包括(　　)。

    A. 艺术作品　　　　B. 建筑作品　　　　C. 图形作品　　　　D. 音乐作品

    E. 文字作品

    4. 下列关于著作权主体的说法中，正确的有(　　)。

    A. 招标文件属于单位作品，著作权完全归单位所有

    B. 单位作品的作者是单位，而职务作品的作者是个人

    C. 一般情况下，职务作品的著作权由作者享有

    D. 职务作品的作者可以许可第三人使用该作品

    E. 委托作品的著作权属于委托人

    5. 甲公司将其生产的白酒独创性地取名为"雨朦胧"，并将"雨朦胧"申请为注册商标。乙公司也为白酒生产商，乙公司的(　　)行为属侵犯甲公司商标权的行为。

    A. 未经甲公司许可，在自己生产的白酒产品上使用"雨朦胧"的品牌标识

    B. 制作"雨朦胧"的品牌标识，并且专门销售该品牌标识

    C. 向甲公司购买"雨朦胧"的品牌的使用权，并在自家产的白酒上使用该标识

    D. 向甲公司购买"雨朦胧"品牌白酒，将其品牌名更改为"朦胧雨"，再向市场销售"朦胧雨"品牌白酒

    E. 向另外一家白酒制造商丙公司购买丙公司自制的"雨朦胧"品牌白酒，并向市场销售这部分白酒

三、简答题

承担侵权责任的方式主要有哪些？

任务 1.5　建设工程担保制度

【案例 1-5】王某需要购买一套住宅房，与李某于 2019 年 2 月 20 日口头达成了房屋买卖协议，约定李某将一套建筑面积为 138.7m² 的房屋以 100 万元的价格出售给王某。为了确保房屋买卖合同的订立与履行，王某当即付给李某 5 万元定金，并约定 3 日后双方签订书面购房合同。李某收受定金后未与王某签订书面合同，反而于 2019 年 3 月 15 日将该房屋卖与赵某。王某要求李某履约遭到拒绝，遂向法院起诉，要求李某双倍返还定金 10 万元。

请问：王某的诉求能得到法院的支持吗？

1.5.1　担保与担保合同的法律规定

1. 担保的概念

担保是指当事人根据法律规定或者双方约定，为促使债务人履行债务实现债权人的权利的法律制度。担保通常由当事人双方订立担保合同。担保活动应当遵循平等、自愿、公平、诚实信用的原则。

案例1-5解析

2. 担保合同的概念

担保合同，是指为促使债务人履行其债务，保障债权人的债权得以实现，而在债权人（同时也是担保权人）和债务人之间，或在债权人、债务人和第三人（即担保人）之间协商形成的，当债务人不履行或无法履行债务时，以一定方式保证债权人债权得以实现的协议。担保合同旨在明确担保权人和担保人之间的权利、义务关系，保障债权人的债权得以实现。

担保合同是主合同的从合同，主合同无效，担保合同无效。担保合同另有约定的，按照约定。担保合同被确认无效后，债务人、担保人、债权人有过错的，应当根据其过错各自承担相应的民事责任。

3. 建设工程施工常用的担保种类

我国常用的担保方式有五种，即：保证、抵押、质押、留置和定金。

1.5.2　建设工程保证担保的方式和责任

1. 保证的法律规定

在建设工程活动中，保证是最为常用的一种担保方式。保证，是指保证人和债权人约定，当债务人不履行债务时，保证人按照约定履行债务或者承担责任的行为。具有代为清偿债务能力的法人、其他组织或者公民，可以作保证人。

具有代为清偿债务能力的法人、其他组织或者公民，可以作为保证人。但是，以下组织不能作为保证人：

（1）国家机关不得为保证人，但经国务院批准为使用外国政府或者国际经济组织贷款进行转贷的除外。

（2）学校、幼儿园、医院等以公益为目的的非营利法人、非法人组织不得为保证人。

在建设工程活动中，由于担保的标的额较大，保证人往往是银行，也有信用较高的其他担保人，如担保公司。银行出具的保证通常称为保函，其他保证人出具的书面保证一般

称为保证书。

保证人与债权人应当以书面形式订立保证合同。保证人与债权人可以就单个主合同分别订立保证合同，也可以协议在最高债权额限度内就一定期间连续发生的借款合同或者某项商品交易合同订立一个保证合同。

2. 保证的方式

保证的方式有两种：一般保证和连带责任保证。

当事人在保证合同中约定，债务人不能履行债务时，由保证人承担保证责任的，为一般保证。

当事人在保证合同中约定保证人与债务人对债务承担连带责任的，为连带责任保证。

连带责任保证的债务人在主合同规定的债务履行期届满没有履行债务的，债权人可以要求债务人履行债务，也可以要求保证人在其保证范围内承担保证责任。

《民法典》第六百八十六条规定，当事人在保证合同中对保证方式没有约定或者约定不明确的，按照一般保证承担保证责任。

3. 保证责任

《民法典》第六百九十一条规定，保证的范围包括主债权及其利息、违约金、损害赔偿金和实现债权的费用。当事人另有约定的，按照其约定。

当事人对保证担保的范围没有约定或者约定不明确的，保证人应当对全部债务承担责任。

《民法典》第六百九十二条规定，保证期间是确定保证人承担保证责任的期间，不发生中止、中断和延长。

债权人与保证人可以约定保证期间，但是约定的保证期间早于主债务履行期限或者与主债务履行期限同时届满的，视为没有约定；没有约定或者约定不明确的，保证期间为主债务履行期限届满之日起六个月。

债权人与债务人对主债务履行期限没有约定或者约定不明确的，保证期间自债权人请求债务人履行债务的宽限期届满之日起计算。

《民法典》第六百九十三条规定，一般保证的债权人未在保证期间对债务人提起诉讼或者申请仲裁的，保证人不再承担保证责任。

连带责任保证的债权人未在保证期间请求保证人承担保证责任的，保证人不再承担保证责任。

《民法典》第六百九十五条规定，债权人和债务人未经保证人书面同意，协商变更主债权债务合同内容，减轻债务的，保证人仍对变更后的债务承担保证责任；加重债务的，保证人对加重的部分不承担保证责任。

债权人和债务人变更主债权债务合同的履行期限，未经保证人书面同意的，保证期间不受影响。

债权人转让全部或者部分债权，未通知保证人的，该转让对保证人不发生效力。保证人与债权人约定禁止债权转让，债权人未经保证人书面同意转让债权的，保证人对受让人不再承担保证责任。

债权人未经保证人书面同意,允许债务人转移全部或者部分债务,保证人对未经其同意转移的债务不再承担保证责任,但是债权人和保证人另有约定的除外。第三人加入债务的,保证人的保证责任不受影响。

《民法典》第六百九十九条规定,同一债务有两个以上保证人的,保证人应当按照保证合同约定的保证份额,承担保证责任;没有约定保证份额的,债权人可以请求任何一个保证人在其保证范围内承担保证责任。

在合同约定的保证期间和前款规定的保证期间,债权人未要求保证人承担保证责任的,保证人免除保证责任。

有下列情形之一的,保证人不承担民事责任:

(1) 主合同当事人双方串通,骗取保证人提供保证的;

(2) 主合同债权人采取欺诈、胁迫等手段,使保证人在违背真实意思的情况下提供保证的。

保证人承担保证责任后,有权向债务人追偿。人民法院受理债务人破产案件后,债权人未申报债权的,保证人可以参加破产财产分配,预先行使追偿权。

1.5.3　抵押权、质权、留置权、定金的规定

1. 抵押权

按照《民法典》第三百九十四条规定,为担保债务的履行,债务人或者第三人不转移财产的占有,将该财产抵押给债权人的,债务人不履行到期债务或者发生当事人约定的实现抵押权的情形,债权人有权就该财产优先受偿。

前款规定的债务人或者第三人为抵押人,债权人为抵押权人,提供担保的财产为抵押财产。

按照《民法典》第三百九十五条规定,债务人或者第三人有权处分的下列财产可以抵押:

(1) 建筑物和其他土地附着物;

(2) 建设用地使用权;

(3) 海域使用权;

(4) 生产设备、原材料、半成品、产品;

(5) 正在建造的建筑物、船舶、航空器;

(6) 交通运输工具;

(7) 法律、行政法规未禁止抵押的其他财产。

抵押人可以将前款所列财产一并抵押。

按照《民法典》第三百九十九条规定,下列财产不得抵押:

(1) 土地所有权;

(2) 宅基地、自留地、自留山等集体所有的土地使用权,但是法律规定可以抵押的除外;

(3) 学校、幼儿园、医疗机构等为公益目的成立的非营利法人的教育设施、医疗卫生设施和其他社会公益设施;

(4) 所有权、使用权不明或者有争议的财产;

（5）依法被查封、扣押、监管的财产；

（6）法律、行政法规规定不得抵押的其他财产。

按照《民法典》第四百条规定，设立抵押权，当事人应当采用书面形式订立抵押合同。抵押合同一般包括下列条款：

（1）被担保债权的种类和数额；

（2）债务人履行债务的期限；

（3）抵押财产的名称、数量等情况；

（4）担保的范围。

抵押人有义务妥善保管抵押物并保证其价值。抵押期间，抵押人转让已办理登记的抵押物，应当通知抵押权人并告知受让人转让物已经抵押的情况；否则，该转让行为无效。抵押人转让抵押物的价款，应当向抵押权人提前清偿所担保的债权或者向与抵押权人约定的第三人提存。超过债权的部分归抵押人所有，不足部分由债务人清偿。转让抵押物的价款不得明显低于其价值。抵押人的行为足以使抵押物价值减少的，抵押权人有权要求抵押人停止其行为。

抵押权与其担保的债权同时存在。抵押权不得与债权分离而单独转让或者作为其他债权的担保。

债务履行期届满抵押权人未受清偿的，可以与抵押人协议以抵押物折价或者以拍卖、变卖该抵押物所得的价款受偿；协议不成的，抵押权人可以向人民法院提起诉讼。抵押物折价或者拍卖、变卖后，其价款超过债权数额的部分归抵押人所有，不足部分由债务人清偿。

同一财产向两个以上债权人抵押的，拍卖、变卖抵押物所得的价款按照以下规定清偿：1）抵押合同已登记生效的，按抵押物登记的先后顺序清偿；2）抵押权已经登记的先于未登记的受偿；3）抵押权未登记的，按照债权比例清偿。其他可以登记的担保物权，清偿顺序参照适用前款规定。

2. 质权

质权是指债务人或者第三人将其动产或权利移交债权人占有，将该动产或权利作为债权的担保。债务人不履行债务时，债权人有权依照法律规定以该动产或权利折价或者以拍卖、变卖该动产或权利的价款优先受偿。

质权是一种约定的担保物权，以转移占有为特征。债务人或者第三人为出质人，债权人为质权人，移交的动产或权利为质物。

质权分为动产质权和权利质权。

（1）动产质权

为担保债务的履行，债务人或者第三人将其动产出质给债权人占有的，债务人不履行到期债务或者发生当事人约定的实现质权的情形，债权人有权就该动产优先受偿。

出质人和质权人应当以书面形式订立质押合同。

质押合同自质物移交于质权人占有时生效，质押合同应当包括以下内容：

1）被担保的主债权种类、数额；

2）债务人履行债务的期限；

3）质押财产的名称、数量等情况；

4）担保的范围；

5）质押财产交付的时间、方式。

（2）权利质权

债务人或者第三人有权处分的下列权利可以出质：

1）汇票、本票、支票；

2）债券、存款单；

3）仓单、提单；

4）可以转让的基金份额、股权；

5）可以转让的注册商标专用权、专利权、著作权等知识产权中的财产权；

6）现有的以及将有的应收账款；

7）法律、行政法规规定可以出质的其他财产权利。

以汇票、本票、支票、债券、存款单、仓单、提单出质的，质权自权利凭证交付质权人时设立；没有权利凭证的，质权自办理出质登记时设立。法律另有规定的，依照其规定。

3. 留置

按照《民法典》第四百四十七条规定，债务人不履行到期债务，债权人可以留置已经合法占有的债务人的动产，并有权就该动产优先受偿。债权人为留置权人，占有的动产为留置财产。

留置是一种比较强烈的担保方式，必须依法行使，因保管合同、运输合同、加工承揽合同发生的债权，债务人不履行债务的，债权人有留置权。法律规定可以留置的其他合同，适用以上规定。当事人可以在合同中约定不得留置的物。

留置权人负有妥善保管留置物的义务。因保管不善致使留置物灭失或者毁损的，留置权人应当承担民事责任。

同一动产上已经设立抵押权或者质权，该动产又被留置的，留置权人优先受偿。

留置权人对留置财产丧失占有或者留置权人接受债务人另行提供担保的，留置权消灭。

4. 定金

按照《民法典》第五百八十六条规定，当事人可以约定一方向对方给付定金作为债权的担保。定金合同自实际交付定金时成立。

定金的数额由当事人约定，但是，不得超过主合同标的额的百分之二十，超过部分不产生定金的效力。实际交付的定金数额多于或者少于约定数额的，视为变更约定的定金数额。

按照《民法典》第五百八十七条规定，债务人履行债务的，定金应当抵作价款或者收回。给付定金的一方不履行约定债务的或履行债务不符合约定，致使不能实现合同目的的，无权请求返还定金；收受定金的一方不履行债务或履行债务不符合约定，致使不能实现合同目的的应当双倍返还定金。

定金应当以书面形式约定。当事人在定金合同中应当约定交付定金的期限。定金合同从实际交付定金之日起生效。当事人既约定违约金，又约定定金的，一方违约时，对方可以选择适用违约金或者定金条款。

定金不足以弥补一方违约造成的损失的，对方可以请求赔偿超过定金数额的损失。

【任务 1.5 小结】

1. 了解担保及担保合同的概念。
2. 掌握保证的两种方式及责任承担。
3. 了解抵押、质押、留置、定金的相关规定。

班级：_____　　姓名：_____　　成绩：_____

【任务 1.5 习题】

一、单项选择题

1. 担保的产生源于(　　)对债务人的不信任。

A. 当事人　　　　　B. 保证人　　　　　C. 债权人　　　　　D. 被担保人

2. 下列单位中可以作为保证人的是(　　)。

A. 学校　　　　　B. 医院　　　　　C. 国家机关　　　　　D. 有限公司子公司

3. 某银行与某投资商签订了担保合同，双方当事人没有约定保证方式，此时应按照(　　)。

A. 一般保证承担保证责任　　　　　B. 连带责任保证承担保证责任

C. 部分连带责任保证承担保证责任　　　　　D. 由双方认定的第三方确定保证责任

4. 保证合同的签订人为(　　)。

A. 债权人与债务人　　　　　B. 债权人与保证人

C. 债务人与保证人　　　　　D. 保证人与被保证人

5. 甲乙双方签订买卖合同，丙为乙的债务提供保证，但保证合同中未约定保证方式及保证期间，下列说法正确的是(　　)。

A. 丙的保证方式为连带责任保证

B. 保证期间与买卖合同的诉讼时效相同

C. 如果甲在保证期间内未要求丙承担保证责任，则丙免除保证责任

D. 如果甲在保证期间内未经丙书面同意将主债权转让给丁，则丙不再承担保证责任

6. 根据《民法典》规定，必须由第三人为当事人提供的担保方式是(　　)。

A. 保证　　　　　B. 抵押　　　　　C. 质押　　　　　D. 留置

7. 下列不得抵押的财产是(　　)。

A. 正在建造的航空器　　　　　B. 土地所有权

C. 生产原材料　　　　　D. 荒地承包经营权

8. 某水泥厂与张某签订了水泥供应合同，随后又与保证人签订了相应的担保合同。后来水泥供应合同被法院裁定为无效合同，则水泥厂与保证人签订的担保合同(　　)。

A. 有效　　　　　B. 部分有效　　　　　C. 无效　　　　　D. 有效性不确定

9. 银行与建筑工程公司订立保证合同、为其提供工程保函时，应采取的正确方式是(　　)。

A. 书面形式　　　　　B. 口头形式　　　　　C. 其他形式　　　　　D. 没有明确规定

10. (　　) 合同，债务人不履行债务，债权人有权行使留置权。

A. 买卖合同　　　　　B. 借款合同　　　　　C. 劳动合同　　　　　D. 保管合同

二、多项选择题

1. 五种担保方式中，既允许债务人用自己的财产也可以用第三人财产向债权人提供担保的有(　　)。

A. 保证　　　　　　　　　　　B. 抵押

C. 动产质押   D. 权利质押

E. 定金

2. 某项目建设单位甲公司在银行办理了在建工程抵押，银行同时要求建设单位提供保证人，保证方式没有约定。工程竣工后，甲建设单位无力偿还贷款 5000 万元，则银行有权( )。

A. 直接与甲建设单位协议折价

B. 向法院起诉拍卖该工程项目后优先受偿

C. 直接变卖该工程项目

D. 直接转移占有该工程项目

E. 直接要求保证人代为清偿债务

3. 定金是担保的一种形式，具有的性质包括( )。

A. 合同成立的证据   B. 抵作价款

C. 违约金   D. 预先给付

E. 担保

4. 某银行与某投资公司签订了保证合同，该合同应当包括( )。

A. 被保证的主债权种类、数额   B. 保证的方式

C. 债务人履行债务的期限   D. 保证人的资格

E. 保证担保的范围

5. 甲乙双方于 10 月 1 日签订买卖合同，合同价款 100 万元，约定买方支付定金 20 万元。由于资金周转困难，买方于 10 月 10 日交付了 10 万元，卖方予以签收，下列说法正确的是( )。

A. 买卖合同是主合同，定金合同是从合同

B. 定金合同自 10 月 1 日起成立

C. 若卖方不能交付货物，应返还 20 万元

D. 买卖合同自 10 月 10 日起成立

E. 若买方不能购买货物，卖方返还 10 万元的定金

三、简答题

王某是甲施工企业的项目经理，2018 年 8 月，他租了一台压路机，租期为一年，2018 年 10 月，李某找到王某，向王某说明该压路机已经作为抵押物被抵押了，他就是抵押权人。同时出示了抵押合同。该合同显示抵押合同生效时间为 2018 年 9 月 1 日。

请问：在租赁期内，李某能不能实现抵押权？

任务1.6　建设工程保险制度

【案例1-6】2016年3月7日，某养殖公司与某财产保险公司签订了《建筑工程一切险保险合同》，保险项目为该养殖公司的围堰工程，投保金额为3485000元，事故绝对免赔额为50000元；保险期限自2016年3月16日中午12时起至2016年5月5日中午12时止。双方在合同第13条还特别约定：物质损失部分每次事故赔偿限额为500000元。2016年3月11日，该养殖公司交付保险公司保险费12455元。

在保险期间，该围堰工程施工于2016年4月15日、4月30日因海上出现大风天气，导致两次海损事故发生，造成一定经济损失。在理赔过程中，双方就损失赔偿问题未达成一致意见。该养殖公司起诉到人民法院。2017年6月15日，一审法院依法委托某工程咨询管理公司对两次海损工程量进行了司法鉴定，同年7月31日得出鉴定结论：两次海损损毁的工程量合计26525.25m³。若按照双方提供的工程承包合同单价41元/m³计算，则海损部分的工程造价为1087535.25元。原告支付了鉴定费80000元。

请问：被告是否应当赔偿损失，赔偿额应当是多少？

1.6.1　保险与保险索赔的法律规定

1. 保险的概念

2015年4月经修改后颁布的《中华人民共和国保险法》（以下简称《保险法》）规定，保险是指投保人根据合同约定，向保险人支付保险费，保险人对于合同约定的可能发生的事故因其发生所造成的财产损失承担赔偿保险金责任，或者当被保险人死亡、伤残、疾病或者达到合同约定的年龄、期限等条件时承担给付保险金责任的商业保险行为。

案例1-6解析

保险合同是指投保人与保险人约定保险权利义务关系的协议。投保人是指与保险人订立保险合同，并按照合同约定负有支付保险费义务的人。保险人是指与投保人订立保险合同，并按照合同约定承担赔偿或者给付保险金责任的保险公司。

2. 保险索赔

对于投保人而言，保险的根本目的是发生灾难事件时能够得到补偿，而这一目的必须通过索赔来实现。

（1）投保人进行保险索赔须提供必要的有效的证明

保险事故发生后，依照保险合同请求保险人赔偿或者给付保险金时，投保人、被保险人或者受益人应当向保险人提供其所能提供的与确认保险事故的性质、原因、损失程度等有关的证明和资料。

这就要求投保人在日常管理中应当注意证据的收集和保存。当保险事件发生后，更应注意证据收集，有时还需要有关部门的证明。索赔的证据一般包括保单、建设工程合同、事故照片、鉴定报告以及保单中规定的证明文件。

（2）投保人等应当及时提出保险索赔

投保人、被保险人或者受益人知道保险事故发生后，应当及时通知保险人。这与索赔的成功与否密切相关。因为，资金有时间价值，如果保险事件发生后很长时间才能取得索赔，即使是全额赔偿也不足以补偿自己的全部损失。而且，时间过长还会给索赔人的取证

或保险人的理赔增加很大的难度。

（3）计算损失大小

保险单上载明的保险财产全部损失，应当按照全损进行保险索赔。保险单上载明的保险财产没有全部损失，应当按照部分损失进行保险索赔。但是，财产虽然没有全部毁损或者灭失，但其损坏程度已达到无法修理，或者虽然能够修理但修理费将超过赔偿金额的，也应当按照全损进行索赔。如果一个建设工程项目同时由多家保险公司承保，则应当按照约定的比例分别向不同的保险公司提出索赔要求。

3. 保险代理人和保险经纪人

保险代理人，是指根据保险人的委托授权，代理其经营保险业务，并收取代理费用的人。保险代理人在保险人授权的范围内以保险人的名义进行业务活动，包括招揽业务的宣传推销活动，接受投保，出立暂保单或保险单，代收保险费，代理查勘理赔等。

保险经纪人是基于投保人的利益，为投保人与保险人订立保险合同提供中介服务，并依法收取佣金的机构。

保险代理人与保险经纪人最大区别是：保险代理人是受保险公司的委托，为该保险公司推销保险产品。保险经纪人则是受投保人（保险客户）委托，根据客户风险情况，为其设计保险方案、制定保险计划，横向比较各保险公司的保险条款优劣，帮助投保人选择适当的保险公司。形象一些说，如果保险业是销售柜台的话，保险代理人就像是站在一个特定产品前的专职推销员。而保险经纪人则是帮助顾客选购产品的秘书或顾问，他不偏向于任何一个产品，而是完全根据顾客需求，选择同类产品中最适合消费者的那一款。

1.6.2 建设工程保险的主要种类

1. 建筑工程一切险（及第三者责任险）

建筑工程一切险是承保各类民用、工业和公用事业建筑工程项目，包括道路、桥梁、水坝、港口等，在建造过程中因自然灾害或意外事故而引起的一切损失的险种。因在建工程抗灾能力差，危险程度高，一旦发生损失，不仅会对工程本身造成巨大的物质财富损失，甚至可能殃及邻近人员与财物。因此，随着各种新建、扩建、改建的建设工程项目日渐增多，许多保险公司已经开设这一险种。

建筑工程一切险往往还加保第三者责任险。第三者责任险是指在保险有效期内因在施工工地上发生意外事故造成在施工工地及邻近地区的第三者人身伤亡或财产损失，依法应由被保险人承担的经济赔偿责任。

（1）投保人与被保险人

《建设工程施工合同（示范文本）》（GF—2017—0201）中规定，除专用合同条款另有约定外，发包人应投保建筑工程一切险或安装工程一切险；发包人委托承包人投保的，因投保产生的保险费和其他相关费用由发包人承担。

建筑工程一切险的被保险人范围较宽，所有在工程进行期间，对该项工程承担一定风险的有关各方（即具有可保利益的各方），均可作为被保险人。如果被保险人不止一家，则各家接受赔偿的权利以不超过其对保险标的的可保利益为限。被保险人具体包括：1）业主或工程所有人；2）承包商或者分包商；3）技术顾问，包括业主聘用的建筑师、工程师及其他专业顾问。

（2）保险责任范围

保险人对下列原因造成的损失和费用，负责赔偿：1）自然事件，指地震、海啸、雷电、飓风、台风、龙卷风、风暴、暴雨、洪水、水灾、冻灾、冰雹、地崩、山崩、雪崩、火山爆发、地面下陷下沉及其他人力不可抗拒的破坏力强大的自然现象；2）意外事故，指不可预料的以及被保险人无法控制并造成物质损失或人身伤亡的突发性事件，包括火灾和爆炸。

（3）除外责任

保险人对下列各项原因造成的损失不负责赔偿：1）设计错误引起的损失和费用；2）自然磨损、内在或潜在缺陷、物质本身变化、自燃、自热、氧化、锈蚀、渗漏、鼠咬、虫蛀、大气（气候或气温）变化、正常水位变化或其他渐变原因造成的保险财产自身的损失和费用；3）因原材料缺陷或工艺不善引起的保险财产本身的损失以及为换置、修理或矫正这些缺点错误所支付的费用；4）非外力引起的机械或电气装置的本身损失，或施工用机具、设备、机械装置失灵造成的本身损失；5）维修保养或正常检修的费用；6）档案、文件、账簿、票据、现金、各种有价证券、图表资料及包装物料的损失；7）盘点时发现的短缺；8）领有公共运输行驶执照的，或已由其他保险予以保障的车辆、船舶和飞机的损失；9）除非另有约定，在保险工程开始以前已经存在或形成的位于工地范围内或其周围的属于被保险人的财产的损失；10）除非另有约定，在保险单保险期限终止以前，保险财产中已由工程所有人签发完工验收证书或验收合格或实际占有或使用或接收的部分。

（4）第三者责任险

建筑工程一切险如果加保第三者责任险，保险人对下列原因造成的损失和费用，负责赔偿：1）在保险期限内，因发生与所保工程直接相关的意外事故引起工地内及邻近区域的第三者人身伤亡、疾病或财产损失；2）被保险人因上述原因支付的诉讼费用以及事先经保险人书面同意而支付的其他费用。

（5）赔偿金额

保险人对每次事故引起的赔偿金额以法院或政府有关部门根据现行法律裁定的应由被保险人偿付的金额为准，但在任何情况下，均不得超过保险单明细表中对应列明的每次事故赔偿限额。在保险期限内，保险人经济赔偿的最高赔偿责任不得超过本保险单明细表中列明的累计赔偿限额。

（6）保险期限

建筑工程一切险的保险责任自保险工程在工地动工或用于保险工程的材料、设备运抵工地之时起始，至工程所有人对部分或全部工程签发完工验收证书或验收合格，或工程所有人实际占用或使用或接收该部分或全部工程之时终止，以先发生者为准。但在任何情况下，保险期限的起始或终止不得超出保险单明细表中列明的保险生效日或终止日。

2. 安装工程一切险（及第三者责任险）

安装工程一切险是承保安装机器、设备、储油罐、钢结构工程、起重机、吊车以及包含机械工程因素的各种安装工程的险种。由于科学技术日益进步，现代工业的机器设备已进入电子计算机操控的时代，工艺精密、构造复杂，技术高度密集，价格十分昂贵。在安装、调试机器设备的过程中遇到自然灾害和意外事故的发生都会造成巨大的经济损失。安装工程一切险可以保障机器设备在安装、调试过程中，被保险人可能遭受的损失能够得到经济补偿。

安装工程一切险往往还加保第三者责任险。安装工程一切险的第三者责任险，负责被保险人在保险期限内，因发生意外事故，造成在工地及邻近地区的第三者人身伤亡、疾病或财产损失，依法应由被保险人赔偿的经济损失，以及因此而支付的诉讼费用和经保险人书面同意支付的其他费用。

（1）保险责任范围

保险人对因自然灾害、意外事故（具体内容与建筑工程一切险基本相同）造成的损失和费用，负责赔偿。

（2）除外责任

除外责任与建筑工程一切险的第 2）、5）、6）、7）、8）、9）、10）款相同，不同之处主要是：1）因设计错误、铸造或原材料缺陷或工艺不善引起的保险财产本身的损失以及为换置、修理或矫正这些缺点错误所支付的费用；2）由于超负荷、超电压、碰线、电弧、漏电、短路、大气放电及其他电气原因造成电气设备或电气用具本身的损失；3）施工用机具、设备、机械装置失灵造成的本身损失。

（3）保险期限

安装工程一切险的保险责任自保险工程在工地动工或用于保险工程的材料、设备运抵工地之时起始，至工程所有人对部分或全部工程签发完工验收证书或验收合格，或工程所有人实际占有或使用接收该部分或全部工程之时终止，以先发生者为准。但在任何情况下，安装期保险期限的起始或终止不得超出保险单明细表中列明的保险生效日或终止日。

安装工程一切险的保险期内，一般应包括一个试车考核期。试车考核期的长短一般根据安装工程合同中的约定进行确定，但不得超出安装工程保险单明细表中列明的试车和考核期限。安装工程一切险对考核期的保险责任一般不超过 3 个月，若超过 3 个月，应另行加收保险费。安装工程一切险对于旧机器设备不负考核期的保险责任，也不承担其维修期的保险责任。

3. 工伤保险和建筑职工意外伤害险

《建筑法》规定，建筑施工企业应当依法为职工参加工伤保险缴纳工伤保险费。鼓励企业为从事危险作业的职工办理意外伤害保险，支付保险费（详见本教材学习情境 4）。

【任务 1.6 小结】

1. 了解保险及保险索赔的法律规定。
2. 区分保险代理人与保险经纪人。
3. 掌握建设工程保险的主要类型。
4. 掌握建设工程一切险、安装工程一切险的保险范围及除外责任。

班级：_____   姓名：_____   成绩：_____

【任务 1.6 习题】

一、单项选择题

1. 属于安装工程一切险承保的是(　　)。

A. 因自然灾害导致的工程损毁

B. 设计错误引起的工程设备损坏

C. 意外事故所导致的钢结构安装过程中人员伤亡

D. 因自然灾害导致工程现场机械损坏

2. 工程开工前，(　　)应当为建设工程办理保险，并支付保费。

A. 发包人　　　　　　　　　　　B. 承包人

C. 发包人与承包人　　　　　　　D. 工程建设各方

3. 以下因(　　)引起的损失和费用属于建筑工程一切险保险责任范围。

A. 自然灾害　　　B. 设计错误　　　C. 自然磨损　　　D. 材料缺陷

4. 2019 年 2 月 1 日某建设单位与某施工单位签订了施工合同，约定开工日期为 2019 年 5 月 1 日，竣工日期为 2019 年 12 月 31 日。2019 年 2 月 10 日施工单位与保险公司签订了建筑工程一切险保险合同。施工单位为保证工期，于 2019 年 4 月 20 日将建筑材料运至工地。后因设备原因，工程实际开工日为 2019 年 5 月 10 日。该工程保险开始生效日为(　　)。

A. 2019 年 2 月 10 日　　　　　　B. 2019 年 4 月 20 日

C. 2019 年 5 月 1 日　　　　　　 D. 2019 年 5 月 10 日

5. 某起重机械设备安装单位投保了安装工程一切险，在机械设备安装过程中基于下列原因造成损失，其中应由保险公司承担损失的原因是(　　)。

A. 短路、过电压　　B. 材料瑕疵　　　C. 机械结构不合理　D. 战争、暴乱

6. 保险合同的当事人是(　　)。

A. 受益人与保险人　　　　　　　B. 投保人与被保险人

C. 投保人与保险人　　　　　　　D. 被保险人与保险人

7. 在保险合同履行过程中，按照约定交付保险费义务的人是(　　)。

A. 受益人　　　　B. 被保险人　　　C. 利益关系人　　　D. 投保人

8. 建筑工程一切险是一种综合性保险，该险种所承保的损失范围是(　　)。

A. 信用保险和意外伤害保险

B. 财产损失保险和第三者责任保险

C. 财产损失保险和意外伤害保险

D. 健康保险和责任保险

9. 属于安装工程一切险承保的是(　　)。

A. 因自然灾害导致的工程损毁

B. 设计错误引起的工程设备损坏

C. 意外事故所导致的钢结构安装过程中人员伤亡

D. 因自然灾害导致工程现场机械损坏

10. 某建筑公司承包了某工程，该工程计划于 5 月 15 日开工，该建筑公司在 5 月 5 日与保险公司签订了建筑职工意外伤害保险合同，5 月 8 日，该建筑公司工作人员在巡视工地现场时发生了意外事故，建筑公司拟向保险公司索赔，此时保险公司承担保险责任的期限起算时间应为（　　）。

A. 5 月 5 日　　　　　B. 5 月 8 日　　　　　C. 5 月 15 日　　　　　D. 6 月 15 日

二、多项选择题

1. 某建筑公司承建一项工程，作为施工单位，按照《建筑法》的规定，可以自愿投保的险种有（　　）。

A. 机动车辆险　　　B. 建筑工程一切险　　C. 建筑职工工伤保险

D. 安装工程一切险　E. 机器损坏险

2. 在人身保险合同法律关系中，涉及投保人、保险人、被保险人、受益人等主体，下列主体之中，可能为同一人的有（　　）。

A. 投保人与受益人　　　　　　　　　B. 保险人与投保人

C. 投保人与被保险人　　　　　　　　D. 投保人、被保险人和受益人

E. 保险人和受益人

3. 某建筑公司承建写字楼工程，根据我国《建筑法》和《建设工程安全生产管理条例》投保了建筑职工意外伤害保险。该险种承保的范围包括（　　）。

A. 工程本身受损　　　　　　　　　　B. 施工用设施受损

C. 被保险人从事建筑施工时由于操作不当受伤致残

D. 被保险人在施工现场被高空坠物砸死

E. 场地清理费

4. 某施工单位根据《建筑法》和《建设工程安全生产管理条例》投保了建筑职工意外伤害保险。在保险责任有效期内，被保险人在建筑施工中遭受意外致残。由被保险人作为申请人填写保险金给付申请书，被保险人被确定残疾及其程度后，凭一系列的证明文件向保险人申请给付保险金。这些证明文件通常包括（　　）。

A. 保险单及投保单位证明　　　　　　B. 被保险人户籍证明及身份证明

C. 由保险人指定或认可的医疗机构或医师出具的被保险人残疾程度鉴定书

D. 被保险人所能提供的与确认保险事故的性质、原因、伤害程度等有关的其他证明和资料

E. 保险人认可的医疗机构出具的被保险人死亡证明

5. 安装工程一切险专门承保各类安装工程，即在安装和试车考核过程中因自然灾害或意外事故所导致的损失。在这里意外事故通常包括（　　）。

A. 火灾　　　　　　　　　　　　　　B. 雷电

C. 火山爆发　　　　　　　　　　　　D. 爆炸

E. 设计错误

三、简答题

保险代理人与保险经纪人有什么区别？

任务 1.7　建设工程法律责任制度

【案例 1-7】 某市的在建 13 层 7 号住宅楼整体倒塌，造成一名作业人员死亡，直接经济损失人民币 1946 万余元。事故主要原因是开挖地下车库的土方集中堆放在 7 号楼北侧。堆放高度最高达到 10m，导致大楼两侧压力差使土体发生水平位移，过大的水平力超过桩基的抗侧能力。其次，间接原因还有：一是开挖基坑违反相关规定。土方开挖单位在未经监理方同意、未进行有效监测并不具备相应资质的情况下，没有按照相关技术要求开挖基坑。二是监理不到位。监理方对开发商、施工方的违法违规行为未进行有效处理，对施工现场的事故隐患未及时报告。三是管理不到位。开发商管理混乱，违章指挥，违法指定施工单位，不合理压缩施工工期。四是安全措施不到位。施工方对基坑开挖及土方处理未采取专项防护措施。五是围护桩施工不规范。施工方未严格按照相关要求组织施工，施工速度快于规定的技术标准要求。

事故发生后，该楼所在地的副区长和镇长、副镇长等公职人员，因对辖区内建设工程安全生产工作负有领导责任，分别被给予行政警告、行政记过、行政记大过处分；开发商、总包单位对事故发生负有主要责任，土方开挖单位对事故发生负有直接责任，基坑围护及桩基工程施工单位对事故发生负有一定责任，分别给予了经济罚款，其中对开发商、总包单位均处以法定最高限额罚款 50 万元，并吊销总包单位的建筑施工企业资质证书及安全生产许可证，待事故善后处理工作完成后吊销开发商的房地产开发企业资质证书；监理单位对事故发生负有重要责任，吊销其工程监理资质证书；工程监测单位对事故发生负有一定责任，予以通报批评处理。监理单位、土方开挖单位的法定代表人等 8 名责任人员，对事故发生负有相关责任，被处以吊销执业证书、罚款、解除劳动合同等处罚。秦某、张某、夏某、陆某、张某、乔某等 6 人，犯重大责任事故罪，被追究刑事责任，分别被判处有期徒刑 3～5 年。

该楼的 21 户购房户，有 11 户业主退房，10 户置换，分别获得相应的赔偿费。

请问：

1. 本案中的民事责任有哪些？
2. 本案中的行政责任有哪些？
3. 本案中的刑事责任有哪些？

法律责任，有广义、狭义之分。广义指任何组织和个人均所负有的遵守法律，自觉地维护法律的尊严的义务；狭义指违法者对违法行为所应承担的具有强制性的法律上的责任。

案例1-7解析

1.7.1　法律责任的特征和基本种类

1. 法律责任的概念

法律责任是指行为人由于违法行为、违约行为或由于法律规定而应承受的某种不利的法律后果。

2. 法律责任的种类

根据违法行为的性质和危害程度，可以把法律责任分为民事法律责任、行政法律责任、经济刑事法律责任、违宪法律责任和国家赔偿责任。

3. 法律责任的特征

（1）法律责任首先表示一种因违反法律上的义务（包括违约等）关系而形成的责任关系，它是以法律义务的存在为前提的。

（2）法律责任还表示为一种责任方式，即承担不利后果。

（3）法律责任具有内在逻辑性，即存在前因与后果的逻辑关系。

（4）法律责任的追究是由国家强制力实施或者潜在保证的。

1.7.2 建设工程民事责任的种类及承担方式

民事责任是指民事主体在民事活动中，因实施了民事违法行为，所应承担的对其不利的民事法律后果或者基于法律特别规定而应承担的民事法律责任。民事责任的功能主要是一种民事救济手段，使受害人被侵犯的权益得以恢复。民事主体依照法律规定或者按照当事人约定，履行民事义务，承担民事责任。

1. 民事责任的种类

民事责任可以分为违约责任和侵权责任两类。

违约责任是指合同当事人违反法律规定或合同约定的义务而应承担的责任。

侵权责任是指行为人因过错侵害他人财产、人身而依法应当承担的责任，以及虽没有过错，但在造成损害以后，依法应当承担的责任。

2. 民事责任的承担方式

《民法典》第一百七十九条规定，承担民事责任的方式主要有：1）停止侵害；2）排除妨碍；3）消除危险；4）返还财产；5）恢复原状；6）修理、重作、更换；7）继续履行；8）赔偿损失；9）支付违约金；10）消除影响、恢复名誉；11）赔礼道歉。

法律规定惩罚性赔偿的，依照其规定。

本条规定的承担民事责任的方式，可以单独适用，也可以合并适用。

1.7.3 建设工程行政责任的种类及承担方式

行政责任是指违反有关行政管理的法律法规规定，但尚未构成犯罪的行为，依法应承担的行政法律后果，包括行政处罚和行政处分。

1. 行政责任的种类

（1）行政处罚

行政处罚是指行政机关或其他行政主体依法定职权和程序对违反行政法规尚未构成犯罪的行政管理相对人给予行政制裁的具体行政行为。

（2）行政处分

行政处分是指国家机关、企事业单位对所属的国家工作人员违法失职行为尚不构成犯罪，依据法律、法规所规定的权限而给予的一种惩戒。

2. 行政责任的承担方式

行政处罚的种类：1）警告；2）罚款；3）没收违法所得，没收非法财物；4）责令停产停业；5）暂扣或者吊销许可证，暂扣或者吊销执照；6）行政拘留；7）法律、行政法规规定的其他行政处罚。

行政处分是指国家机关、企事业单位对所属的国家工作人员违法失职行为尚不构成犯罪，依据法律、法规所规定的权限而给予的一种惩戒。行政处分是行政制裁的一种形式，是对国家公务员的过错行为的一种否定和惩戒，使之受到抑制和消除，对未受到惩戒的国家公务员，也有着规范和警诫作用。同时又是被处分人的行政责任的体现形式之一。

行政处分种类有：警告、记过、记大过、降级、撤职、开除。

1.7.4　建设工程刑事责任的种类及承担方式

1. 刑事责任的种类

刑事责任是指犯罪人因实施犯罪行为应当承担的法律责任，按刑事法律的规定追究其法律责任，包括主刑和附加刑两种刑事责任。

2. 刑事责任的承担方式

主刑，是对犯罪分子适用的主要刑罚，它只能独立使用，不能相互附加适用。主刑分为管制、拘役、有期徒刑、无期徒刑和死刑。附加刑分为罚金、剥夺政治权利、没收财产。对犯罪的外国人，也可以独立或附加适用驱逐出境。

3. 建设工程领域常见刑事责任

（1）工程重大安全事故罪

工程重大安全事故罪，是指建设单位、设计单位、施工单位、工程监理单位违反国家规定，降低工程质量标准，造成重大安全事故的行为。

《刑法》第一百三十七条规定，建设单位、设计单位、施工单位、工程监理单位违反国家规定，降低工程质量标准，造成重大安全事故的，对直接责任人员处五年以下有期徒刑或者拘役，并处罚金；后果特别严重的，处五年以上十年以下有期徒刑，并处罚金。

《建筑法》第六十九条规定，工程监理单位与建设单位或者建筑施工企业串通，弄虚作假、降低工程质量的，责令改正，处以罚款，降低资质等级或者吊销资质证书；有违法所得的，予以没收；造成损失的，承担连带赔偿责任；构成犯罪的，依法追究刑事责任。工程监理单位转让监理业务的，责令改正，没收违法所得，可以责令停业整顿，降低资质等级；情节严重的，吊销资质证书。

（2）重大责任事故罪

重大责任事故罪是指在生产、作业中违反有关安全管理的规定，因而发生重大伤亡事故或者造成其他严重后果的行为。

重大责任事故罪是近年来常见多发的一种犯罪行为，不仅危及人民群众的生命安全，也造成了国家和群众财产的重大损失，严重地阻碍了企事业单位的正常经营和发展，直接危害到社会的稳定。我国 1979 年颁行的《刑法》第一百三十一条即有规定，现行刑法第一百三十四条又原样保留了该规定，最高司法机关也没有新的司法解释，有效惩治重大责任事故犯罪和保障企业生产、作业安全的功能。《刑法》（《刑法修正案（六）》）第一百三十四条、第一百三十五条规定，在生产、作业中违反有关安全管理的规定，因而发生重大伤亡事故或者造成其他严重后果的，处 3 年以下有期徒刑或者拘役；情节特别恶劣的，处三年以上七年以下有期徒刑。强令他人违章冒险作业，因而发生重大伤亡事故或者造成其他严重后果的，处五年以下有期徒刑或者拘役；情节特别恶劣的，处五年以上有期徒刑。

（3）重大劳动安全事故罪

重大劳动安全事故罪，是指安全生产设施或者安全生产条件不符合国家规定，因而发生重大伤亡事故或者造成其他严重后果的行为。《刑法》（《刑法修正案（六）》）第一百三十五条规定，安全生产设施或者安全生产条件不符合国家规定，因而发生重大伤亡事故或者造成其他严重后果的，对直接负责的主管人员和其他直接责任人员，处 3 年以下有期徒刑或者拘役；情节特别恶劣的，处 3 年以上 7 年以下有期徒刑。

（4）串通投标罪

串通投标罪，指投标者相互串通投标报价，损害招标人或者其他投标人利益，或者投标者与招标者串通投标，损害国家、集体、公民的合法权益，情节严重的行为。《刑法》第二百二十三条规定，投标人相互串通投标报价，损害招标人或者其他投标人利益，情节严重的，处 3 年以下有期徒刑或者拘役，并处或者单处罚金。投标人与招标人串通投标，损害国家、集体、公民的合法利益的，依照以上规定处罚。

课程思政：工程必须精益求精

在中国共产党的领导下，一代代土木人继往开来，砥砺前行，在世界工程史上谱写出伟大工程的壮丽诗篇。中国土木工程取得的成就是全方位的，包括房屋建筑、桥梁隧道、水利工程等领域，如世界规模最大的水电站——三峡大坝，世界最高的铁路——青藏铁路，世界最长的跨海大桥——港珠澳大桥，一个又一个的"世界奇迹"无一不标志着中国工程建设设计、施工和管理技术已达到世界领先水平。

但是，诸如偷工减料、擅自降低工程质量标准、部分房地产开发商因压缩工期造成工程事故等新闻偶有爆出，对社会安危和公平正义造成破坏性的影响，土建工程质量关乎广大人民群众的生命与财产安全，我们身为"土木人"，必须接受法律法规教育，进入社会后，在工程实践中必须严守法律，用自己的力量维护好行业的底线，必要的时候用法律的武器解决问题。

【任务 1.7 小结】

1. 了解法律责任的种类及特征。
2. 掌握民事责任的种类及承担方式。
3. 掌握行政责任的种类及承担方式。
4. 掌握刑事责任的种类及承担方式。

班级：_____　　　姓名：_____　　　成绩：_____

【任务 1.7 习题】

一、单项选择题

1. 承包商赵某施工的楼盘的下水道与城市主管道对接，施工中开挖的管道沟未设置保护措施和警示标志。当天黄昏，李某骑车回家途中经过该地段时掉入坑中，造成胳膊骨折。该楼盘承包商赵某应对李某承担的责任属于（　　　）。

A. 违约责任　　　　B. 侵权责任　　　　C. 行政责任　　　　D. 刑事责任

2. 下列处罚形式属于行政处罚的是（　　　）。

A. 罚金　　　　　　B. 罚款　　　　　　C. 没收财产　　　　D. 行政拘役

3. 下列各项，属于刑事责任承担方式的是（　　　）。

A. 有期徒刑　　　　B. 警告　　　　　　C. 没收违法所得　　D. 拘留

4. 在公共场所施工，没有设置明显标志造成他人损害的，施工单位应承担（　　　）。

A. 刑事责任　　　　B. 违约责任　　　　C. 侵权责任　　　　D. 行政责任

5. 行政处分和行政处罚共同的表现形式有（　　　）。

A. 记过　　　　　　B. 记大过　　　　　C. 严重警告　　　　D. 警告

6. 赵某在道路旁施工开挖管道沟未设置保护措施和警示标志，晚上李某骑车路过时掉入坑中，造成车损人伤。李某针对给自己带来的损害，可以向赵某要求（　　　）。

A. 停止侵害　　　　B. 恢复原状　　　　C. 返还财产　　　　D. 赔偿损失

7. 某材料供应商，不按材料采购合同的约定交付材料，材料供应商应承担（　　　）。

A. 侵权责任　　　　B. 违约责任　　　　C. 刑事责任　　　　D. 行政责任

8. 下列行为中，构成重大责任事故罪的行为应是（　　　）。

A. 工地塔吊倒塌，造成临近小吃部房屋被砸塌

B. 包工头单某素来与工人梁某不和，明知某行为违反安全管理的规定，可能会发生重大伤亡事故，仍然强迫梁某实施这一行为，导致梁某死亡

C. 工地安全管理人员于某，因为怕麻烦，没有严格执行工人进工地必须戴安全帽的安全规定，结果因为砖墙倒塌，砸死施工人员数名

D. 工地施工人员不按安全生产规定，擅自将废弃的建筑用钉子扔到周围的地上，造成 15 人被扎伤

9. 下列行为中，构成工程重大安全事故罪的行为应是（　　　）。

A. 一工人在施工中不慎从楼上掉下来摔死

B. 工地在建地下隐蔽工程时，对裸露地面的钢筋，未在周围做防护措施，也没有醒目标识，造成经过这里的关某摔成重伤

C. 某工程监理单位在进行检查过程中，发现施工单位过度追求施工进度，致使工程质量严重不符合要求，却不依法行使监理职能，造成建筑物倒塌，砸死砸伤多人的严重后果

D. 工地工人栾某在工地食堂下毒，致使工人集体中毒

10. 项某是某建筑公司司机，在一工地驾车作业时违反操作规程，不慎将一名施工的

工人轧死，对项某的行为应当(　　　)。

    A. 按过失致人死亡罪处理 　　　　　B. 按交通肇事罪处理

    C. 按重大责任事故罪处理 　　　　　D. 按意外事件处理

二、多项选择题

1. 下列各项中，属于行政处罚的有(　　　)。

    A. 罚款 　　　　　　　　　　　　　B. 拘役

    C. 没收财产 　　　　　　　　　　　D. 责令停业整顿

    E. 吊销企业营业执照

2. 下列各项，属于民事责任承担方式的有(　　　)。

    A. 赔偿损失 　　　　　　　　　　　B. 停止侵害

    C. 罚款 　　　　　　　　　　　　　D. 支付违约金

    E. 没收财产

3. 与工程建设关系比较密切的刑事犯罪有(　　　)。

    A. 重大责任事故罪 　　　　　　　　B. 受贿罪

    C. 重大劳动安全事故罪 　　　　　　D. 渎职罪

    E. 工程重大安全事故罪

4. 某施工单位在某工程项目的施工中，因自身原因导致施工中出现质量问题，给建设单位造成损失，该施工单位承担责任的方式应包括(　　　)。

    A. 停业整顿 　　　　　　　　　　　B. 赔偿损失

    C. 返还财产 　　　　　　　　　　　D. 修理

    E. 吊销资质证书

5. 某工地塔吊未按安全生产规定进行按时检查加固。为了赶进度，管理者明知存在安全隐患，仍继续要求施工，结果在施工过程中倒塌，造成重大伤亡。对此应负刑事责任的有(　　　)。

    A. 该工地的负责人 　　　　　　　　B. 负责塔吊安全的管理人

    C. 塔吊的销售人员 　　　　　　　　D. 该建筑公司的负责人

    E. 工地上的施工人员

三、简答题

什么是民事责任？民事责任的承担方式有哪些？

学习情境 2　建设许可法律制度与实务

知识点

1. 建设工程报建的范围和内容；
2. 施工许可证的适用范围和条件；
3. 施工许可证的申领程序；
4. 施工企业资质的法定条件；
5. 施工企业的资质序列、类别和等级；
6. 监理单位的资质等级与标准；
7. 监理单位的资质申请与审批；
8. 注册建造师的注册及管理；
9. 注册建造师的执业范围；
10. 注册建造师的基本权利与义务；
11. 注册造价工程师的注册及管理；
12. 注册造价工程师的执业范围；
13. 建筑业八大员的岗位职责。

能力点

1. 能够正确识别从业单位资质；
2. 能够正确识别施工许可证的意义与程序；
3. 能够根据个人需要，正确选择适合自身的执业资格方向。

思维导图

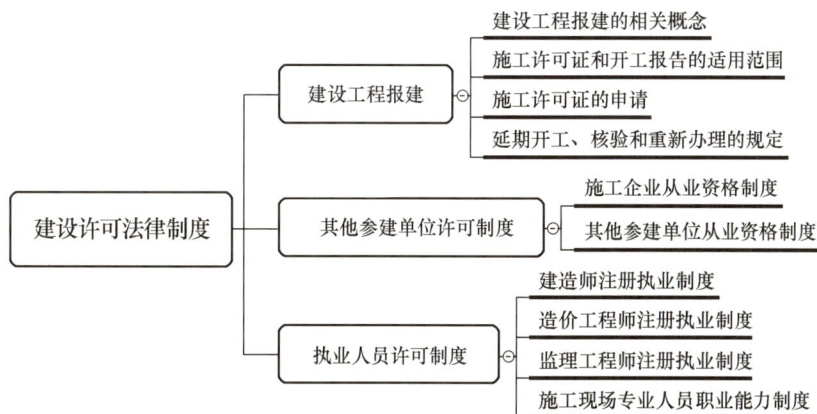

建设工程报建
- 建设工程报建的相关概念
- 施工许可证和开工报告的适用范围
- 施工许可证的申请
- 延期开工、核验和重新办理的规定

建设许可法律制度

其他参建单位许可制度
- 施工企业从业资格制度
- 其他参建单位从业资格制度

执业人员许可制度
- 建造师注册执业制度
- 造价工程师注册执业制度
- 监理工程师注册执业制度
- 施工现场专业人员职业能力制度

任务 2.1 建设单位许可制度

【案例 2-1】2016 年，某市一服装厂为扩大生产规模需要建设一栋综合楼，10 层框架结构，建筑面积 20000m²。通过工程监理招标，该市某建设监理有限公司中标并与该服装厂于 2016 年 7 月 16 日签订了委托监理合同，合同价款 34 万元；通过施工招标，该市某建筑公司中标，并与服装厂于 2016 年 8 月 16 日签订了建设工程施工合同，合同价款 4200 万元。合同签订后，建筑公司进入现场施工。在施工过程中，服装厂发现建筑公司工程进度拖延并出现质量问题，为此双方出现纠纷，并告到当地政府主管部门。当地政府主管部门在了解情况时，发现该服装厂的综合楼工程项目未办理规划许可、施工许可手续。

请问：本案中该服装厂有何违法行为，应该如何处理？

2.1.1 建设工程报建制度概述

1. 建设工程报建的相关概念

工程建设项目是指各类房屋建筑、土木工程、设备安装、管道线路敷设、装饰装修等固定资产投资的新建、扩建、改建以及技改等建设项目。

案例 2-1 解析

工程建设程序是指工程建设全过程中各项工作都必须遵守的先后次序。由于在工程建设过程中，工作量大，内外协作关系复杂，因此工程建设必然存在分阶段、按步骤进行的客观规律。作为政府主管部门必须在工程建设过程中设置一些审批环节，来对各方主体的工程建设行为进行监督管理。按照我国现行工程建设程序法规的规定，我国工程建设程序共分为五个阶段：工程建设前期阶段；工程建设准备阶段；工程建设实施阶段；工程验收与保修阶段；终结阶段。在工程建设准备阶段，工程报建是一个重要的环节，起着承上启下的作用。工程报建标志着工程建设前期准备阶段的工作已经完成，可以进入工程建设的实施阶段。

建设工程报建制度，是指建设单位在工程项目通过项目建议书（可分初步可行性研究或预可行性研究）、可行性研究、编制设计任务书、选择建设地点、立项审批、规划许可等前期筹备工作结束后，向建设行政主管部门申请转入工程建设的实施阶段，由建设行政主管部门依法对建设工程是否具备发包条件进行审查的一项制度。

随着国民经济的发展，从城市到农村，各类建设项目比比皆是，工程建设总量巨大，建筑业已经逐步发展成为国民经济的重要支柱产业之一。为了加强对建设项目规模和数量的有效控制，培育和完善建筑市场，我国于 1994 年出台了《工程建设项目报建管理办法》要求建设单位或其代理机构在工程项目可行性研究报告或其他立项文件被批准后，须向当地建设行政主管部门或其授权机构进行报建登记，交验工程项目立项的批准文件，包括银行出具的资信证明以及批准的建设用地等其他有关文件。

2. 建设工程报建的范围和内容

（1）报建的范围

按照《工程建设项目报建管理办法》规定，凡在中华人民共和国境内投资兴建的工程项目，包括外国独资、合资、合作的工程项目，都必须实行报建制度，接受当地建设行政主管部门或其授权机构的监督管理。工程建设项目的投资和建设规模有变化时，建设单位

应及时到当地建设行政主管部门或其授权机构进行补充登记。筹建负责人变更时，应重新登记。凡未办理报建登记的工程建设项目，不得办理招标投标手续和发放施工许可证，勘察、设计、施工单位不得承接该项工程的勘察、设计和施工。

（2）报建的时间

建设单位或其代理机构在工程项目可行性研究报告或其他立项文件被批准后，须向当地建设行政主管部门或其授权机构进行报建，交验工程项目立项的批准文件，包括银行出具的资信证明以及批准的建设用地等其他有关文件。

3. 建设工程报建的程序

项目报建由建设单位或其代理机构申请办理，一般按下列程序进行。

（1）建设单位到建设行政主管部门或其授权机构领取《工程建设项目报建表》（图 2-1）。

工 程 建 设 项 目 报 建 表

建设单位	××县粮食局		单位性质	有限公司
工程名称	××县××镇粮站新库区建设项目（二标段）			
工程地点	××县××镇			
投资总额	7406605.9元			
资金来源	县财政	当年投资		元
批准文件	立项文件名称	政府投资：100%；自筹： %；贷款： %		
	文件号	××政发改 [2012] 179号		
工程规模	1749.79m²			
计划开工日期	2021年5月11日	计划竣工日期		2021年10月7日
发包方式	包工包料			
银行资信证明				
是否拖欠工程款情况（具体数额）				
无				

建设单位：××县粮食局

法定代表人：　　　　　经办人：　　　　　电话：

日期：　20××年　　月　　日

图 2-1　工程建设项目报建表示意图

（2）按报建表的内容及要求认真填写。

（3）向建设行政主管部门或其授权机构报送《工程建设项目报建表》及相关材料，并按要求进行招标准备。

（4）接受报建的建设行政主管部门或其授权机构，对报建的文件、资料进行认真核验。

4. 建设工程报建的审批权限和职责

按照《工程建设项目报建管理办法》规定，工程建设项目报建实行分级管理，分管的权限由各地自行规定。

建设行政主管部门在下列几方面对工程建设项目报建实施管理：

（1）贯彻实施《建筑市场管理规定》和有关的方针政策。

（2）管理监督工程项目的报建登记。

（3）对报建的工程建设项目进行核实、分类、汇总。

（4）向上级主管机关提供综合的工程建设项目报建情况。

（5）查处隐瞒不报违章建设的行为。

课程思政：杜绝安全隐患，让权力运行在阳光下

建设工程报建制度是政府有关部门对工程项目的把关过程，既在经济指标上把关，也在安全上把关，这就是为什么遇到自然灾害时严格按照报建手续建设的项目损失小，没有经过报建的房子、违规加建的建筑物、违规搭盖的建筑物损失大的重要原因。不按照规范报建就会产生很多不必要的安全隐患，现实中，很多事故的发生都跟建设单位有很大关系。对于未按建设程序、盲目开工的项目，建设单位确应承担更大的事故责任。例如2018年1月，我国某市某县一处扶贫搬迁安置点道路建设项目发生一起土方坍塌较大事故，事故共造成三人死亡，该项目开工以来未组织有效的招标投标活动确定施工、监理单位，未履行报建、报监和施工许可等基本建设手续。

社会主义法治的核心内容是依法治国，工程报建制度的建立和完善，是公平正义在建筑行业的体现。建设工程报建制度意味着建筑行业有法规制度可依、维护人民合法权益和社会公平正义确保权力正确行使，让权力在阳光下运行，接受人民群众的监督。确保有权必有责、用权受监督、违法要追究。严控建设工程报建、审批流程，把好建设工程安全质量第一关，才能保证工程建设后期的顺利运行。

2.1.2 施工许可证和开工报告的适用范围

1. 建筑施工许可的相关概念

建筑施工许可是指建设行政主管部门或者其他有关行政主管部门准许、变更和终止公民、法人和其他组织从事建筑活动的具体行政行为。建筑施工许可的表现形式为施工许可证、开工报告、资质证书和执业资格证书等。

建筑施工许可制度是指由国家授权有关行政主管部门，在建设工程施工开始以前，对该项工程是否符合法定的开工条件进行审查，对符合条件的建设工程发放施工许可证，允许该工程开工建设的一项制度。

施工许可证是指建设工程开始施工前建设单位向建设行政主管部门申请的可以施工的证明，是建设单位能够从事建设工程开工活动的法律凭证。

2. 需要办理施工许可证的建设工程

2014年6月，住房和城乡建设部经修改后发布的《建筑工程施工许可管理办法》规定，在中华人民共和国境内从事各类房屋建筑及其附属设施的建造、装修装饰和与其配套的线路、管道、设备的安装，以及城镇市政基础设施工程的施工，建设单位在开工前应当依照本办法的规定，向工程所在地的县级以上地方人民政府住房和城乡建设主管部门申请领取施工许可证。

3. 不需要办理施工许可证的建设工程

（1）限额以下的小型工程

按照《建筑法》的规定，国务院建设行政主管部门确定的限额以下的小型工程，可以不申请办理施工许可证。

据此，《建筑工程施工许可管理办法》规定，工程投资额在 30 万元以下或者建筑面积在 300m² 以下的建筑工程，可以不申请办理施工许可证。省、自治区、直辖市人民政府建设行政主管部门可以根据当地的实际情况，对限额进行调整，并报国务院建设行政主管部门备案。

（2）抢险救灾等工程

《建筑法》规定，抢险救灾及其他临时性房屋建筑和农民自建低层住宅的建筑活动，不适用本法。由于上述几类工程各有其特殊性，所以，从实际出发，法律规定不需要办理施工许可证。

4. 不重复办理施工许可证的建设工程

为避免同一建设工程的开工由不同行政主管部门重复审批的现象，《建筑法》规定，按照国务院规定的权限和程序批准开工报告的建筑工程，不再领取施工许可证。这里有两层含义：①实行开工报告批准制度的建设工程，必须符合国务院的规定，其他任何部门的规定无效；②开工报告与施工许可证不要重复办理。

5. 实行开工报告制度的建设工程

开工报告制度是我国沿用已久的一种建设项目开工管理制度。1979 年，原国家计划委员会、国家基本建设委员会在《关于做好基本建设前期工作的通知》中规定了这项制度。1984 年，原国家计委发布的《关于简化基本建设项目审批手续的通知》中将其简化。1988 年以后，又恢复了开工报告制度。开工报告审查的内容主要包括：1）资金到位情况；2）投资项目市场预测；3）设计图纸是否满足施工要求；4）现场条件是否具备"三通一平"等的要求。

2.1.3　施工许可证的申请

1. 申请领取施工许可证的条件

施工许可证示意图见图 2-2。

施工许可证申请条件依法确定，是为了保证建筑工程开工后，组织施工能够顺利进行。

根据《中华人民共和国建筑法》第八条规定，申请领取施工许可证，应当具备下列条件：

（1）已经办理建筑工程用地批准手续，即获得有效的建设用地使用权证书。办理用地批准手续是建筑工程依法取得土地使用权的必经程序，只有依法取得土地使用权，建筑工程才能开工。根据《中华人民共和国土地管理法》的规定，建设单位可以通过出让或划拨的方式取得建筑工程用地的土地使用权。通过土地使用权出让方式取得土地使用权的，首先领取建设用地批准文件。经过规划设计取得建筑施工许可证的工程项目，在项目竣工

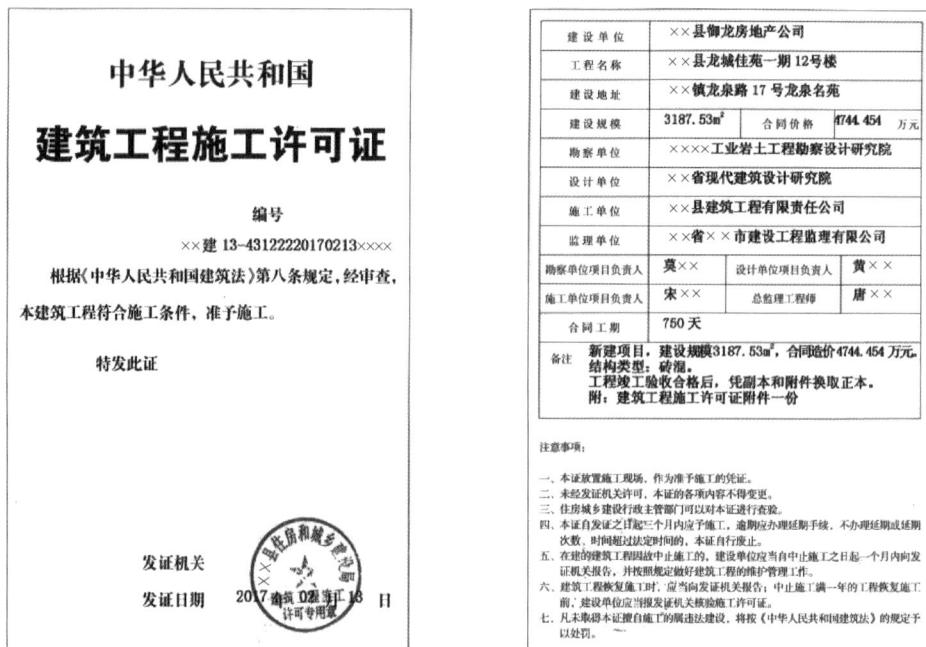

建设单位	××县御龙房地产公司
工程名称	××县龙城佳苑一期12号楼
建设地址	××镇龙泉路17号龙泉名苑
建设规模	3187.53m² 合同价格 4744.454 万元
勘察单位	××××工业岩土工程勘察设计研究院
设计单位	××省现代建筑设计研究院
施工单位	××县建筑工程有限责任公司
监理单位	××省××市建设工程监理有限公司
勘察单位项目负责人	莫×× 设计单位项目负责人 黄××
施工单位项目负责人	宋×× 总监理工程师 唐××
合同工期	750天
备注	新建项目,建设规模3187.53m²,合同造价4744.454万元,结构类型:砖混。工程竣工验收合格后,凭副本和附件换取正本。附:建筑工程施工许可证附件一份

注意事项:
一、本证放置施工现场,作为准予施工的凭证。
二、未经发证机关许可,本证的各项内容不得变更。
三、住房城乡建设行政主管部门可以对本证进行查验。
四、本证自发证之日起三个月内应予施工,逾期应办理延期手续,不办理延期或延期次数、时间超过法定时间的,本证自行废止。
五、在建的建筑工程因故中止施工的,建设单位应自中止施工之日起一个月内向发证机关报告,并按照规定做好建设工程的维护管理工作。
六、建筑工程核复施工时,应当向发证机关报告;中止施工满一年的工程恢复施工前,建设单位应当报发证机关核验施工许可证。
七、凡未取得本证擅自施工的属违法建设,将按《中华人民共和国建筑法》的规定予以处罚。

图 2-2　建设工程施工许可证

后,建设项目主管部门组织有关部门验收,由县级以上人民政府土地管理部门核查实际用途,经认可后办理土地登记手续,核发土地使用权证书。

(2)在规划区进行建设的建筑工程,已经取得建设工程规划许可证和建设工程用地规划许可证。规划区是《中华人民共和国城乡规划法》规定的城市、镇和村庄的建成区以及因城乡建设和发展需要,必须实行规划控制的区域。建设工程规划许可证是由城乡规划行政主管部门核发的,用于确认建设工程是否符合城乡规划要求的法律凭证。根据《中华人民共和国城乡规划法》第四十条规定:在城市、镇规划区内进行建筑物、构筑物、道路、管线和其他工程建设的,建设单位或者个人应当向城市、县人民政府城乡规划主管部门或者省、自治区、直辖市人民政府确定的镇人民政府申请办理建设工程规划许可证。申请办理建设工程规划许可证,应当提交使用土地的有关证明文件、建设工程设计方案等材料。需要建设单位编制修建性详细规划的建设项目,还应当提交修建性项目规划。对符合控制性详细规划和规划条件的,由城市、县人民政府城乡规划主管部门或者省、自治区、直辖市人民政府确定的镇人民政府核发建设工程规划许可证。市、县人民政府城乡规划主管部门或者省、自治区、直辖市人民政府确定的镇人民政府应当依法将经审定的修建性详细规划、建设工程设计方案的总平面图予以公布。

同时,该法第四十一条第一条款规定:在乡、村庄规划区内进行乡镇企业、乡村公告设施和公益事业建设的,建设单位或者个人应当向乡、镇人民政府提出申请,由乡、镇人民政府报城市、县人民政府城乡规划主管部门核发乡村建设规划许可证。

建设用地规划许可证是由建设单位或个人提出建设用地申请,城乡规划行政主管部门根据规划和建设项目的用地需要,确定建设用地位置、面积界限的法定凭证。根据《中华人民共和国城乡规划法》第三十七条和三十八条规定,建设单位应当向城市、县人民政府城乡建设规划主管部门申请领取建设用地规划许可证（图 2-3）。

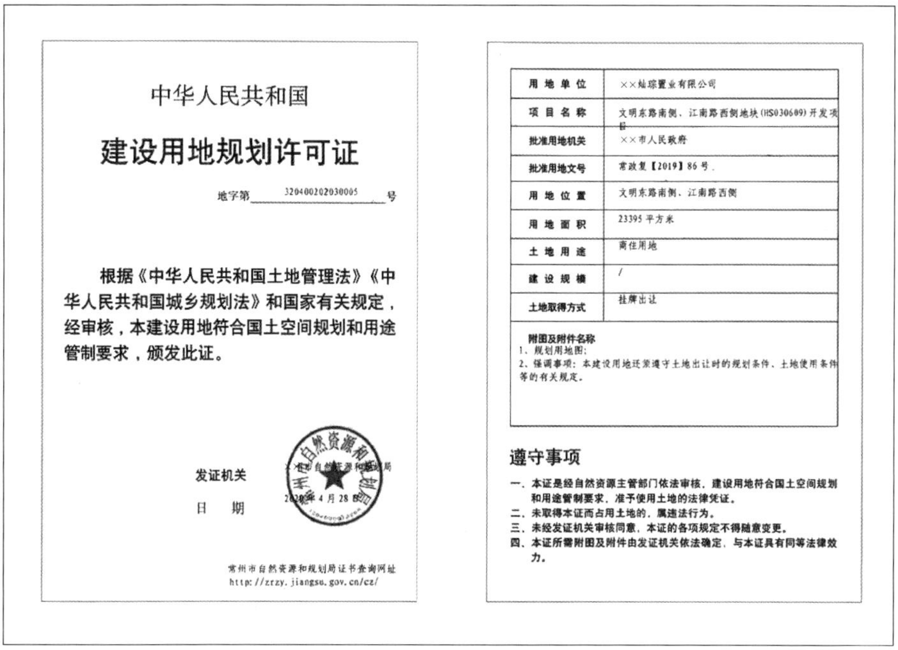

中华人民共和国

建设用地规划许可证

地字第 320400202030005 号

根据《中华人民共和国土地管理法》《中华人民共和国城乡规划法》和国家有关规定，经审核，本建设用地符合国土空间规划和用途管制要求，颁发此证。

发证机关

日　期　2020年4月28日

常州市自然资源和规划局证书查询网址
http://zrzy.jiangsu.gov.cn/cz/

用地单位	××灿琮置业有限公司
项目名称	文明东路南侧、江南路西侧地块(HS030609)开发项目
批准用地机关	××市人民政府
批准用地文号	常政复【2019】86号．
用地位置	文明东路南侧、江南路西侧
用地面积	23395平方米
土地用途	商住用地
建设规模	/
土地取得方式	挂牌出让

附图及附件名称
1、规划用地图；
2、强调事项：本建设用地还须遵守土地出让时的规划条件、土地使用条件等的有关规定。

遵守事项

一、本证是经自然资源主管部门依法审核，建设用地符合国土空间规划和用途管制要求，准予使用土地的法律凭证。
二、未取得本证而占用土地的，属违法行为。
三、未经发证机关审核同意，本证的各项规定不得随意变更。
四、本证所需附图及附件由发证机关依法确定，与本证具有同等法律效力。

图 2-3　建设用地规划许可证

（3）需要拆迁的，其拆迁进度要符合施工要求。拆迁进度是指根据城市规划和国家专项工程的拆迁计划以及当地政府的用地文件，拆除和迁移建设用地范围内的房屋及其附属物并由拆迁人对房屋及建筑物所有人或使用人进行补偿和安置的行为。对城市旧区进行建筑工程的新建、改建、扩建，拆迁是施工准备的一项重要任务。对成片进行综合开发的，应根据建筑工程建设计划，在满足施工要求的前提下，分批分期进行拆迁。拆迁必须按计划和施工进度的要求进行，无计划或不按计划进行，都可能造成不必要的损失和浪费。

（4）已经确定建筑施工企业。在建筑工程开工前，建设单位必须确定有相应资质的建筑施工企业承包该建筑工程的建筑施工，否则建设单位就不能申领施工许可证。

（5）有满足工程施工需要的施工图纸及技术资料，且施工图、设计文件已经按照规定通过审查。施工图纸是实施工程的最基本的技术文件，是施工的依据之一。因此，设计单位在设计工作安排时，应按施工的顺序和施工的进度安排好施工图纸的配套交付计划，保证满足施工的需要。

技术资料是建筑工程施工的重要前提条件，准确地掌握技术资料，是领会技术要求和规范施工，实现建筑工程质量和安全的根本保证。因此，在开工前，必须要有满足施工需要的技术资料。技术资料包括：地形、地质、水文、气象等自然条件的资料和主要原材料、燃料来源、水电供应及运输条件和技术经济资料。

（6）有保证工程质量和安全的具体措施。工程质量和安全的具体措施是工程施工组织设计的一项重要内容。所以，施工组织设计的编制是施工准备工作的中心环节，其编制的质量和水平，直接影响建设工程的质量和建设生产的安全，从而决定建设工程组织施工能否顺利进行。因此，施工组织设计必须在建筑工程开工前编制完毕。

施工组织设计主要内容包括：工程任务情况、施工总方案、主要施工办法、工程施工进度计划、主要单位工程综合进度计划和施工力量，机械及部署、施工组织技术措施（包括工程质量、安全防护以及环境污染防护等各种措施）、施工总平面图、总包和分包的分工范围以及交叉施工的部署等。施工组织设计由建筑施工企业负责编制，按照隶属关系及工程性质、规模、技术繁简程度实行分级审批。

（7）建设资金已经落实。建设资金的落实是建筑工程开工后顺利进行的根本保障。根据《中华人民共和国建筑法》（后简称《建筑法》）的规定，在建筑工程开工前，建设资金必须足额落实。如果是按照国家有关规定应当纳入投资计划的，已经列入年度计划。计划、财政、审计等部门应严格审查建设项目开工前和年度计划中的资金来源，出具资金证明。对建设资金未落实或资金不足的建设工程，建设行政主管部门不予颁发施工许可证。根据2001年修订的《建筑工程施工许可管理办法》规定：建筑工期不足一年的，到位资金原则上不得少于工程合同价的50%；建设工期超过一年的，到位资金原则上不得少于工程合同价的30%。建设单位应当提供银行出具的资金到位证明，有条件的可以实行银行付款保函或其他第三方担保。

（8）按照规定应该委托工程监理的建设工程已委托工程监理。《建筑法》规定，国务院可以规定实行强制监理的建筑工程的范围。根据2001年颁布的《建设工程监理规范和规模标准规定》必须实行监理的建设工程包括：国家重点建设工程；大中型公用事业工程；成片开发建设工程的住宅小区工程；利用外国政府或者国家组织贷款、援助资金的工程；国家规定必须实行监理的其他工程。同时，对以上建设工程的规模标准做出了明确规定。

（9）法律、法规规定的其他条件。法律法规规定的其他条件是指相关法律法规对施工许可证申领条件的特别规定。由于建筑施工活动本身和技术要求的复杂性，决定了建筑工程施工规范的复杂性。因此，以法规定的建设工程施工许可证领取的条件很难列举。加之，随着建筑市场的不断发展，建筑市场的规范和立法也在不断地更新和完善，施工许可证的领取条件也必然会随之不断改进和完善。

2. 申请领取施工许可证的程序

申请办理施工许可证，应当按照下列程序进行：

（1）建设单位向发证机关领取《建筑工程施工许可证申请表》。

（2）建设单位持加盖单位及法定代表人印鉴的《建筑工程施工许可证申请表》，并附相关证明文件，向发证机关提出申请。

（3）发证机关在收到建设单位报送的《建筑工程施工许可证申请表》和所附证明文件后，对于符合条件的，应当自收到申请之日起15日内颁发施工许可证；对于证明文件不齐全或者失效的，应当限期要求建设单位补正，审批时间可以自证明文件补正齐全后作相应顺延；对于不符合条件的，应当收到申请之日起15日内书面通知建设单位并说明理由。

建筑工程在施工过程中，建设单位或者施工单位发生变更的，应当重新申请领取施工许可证。

建设单位申请领取施工许可证的工程名称、地点、规模，应当与依法签订的施工承包合同一致。

施工许可证应当放置在施工现场备查。

2.1.4　延期开工、核验和重新办理的规定

1. 申请延期的相关规定

《建筑法》规定，建设单位应当自领取施工许可证之日起3个月内开工。因故不能按期开工的，应当向发证机关申请延期；延期以两次为限，每次不超过3个月。既不开工又不申请延期或者超过延期时限的，施工许可证自行废止。

施工活动不同于一般的生产活动，其受气候、经济、环境等因素的制约较大，根据客观条件的变化，允许适当延期还是必要的。但是，申请延期也须有必要的限制。

2. 核验施工许可证的规定

《建筑法》规定，在建的建筑工程因故中止施工的，建设单位应当自中止施工之日起1个月内，向发证机关报告，并按照规定做好建筑工程的维护管理工作。建筑工程恢复施工时，应当向发证机关报告；中止施工满1年的工程恢复施工前，建设单位应当报发证机关核验施工许可证。

所谓中止施工，是指建设工程开工后，在施工过程中因特殊情况的发生而中途停止施工的一种行为。中止施工的原因很复杂，如台风、山洪等不可抗力，以及宏观调控压缩基建规模、停建缓建建设工程等。对于因故中止施工的，建设单位应当按照规定的时限向发证机关报告，并按照规定做好建设工程的维护管理工作，以防止建设工程在中止施工期间遭受不必要的损失，保证在恢复施工时可以尽快启动。例如，建设单位与施工单位应当确定合理的停工部位，并协商提出善后处理的具体方案，明确双方的职责、权利和义务；建设单位应当派专人负责，定期检查中止施工工程的质量状况，发现问题及时解决；建设单位要与施工单位共同做好中止施工的工地现场安全、防火、防盗、维护等项工作，防止因工地脚手架、施工铁架等腐烂、断裂、坠落、倒塌等导致发生人身安全事故，并保管好工程技术档案资料。

在恢复施工时，建设单位应当向发证机关报告恢复施工的有关情况。中止施工满1年的，在建设工程恢复施工前，建设单位还应当报发证机关核验施工许可证，看是否仍具备组织施工的条件，经核验符合条件的，应允许恢复施工，施工许可证继续有效；经核验不符合条件的，应当收回其施工许可证，不允许恢复施工，待条件具备后，由建设单位重新申领施工许可证。

3. 重新办理批准手续的规定

对于实行开工报告制度的建设工程，《建筑法》规定，按照国务院有关规定批准开工报告的建筑工程，因故不能按期开工或者中止施工的，应当及时向批准机关报告情况。因故不能按期开工超过6个月的，应当重新办理开工报告的批准手续。

按照国务院有关规定批准开工报告的建筑工程，一般都属于大中型建设项目。对于这类工程因故不能按期开工或者中止施工的，在审查和管理上更应该严格。

班级：_____　姓名：_____　成绩：_____

【任务 2.1 习题】

一、单项选择题

1. 建筑施工企业确定后，在建筑工程开工前，建设单位应当按照国家有关规定向工程所在地县级以上人民政府建设行政主管部门申请领取（　　）。

A. 建设用地规划许可证　　　　　　B. 建设工程规划许可证
C. 施工许可证　　　　　　　　　　D. 安全生产许可证

2. 甲房地产开发公司将一住宅小区工程以施工总承包方式发包给乙建筑公司，建筑公司又将其中场地平整及土方工程分包给丙土方公司。在工程开工前，应当由（　　）按照有关规定申请领取施工许可证。

A. 乙建筑公司　　　　　　　　　　B. 丙土方公司
C. 甲房地产开发公司和乙建筑公司共同　　D. 甲房地产开发公司

3. 某房地产开发公司在某市老城区拟开发的一住宅小区项目涉及拆迁，则房地产公司申领施工许可证前（　　）。

A. 拆迁工作必须全部完成　　　　　B. 拆迁补偿安置资金全部到位
C. 拆迁工程量已完成 50%　　　　　D. 有保证工程质量和安全的具体措施

4. 某施工项目，工程合同价 300 万元，建设工期 6 个月，用开工前，建设单位到位资金不得少于（　　）万元。

A. 90　　　　　B. 100　　　　　C. 150　　　　　D. 300

5. 建设单位最迟应当自领取施工许可证之日起（　　）内申请延期。

A. 1 个月　　　　　B. 3 个月　　　　　C. 6 个月　　　　　D. 9 个月

6. 无证经营的包工头王某的农民工建筑队，挂靠在具有二级资质的某建筑公司下承包了一栋住宅楼工程，因工程质量不符合质量标准而给业主造成了较大的经济损失，此经济损失应由（　　）承担赔偿责任。

A. 王某　　　　　　　　　　　　　B. 某建筑公司
C. 某建筑公司和王某连带　　　　　D. 双方按事先的约定

7. 从事建筑活动的企业或单位，应当向（　　）申请设立登记，并由建设行政主管部门审查，颁发资格证书。

A. 工商行政管理部门
B. 县级以上地方人民政府建设行政主管部门
C. 省级以上人民政府建设行政主管部门
D. 所在地人民政府

二、多项选择题

1. 下列关于施工许可证制度的表述中，正确的有（　　）。

A. 实行施工许可证制度主要是为了确保建设工程符合法定的开工条件
B. 我国目前对建筑工程开工条件的审批存在着颁发"施工许可证"和批准"开工报告"两种形式

C. 未办理施工许可证的建设工程施工，都是违法的

D. 施工许可证应由施工方办理

E. 因不可抗力而中止施工的工程，恢复施工时，施工许可证继续有效

2. 以下建设工程中，不需要申请施工许可证的有（　　）。

A. 投资额 100 万元以下的建筑工程　　　B. 建筑面积 500m² 以下的建筑工程

C. 实行开工报告审批制度的建筑工程　　D. 军用房屋建筑工程

E. 抢险救灾工程

3. 下列选项中不符合法规规定颁发施工许可证条件的有（　　）。

A. 已经领取了拆迁许可证，准备开始拆迁

B. 没有建设工程规划许可证，但已经有了建设用地规划许可证

C. 有满足开工需要的施工图纸及技术资料

D. 已经依法确定了施工企业，但尚未按规定委托监理企业

E. 办理了建设工程质量、安全监督手续

4. 某开发公司开发的商住楼工程，建筑面积 6 万 m²，为赶在雨季前完成土方工程，在尚未完全具备法定开工条件的情况下破土动工。对此，建设行政主管部门可作出的处罚包括（　　）。

A. 责令停止施工，限期改正

B. 对建设单位处以工程合同价款 1‰以上 2‰以下罚款

C. 没收非法所得

D. 责令施工单位停业整顿

E. 吊销监理单位营业执照

5. 下列关于施工许可制度和开工报告制度的有关表述中，正确的有（　　）。

A. 实行开工报告批准制度的工程，必须符合建设行政部门的规定

B. 建设单位领取施工许可证后既不开工也不申请延期或延期超过时限的，施工许可证自行废止

C. 建设工程因故中止施工满一年的，恢复施工前应报发证机关核验施工许可证

D. 按有关规定批准开工报告的工程，因故不能按期开工满 6 个月的工程，应重新办理开工报告审批手续

E. 实行开工报告批准制度的工程，开工报告主要反映施工单位应具备的条件

6. 下列选项中，符合颁发施工许可证法定条件的有（　　）。

A. 已经办理了建设工程用地批准手续

B. 建设工期不足一年的，银行出具的到位资金证明达到工程合同价款的 30%

C. 经公安机关消防机构依法审查工程消防设计合格

D. 施工单位编制的施工组织设计中有根据工程特点制定的保证工程质量、安全的措施

E. 需要拆迁的，其拆迁进度符合建设工程开工的要求

任务2.2　其他参建单位许可制度

【案例2-2】某劳务分包企业，其注册资本金为50万元，有木工作业一级、砌筑作业二级、抹灰作业（不分资质等级）的劳务企业资质证书。在某工程施工中，与该工程的施工总承包企业签订的劳务分包合同额为158万元，最终实际结算额为1536万元。该劳务分包企业实际承揽的劳务作业工程，除木工、砌筑、抹灰作业外，还包括脚手架、模板、混凝土等作业内容。

请问：本案中的劳务分包企业在承揽该劳务分包工程中有无违法行为？

2.2.1　施工企业从业资格制度

案例2-2解析

1. 企业资质的法定条件

具有法人资格的企业申请建筑业企业资质应具备下列基本条件：

（1）具有满足本标准要求的资产；

（2）具有满足本标准要求的注册建造师及其他注册人员、工程技术人员、施工现场管理人员和技术工人；

（3）具有满足本标准要求的工程业绩；

（4）具有必要的技术装备。

2. 施工企业的资质序列、类别和等级

建筑业企业资质分为施工总承包、专业承包和施工劳务三个序列。其中施工总承包序列设有12个类别，一般分为4个等级（特级、一级、二级、三级）；专业承包序列设有36个类别，一般分为3个等级（一级、二级、三级）；施工劳务序列不分类别和等级。

现以建筑工程施工总承包企业资质标准为例。

3. 禁止无资质或超越资质承揽工程的规定

知识链接2-1

（1）禁止无资质承揽工程

《建筑法》规定，承包建筑工程的单位应当持有依法取得的资质证书，并在其资质等级许可的业务范围内承揽工程。禁止总承包单位将工程分包给不具备相应资质条件的单位。

《建设工程质量管理条例》也规定，施工单位应当依法取得相应等级的资质证书，并在其资质等级许可的范围内承揽工程，《建设工程安全生产管理条例》进一步规定，施工单位建设工程的新建、扩建、改建和拆除等活动，应当具备国家规定的注册资本、专业技术人员、技术装备和安全生产等条件，依法取得相应等级的资质证书，并在其资质等级许可的范围内承揽工程。

2004年2月，原建设部发布的《房屋建筑和市政基础设施工程施工分包管理办法》进一步规定，"分包工程承包人必须具有相应的资质，并在其资质等级许可的范围内承揽业务。严禁个人承揽分包工程业务"。

2004年10月，原建设部发布的《最高人民法院关于审理建设工程施工合同纠纷案件适用法律问题的解释》第二十六条规定，实际施工人以转包人、违法分包人为被告起诉的，人民法院应当依法受理。实际施工人以发包人为被告主张权利的，人民法院可以追加转包人或者违法分包人为本案当事人，发包人只在欠付工程价款的范围内对实际施工人承担责任。此规定旨在依法查处违法承揽工程的同时维护实际施工人的合法权益。

（2）禁止越级承揽工程

《建筑法》和《建设工程质量管理条例》均规定，禁止施工单位超越本单位资质等级许可的业务范围承揽工程。

《建筑法》规定，两个以上不同资质等级的单位实行联合共同承包的，应当按照资质等级低的单位的业务许可范围承揽工程。

《建筑法》规定，禁止总承包单位将工程分包给不具备相应资质条件的单位。《房屋建筑和市政基础设施工程施工分包管理办法》进一步规定，分包工程承包人必须具有相应的资质，并在其资质等级许可的范围内承揽业务。

《建设工程质量管理条例》规定，"本条例所称违法分包，是指下列行为：总承包单位将建设工程分包给不具备相应资质条件的单位的……"。《房屋建筑和市政基础设施工程施工分包管理办法》也规定，禁止将承包的工程进行违法分包。下列行为，属于违法分包：分包工程发包人将专业工程或者劳务作业分包给不具备相应资质条件的分包工程承包人的；据此将工程分包给无资质或超越资质等级单位的，应当定性为违法分包。

4. 禁止挂靠承揽工程的规定

《建筑法》规定，禁止建筑施工企业超越本企业资质等级许可的业务范围或者以任何形式用其他建筑施工企业的名义承揽工程；禁止建筑施工企业以任何形式允许其他单位或者个人使用本企业的资质证书、营业执照，以本企业的名义承揽工程。《建设工程质量管理条例》也规定，禁止施工单位超越本单位资质等级许可的业务范围或者以其他施工单位的名义承揽工程；禁止施工单位允许其他单位或者个人以本单位的名义承揽工程。《房屋建筑和市政基础设施工程施工分包管理办法》规定，分包工程发包人没有将其承包的工程进行分包，在施工现场所设项目管理机构的项目负责人、技术负责人、项目核算负责人、质量管理人员、安全管理人员不是工程承包人本单位人员的，视同允许他人以本企业名义承揽工程。

课程思政：诚实守信，质量为本

"人无信不立，国无信不强"。诚实守信是中华民族的传统美德。三千多年以前，商鞅立木、建信于民；现代社会，不乏卖房为农民工发薪的感人故事。信用就在人们身边，高尚而又朴素。"百年大计，质量为本"。我国实施建筑资质管理制度，就是为了防止没有相应建筑工程施工技术和能力的企业及个人从事建筑施工。挂靠资质这种违法行为，不仅扰乱了市场秩序，助长了职务犯罪，污染了社会风气，也侵害了社会主义核心价值观。社会主义市场经济是开放经济，但不是无序经济，相反是法制经济和信用经济的重要体现。如果施工单位不讲信用，没有规则，那只能是一片混乱。建筑市场的健康有序发展便无从谈起，"公开、公平、公正和诚实信用"原则无法保证。挂靠行为会使建设工程招标投标无法遵循价值规律，公平竞争也无从谈起。对于被挂靠单位来说，其出借资质后，使大量没有建筑施工能力的从业者，从事专业技术性很强的建筑工程施工，不仅违反了法律规定，也扰乱了建筑市场秩序，更埋下了质量安全的隐患。同时，当挂靠方在施工过程中出现工程延期、工程质量等行为时，其可能承担的法律责任远远高于所收取的项目管理费用，相关行政管理部门还可对出借资质的建筑企业没收违法所得、处以罚款，情节比较严重的，对企业降低资质，到时将会面临纷争不断的"一地鸡毛"。

《建筑工程施工转包违法分包等违法行为认定查处管理办法（试行）》（建市〔2014〕118号）第十一条规定，存在下列情形之一的，属于挂靠：①没有资质的单位或个人借用其他施工单位的资质承揽工程的；②有资质的施工单位相互借用资质承揽工程的，包括资质等级低的借用资质等级高的，资质等级高的借用资质等级低的，相同资质等级相互借用的；③专业分包的发包单位不是该工程的施工总承包或专业承包单位的，但建设单位依约作为发包单位的除外；④劳务分包的发包单位不是该工程的施工总承包、专业承包单位或专业分包单位的；⑤施工单位在施工现场派驻的项目负责人、技术负责人、质量管理负责人、安全管理负责人中一人以上与施工单位没有订立劳动合同，或没有建立劳动工资或社会养老保险关系的；⑥实际施工总承包单位或专业承包单位与建设单位之间没有工程款收付关系，或者工程款支付凭证上载明的单位与施工合同中载明的承包单位不一致，又不能进行合理解释并提供材料证明的；⑦合同约定由施工总承包单位或专业承包单位负责采购或租赁的主要建筑材料、构配件及工程设备或租赁的施工机械设备，由其他单位或个人采购、租赁，或者施工单位不能提供有关采购、租赁合同及发票等证明，又不能进行合理解释并提供材料证明的。

5. 违法行为应承担的责任

（1）企业申请办理资质违法行为应承担的法律责任

《建筑法》规定，以欺骗手段取得资质证书的，吊销资质证书，处以罚款；构成犯罪的，依法追究刑事责任。

《建筑业企业资质管理规定》中规定，申请人隐瞒有关情况或者提供虚假材料申请建筑业企业资质的，不予受理或者不予行政许可，并给予警告，申请人在1年内不得再次申请建筑业企业资质。

以欺骗、贿赂等不正当手段取得建筑业企业资质证书的，由县级以上地方人民政府建设主管部门或者有关部门给予警告，并依法处以罚款，申请人3年内不得再次申请建筑业企业资质。

建筑业企业未按照规定及时办理资质证书变更手续的，由县级以上地方人民政府建设主管部门责令限期办理；逾期不办理的，可处以1000元以上1万元以下的罚款。

（2）无资质承揽工程应承担的法律责任

《建筑法》规定，发包单位将工程发包给不具有相应资质条件的承包单位的，或者违反本法规定将建筑工程肢解发包的，责令改正，处以罚款。未取得资质证书承揽工程的，予以取缔，并处罚款；有违法所得的，予以没收。

《建设工程质量管理条例》进一步规定，建设单位将建设工程发包给不具有相应资质等级的勘察、设计、施工单位或者委托给不具有相应资质等级的工程监理单位的，责令改正，处50万元以上100万元以下的罚款。未取得资质证书承揽工程的，予以取缔，对施工单位处工程合同价款2%以上4%以下的罚款；有违法所得的，予以没收。

（3）超越资质等级承揽工程应承担的法律责任

《建筑法》规定，超越本单位资质等级承揽工程的，责令停止违法行为，处以罚款，可以责令停业整顿，降低资质等级；情节严重的，吊销资质证书；有违法所得的，予以没收。

《建设工程质量管理条例》进一步规定，勘察、设计、施工、工程监理单位超越本单位资质等级承揽工程的，责令停止违法行为，对施工单位处工程合同价款2%以上4%以下的罚款，可以责令停业整顿，降低资质等级；情节严重的，吊销资质证书；有违法所得的，予以没收。

（4）允许其他单位或者个人以本单位名义承揽工程应承担的法律责任

《建筑法》规定，建筑施工企业转让、出借资质证书或者以其他方式允许他人以本企业的名义承揽工程的，责令改正，没收违法所得，并处罚款，可以责令停业整顿，降低资质等级；情节严重的，吊销资质证书。对因该项承揽工程不符合规定的质量标准造成的损失，建筑施工企业与使用本企业名义的单位或者个人承担连带赔偿责任。

《建设工程质量管理条例》规定，勘察、设计、施工、工程监理单位允许其他单位或者个人以本单位名义承揽工程的，责令改正，没收违法所得……；对施工单位处工程合同价款2%以上4%以下的罚款；可以责令停业整顿，降低资质等级；情节严重的，吊销资质证书。

（5）违法分包应承担的法律责任

《建筑法》规定，承包单位将承包的工程转包的，或者违反本法规定进行分包的，责令改正，没收违法所得，并处罚款，可以责令停业整顿，降低资质等级；情节严重的，吊销资质证书。承包单位有以上规定的违法行为的，对因转包工程或者违法分包的工程不符合规定的质量标准造成的损失，与接受转包或者分包的单位承担连带赔偿责任。

《建设工程质量管理条例》规定，承包单位将承包的工程转包或者违法分包的，责令改正，没收违法所得……；对施工单位处工程合同价款0.5%以上1%以下的罚款；可以责令停业整顿，降低资质等级；情节严重的，吊销资质证书。

《建筑工程施工转包违法分包等违法行为认定查处管理办法（试行）》（建市〔2014〕118号）规定，对认定有转包、违法分包违法行为的施工单位，依据《建筑法》第六十七条和《建设工程质量管理条例》第六十二条规定，责令其改正，没收违法所得，并处工程合同价款0.5%以上1%以下的罚款；可以责令停业整顿，降低资质等级；情节严重的吊销资质证书。

《房屋建筑和市政基础设施工程施工分包管理办法》规定，转包、违法分包或者允许他人以本企业名义承揽工程的，按照《建筑法》《招标投标法》和《建设工程质量管理条例》的规定予以处罚；对于接受转包、违法分包和用他人名义承揽工程的，处1万元以上3万元以下的罚款。

（6）以欺骗手段取得资质证书承揽工程应承担的法律责任

《建设工程质量管理条例》规定，以欺骗手段取得资质证书承揽工程的，吊销资质证书，处工程合同价款2%以上4%以下的罚款；有违法所得的，予以没收。

2.2.2　其他参建单位从业资格制度

1. 监理单位从业资格制度

（1）监理单位的资质等级与标准

工程监理企业资质分为综合资质、专业资质和事务所资质。其中，专业资质按照工程性质和技术特点划分为若干工程类别。

综合资质、事务所资质不分级别。专业资质分为甲级、乙级；其中，房屋建筑、水利水电、公路和市政公用专业资质可设立丙级。

（2）监理单位的资质申请与审批

1）申请综合资质、专业甲级资质的，应当向企业工商注册所在地的省、自治区、直辖市人民政府建设主管部门提出申请。

省、自治区、直辖市人民政府建设主管部门应当自受理申请之日起 20 日内初审完毕并将初审意见和申请材料报国务院建设主管部门。

知识链接2-2

国务院建设主管部门应当自省、自治区、直辖市人民政府建设主管部门受理申请材料起 60 日内完成审查，公示审查意见，公示时间为 10 日。其中，涉及铁路、交通、水利、通信、民航等专业工程监理资质的，由国务院建设主管部门送国务院有关部门审核。国务院有关部门应当在 20 日内审核完毕，并将审核意见报国务院建设主管部门。国务院建设主管部门根据初审意见审批。

专业乙级、丙级资质和事务所资质由企业所在地省、自治区、直辖市人民政府建设主管部门审批。

专业乙级、丙级资质和事务所资质许可延续的实施程序由省、自治区、直辖市人民政府建设主管部门依法确定。

省、自治区、直辖市人民政府建设主管部门应当自作出决定之日起 10 日内，将准予资质许可的决定报国务院建设主管部门备案。

工程监理企业资质证书的有效期为 5 年。

资质有效期届满，工程监理企业需要继续从事工程监理活动的，应当在资质证书有效期届满 60 日前，向原资质许可机关申请办理延续手续。

对在资质有效期内遵守有关法律、法规、规章、技术标准，信用档案中无不良记录且专业技术人员满足资质标准要求的企业，经资质许可机关同意，有效期延续 5 年。

2）工程监理企业不得有下列行为：

① 与建设单位串通投标或者与其他工程监理企业串通投标，以行贿手段谋取中标。

② 与建设单位或者施工单位串通弄虚作假、降低工程质量。

③ 将不合格的建设工程、建筑材料、建筑构配件和设备按照合格签字。

④ 超越本企业资质等级或以其他企业名义承揽监理业务。

⑤ 允许其他单位或个人以本企业的名义承揽工程。

⑥ 将承揽的监理业务转包。

⑦ 在监理过程中实施商业贿赂。

⑧ 涂改、伪造、出借、转让工程监理企业资质证书。

⑨ 其他违反法律法规的行为。

（3）监理单位承担的业务范围

综合资质可以承担所有专业工程类别建设工程项目的工程监理业务。

专业资质甲级可承担相应专业工程类别建设工程项目的工程监理业务。

专业乙级资质可承担相应专业工程类别二级以下（含二级）建设工程项目的工程监理业务。

专业丙级资质可承担相应专业工程类别三级建设工程项目的工程监理业务。

事务所资质可承担三级建设工程项目的工程监理业务，但是，国家规定必须实行强制

监理的工程除外。

工程监理企业可以开展相应类别建设工程的项目管理、技术咨询等业务。

2. 勘察与设计单位从业资格制度

（1）勘察与设计单位的资质等级与标准

工程勘察资质分级标准是核定工程勘察单位工程勘察资质等级的依据。

工程勘察资质范围包括建设工程项目的岩土工程、水文地质勘察和工程测量等专业，其中岩土工程是指：

1）岩土工程勘察。

2）若土工程设计。

3）岩土工程测试、监测、检测。

4）岩土工程咨询、监理。

5）岩土工程治理。

工程勘察资质分为工程勘察综合资质、工程勘察专业资质、工程勘察劳务资质。综合类包括工程勘察所有专业；专业类是指岩土工程、水文地质勘察、工程测量等专业中的某一项，其中岩土工程专业类可以是岩土工程勘察、设计、测试监测检测、咨询监理中的一项或全部；劳务类是指岩土工程治理、工程钻探、凿井等。

工程勘察综合资质只设甲级；工程勘察专业资质设甲级、乙级，根据工程性质和技术特点，部分专业可以设丙级；工程勘察劳务资质不分等级。

工程设计资质分为工程设计综合资质、工程设计行业资质、工程设计专业资质和工程设计专项资质。

工程设计综合资质只设甲级；工程设计行业资质、工程设计专业资质、工程设计专项资质设甲级、乙级。

根据工程性质和技术特点，个别行业、专业、专项资质可以设丙级，建设工程专业资质可以设丁级。

（2）勘察与设计单位的资质申请与审批

申请工程勘察甲级资质、工程设计甲级资质，以及涉及铁路、交通、水利、信息产业、民航等方面的工程设计乙级资质的，应当向企业工商注册所在地的省、自治区、直辖市人民政府建设主管部门提出申请。其中，国务院国资委管理的企业应当向国务院建设主管部门提出申请；国务院国资委管理的企业下属一层级的企业申请资质，应当由国务院国资委管理的企业向国务院建设主管部门提出申请。

工程勘察乙级及以下资质、劳务资质、工程设计乙级（涉及铁路、交通、水利、信息产业、民航等方面的工程设计乙级资质除外）及以下资质许可由省、自治区、直辖市人民政府建设主管部门实施。具体实施程序由省、自治区、直辖市人民政府建设主管部门依法确定。

申请工程勘察甲级资质、工程设计甲级资质，以及涉及铁路、交通、水利、信息产业民航等方面的工程设计乙级资质的，省、自治区、直辖市人民政府建设主管部门应当自受理申请之日起 20 日内初审完毕，并将初审意见和申请材料报国务院建设主管部门。

国务院建设主管部门应当自省、自治区、直辖市人民政府建设主管部门受理申请材料之日起 60 日内完成审查，公示审查意见，公示时间为 10 日。其中，涉及铁路、交通、水利、信息产业、民航等方面的工程设计资质，由国务院建设主管部门送国务院有关部门审核，国务院有关部门在 20 日内审核完毕，并将审核意见送国务院建设主管部门。

申请工程勘察乙级及以下资质、劳务资质、工程设计乙级（涉及铁路、交通、水利、信息产业、民航等方面的工程设计乙级资质除外）及以下资质的，省、自治区、直辖市人民政府建设主管部门应当自作出决定之日起 30 日内，将准予资质许可的决定报国务院建设主管部门备案。企业首次申请、增项申请工程勘察、工程设计资质，其申请资质等级最高不超过乙级且不考核企业工程勘察、工程设计业绩。

已具备施工资质的企业首次申请同类别或相近类别的工程勘察、工程设计资质的，可以将相应规模的工程总承包业绩作为工程业绩予以申报。其申请资质等级最高不超过其现有施工资质等级。

资质有效期届满，企业需要延续资质证书有效期的，应当在资质证书有效期届满 60 日前，向原资质许可机关提出资质延续申请。对在资质有效期内遵守有关法律、法规、规章、技术标准，信用档案中无不良行为记录，且专业技术人员满足资质标准要求的企业，经资质许可机关同意，有效期延续 5 年。

（3）勘察与设计单位承担的业务范围

综合类工程勘察单位承担工程勘察业务范围和地区不受限制。专业类甲级工程勘察单位承担本专业工程勘察业务范围和地区不受限制。专业类乙级工程勘察单位可承担本专业工程勘察中、小型工程项目，承担工程勘察业务的地区不受限制。专业类丙级工程勘察单位可承担本专业工程勘察小型工程项目，承担工程勘察业务限定在省、自治区、直辖市所辖行政区范围内。劳务类工程勘察单位只能承担岩土工程治理、工程钻探、凿井等工程勘察劳务工作，承担工程勘察劳务工作的地区不受限制。

取得工程设计综合资质的企业，可以承接各行业、各等级的建设工程设计业务。取得工程设计行业资质的企业，可以承接相应行业相应等级的工程设计业务及本行业范围内同级别的相应专业、专项（设计施工一体化资质除外）工程设计业务。取得工程设计专业资质的企业，可以承接本专业相应等级的专业工程设计业务及同级别的相应专项工程设计业务（设计施工一体化资质除外）。取得工程设计专项资质的企业，可以承接本专项相应等级的专项工程设计业务。

3. 工程质量检测机构从业资格制度

（1）工程质量检测机构资质标准（知识链接 2-3）

（2）工程质量检测机构的资质申请与审批（知识链接 2-4）

（3）工程质量检测机构承担的业务范围

1）专项检测

① 地基基础工程检测

A. 地基及复合地基承载力静载检测；

B. 桩的承载力检测；

C. 桩身完整性检测；

D. 锚杆锁定力检测。

② 主体结构工程现场检测

A. 混凝土、砂浆、砌体强度现场检测；

知识链接2-3 工程质量检测机构资质标准

知识链接2-4 工程质量检测机构的资质申请与审批

B. 钢筋保护层厚度检测；

C. 混凝土预制构件结构性能检测；

D. 后置埋件的力学性能检测。

③ 建筑幕墙工程检测

A. 建筑幕墙的气密性、水密性、风压变形性能、层间变位性能检测；

B. 硅酮结构胶相容性检测。

④ 钢结构工程检测

A. 钢结构焊接质量无损检测；

B. 钢结构防腐及防火涂装检测；

C. 钢结构节点、机械连接用紧固标准件及高强度螺栓力学性能检测；

D. 钢网架结构的变形检测。

2）见证取样检测

① 水泥物理力学性能检验；

② 钢筋（含焊接与机械连接）力学性能检验；

③ 砂、石常规检验；

④ 混凝土、砂浆强度检验；

⑤ 简易土工试验；

⑥ 混凝土掺加剂检验；

⑦ 预应力钢绞线、锚夹具检验；

⑧ 沥青、沥青混合料检验。

班级：_____　　姓名：_____　　成绩：_____

【任务 2.2 习题】

一、单项选择题

1. 从事建筑活动的建筑业企业，应当具备下列选项中除（　　）以外的法定条件。

A. 有符合国家规定的注册资本

B. 有相应的具有法定执业资格的专业技术人员

C. 有相关建筑活动应有的技术装备

D. 有一定的从事相关建筑活动的业绩

2. 我国建筑企业承揽工程或从事建筑活动的范围，取决于（　　）。

A. 企业自身的资质等级　　　　　　B. 合作单位的资质等级

C. 企业经营能力　　　　　　　　　D. 挂靠单位的资质等级

3. 房屋建筑工程施工总承包二级企业法定的注册资本和净资产分别为（　　）。

A. 注册资本金 3 亿元以上，净资产 3.6 亿元以上

B. 注册资本金 5000 万元以上，净资产 6000 万元以上

C. 注册资本金 2000 万元以上，净资产 2500 万元以上

D. 注册资本金 600 万元以上，净资产 700 万元以上

4. 房屋建筑工程施工总承包二级企业法定的专业技术人员中，应具有二级资质以上项目经理（　　）人以上。

A. 50　　　　　　　　B. 30　　　　　　　　C. 15　　　　　　　　D. 12

5. 如果以近 5 年承担过的施工总承包单体工程层高来衡量企业的业绩，符合二级企业资质法定条件的已完工程单体层高为（　　）层以上。

A. 6　　　　　　　　B. 12　　　　　　　　C. 25　　　　　　　　D. 30

6. 我国目前的企业资质标准对技术装备的要求主要是（　　）。

A. 具有与承包工程范围相适应的施工机械和质量检测设备

B. 具有先进的自有机械设备

C. 具有较高的完好率、利用率和使用效率

D. 与承包工程范围相适应的大中型机械设备必须自备

7. 如果以近 5 年承担过的施工总承包项目单项建安合同额来衡量已完成工程的业绩，符合二级施工总承包企业资质等级法定条件的房屋建筑工程单项建安合同额应为（　　）以上。

A. 3000 万元　　　　B. 6000 万元　　　　C. 1 亿　　　　　　D. 2 亿元

8. 如果以近 5 年承担过的单项建筑面积来衡量已完成工程的业绩，符合二级施工总承包企业资质等级法定条件的、质量合格的单体建筑面积为（　　）万平方米以上。

A. 5　　　　　　　　B. 3　　　　　　　　C. 2　　　　　　　　D. 1

9. 如果以近 5 年完成的质量合格的施工总承包项目为标准，下列选项中符合二级施工总承包企业资质有关法定条件的是（　　）。

A. 建筑面积 5 万 m² 以上的住宅小区或建筑群体

B. 高度 100m 以上的建筑物或构筑物

C. 单跨跨度 15m 以上的房屋建筑工程

D. 高度 25m 以上的建筑物或构筑物

10. 按照《建筑业企业资质管理规定》，建筑业企业资质分为（　　）三个序列。

A. 特级、一级、二级　　　　　　　　B. 特级、一级、三级

C. 甲级、乙级、丙级　　　　　　　　D. 施工总承包、专业承包和劳务分包

11. 在我国，施工总承包企业资质划分为房屋建筑工程、公路工程等（　　）个资质类别。

A. 10　　　　　　B. 12　　　　　　C. 13　　　　　　D. 60

12. 按照《建筑业企业资质管理规定》，国务院国有资产管理部门直接监管的企业及其下属一层级企业的施工总承包二级资质和三级资质的许可，由（　　）负责。

A. 国务院国有资产管理部门　　　　　B. 国务院建设行政主管部门

C. 省、自治区及直辖市建设主管部门　D. 该类企业工商注册地的建设主管部门

13. 建筑业企业资质证书的有效期和每次的有效延续期均为（　　）年。

A. 3　　　　　　B. 4　　　　　　C. 5　　　　　　D. 6

14. 按照《建筑业企业资质管理规定》，企业取得建筑业企业资质后不再符合相应资质条件且逾期不改的，其资质证书将被（　　）。

A. 撤回　　　　　B. 撤销　　　　　C. 注销　　　　　D. 吊销

15. 按照《建筑业企业资质管理规定》，建筑业企业资质证书有效期满未申请延续的其资质证书将被（　　）。

A. 撤回　　　　　B. 撤销　　　　　C. 注销　　　　　D. 吊销

16. 下列关于外资建筑企业资质审批与管理的表述中，正确的是（　　）。

A. 外资建筑企业的资质等级标准参照其母公司的实力核定

B. 外资建筑企业与其他企业联合承包工程，应按外资建筑企业资质等级的业务许可范围进行

C. 外资建筑企业申请资质增项的，应按规定统一到国务院对外贸易经济行政主管部门办理

D. 中外合资经营建筑企业，中方投资者为中央管理企业的，其资质由国务院建设行政主管部门审批

17. 关于无资质承揽工程的法律规定，下列表述中正确的是（　　）。

A. 无资质承包主体签订的专业分包合同或劳务分包合同都是无效合同

B. 当作为无资质的"实际施工人"利益受到损害时，不能向合同相对方主张权利

C. 当无资质的"实际施工人"以合同相对方为被告起诉时，法院不应受理

D. 无资质的"实际施工人"不能以发包人为被告主张权利

18. 下列选项中，属于企业工商注册所在地的省、自治区、直辖市人民政府建设主管部门企业资质许可权限的是（　　）。

A. 城市轨道交通专业承包不分等级资质

B. 专业承包序列二级资质

C. 专业承包序列不分等级资质

D. 不含铁路、交通、水利、信息产业、民航方面的专业承包序列一级资质的专业承包一级资质

19. 两个以上不同资质等级的单位联合承包工程，其承揽工程的业务范围取决于联合体中(　　)的业务许可范围。

A. 资质等级高的单位　　　　　　　B. 实际达到的资质等级

C. 资质等级低的单位　　　　　　　D. 核定的资质等级

20. 下列关于建筑业企业资质申请的表述中，正确的是(　　)。

A. 首次申请建筑业企业资质，不考核企业工程业绩，但只能取得最低资质等级

B. 增项申请建筑业企业资质，考核原有资质范围内已有的工程业绩

C. 已取得工程设计资质的企业首次申请同类别建筑业企业资质，其所申请的资质等级可高于现有的工程设计资质等级

D. 刚注册设立的建筑业企业，在资质等级未定的情况下，可先挂靠一家同类企业承包工程

21. 某工程由甲公司承包，施工现场检查发现，工程项目管理部的项目经理、技术负责人、质量管理员和安全管理员都不是甲公司的职工，而是丙公司的职工。甲公司的行为视同(　　)。

A. 用其他建筑企业的名义承揽工程　　B. 允许他人以本企业名义承揽工程

C. 与他人联合承揽工程　　　　　　　D. 违法分包

22. 《建设工程质量管理条例》规定，建设单位将工程发包给不具有相应资质等级单位的，责令改正，处以(　　)的罚款。

A. 工程合同价款 2%～4%　　　　　　B. 50 万元以上 100 万元以下

C. 5000 元以上 10000 元以下　　　　D. 工程合同价款 0.5%～1%

23. 无证经营的包工头王某的农民工建筑队，挂靠在具有二级资质的某建筑公司下承包了一栋住宅楼工程，因工程质量不符合质量标准而给业主造成了较大的经济损失，此经济损失应由(　　)承担赔偿责任。

A. 王某　　　　　　　　　　　　　　B. 建筑公司

C. 建筑公司和王某连带　　　　　　　D. 双方按事先的约定

24. 企业名称、地址、注册资金、法定代表人等发生变更的，应当在工商部门办理变更手续后的(　　)天内办理资质证书变更手续。

A. 15　　　　　　B. 30　　　　　　C. 45　　　　　　D. 60

25. 无资质承包主体签订的分包合同都是无效合同，但当实际施工人的利益受到侵害时，可以向发包人主张权利，此情况下发包人承担责任的范围是(　　)。

A. 欠付工程款　　　　　　　　　　　B. 实际施工人的损失

C. 实际施工人主张的权利　　　　　　D. 实际施工人违法承揽工程的罚金

二、多项选择题

1. 建筑业企业资质的法定条件主要包括有符合规定的(　　)。

A. 注册资本　　　　　　　　　　　　B. 从业人员

C. 专业技术人员　　　　　　　　　　D. 技术装备

E. 已完成的建筑工程业绩

2. 下列与建筑业企业资质等级相关的表述中，符合二级施工总承包资质法定条件的有（　　）。

A. 注册资本金 200 万元以上，净资产 2500 万元以上

B. 具有二级资质以上的项目经理不少于 12 人

C. 近 5 年承担过 10 万 m² 以上的住宅小区或建筑群体的施工总承包，质量合格

D. 具有与承包工程范围相适应的施工机械和质量检测设备

E. 企业经理具有 5 年以上工程管理经历或本专业高级职称

3. 依照《建筑业企业资质管理规定》，下列关于企业资质申请的表述中，正确的有（　　）。

A. 建筑企业可以申请一项或多项建筑业企业资质

B. 申请多项建筑业企业资质的，应选择最高的一项资质为主项资质

C. 首次申请、增项申请建筑业企业资质的，不考核企业工程业绩，其资质等级按最低等级核定

D. 已取得工程设计资质的企业首次申请同类建筑业企业资质的，不考核工程业绩，其申请资质等级参照同类建筑企业资质等级核定

E. 已取得工程设计资质的企业首次申请相近类别的建筑业企业资质的，申请资质等级最高不得超过现有工程设计资质等级

4. 下列关于企业资质变更的表述中，正确的有（　　）。

A. 企业合并的，合并后存续或新生企业可承继合并前各方中较高的资质等级，但应符合相应资质等级条件

B. 企业分立的，分立后的资质等级按实际达到的资质标准和规定的审批程序核定

C. 企业改制的，即使改制后资质条件未发生变化，也要重新核定企业资质证书的变更，由国务院建设主管部门负责办理

D. 企业资质证书的变更，由国务院建设主管部门负责办理

E. 企业资质证书的变更，由企业工商注册所在地的建设主管部门负责办理

5. 下列表述中，可由具有相应资质等级的中国境内外资建筑业企业承包或与中国企业联合承包的工程包括（　　）。

A. 全部由外国投资、赠款建设的工程项目

B. 外资等于或超过 50% 的中外联合建设项目

C. 由中国投资，但因技术困难而不能由中国企业独立实施的建筑项目，经主管部门批准

D. 由国际金融机构根据贷款条款进行国际招标的建设项目

E. 中国政府跨国投资的建设项目

6. 按照《建筑法》的规定，申请人以欺骗、贿赂手段取得资质证书应承担的法律责任主要包括（　　）。

A. 吊销资质证书　　　　　　　　　B. 处以罚款

C. 1 年内不得再次申请建筑企业资质　　D. 3 年内不得再次申请建筑业企业资质

E. 构成犯罪的，依法追究刑事责任

7. 按照《建筑法》和《建筑工程质量管理条例》的规定，未取得资质证书承揽工程

承担的法律责任包括(　　)。

　　A. 予以取缔

　　B. 对施工单位处以工程合同价款 2%～4% 的罚款

　　C. 一年内不得申请建筑业企业资质

　　D. 有非法所得的予以没收

　　E. 3 年内不得申请建筑业企业资质

　　8. 依据《建筑法》的规定，超越本单位资质等级承揽工程应承担的法律责任包括(　　)。

　　A. 责令停止违法行为，处以罚款　　　　B. 可以责令停业整顿、降低资质等级

　　C. 给予警告，限期整改　　　　　　　　D. 情节严重的，吊销资质证书

　　E. 有违法所得的，予以没收

　　9. 企业申请资质证书变更，通常应当提交的材料包括(　　)。

　　A. 资质证书变更申请　　　　　　　　　B. 企业法人营业执照复印件

　　C. 原有资质证书正、副本原件　　　　　D. 企业章程

　　E. 与变更事项有关的证明材料

　　10. 取得建筑业企业资质的企业申请资质升级或资质增项，在申请之日起前 1 年内不得有下列选项中的(　　)情形。

　　A. 超越本企业资质等级或以其他企业名义承揽工程的

　　B. 将承包的工程转包或违法分包的

　　C. 发生过较大生产安全事故的

　　D. 未依法履行工程质量保修义务造成严重后果的

　　E. 企业发生合并、分立、改制的

任务 2.3　执业人员许可制度

【案例 2-3】崔某与蒋某于 2003 年 10 月 16 日签订"建房协议书"一份。约定，蒋某为崔某承建厂房，地点为沈阳市于洪区某村，包工不包料。按实际建筑面积 45 元/m²，分三次付清，房屋保修费 5000 元整，房屋竣工后 2 个月验收合格后付清。厂房长约 35m，宽 12m，高 4m，南窗 10 个，北窗 6 个，门 2 个，厂房结构砖混墙（墙厚 370mm），里外勾缝，水泥地面，踢角线房顶防水，地基深 1m，地梁、圈梁、墙内墙、小仓库原告负责拆；工期为从签订之日起十五日。

合同签订后，蒋某按约定拆除了原有的院墙、小仓库，承建厂房，施工至同年 11 月中旬，撤出工地。在撤出工地时，蒋某基本完成了约定的工程量，只是未能完工屋顶防水及水泥地面。蒋某已承建的房屋面积为 420m²，劳务费按约定每平方米 45 元计算，总计人工费 18900 元。崔某在施工过程中，以借款形式已向蒋某支付人工费 10150 元。

2005 年 1 月，蒋某以要求给付尚欠工程款为由，诉至沈阳市于洪区人民法院。

案例2-3解析

2.3.1　建造师注册执业制度

注册建造师是指通过考核认定或考试合格取得中华人民共和国建造师资格证书，并按照规定注册，取得中华人民共和国建造师注册证书和执业印章，担任施工单位项目负责人及从事相关活动的专业技术人员。为了加强建设工程项目管理，提高工程项目总承包及施工管理专业技术人员素质，规范施工管理行为，保证工程质量和施工安全，根据《建筑法》《建设工程质量管理条例》和国家有关职业资格证书制度的规定，原人事部、原建设部于 2002 年 12 月 5 日发布的"关于印发《建造师执业资格制度暂行规定》的通知（人发〔2002〕111 号）"，原建设部于 2007 年 7 月 4 日发布的《注册建造师执业工程规模标准》，住房和城乡建设部办公厅于 2017 年 7 月 24 日发布的"住房城乡建设部办公厅关于征求注册建造师管理规定（征求意见稿）意见的函（建办市函〔2017〕512 号）"对注册建造师的考试、注册管理、权利义务等作出了明确规定。

建造师分为一级建造师（Constructor）和二级建造师（Associate Constructor）。一级建造师设置 10 个专业：建筑工程、公路工程、铁路工程、民航机场工程、港口与航道工程、水利水电工程、市政公用工程、通信与广电工程、矿业工程、机电工程。二级建造师设置 6 个专业：建筑工程、公路工程、水利水电工程、矿业工程、市政公用工程、机电工程。

建造师执业资格证书示意图见图 2-4。

1. 注册建造师的报考条件

《建造师执业资格制度暂行规定》（人发〔2002〕111 号）中规定，凡遵守国家法律、法规，具备下列条件之一者，可以申请参加一级建造师执业资格考试：①取得工程类或工程经济类大学专科学历，工作满 6 年，其中从事建设工程项目施工管理工作满 4 年；②取得工程类或工程经济类大学本科学历，工作满 4 年，其中从事建设工程项目施工管理工作满 3 年；③取得工程类或工程经济类双学士学位，或研究生毕业，工作满 3 年，其中从事

图 2-4　一级建造师职业资格证书

建设工程项目施工管理工作满 2 年；④取得工程类或工程经济类硕士学位，工作满 2 年，其中从事建设工程项目施工管理工作满 1 年；⑤取得工程类或工程经济类博士学位，从事建设工程项目施工管理工作满 1 年。

《建造师执业资格考试实施办法》规定，一级建造师执业资格考试时间定于每年的第三季度。一级建造师执业资格考试分 4 个半天，以纸笔作答方式进行。《建设工程经济》科目的考试时间为 2 小时；《建设工程法规及相关知识》和《建设工程项目管理》科目的考试时间均为 3 小时；《专业工程管理与实务》科目的考试时间为 4 小时。考试成绩实行 2 年为一个周期的滚动管理办法，参加全部 4 个科目考试的人员须在连续的两个考试年度内通过全部科目。

2. 注册建造师的注册及管理

（1）申请初始注册、延续注册

取得一级建造师资格证书并受聘于一个从事工程建设单位的人员，应当通过聘用单位向国务院住房城乡建设主管部门提出注册申请；也可以向聘用单位工商注册所在地的省、自治区、直辖市人民政府住房城乡建设主管部门提交申请材料。

申请初始注册时应当具备以下条件：1）经考核认定或考试合格取得资格证书；2）受聘且只受聘于一个单位；3）达到继续教育要求；4）没有《注册建造师管理规定》第十五条所列情形。

注册证书是注册建造师的执业凭证，由注册建造师本人保管、使用。注册证书有效期为 5 年。申请人与聘用企业签订聘用合同不足 5 年的，以聘用合同截止日为有效期截止日。一级注册建造师的注册证书由国务院住房城乡建设主管部门统一印制。注册建造师证书推行电子证书，具体办法另行规定。

首次注册者，可自资格证书签发之日起 5 年内提出申请。逾期未申请者，须符合本专业继续教育的要求后方可申请注册。申请注册需要提交下列材料：1）注册建造师注册申请表；2）身份证明；3）申请人与聘用单位签订的聘用劳动关系有效证明；4）逾期申请注册的，应当提供达到继续教育要求的证明。

注册有效期满需继续执业的，应当在注册有效期届满 30 日前按照规定申请延续注册。延续注册的，有效期为 3 年。逾期未申请注册的，证书自动失效。

申请延续注册的，应当提交下列材料：1）注册建造师延续注册申请表；2）原注册证书复印件；3）申请人与聘用单位签订的聘用劳动关系有效证明；4）申请人注册有效期内达到继续教育要求的证明。

在注册有效期内，注册建造师变更执业单位，应当与原聘用单位解除劳动关系，办理证书注销手续，并按照《注册建造师管理规定》第七条、第八条的规定申请注册到新聘用单位，证书有效期重新计算。

注册建造师需要增加执业专业的，应当按照《注册建造师管理规定》第七条的规定申请专业增项注册，并提供相应的资格证明。

（2）不予注册和注册证书的失效、注销（知识链接2-5）

3. 注册建造师的执业范围

注册建造师的执业范围包括：从事建设工程项目总承包管理或施工管理，建设工程项目管理服务，建设工程技术经济咨询，以及法律、行政法规和国务院建设主管部门规定的其他业务。

知识链接2-5　不予注册和注册证书的失效、注销

取得资格证书的人员应当受聘于一个具有建设工程勘察、设计、施工、监理、招标代理、造价咨询等一项或者多项资质的单位，经注册后方可从事相应的执业活动。

担任施工单位项目负责人的，应当受聘并注册于一个具有施工资质的企业。注册建造师的具体执业范围按照《注册建造师执业工程规模标准》执行。

注册建造师不得同时在两个及两个以上的建设工程项目上担任施工单位项目负责人。

建设工程施工活动中形成的有关工程施工管理文件，应当由注册建造师签字并加盖执业印章。施工单位签署质量合格的文件上，必须有注册建造师的签字盖章。

4. 注册建造师的基本权利与义务

（1）建造师的基本权利

《注册建造师管理规定》（建办市函〔2017〕512号）规定，注册建造师享有下列权利：1）使用注册建造师名称；2）在规定范围内从事执业活动；3）在本人执业活动中形成的文件上签字；4）保管和使用本人注册证书；5）对本人执业活动进行解释和辩护；6）接受继续教育；7）获得相应的劳动报酬；8）对侵犯本人权利的行为进行申诉。

担任建设工程施工项目负责人和项目技术负责人的注册建造师应当在工程项目相关技术、质量、安全、管理等文件上签字，并承担相应责任。其中担任施工项目负责人的注册建造师应当对工程质量终身负责。

注册建造师有权拒绝在不合格或者有弄虚作假内容的建设工程施工管理文件上签字。

修改注册建造师签字的工程施工管理文件，应当征得所在企业同意后，由注册建造师本人进行修改；注册建造师本人不能进行修改的，应当由企业指定同等资格条件的注册建造师修改，由其签字并对修改部分承担相应的法律责任。

（2）建造师的基本义务

注册建造师应当履行下列义务：1）遵守法律法规，有关管理规定和合同约定，到岗尽责，恪守职业道德；2）执行技术标准、规范和规程；3）保证执业成果的质量，并承担相应责任，对工程质量终身负责；4）接受继续教育，努力提高执业水准；5）保守在执业中知悉的国家秘密和他人的商业、技术等秘密；6）与当事人有利害关系的，应当主动回避；7）协助注册管理机关完成相关工作。

2.3.2　造价工程师注册执业制度

造价工程师是指通过全国统一考试取得中华人民共和国造价工程师职业资格证书，并经注册后从事建设工程造价工作的专业人员。凡从事工程建设活动的建设、设计、施工、造价咨询等单位，必须在建设工程造价工作岗位配备造价工程师。

一级造价工程师职业资格考试合格者，由各省、自治区、直辖市人力资源社会保障行

政主管部门，颁发由人力资源和社会保障部统一印制，住房和城乡建设部、交通运输部、水利部分别与人力资源和社会保障部用印的《中华人民共和国造价工程师职业资格证书（一级）》。该证书在全国范围内有效。

二级造价工程师职业资格考试合格者，由各省、自治区、直辖市人力资源社会保障行政主管部门，颁发省级住房城乡建设、交通运输、水利行政主管部门分别与人力资源社会保障行政主管部门用印的《中华人民共和国造价工程师职业资格证书（二级）》。该证书原则上在所在行政区域内有效。

1. 注册造价工程师的报考条件

一级造价工程师职业资格实行全国统一大纲、统一命题、统一组织的考试制度。二级造价工程师职业资格实行全国统一大纲，各省、自治区、直辖市自主命题并组织实施的考试制度。一级造价工程师职业资格考试每年一次。二级造价工程师职业资格考试每年不少于一次，具体考试日期由各地确定。考点原则上设在直辖市和省会城市的大、中专院校或者高考定点学校。

凡遵守国家法律、法规，具有良好的政治业务素质和道德品行，从事工程造价工作且具备下列条件之一者，可以申请参加一级造价工程师职业资格考试：1）取得工程造价专业大学专科学历（或高等职业教育），从事工程造价业务工作满5年；取得土木建筑、水利、装备制造、交通运输、电子信息、财经商贸大类大学专科学历（或高等职业教育），从事工程造价业务工作满6年。2）取得通过专业评估（认证）的工程管理、工程造价专业大学本科学历或学位，从事工程造价业务工作满4年；取得工学、管理学、经济学门类大学本科学历或学位，从事工程造价业务工作满5年。3）取得工学、管理学、经济学门类硕士学位或者第二学士学位，从事工程造价业务工作满3年。4）取得工学、管理学、经济学门类博士学位，从事工程造价业务工作满1年。5）取得其他专业类（门类）相应学历或者学位的人员，从事工程造价业务工作年限相应增加1年。

符合造价工程师职业资格考试报名条件的报考人员，按规定携带相关证件和材料到指定地点进行报名资格审查。报名时，各地人力资源社会保障部门会同相关行业主管部门对报名人员的资格条件进行审核。审核合格后，核发准考证。参加考试人员凭准考证和有效证件在指定的日期、时间和地点参加考试。

知识链接2-6 造价工程师考试简介

2. 注册造价工程师的注册及管理

中央和国务院各部门及所属单位、中央管理企业的人员按属地原则报名参加考试。国家对造价工程师职业资格实行注册执业管理制度。取得造价工程师职业资格证书且从事工程造价相关工作的人员，经注册方可以注册造价工程师名义从事工程造价工作。

一级造价工程师职业资格注册的组织实施由住房和城乡建设部、交通运输部、水利部分别负责。二级造价工程师职业资格注册的组织实施由省级住房城乡建设、交通运输、水利行政主管部门分别负责。住房和城乡建设部、交通运输部、水利部按照职责分工，制定相应造价工程师职业资格注册管理办法并监督执行。

准予注册的，住房和城乡建设部、交通运输部、水利部予以发放《中华人民共和国造价工程师注册证（一级）》（或电子证书）；省级住房城乡建设、交通运输、水利行政主管部门予以发放《中华人民共和国造价工程师注册证（二级）》（或电子证书）。

注册造价工程师执业时应持注册证书和执业印章。注册证书印章样式以及注册证书编号由住房城乡建设部会同交通运输部、水利部统一制定。

住房和城乡建设部、交通运输部、水利部及省级住房城乡建设、交通运输、水利行政主管部门按职责分工分别负责注册证书的制作和发放；执业印章由注册造价工程师按照统一规定自行制作。

3. 注册造价工程师的执业范围

注册造价工程师在工作中必须遵纪守法，恪守职业道德和从业规范，诚信执业，并主动接受有关主管部门的监督检查和行业自律。住房和城乡建设部、交通运输部、水利部应共同建立健全注册造价工程师诚信体系，制定相关规章制度或从业标准规范，并指导监督信用评价工作。

注册造价工程师不得同时受聘于两个或两个以上单位执业，不得允许他人以本人名义执业，严禁"证书挂靠"，出租出借注册证书的，由发证机构撤销其注册证书，不再予以重新注册；构成犯罪的，依法追究刑事责任。

一级注册造价工程师的执业范围包括建设项目全过程工程造价管理与咨询等，具体工作内容如下：1）项目建议书、可行性研究投资估算与审核，项目评价造价分析；2）建设工程设计、施工招投标工程计量与计价；3）建设工程合同价款、结算价款、竣工决算价款的编制与管理；4）建设工程审计、仲裁、诉讼、保险中的造价鉴定，工程造价纠纷调解；5）建设工程计价依据、造价指标的编制与管理；6）与工程造价管理有关的其他事项。

二级注册造价工程师可协助一级注册造价工程师开展相关工作，并可独立开展以下具体工作内容：1）建设工程工料分析、计划、组织与成本管理，施工图预算、设计概算编制；2）建设工程量清单、招标控制价、投标报价编制；3）建设工程合同价款、结算和竣工决算价款的编制。

注册造价工程师应在其规定业务范围内的工作成果上签章。对外的工程造价咨询成果文件应由一级造价工程师审核并加盖印章。取得造价工程师注册证书的人员，应当按照国家专业技术人员继续教育的有关规定接受继续教育，更新专业知识，提高业务水平。

2.3.3　监理工程师注册执业制度

注册监理工程师，是指经考试取得中华人民共和国监理工程师资格证书（以下简称监理工程师资格证书），并按照本规定注册，取得中华人民共和国注册监理工程师注册执业证书（以下简称监理工程师注册证书）和监理工程师执业印章，从事工程监理及相关业务活动的专业技术人员。原建设部于 2006 年 1 月 26 日发布了《注册监理工程师管理规定》（中华人民共和国建设部令第 147 号），对注册监理工程师的注册管理、权利义务等作出了具体规定。

1. 注册监理工程师的报考条件与考试

凡中华人民共和国公民，遵纪守法并具备以下条件之一的，均可申请参加全国监理工程师执业资格考试：1）工程技术或工程经济专业大专（含大专）以上学历，按照国家有关规定，取得工程技术或工程经济专业中级职务，并任职满 3 年；2）按照国家有关规定，取得工程技术或工程经济专业高级职务；3）1970 年（含 1970 年）以前工程技术或工程经济专业中专毕业，按照国有关规定，取得工程技术或工程经济专业中级职务，并任职满 3 年。

注册监理工程师的考试设《建设工程监理基本理论与相关法规》《建设工程合同管理》

《建设工程质量、投资、进度控制》《建设工程监理案例分析》4个科目。参加全部4个科目考试的人员，必须在连续两个考试年度内通过全部科目考试。

对于从事工程建设监理工作且同时具备下列4项条件的报考人员，可免试《建设工程合同管理》和《建设工程质量、投资、进度控制》两个科目，只参加《建设工程监理基本理论与相关法规》和《建设工程监理案例分析》两个科目的考试：1）1970年（含1970年）以前工程技术或工程经济专业中专（含中专）以上毕业；2）按照国家有关规定，取得工程技术或工程经济专业高级职务；3）从事工程设计或工程施工管理工作满15年；4）从事监理工作满1年。

报名条件中有关学历的要求是指经国家教育部承认的正规学历，从事相关专业工作年限的计算截止日期一般为考试报名年度当年年底，详细信息以各地区具体规定为准。

2. 注册监理工程师的执业范围

取得资格证书的人员，应当受聘于一个具有建设工程勘察、设计、施工、监理、招标代理、造价咨询等一项或者多项资质的单位，经注册后方可从事相应的执业活动。从事工程监理执业活动的，应当受聘并注册于一个具有工程监理资质的单位。注册监理工程师可以从事工程监理、工程经济与技术咨询、工程招标与采购咨询、工程项目管理服务以及国务院有关部门规定的其他业务。

知识链接2-7 注册监理工程师制度

2.3.4 施工现场专业人员职业标准

建筑与市政工程施工现场专业人员包括施工员、质量员、安全员、标准员、材料员、机械员、劳务员、资料员。其中，施工员、质量员、标准员可分为土建施工、装饰装修、设备安装和市政工程四个子专业。

1. 施工现场专业人员的报考条件

根据《建筑与市政工程施工现场专业人员职业标准》规范的规定，建筑八大员基本报名条件如下：

凡年满18周岁，在国家法定退休年龄以下，且具备下列基本条件之一者，可自愿报名参加培训与考核。

（1）具有土建类本专业及相近专业专科（高职）及以上学历，且从事本岗位相关专业技术或管理工作满一年。

（2）具有土建类相关专业专科（高职）及以上学历，且从事本岗位相关专业技术或管理工作满二年。

（3）具有土建类本专业及相近专业中职学历，且从事本岗位相关专业技术或管理工作满三年。

（4）具有土建类相关专业中职学历，且从事本岗位相关专业技术或管理工作满四年。

（5）具有非土建类中职及以上学历，且从事本岗位相关专业技术或管理工作满四年，可报名参加材料员、资料员或劳务员的培训考核。报考监理员，还需同时满足《建设工程监理规范》GB/T 50319—2013规定的"具有中专及以上学历"的要求。

2. 建筑业八大员的岗位职责

（1）施工员

在建筑与市政工程施工现场，从事施工组织策划、施工技术与管理，以及施工进度、成本、质量和安全控制等工作的专业人员。

1）参与施工组织管理策划。

2）参与制定管理制度。

3）参与图纸会审、技术核定。

4）负责施工作业班组的技术交底。

5）负责组织测量放线、参与技术复核。

6）参与制定并调整施工进度计划、施工资源需求计划，编制施工作业计划。

7）参与做好施工现场组织协调工作，合理调配生产资源；落实施工作业计划。

8）参与现场经济技术签证、成本控制及成本核算。

9）负责施工平面布置的动态管理。

10）参与质量、环境与职业健康安全的预控。

11）负责施工作业的质量、环境与职业健康安全过程控制，参与隐蔽、分项、分部和单位工程的质量验收。

12）参与质量、环境与职业健康安全问题的调查，提出整改措施并监督落实。

13）负责编写施工日志、施工记录等相关施工资料。

14）负责汇总、整理和移交施工资料。

（2）质量员

在建筑与市政工程施工现场，从事施工质量策划、过程控制、检查、监督、验收等工作的专业人员。

1）参与施工质量策划。

2）参与制定质量管理制度。

3）参与材料、设备的采购。

4）负责核查进场材料、设备的质量保证资料，监督进场材料的抽样复验。

5）负责监督、跟踪施工试验，负责计量器具的符合性审查。

6）参与施工图会审和施工方案审查。

7）参与制定工序质量控制措施。

8）负责工序质量检查和关键工序、特殊工序的旁站检查，参与交接检验、隐蔽验收、技术复核。

9）负责检验批和分项工程的质量验收、评定，参与分部工程和单位工程的质量验收、评定。

10）参与制定质量通病预防和纠正措施。

11）负责监督质量缺陷的处理。

12）参与质量事故的调查、分析和处理。

13）负责质量检查的记录，编制质量资料。

14）负责汇总、整理、移交质量资料。

（3）安全员

在建筑与市政工程施工现场，从事施工安全策划、检查、监督等工作的专业人员。

1）参与制定施工项目安全生产管理计划。

2）参与建立安全生产责任制度。

3）参与制定施工现场安全事故应急救援预案。

4）参与开工前安全条件检查。

5）参与施工机械、临时用电、消防设施等的安全检查。

6）负责防护用品和劳保用品的符合性审查。

7）负责作业人员的安全教育培训和特种作业人员资格审查。

8）参与编制危险性较大的分部、分项工程专项施工方案。

9）参与施工安全技术交底。

10）负责施工作业安全及消防安全的检查和危险源的识别，对违章作业和安全隐患进行处置。

11）参与施工现场环境监督管理。

12）参与组织安全事故应急救援演练，参与组织安全事故救援。

13）参与安全事故的调查、分析。

14）负责安全生产的记录、安全资料的编制。

15）负责汇总、整理、移交安全资料。

（4）标准员

在建筑与市政工程施工现场，从事工程建设标准实施组织、监督、效果评价等工作的专业人员。

1）参与企业标准体系表的编制。

2）负责确定工程项目应执行的工程建设标准，编列标准强制性条文，并配置标准有效版本。

3）参与制定质量安全技术标准落实措施及管理制度。

4）负责组织工程建设标准的宣贯和培训。

5）参与施工图会审，确认执行标准的有效性。

6）参与编制施工组织设计、专项施工方案、施工质量计划、职业健康安全与环境计划，确认执行标准的有效性。

7）负责建设标准实施交底。

8）负责跟踪、验证施工过程标准执行情况，纠正执行标准中的偏差，重大问题提交企业标准化委员会。

9）参与工程质量、安全事故调查，分析标准执行中的问题。

10）负责汇总标准执行确认资料、记录工程项目执行标准的情况，并进行评价。

11）负责收集对工程建设标准的意见、建议，并提交企业标准化委员会。

12）负责工程建设标准实施的信息管理。

（5）材料员

在建筑与市政工程施工现场，从事施工材料的计划、采购、检查、统计、核算等工作的专业人员。

1）参与编制材料、设备配置计划。

2）参与建立材料、设备管理制度。

3）负责收集材料、设备的价格信息，参与供应单位的评价、选择。

4）负责材料、设备的选购，参与采购合同的管理。

5）负责进场材料、设备的验收和抽样复检。

6）负责材料、设备进场后的接收、发放、储存管理。

7）负责监督、检查材料、设备的合理使用。

8）参与回收和处置剩余及不合格材料、设备。

9）负责建立材料、设备管理台账。

10）负责材料、设备的盘点、统计。

11）参与材料、设备的成本核算。

12）负责材料、设备资料的编制。

13）负责汇总、整理、移交材料和设备资料。

（6）机械员

在建筑与市政工程施工现场，从事施工机械的计划、安全使用监督检查、成本统计及核算等工作的专业人员。

1）参与制定施工机械设备使用计划，负责制定维护保养计划。

2）参与制定施工机械设备管理制度。

3）参与施工总平面布置及机械设备的采购或租赁。

4）参与审查特种设备安装、拆卸单位资质和安全事故应急救援预案、专项施工方案。

5）参与特种设备安装、拆卸的安全管理和监督检查。

6）参与施工机械设备的检查验收和安全技术交底，负责特种设备使用备案、登记。

7）参与组织施工机械设备操作人员的教育培训和资格证书查验，建立机械特种作业人员档案。

8）负责监督检查施工机械设备的使用和维护保养，检查特种设备安全使用状况。

9）负责落实施工机械设备安全防护和环境保护措施。

10）参与施工机械设备事故调查、分析和处理。

11）参与施工机械设备定额的编制，负责机械设备台账的建立。

12）负责施工机械设备常规维护保养支出的统计、核算、报批。

13）参与施工机械设备租赁结算。

14）负责编制施工机械设备安全、技术管理资料。

15）负责汇总、整理、移交机械设备资料。

（7）劳务员

在建筑与市政工程施工现场，从事劳务管理计划、劳务人员资格审查与培训，劳动合同与工资管理、劳务纠纷处理等工作的专业人员。

1）参与制定劳务管理计划。

2）参与组建项目劳务管理机构和制定劳务管理制度。

3）负责验证劳务分包队伍资质，办理登记备案；参与劳务分包合同签订，对劳务队伍现场施工管理情况进行考核评价。

4）负责审核劳务人员身份、资格，办理登记备案。

5）参与组织劳务人员培训。

6）参与或监督劳务人员劳动合同的签订、变更、解除、终止及参加社会保险等工作。

7）负责或监督劳务人员进出场及用工管理。

8）负责劳务结算资料的收集整理，参与劳务费的结算。

9）参与或监督劳务人员工资支付、负责劳务人员工资公示及台账的建立。

10）参与编制、实施劳务纠纷应急预案。

11）参与调解、处理劳务纠纷和工伤事故的善后工作。

12）负责编制劳务队伍和劳务人员管理资料。

13）负责汇总、整理、移交劳务管理资料。

（8）资料员

在建筑与市政工程施工现场，从事施工信息资料的收集、整理、保管、归档、移交等工作的专业人员。

1）参与制定施工资料管理计划。

2）参与建立施工资料管理规章制度。

3）负责建立施工资料台账，进行施工资料交底。

4）负责施工资料的收集、审查及整理。

5）负责施工资料的往来传递、追溯及借阅管理。

6）负责提供管理数据、信息资料。

7）负责施工资料的立卷、归档。

8）负责施工资料的封存和安全保密工作。

9）负责施工资料的验收与移交。

10）参与建立施工资料管理系统。

11）负责施工资料管理系统的运用、服务和管理。

班级：_____　　姓名：_____　　成绩：_____

【任务 2.3 习题】

一、单项选择题

1. 李某 2012 年 9 月参加二级建造师资格考试，假如他成绩合格，就可以（　　）。

A. 以建造师的名义担任建设工程项目施工的项目经理

B. 通过注册取得建造师资格证书

C. 取得建造师资格证书、通过注册后以建造师名义执业

D. 取得建造师执业证书和执业印章

2. 下列关于建造师注册的表述中，正确的是（　　）。

A. 取得建造师资格证书的人员，如果没能在三年内申请注册，其资格证书将失效

B. 申请初始注册的人员，应受聘于一个相关单位

C. 注册建造师增加执业专业的，需办理变更注册

D. 因工作需要，取得建造师资格证书的人员可申请在两个单位注册

3. 工程师肖某取得建造师资格证书后，因故未能在 3 年内申请注册，3 年后申请初始注册时必须（　　）。

A. 重新取得资格证书　　　　　　　B. 提供达到继续教育要求的证明材料

C. 提供新的业绩证明　　　　　　　D. 符合延续注册的条件

4. 注册建造师延续执业，应申请延续注册，按照有关规定，下列关于延续注册的表述中正确的是（　　）。

A. 延续注册申请应在注册有效期满前 3 个月内提出

B. 申请延续注册只需提供原注册证书

C. 延续注册有效期为 3 年

D. 延续注册执业期间不能申请变更注册

5. 取得建造师资格证书的人员，如果要担任建设工程项目施工的项目经理，应当受聘并注册一个具有（　　）资质的企业。

A. 设计　　　　　　　　　　　　　B. 施工

C. 监理　　　　　　　　　　　　　D. 造价咨询

6. 项目经理王某经考试合格取得了二级建造师资格证书，受聘并注册于一个拥有乙级资质专门从事招标代理的单位，按照《注册建造师管理规定》：王某可以建造师名义从事（　　）。

A. 建设工程项目总承包管理　　　　B. 建设监理

C. 建设工程项目管理服务有关工作　D. 建设工程施工的项目管理

7. 注册建造师王某与原施工单位解除了聘用合同，选择一家在本专业有多项工程服务资质的施工单位担任建设工程施工的项目经理，则他必须进行（　　）。

A. 初始注册　　　　　　　　　　　B. 延续注册

C. 变更注册　　　　　　　　　　　D. 增项注册

8. 注册建造师需要增加执业专业时，应按规定申请专业增项注册。增项注册应提交

拟增项专业的(   )。

    A. 资历证明
               B. 经考核认定的相应能力证明

    C. 专业资格证明
            D. 业绩证明

9. 2000 年 3 月，取得建造师资格证书的王某受聘并注册于甲公司，2007 年 6 月工作单位变动后变更注册于乙公司，其变更后的注册有效期到(   )止。

    A. 2009 年 3 月
            B. 2009 年 6 月

    C. 2010 年 3 月
            D. 2010 年 6 月

10. 聘用单位与注册建造师王某解除了劳动关系，则注册证书应当(   )。

    A. 被吊销
              B. 被撤销

    C. 在有效期内延续有效
       D. 注销

11. 按照《注册建造师管理规定》，下列情形中不予注册的情形是(   )。

A. 申请人年近花甲，年龄已达 59 岁

B. 因执业活动受到刑事处罚，自处罚执行完毕之日起至申请注册之日止正好满三年

C. 被吊销注册证书，自处罚决定之日起至申请注册之日止已经满 2 年

D. 申请人申请注册之日止 4 年前担任项目经理期间，所负责的项目发生过重大质量和安全事故

12. 关于二级注册建造师的执业活动，下列说法中正确的是(   )。

A. 施工单位的二级注册建造师，可同时担任两个项目施工的负责人

B. 不能从事项目总承包管理和工程技术经济咨询

C. 可超出聘用单位业务范围执业

D. 保证执业成果的质量并承担相应的责任

13. 注册建造师有权(   )。

A. 超出聘用单位业务范围从事执业活动

B. 在两个或两个以上单位受聘或执业

C. 允许信得过的人以自己的名义从事执业活动

D. 对本人执业活动进行解释和辩解

14. 担任施工项目负责人的注册建造师，在所负责的工程项目竣工验收或交接手续办结前，不得变更注册到另一企业，除非该项目(   )。

    A. 发包方同意更换项目负责人
    B. 承包方同意更换项目负责人

    C. 发包方与承包方产生了合同纠纷
    D. 因不可抗力暂停施工

15. 二级注册建造师不能(   )。

    A. 从事工程项目总承包管理
    B. 从事工程项目管理服务

    C. 从事工程技术经济咨询
    D. 担任大中型以上项目施工负责人

16. 按照《注册建造师执业工程规模标准规定（试行）》的规定，二级注册建造师执业程规模标准不包括(   )。

    A. 12 层以上的房屋建筑工程

B. 高度 50m 以上的建筑物或构筑物

C. 单跨跨度 21m 以上的房屋建筑工程

D. 单体建筑面积 3 万 m^2 以上的房屋建筑工程

17. 下列关于注册机关监管职权的表述中，正确的是(　　)。

A. 注册建造师王某执业违法，被工程所在县政府建设主管部门撤销了注册证书

B. 注册建造师异地执业违法，被当地省政府主管部门撤销了注册证书

C. 注册机关履行监管职能时，要求注册建造师公布个人信息

D. 注册机关要求被检查人员所在的聘用单位提供有关人员签署的文件及相关业务文档

18. 注册建造师签章完整的工程施工管理文件方为有效，对此，实践中出现下列情况时，正确的做法是(　　)。

A. 当施工项目包含多个专业时，该项目施工管理文件应由总监理工程师签章

B. 当施工项目包含多个专业时，该项目施工管理文件应由担任施工项目负责人的注册建造师签章

C. 修改注册建造师签章的施工管理文件时，应当由所在企业指定同等资格的注册建造师进行

D. 分包工程的施工管理文件应当由总包单位的注册建造师签章

19. 注册建造师继续教育证书是其延续注册、变更注册的重要依据之一，注册一个专业的建造师有效期内应参加不少于(　　)学时的继续教育。

A. 30　　　　　　　　B. 60　　　　　　　　C. 90　　　　　　　　D. 120

20. 采用弄虚作假等手段取得《注册建造师继续教育证书》的，一经发现，立即(　　)。

A. 撤销当事人注册证书

B. 取消当事人继续教育纪录，记入不良信用记录，对社会公布

C. 撤销当事人建造师资格证书

D. 处以罚款

21. 以欺骗、贿赂等不正当手段取得注册证书的，由注册机关(　　)。

A. 给予警告，一年内不准再申请注册

B. 撤销注册，处以罚款，三年内不准再次申请注册

C. 撤销注册，没收非法所得

D. 责令改正，处以违法所得 3 倍以下且不超过 3 万元的罚款

22. 未取得注册证书和执业印章而担任大中型建设工程施工单位项目负责人的，其所签署的工程文件(　　)。

A. 无效　　　　　　　　　　　　B. 有效

C. 在工程质量合格的前提下有效　　D. 经监理工程师认可才有效

二、多项选择题

1. 申请建造师初始注册的人员应当具备的条件有(　　)。

A. 经考核认定或考试合格取得执业资格证书

B. 受聘于一个相关单位

C. 没有《注册建造师管理规定》规定的不予注册的情形

D. 达到继续教育的要求

E. 具备大专以上学历

2. 注册建造师办理变更注册手续时应提交的材料有( )。

A. 注册建造师变更注册申请表

B. 注册证书和执业印章

C. 专业增项资格证明

D. 与新聘用单位签订的聘用合同复印件或有效证明文件

E. 与原单位解除聘用合同的证明

3. 下列情形中，能导致注册建造师注册证书和执业印章失效的情形有( )。

A. 年龄超过 60 周岁   B. 聘用单位被撤回资质证书

C. 聘用单位被吊销营业执照   D. 与聘用单位解除了合同关系

E. 注册有效期满但未延续注册

4. 根据《建造师执业资格制度暂行规定》，建造师注册后，有权以建造师名义从事的工作包括( )。

A. 负责企业的技术工作

B. 担任建设工程施工的项目经理

C. 从事其他施工活动的管理工作

D. 法律、建设法规或国务院建设行政主管部门规定的其他业务

E. 地方政府根据当地实际需要规定的其他业务

5. 下列选项中，注册建造师享有的权利包括( )。

A. 使用注册建造师名称

B. 保管和使用本人注册证书、执业印章

C. 在执业范围外从事相关专业的执业活动

D. 对侵犯本人权利的行为进行申述

E. 介入与自己有利害关系的商务

6. 下列选项中，注册建造师应当履行的义务包括( )。

A. 遵守法律、法规和有关规定，恪守职业道德

B. 执行技术标准、规范和规程

C. 能力较强者应担任两个以上建设工程项目施工的负责人

D. 保证执业成果质量并承担相应责任

E. 接受继续教育，提高执业水平

7. 在下列情形中，注册机关依据职权或根据利害关系人的请求，可以撤销注册建造师注册的有( )。

A. 注册机关工作人员滥用职权作出注册许可的

B. 超越法定权限作出注册许可的

C. 违反法定程序准予注册的

D. 采用弄虚作假手段取得继续教育证书的

E. 向不符合条件的申请人颁发注册证书的

8. 根据《注册建造师管理规定》，在下列情形中，不予注册的情形包括( )。

A. 甲某曾于 1 年前因犯罪被判处管制两年

B. 乙某 5 年前因故意伤害罪被判处拘役 6 个月

C. 丙某申请在两个单位注册

D. 丁某去年担任项目负责人期间，该项目发生重大安全事故

E. 戊某因事故中受伤，被鉴定为限制民事行为能力人

9. 作为施工项目负责人的注册建造师不得同时担任两个及以上建设工程施工的项目经理，但下列选项中的(　　)情况例外。

A. 同一工程相邻分段发包或分期施工的

B. 因非承包方原因使工程停工120天以上且建设单位同意的

C. 合同约定的工程进入收尾阶段而新的工程刚刚破土动工的

D. 因工作需要经工程发、承包双方协商同意的

E. 合同约定的工程验收合格的

10. 注册建造师不得有下列行为中的(　　)行为。

A. 不履行注册建造师的义务　　　　　B. 同时在两个企业受聘并执业

C. 对本人执业活动进行解释和辩护　　D. 超出执业范围执业

E. 允许他人以自己的名义从事执业活动

学习情境3　建设工程发承包、合同法律制度与实务

知识点

1. 建设工程发包方式；
2. 建设工程招标范围、招标方式及招标投标流程；
3. 工程总承包与全过程咨询；
4. 施工总承包；
5. 工程转包与分包；
6. 发承包单位违法行为应承担的法律责任；
7. 合同的基本概念；
8. 建设工程合同；
9. 合同的订立与生效；
10. 合同的效力；
11. 合同的转让与终止；
12. 违约责任；
13. 相关合同制度。

能力点

1. 能够参与建设工程发承包流程；
2. 能够参与建设工程合同的订立和履行；
3. 能够解决建设工程领域相关合同中出现的问题；
4. 能够运用合同法律制度相关知识解决工程实际问题。

思维导图

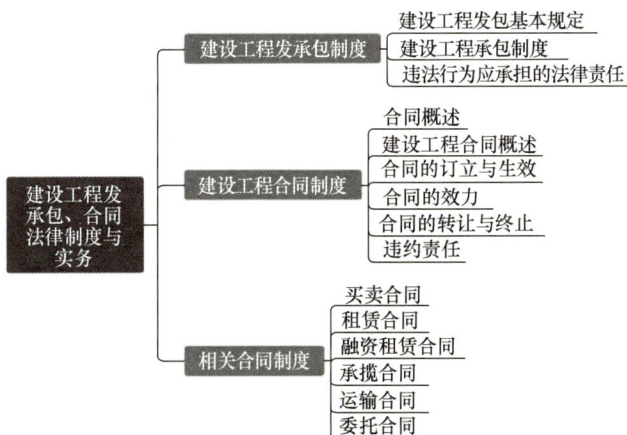

【案例 3-1】湘建建筑有限责任公司是一家具有施工总承包特级资质的建筑业企业，总经理张某打听到有一外省重点工程项目准备招标，于是向建设单位咨询发包事宜，但建设单位回复由于工程复杂、技术难度高，一般施工队伍难以胜任，建设单位已决定采取邀请招标的方式。同时建设单位表示，考虑到施工方便，招标只面向本省企业，不考虑外省企业，因而湘建公司并不在邀请招标的名单上。

案例3-1解析

请问：

1. 该建设单位自行决定采取邀请招标的做法是否合法？

2. 该建设单位招标只面向本省企业，不考虑外省企业的做法是否合法？

任务 3.1　建设工程发承包制度

建设工程发承包制度是我国社会主义市场经济发展的产物，也是《中华人民共和国建筑法》确定的一项建筑活动的重要制度。建设工程发包与承包贯穿于建筑活动的全部内容，既包括建设工程招投标制度的内容，也包括发包方和承包方签订合同以及履行合同的全过程。

3.1.1　建设工程发包基本规定

建设工程发包是指建设工程的建设单位（或总承包单位）将建设工程任务通过招标发包或直接发包的方式，交付给具有法定从业资格的单位完成，并按照合同约定支付报酬的行为。建设工程的发包方一般为建设单位，也可以是施工总承包商、专业承包商、项目管理公司等。

建设工程承包是指具有法定从业资格的单位依法承揽建设工程任务，通过签订合同确立双方的权利和义务，按照合同约定取得相应报酬，并完成建设工程任务的行为。承包方一般为工程勘察设计单位、施工单位、工程设备供应及设备安装制造单位等。

建筑工程依法实行招标发包，经过法定招投标程序之后，发包单位将建筑工程依法发包给中标单位。对不适于招标发包的工程可以采取直接发包，即发包单位直接选定特定的承包单位，与其进行一对一的协商谈判后再行发包。

1. 招标发包

（1）招标发包的工程范围

《中华人民共和国招标投标法》规定，在中华人民共和国境内进行下列工程建设项目包括项目的勘察、设计、施工、监理以及与工程建设有关的重要设备、材料等的采购，必须进行招标：

1）大型基础设施、公用事业等关系社会公共利益、公众安全的项目；

2）全部或者部分使用国有资金投资或者国家融资的项目；

3）使用国际组织或者外国政府贷款、援助资金的项目。

除上述规定外，国家发展改革委会同国务院有关部门进一步明确了必须招标的工程项目的具体范围和规模标准，自 2018 年 6 月 1 日起正式实施的《必须招标的工程项目规定》中规定：

1）全部或者部分使用国有资金投资或者国家融资的项目包括：

① 使用预算资金 200 万元人民币以上，并且该资金占投资额 10% 以上的项目；

② 使用国有企业事业单位资金，并且该资金占控股或者主导地位的项目。

2）使用国际组织或者外国政府贷款、援助资金的项目包括：

① 使用世界银行、亚洲开发银行等国际组织贷款、援助资金的项目；

② 使用外国政府及其机构贷款、援助资金的项目。

3）不属于上述规定情形的大型基础设施、公用事业等关系社会公共利益、公众安全的项目，必须招标的具体范围由国务院发展改革部门会同国务院有关部门按照确有必要、严格限定的原则制订，报国务院批准。

4）本规定范围内的项目，其勘察、设计、施工、监理以及与工程建设有关的重要设备、材料等的采购达到下列标准之一的，必须招标：

① 施工单项合同估算价在 400 万元人民币以上；

② 重要设备、材料等货物的采购，单项合同估算价在 200 万元人民币以上；

③ 勘察、设计、监理等服务的采购，单项合同估算价在 100 万元人民币以上；

④ 同一项目中可以合并进行的勘察、设计、施工、监理以及与工程建设有关的重要设备、材料等的采购，合同估算价合计达到前款规定标准的，必须招标。

凡是属于上述必须招标的范围和规模标准的工程项目，发包单位必须按照法定流程组织工程招标，承包单位想要承揽项目必须参与工程投标，发包单位择优选择中标人后与之签订工程承包合同。

（2）招标方式

按照招标的范围不同，我国采用的招标方式分为公开招标和邀请招标两种。

1）公开招标

公开招标又称"无限竞争性招标"，是指招标人以招标公告的方式邀请不特定的法人或者其他组织投标。必须招标项目的招标公告应当在"中国招标投标公共服务平台"或者项目所在地省级电子招标投标公共服务平台发布。

公开招标的优点在于参与投标竞争的承包商多、范围广，有利于招标人选择最优的承包商，降低工程造价、提高工程质量，同时这种招标方式透明度高，能有效抑制招标过程中的不正当行为。缺点在于招标工作量大、资源投入多、招标所需时间较长。公开招标适用于大部分工程项目，国有资金占控股或主导地位依法必须进行招标的项目，应当公开招标。

2）邀请招标

邀请招标又称"有限竞争性招标"，是指招标人以投标邀请书的方式邀请特定的法人或者其他组织投标。招标人采用邀请招标方式的，应当向三个以上具备承担招标项目的能力、资信良好的承包商发出投标邀请书，接到邀请书的承包商才有投标资格。

邀请招标的优点是招标的工作量小，程序较公开招标更简化，所需时间更短。但其招标范围只限于受到邀请的人，竞争受到限制，招标人的选择范围小，有因为掌握信息量不足而错失最合适的承包商的风险。

按照《招标投标法》和《招标投标法实施条例》规定，可以采取邀请招标方式的工程项目有：

① 国务院发展计划部门确定的国家重点项目和省、自治区、直辖市人民政府确定的

地方重点项目不适宜公开招标的，经国务院发展计划部门或者省、自治区、直辖市人民政府批准，可以进行邀请招标。

② 国有资金占控股或者主导地位的依法必须进行招标的项目，应当公开招标，但有下列情形之一的，可以邀请招标：技术复杂、有特殊要求或者受自然环境限制，只有少量潜在投标人可供选择；采用公开招标方式的费用占项目合同金额的比例过大。

（3）招标的基本流程

招标投标活动应当遵循公开、公平、公正和诚实信用的原则。建设工程招标的基本流程可分为三个阶段：招标准备阶段、正式招标阶段、评标定标阶段，其具体内容如图 3-1 所示。

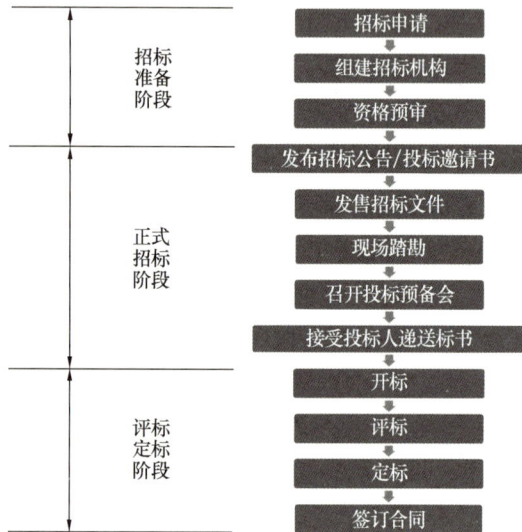

图 3-1　招标流程图

2. 直接发包

直接发包是传统的交易方式，指建设单位直接将建筑工程发包给符合资质的承包单位，与其进行一对一的协商谈判，就双方的权利义务达成协议后，与其签订承包合同。

（1）直接发包的工程范围

不属于法律法规要求的强制招标的建设工程均可直接发包。根据《招标投标法》第六十六条规定，涉及国家安全、国家秘密、抢险救灾或者属于利用扶贫资金实行以工代赈、需要使用农民工等特殊情况，不适宜进行招标的项目，按照国家有关规定可以不进行招标。

根据《招标投标法实施条例》，除上述可以不进行招标的特殊情况外，有下列情形之一的，可以不进行招标：

1）需要采用不可替代的专利或者专有技术；

2）采购人依法能够自行建设、生产或者提供；

3）已通过招标方式选定的特许经营项目投资人依法能够自行建设、生产或者提供；

4）需要向原中标人采购工程、货物或者服务，否则将影响施工或者功能配套要求；

5）国家规定的其他特殊情形。

（2）直接发包的特点

与招标发包方式相比，直接发包具有以下特点：

1）直接发包简单易行，不需要依照法定的招投标流程，只需双方协商一致，因此比招标发包所需的时间短，同时还能节省发包费用；

2）直接发包方式下发包单位的自主权更大，能自行选择承包单位，但是由于缺乏竞争机制，容易滋生腐败；

3）少数不适用招标发包的工程，或私人投资建设的工程，发包单位可以选择直接发包。

3. 其他政府采购方式

各级国家机关、事业单位和团体组织，使用财政性资金采购依法制定的集中采购目录以内的或者采购限额标准以上的货物、工程和服务时，应当实行政府采购，遵照《政府采购法》的相关规定。政府采购主要采用公开招标方式，此外还有邀请招标、竞争性谈判、单一来源采购、询价及国务院政府采购监督管理部门认定的其他采购方式。公开招标方式已在上文中进行了介绍，下面介绍其他几种常见的政府采购形式。

（1）竞争性谈判

竞争性谈判是指采购人或代理机构通过与多家供应商（不少于 3 家）进行谈判，最后从中确定中标供应商的一种采购方式。这种方式是除招标方式之外最能体现采购竞争性原则、经济效益原则和公平性原则的一种方式，同时也是各国普遍采用的方式。竞争性谈判适用于以下四种情形：

1）招标后没有供应商投标或者没有合格标的或者重新招标未能成立的；

2）技术复杂或者性质特殊，不能确定详细规格或者具体要求的；

3）采用招标所需时间不能满足用户紧急需要的；

4）不能事先计算出价格总额的。

（2）单一来源采购

单一来源采购也称直接采购，是指由于商品的来源渠道单一，或属专利、首次创造、合同追加等特殊情况，采购人只能向唯一供应商进行采购的方式。这是一种没有竞争的采购方式，虽然缺乏竞争性，但也要按照物有所值原则与供应商进行协商，本着互利原则，合理确定采购价格。单一来源采购适用于以下三种情形：

1）只能从唯一供应商处采购的；

2）发生了不可预见的紧急情况不能从其他供应商处采购的；

3）必须保证原有采购项目一致性或者服务配套的要求，需要继续从原供应商处添购，且添购资金总额不超过原合同采购金额百分之十的。

（3）询价

询价是指询价小组根据采购人需求，从符合相应资格条件的供应商中确定不少于三家的供应商并向其发出询价单让其报价，由供应商一次报出不得更改的报价，然后询价小组在报价的基础上进行比较，并确定成交供应商的一种采购方式。

采购的货物规格、标准统一、现货货源充足且价格变化幅度小的政府采购项目，可以依法采用询价方式采购。

【案例 3-2】 湘建建筑有限责任公司总经理张某最近十分头疼，公司面临两起诉讼，严重干扰了企业的正常运转，这是为什么呢？

诉讼一：去年湘建公司中标了某大型建设项目的桩基工程施工任务，但拿到桩基工程后，由于施工力量不足，就将该工程全部转交给了具有桩基施工资质的恒天建筑有限责任公司，双方还签订了《桩基工程施工合同》，就合同单价、暂定总价、工期、质量、付款方式、结算方式以及违约责任等做了约定。在合同签订后，恒天公司组织实施并完成了该桩基工程施工任务。建设单位在组织竣工验收时，发现有部分桩基工程质量不符合规定的质量标准，便要求湘建公司负责返工、修理，并赔偿因此造成的损失。但湘建公司以该桩基工程已交由恒天公司施工为由，拒不承担任何的赔偿责任，双方协商不成诉至法院。

诉讼二：湘建公司法定代表人王某与个体经营者李某是老乡，李某要求能以湘建公司的名义承接一些工程施工业务，双方便签订了一份承包合同，约定李某可以使用湘建公司的资质证书、营业执照承接工程，每年上交承包费 20 万元，如不能按时如数上交承包费，湘建公司有权解除合同。合同签订后，李某利用湘建公司的资质证书、营业执照等多次承揽工程施工业务，但年底只向湘建公司上交了 8 万元的承包费。为此，湘建公司与李某发生激烈争执，并诉至法院。

请问：

1. 湘建公司将工程转交给恒天公司是否违法？是否需要承担赔偿责任呢？

2. 湘建公司与李某是否存在着违法行为？

案例3-2解析

3.1.2 建设工程承包制度

1. 工程总承包与全过程咨询

（1）工程总承包

工程总承包是指总承包单位按照与发包单位签订的合同，对工程设计、采购、施工或者设计、施工等阶段实行总承包，并对工程的质量、安全、工期和造价等全面负责的一种工程建设组织实施方式。工程总承包单位应当同时具有与工程规模相适应的工程设计资质和施工资质，或者由具有相应资质的设计单位和施工单位组成联合体。

国务院在 2017 年发布的《关于促进建筑业持续健康发展的意见》中提出完善工程建设组织模式，加快推行工程总承包。装配式建筑原则上应采用工程总承包模式。政府投资工程应完善建设管理模式，带头推行工程总承包。政府相关部门应落实"总承包负总责"的原则，加快完善工程总承包相关的招标投标、施工许可、竣工验收等制度规定。

2020 年 3 月 1 日起施行的《房屋建筑和市政基础设施项目工程总承包管理办法》规定，发包单位应当根据项目情况和自身管理能力等，合理选择工程建设组织实施方式。建设内容明确、技术方案成熟的项目，适宜采用工程总承包方式。发包单位依法采用招标或者直接发包等方式选择工程总承包单位。工程总承包项目范围内的设计、采购或者施工中，有任一项属于依法必须进行招标的项目范围且达到国家规定规模标准的，应当采用招标的方式选择工程总承包单位。

1）工程总承包的模式

国内外常见的工程总承包模式有以下几种：

① EPC 模式（设计－采购－施工/交钥匙总承包）

工程总承包企业按照合同约定，承担工程项目的设计、采购、施工、试运行服务等全部工作，并对承包工程的质量、安全、工期、造价全面负责，最终向业主提交一个满足使用功能、具备使用条件的工程项目。这是我国目前推行总承包模式最主要的一种。

② DB 模式（设计－施工总承包）

工程总承包企业按照合同约定，承担工程项目设计和施工，并对承包工程的质量、安全、工期、造价全面负责。

③ BOT 模式（建设－运营－移交总承包）

政府部门通过签订特许协议将特定的基础设施、公用事业或工业项目的筹资、投资、建设、营运、管理和使用的权利在一定时期内赋予民间企业，政府保留该项目的永久所有权，民间企业建立项目公司并按照特许协议投资、开发、建设、营运和管理特许项目，以营运所得清偿项目债务、收回投资、获得利润，在特许权期限届满时将该项目、设施无偿移交给政府。

2）禁止肢解发包

肢解发包是指建设单位将本应由一个承包单位整体承建完成的建设工程肢解成若干部分，分别发包给不同承包单位的行为。

《建筑法》规定，提倡对建筑工程实行总承包，禁止将建筑工程肢解发包。建筑工程的发包单位可以将建筑工程的勘察、设计、施工、设备采购一并发包给一个工程总承包单位，也可以将建筑工程勘察、设计、施工、设备采购的一项或者多项发包给一个工程总承包单位；但是，不得将应当由一个承包单位完成的建筑工程肢解成若干部分发包给几个承包单位。

（2）全过程工程咨询服务

全过程工程咨询服务是对工程建设项目前期研究和决策以及工程项目实施和运行的全生命周期提供包含设计和规划在内的涉及组织、管理、经济和技术等各有关方面的工程咨询服务。全过程工程咨询服务可采用多种组织模式，常见的有投资决策综合性咨询和工程建设全过程咨询。全过程工程咨询单位为建设单位的项目决策、实施和运营持续提供局部或整体解决方案。

《关于推进全过程工程咨询服务发展的指导意见》中提出，全过程工程咨询服务应当由一家具有综合能力的咨询单位实施，也可由多家具有招标代理、勘察、设计、监理、造价、项目管理等不同能力的咨询单位联合实施。由多家咨询单位联合实施的，应当明确牵头单位及各单位的权利、义务和责任。全过程工程咨询单位应当具有与工程规模及委托内容相适应的资质条件，并且应当自行完成自有资质证书许可范围内的业务。在保证整个工程项目完整性的前提下，按照合同约定或经建设单位同意，可将自有资质证书许可范围外的咨询业务依法依规择优委托给具有相应资质或能力的单位，全过程咨询服务单位应对被委托单位的委托业务负总责。

建设单位选择具有相应工程勘察、设计、监理或造价咨询资质的单位开展全过程咨询服务的，除法律法规另有规定外，可不再另行委托勘察、设计、监理或造价咨询单位。

全过程工程咨询服务具有以下特点：

1）全过程。围绕项目全生命周期持续提供工程咨询服务。

2）集成化。整合投资咨询、招标代理、勘察、设计、监理、造价、项目管理等业务资源和专业能力，实现项目组织、管理、经济、技术等全方位一体化。

3）多方案。采用多种组织模式，为项目提供局部或整体多种解决方案。

2. 施工总承包

施工总承包是指发包单位将全部施工任务发包给具有施工总承包资质的建筑业企业，由施工总承包企业按照合同约定向建设单位负责，承包完成施工任务。

我国建筑业企业资质分为施工总承包、专业承包和劳务分包三个序列，其中施工总承包资质分为特级、一级、二级、三级共4个等级；房屋建筑工程、公路工程、铁路工程等12个专业大类。只有取得施工总承包资质的企业，才可以承接施工总承包工程。施工总承包企业可以对所承接的施工总承包工程内各专业工程全部自行施工，也可以将专业工程或劳务作业依法分包给具有相应资质的专业承包企业或劳务分包企业。

3. 工程转包与分包

（1）工程转包

工程转包是指承包单位承包建设工程后，不履行合同约定的责任和义务，将其承包的全部建设工程转给他人或者将其承包的全部建设工程肢解以后以分包的名义分别转给其他单位承包的行为。

承包单位未在施工现场设立项目管理机构或未派驻项目负责人、技术负责人、质量管理负责人、安全管理负责人等主要管理人员，不履行管理义务，未对该工程施工活动进行组织管理，或只向实际施工单位收取管理费用的，视同转包行为。转包是我国法律明令禁止的违法行为。

（2）工程分包

工程分包是指施工总承包单位可以将承包工程中的部分工程或劳务发包给具有相应资质条件的分包单位，由分包单位负责该部分工程施工或提供劳务。

1）分包的类别

建设工程分包可以分为专业工程分包与劳务作业分包：

① 专业工程分包：施工总承包单位将其所承包工程中的专业工程发包给具有相应资质的其他建筑业企业完成。专业分包单位应取得专业承包资质。

② 劳务作业分包：施工总承包单位或专业承包单位将其承包工程中的劳务作业发包给劳务分包企业完成。劳务分包单位应取得劳务分包资质。

2）分包单位的认可与责任

总承包单位承包工程后可以全部自行完成，也可以将其中的部分工程分包给具有相应资质的其他承包单位完成，但依法只能分包部分工程，并且是非主体、非关键性工作。总承包单位如果要将所承包的工程分包给他人，除总承包合同中约定的分包外，必须经建设单位认可。建设单位不得直接指定分包工程承包人，对于建设单位推荐的分包单位，总承包单位有权作出拒绝或者采用的选择。

《建筑法》规定，建筑工程总承包单位按照总承包合同的约定对建设单位负责；分包单位按照分包合同的约定对总承包单位负责。总承包单位和分包单位就分包工程对建设单位承担连带责任。当分包工程出现质量、安全等问题给建设单位造成损失时，建设单位既可以向总承包单位追究责任，也可以向分包单位追究责任，总承包单位不得以分包工程已分包他人为由推卸自己的总承包责任，而应与分包单位就分包工程承担连带责任。

3）违法分包

分包行为必须符合相关法律规定，《建设工程质量管理条例》规定，下列行为属于违法分包：

① 总承包单位将建设工程分包给不具备相应资质条件的单位的；

② 建设工程总承包合同中未有约定，又未经建设单位认可，承包单位将其承包的部分建设工程交由其他单位完成的；

③ 施工总承包单位将建设工程主体结构的施工分包给其他单位的；

④ 分包单位将其承包的建设工程再分包的。

【案例 3-3】 湘建公司的承包业务

请问：

1. 案例 3-2 的诉讼一中湘建公司若违法，应承担何种法律责任？

2. 案例 3-2 的诉讼二中湘建公司的违法行为应当受到什么处罚？

案例3-3解析

3.1.3　违法行为应承担的法律责任

1. 发包单位违法行为应承担的法律责任

《建筑法》规定，发包单位将工程发包给不具有相应资质条件的承包单位的，或者违反本法规定将建筑工程肢解发包的，责令改正，处以罚款。

《建设工程质量管理条例》规定，建设单位将建设工程发包给不具有相应资质等级的勘察、设计、施工单位或者委托给不具有相应资质等级的工程监理单位的，责令改正，处50万元以上100万元以下的罚款。

建设单位将建设工程肢解发包的，责令改正，处工程合同价款百分之零点五以上百分之一以下的罚款；对全部或者部分使用国有资金的项目，并可以暂停项目执行或者暂停资金拨付。

2. 承包单位违法行为应承担的法律责任

（1）超越企业资质承揽工程的法律责任

《建筑法》规定，超越本单位资质等级承揽工程的，责令停止违法行为，处以罚款，可以责令停业整顿，降低资质等级；情节严重的，吊销资质证书；有违法所得的，予以没收。未取得资质证书承揽工程的，予以取缔，并处罚款；有违法所得的，予以没收。

《建设工程质量管理条例》规定，勘察、设计、施工、工程监理单位超越本单位资质等级承揽工程的，责令停止违法行为，对勘察、设计单位或者工程监理单位处合同约定的勘察费、设计费或者监理酬金1倍以上2倍以下的罚款；对施工单位处工程合同价款百分之二以上百分之四以下的罚款，可以责令停业整顿，降低资质等级；情节严重的，吊销资质证书；有违法所得的，予以没收。未取得资质证书承揽工程的，予以取缔，依照前款规定处以罚款；有违法所得的，予以没收。以欺骗手段取得资质证书承揽工程的，吊销资质证书，处以罚款；有违法所得的，予以没收。

（2）转让、出借资质证书或允许他人以本企业的名义承揽工程的法律责任

《建筑法》规定，建筑施工企业转让、出借资质证书或者以其他方式允许他人以本企业的名义承揽工程的，责令改正，没收违法所得，并处罚款，可以责令停业整顿，降低资质等级；情节严重的，吊销资质证书。对因该项承揽工程不符合规定的质量标准造成的损

失，建筑施工企业与使用本企业名义的单位或者个人承担连带赔偿责任。

《建设工程质量管理条例》规定，勘察、设计、施工、工程监理单位允许其他单位或者个人以本单位名义承揽工程的，责令改正，没收违法所得，对勘察、设计单位和工程监理单位处合同约定的勘察费、设计费和监理酬金1倍以上2倍以下的罚款；对施工单位处工程合同价款百分之二以上百分之四以下的罚款；可以责令停业整顿，降低资质等级；情节严重的，吊销资质证书。

（3）工程转包的法律责任

《建筑法》规定，承包单位将承包的工程转包的，或者违反本法规定进行分包的，责令改正，没收违法所得，并处罚款，可以责令停业整顿，降低资质等级；情节严重的，吊销资质证书。承包单位有以上规定的违法行为的，对因转包工程或者违法分包的工程不符合规定的质量标准造成的损失，与接受转包或者分包的单位承担连带赔偿责任。

《建设工程质量管理条例》规定，承包单位将承包的工程转包或者违法分包的，责令改正，没收违法所得，对勘察、设计单位处合同约定的勘察费、设计费百分之二十五以上百分之五十以下的罚款；对施工单位处工程合同价款百分之零点五以上百分之一以下的罚款；可以责令停业整顿，降低资质等级；情节严重的，吊销资质证书。

课程思政：促进建筑业持续健康发展

建筑业是国民经济的支柱产业。改革开放以来，我国建筑业快速发展，建造能力不断增强，产业规模不断扩大，吸纳了大量农村转移劳动力，带动了大量关联产业，对经济社会发展、城乡建设和民生改善作出了重要贡献。但也要看到，建筑业仍然存在部分领域大而不强，监管体制机制不健全、工程建设组织方式落后、建筑设计水平有待提高、质量安全事故时有发生、市场违法违规行为较多、企业核心竞争力不强、工人技能素质偏低等问题较为突出。

为此要全面深入贯彻习近平总书记系列重要讲话精神和治国理政新理念新思想新战略，认真落实党中央、国务院决策部署，统筹推进"五位一体"总体布局和协调推进"四个全面"战略布局，牢固树立和贯彻落实创新、协调、绿色、开放、共享的发展理念，坚持以推进供给侧结构性改革为主线，按照适用、经济、安全、绿色、美观的要求，深化建筑业"放管服"改革，完善监管体制机制，优化市场环境，提升工程质量安全水平，强化队伍建设，增强企业核心竞争力，促进建筑业持续健康发展，打造"中国建造"品牌。

【任务3.1 小结】

1. 了解建设工程发包方式。
2. 了解工程总承包与全过程咨询。
3. 熟悉施工总承包、工程转包与分包。
4. 了解发承包单位违法行为应承担的法律责任。

班级：_____ 姓名：_____ 成绩：_____

【任务 3.1 习题】

一、单项选择题

1. 关于招标方式的适用范围，下列说法正确的是（　　）。

A. 所有国有资金占控股或者主导地位的依法必须进行招标的项目必须公开招标

B. 公开招标的招标人应通过有社会影响力的报刊发布招标公告

C. 邀请招标的对象是特定的法人或其他组织

D. 国务院发展计划部门确定的国家重点项目和省、自治区、直辖市人民政府确定的地方重点项目不适宜公开招标的，无须经过任何审批即可进行邀请招标

2. 全部国有资金投资的项目，必须招标的规模标准为施工单项合同估算价在（　　）万元人民币以上。

A. 50　　　　　B. 100　　　　　C. 200　　　　　D. 400

3. 关于投标公告和投标邀请书，下列说法正确的是（　　）。

A. 招标人采用公开招标方式的，可以发布投标邀请书

B. 招标人采用邀请招标方式的，应当向至少五个具备承担招标项目的能力、资信良好的特定的法人或者其他组织发出投标邀请书

C. 招标人可以根据招标项目本身的要求，在招标公告或者投标邀请书中，要求潜在投标人提供有关资质证明文件和业绩情况

D. 招标人必须组织潜在投标人踏勘项目现场

4. 下列关于工程承包活动的表述中，正确的是（　　）。

A. 总承包通常分为工程总承包和施工总承包

B. 具有勘察、设计综合资质的企业，可承接施工总承包业务

C. 甲公司有施工总承包资质，但不能以 EPC 方式承包工程

D. 乙公司刚刚成立，暂以合作伙伴企业的名义承包工程

5. 关于工程总承包，下列说法正确的是（　　）。

A. 工程总承包是指发包人将全部施工任务发包给具有施工总承包资质的建筑业企业

B. 工程总承包由施工总承包企业按照合同的约定向建设单位负责，承包完成施工任务

C. 工程总承包由工程总承包企业与建设单位签订合同

D. 施工总承包是对工程项目的设计、采购、施工等实行全过程的承包

6. 关于总承包单位将所承包的工程再分包给他人，取得建设单位认可的方式，下列说法正确的是（　　）。

A. 必须在总承包合同中规定分包的内容　　B. 应当事先征得建设单位的同意

C. 建设单位可以直接指定分包人　　　　　D. 不得在总承包合同中规定分包的内容

7. 关于工程总承包企业的基本要求，下列说法正确的是（　　）。

A. 工程总承包企业不得自行实施设计和施工

B. 工程承包企业不得直接将工程项目的设计或者施工业务择优分包给具有相应资质

的企业

C. 工程总承包企业自行实施施工的，可以将工程总承包项目工程主体结构的施工业务分包给其他单位

D. 工程总承包企业自行实施设计的，不得将工程总承包项目工程主体部分的设计业务分包给其他单位

8. 关于工程总承包企业的责任，下列说法正确的是（　　）。

A. 建筑工程总承包单位按照总承包合同的约定对建设单位负责

B. 总承包单位和分包单位就分包工程对建设单位承担按份责任

C. 建设工程实行总承包的，分包单位应当对全部建设工程质量负责

D. 总承包单位和分包单位就分包工程对建设单位承担无过错责任

9. 施工总承包单位承包建设工程后的下列行为中，除（　　）以外均是法律禁止的。

A. 将承包的工程全部转让给他人完成的

B. 将有关专业工程发包给了业主推荐的分包人的

C. 将承包的工程肢解后以分包的名义全部转让给他人完成的

D. 将分包的工程发包后未设立项目管理机构进行组织管理的

10. 我国对工程总承包不设立专门的资质，但承接施工总承包业务的企业，必须取得（　　）总承包资质。

A. 勘察　　　　　　　　B. 设计　　　　　　　　C. 施工　　　　　　　　D. 项目管理

11. 下列选项中，属于转包工程的是（　　）。

A. 分包单位将其承包的建设工程再分包

B. 总承包单位未经建设单位认可，将部分建设工程交由其他单位完成

C. 建筑企业允许他人以自己的名义承揽工程

D. 总承包单位将全部工程交由其他单位完成

12. 下列关于工程分包的表述中，正确的是（　　）。

A. 工程施工分包是指承包人将中标工程项目分解后分别发包给具有相应资质的企业完成

B. 专业工程分包是指专业工程承包人将所承包的部分专业工程施工任务发包给具有相应资质的企业完成

C. 劳务作业分包是指施工总承包人或专业分包人将其承包工程中的劳务作业分包给劳务分包企业

D. 劳务分包企业可以将承包的部分劳务作业任务分包给同类企业

13. 关于可以分包的工程范围，下列说法正确的是（　　）。

A. 只要施工总承包企业具有资质，就不需要接受其分包的公司具有资质

B. 承包单位可以将其承包的全部建筑工程肢解以后以分包的名义分别转包给他人

C. 施工总承包的，建筑工程主体结构的施工必须由总承包单位自行完成

D. 承包单位可以将其承包的全部建筑工程转包给他人

14. 下列关于建设工程承包发包违法行为责任的说法，正确的是（　　）。

A. 发包单位将工程发包给不具有相应资质条件的承包单位的，或者违反本法规定将建筑工程肢解发包的不得处以罚款

B. 建设单位将建设工程发包给不具有相应资质等级的勘察、设计、施工单位不应处以罚款

C. 建设单位将建设工程委托给不具有相应资质等级的工程监理单位的，应当处以罚款

D. 建设单位将建设工程肢解发包的，不应处以罚款

15. 下列行为不需要承担违法责任的有（　　）。

A. 发包单位将工程以分包名义肢解发包的

B. 建设单位将建设工程发包给不具有相应资质的设计院

C. 建设单位将工程分别发包给具有相应资质的承包单位

D. 施工单位将中标工程转让他人并收取管理费

二、多项选择题

1. 关于招标方式，下列说法正确的有（　　）。

A. 政府采购工程依法不进行招标的，应当以竞争性谈判或者单一来源采购方式采购

B. 任何单位和个人不得违法限制或者排斥本地区、本系统以外的法人或者其他组织参加投标

C. 国务院发展计划部门确定的国家重点项目和省、自治区、直辖市人民政府确定的地方重点项目不适宜公开招标的，可以进行邀请招标

D. 技术复杂、有特殊要求的建设工程项目必须采用邀请招标方式

E. 政府采购工程依法不进行招标的，应当以邀请招标方式进行招标

2. 关于公开招标，下列说法正确的有（　　）。

A. 需要采用不可替代的专利或者专有技术的项目，一律不得公开招标

B. 与工程建设有关的重要设备、材料等的采购必须公开招标

C. 公开招标是指招标人以招标公告的方式邀请不特定的法人或者其他组织投标

D. 国有资金占控股或者主导地位的依法必须进行招标的项目，应当公开招标

E. 国有资金占控股或者主导地位的依法必须进行招标的项目，可以公开招标

3. 下列对于招标投标顺序的说法，正确的有（　　）。

A. 先进行开标程序，再进行评标程序

B. 先进行评标程序，再进行开标程序

C. 先进行资格审查，再进行开标程序

D. 资格审查程序可以在开标之前，也可以在开标程序之后

E. 先进行开标程序，再进行资格审查，最后评标

4. 按照《建筑法》及相关法规的规定，下列选项中，工程勘察、设计、施工单位在工程承包中被法律禁止的行为有（　　）。

A. 三者可结成非法人联合体承包工程

B. 三者结成联合体可超越自身资质等级承包工程

C. 允许他人以自己名义承包工程

D. 施工单位允许刚退休的资深项目经理分包非关键性工程

E. 设计单位取得了施工总承包资质后，将所承包的工程主体施工任务分包给他人完成

5. 下列关于工程总承包的表述中，符合现行建设法规的有( )。

A. 总承包分为工程总承包和施工总承包

B. 具有工程勘察、设计或施工总承包资质的企业，可在其资质等级许可的工程项目范围内开展工程总承包业务

C. 工程总承包是按合同约定对工程项目的勘察、设计、采购、施工、监理、试运行等全过程的承包

D. 总承包单位和分包单位就总承包工程对建设单位负连带责任

E. 具有勘察、设计资质的企业，可以进行施工总承包

三、简答题

1. 哪些工程项目必须实行招标发包？

2. 违法分包有哪些情形？

任务3.2　建设工程合同制度

建设工程合同制度是我国建设工程项目管理基本制度之一。发承包双方在订立建设工程合同时应当遵循平等、自愿、公平、合法和诚实信用原则。

3.2.1　合同概述

1. 合同的法律特征

2021年1月1日起施行的《中华人民共和国民法典》合同编中规定，合同是民事主体之间设立、变更、终止民事法律关系的协议。其中婚姻、收养、监护等有关身份关系的协议，适用有关该身份关系的法律规定；没有规定的，可以根据其性质参照适用本编规定。

《民法典》合同编将典型合同分为19类，包括买卖合同，供用电、水、气、热力合同，赠与合同，借款合同，保证合同，租赁合同，融资租赁合同，保理合同，承揽合同，建设工程合同，运输合同，技术合同，保管合同，仓储合同，委托合同，物业服务合同，行纪合同，中介合同，合伙合同。本任务主要介绍建设工程合同及建设工程领域相关合同。

2. 合同的形式

《民法典》第四百六十九条规定，当事人订立合同，可以采用书面形式、口头形式或者其他形式。

合同书、信件、电报、电传、传真等都属于书面形式；以电子数据交换、电子邮件等方式有形地表现所载内容并可以随时调取查用的数据电文视为书面形式。

口头形式是指当事人用谈话的形式订立合同，如当面交谈、电话联系等。其优点是方便快捷，但缺点在于其内容难以有形地复制，发生争议时难以取证。

其他形式一般包括推定形式和默示形式。推定形式是指当事人通过某种行为来进行意思表示。例如租赁期满后，双方当事人均未提出终止合同，出租人继续接受承租人支付的租金，从这种行为中可以推定双方已经同意延长租期。默示形式是指当事人采用沉默不语的方式进行意思表示。

3. 合同的分类

（1）双务合同与单务合同

双务合同是指双方当事人都享有权利和承担义务的合同。典型的双务合同有买卖、租赁、承揽、建设工程合同等。单务合同是指一方当事人负担义务而另一方当事人不负担义务的合同。典型的单务合同有赠与合同、借用合同等。

（2）有名合同与无名合同

有名合同又称典型合同，是指法律上已经明确其名称和规则的合同，《民法典》规定了19种有名合同。无名合同又称非典型合同，是指法律上未明确其名称和规则的合同。实践中存在大量的无名合同，无名合同当事人发生纠纷时，可参照《民法典》的规定解决。

（3）有偿合同与无偿合同

有偿合同是指一方当事人在取得合同约定权益的同时承担了相应的合同义务，常见的形式有买卖合同、承揽合同、租赁合同等。无偿合同是指一方当事人取得合同约定的权益而无需向对方承担相应的义务，例如赠与合同、借用合同等。

（4）要式合同与非要式合同

要式合同是指法律规定必须具备特定形式或履行特定程序而成立的合同。如《民法典》规定，建设工程合同应当采用书面形式，是典型的要式合同。非要式合同是指法律未规定特定形式或履行特定程序而成立的合同，当事人可自由约定合同形式。

（5）诺成合同与实践合同

诺成合同又称不要物合同，是指双方当事人意识表示一致即告成立的合同。大多数合同都属于诺成合同，如买卖合同、租赁合同、委托合同等。实践合同又称要物合同，是指除双方当事人意思表示一致，尚需交付标的物才能成立的合同，如保管合同、借用合同、定金合同等。

（6）格式合同与非格式合同

格式合同是指一方当事人为重复使用而事先拟定，且不允许相对人对其内容作任何变更的合同。反之，为非格式合同。

对格式合同的理解发生争议，应当按照通常理解予以解释；如对格式合同有两种以上解释，应当作出不利于提供格式合同一方的解释；格式条款和非格式条款不一致时，应当采用非格式条款。

（7）主合同与从合同

主合同是指能够独立存在的合同，从合同是指依附于主合同而存在的合同。如借款合同是主合同，为债务人提供担保的保证合同为从合同。主合同终止，从合同亦随之终止。

3.2.2　建设工程合同概述

1. 建设工程合同的法律特征

建设工程合同是发包人发出任务、支付价款、获得工程产品，承包人接受任务、进行工程建设、获得报酬的合同。建设工程合同包括工程勘察、设计、施工合同。在建设工程合同中，发包人最主要的义务是向承包人支付相应的价款，承包人最主要的义务是进行工程的勘察、设计、施工等工作。

《民法典》第七百八十九条规定，建设工程合同应当采用书面形式。这是由于建设工程合同通常情况下工作量大，涉及面广，当事人之间权利义务关系复杂，为了保护交易安全，法律规定采用书面形式。

2. 建设工程合同的内容

建设工程合同的内容由当事人约定，一般包括当事人的姓名或者名称和住所、标的、数量、质量、价款或者报酬、履行期限、地点和方式、违约责任、解决争议的方法等条款。

知识链接3-1建设工程合同示范文本

建设工程勘察、设计合同的内容一般包括提交有关基础资料和概预算等文件的期限、质量要求、费用以及其他协作条件等条款。当事人可参照《建设工程勘察合同（示范文本）》（GF—2016—0203）、《建设工程设计合同示范文本（房屋建筑工程）》（GF—2015—0209）及《建设工程设计合同示范文本（专业建设工程）》（GF—2015—2010）订立合同。

建设工程施工合同的内容一般包括工程范围、建设工期、中间交工工程的开工和竣工时间、工程质量、工程造价、技术资料交付时间、材料和设备供应责任、拨款和结算、竣工验收、质量保修范围和质量保证期、相互协作等条款。当事人可参照《建设工程施工合同（示范文本）》（GF—2017—0201）订立合同。

3. 建设工程合同价款的规定

按照合同约定的时间、金额和支付条件支付工程价款，是发包人的主要合同义务，也是承包人的主要合同权利。

《民法典》规定，合同生效后，当事人就质量、价款或者报酬、履行地点等内容没有约定或者约定不明确的，可以协议补充；不能达成补充协议的，按照合同相关条款或者交易习惯确定。

如按照合同相关条款或者交易习惯仍不能确定时，《民法典》规定，价款或者报酬不明确的，按照订立合同时履行地的市场价格履行；依法应当执行政府定价或者政府指导价的，依照规定履行。履行期限不明确的，债务人可以随时履行，债权人也可以随时请求履行，但是应当给对方必要的准备时间。

(1)"黑白合同"

招标发包工程的合同价款由发承包单位依据中标通知书的中标价格在协议书中约定，直接发包工程的合同价款由发承包单位依据工程预算书在协议书中约定。合同价款在协议书内约定后，任何一方不得擅自改变，也不得就合同价款签订"黑白合同"。

"黑白合同"又称"阴阳合同"，是指发承包双方订立两份以上的内容不相同的合同，一份对内，一份对外，对内的一份低于中标价，作为双方结算工程价款，对外的一份则以中标价进行备案。

2004 年 10 月发布的最高人民法院《关于审理建设工程施工合同纠纷案件适用法律问题的解释》第二十四条规定，当事人就同一建设工程另行订立的建设工程施工合同与经过备案的中标合同实质性内容不一致的，应当以备案的中标合同作为结算工程价款的根据。

(2) 优先受偿权

《民法典》第八百零七条规定，发包人未按照约定支付价款的，承包人可以催告发包人在合理期限内支付价款。发包人逾期不支付的，除根据建设工程的性质不宜折价、拍卖外，承包人可以与发包人协议将该工程折价，也可以请求人民法院将该工程依法拍卖。建设工程的价款就该工程折价或者拍卖的价款优先受偿。

优先受偿权是法律规定的特定债权人优先于其他债权人甚至优先于其他物权人受偿的权利。2002 年 6 月发布的《最高人民法院关于建设工程价款优先受偿权问题的批复》中规定：

1) 人民法院在审理房地产纠纷案件和办理执行案件中，应当依照《中华人民共和国合同法》第二百八十六条的规定，认定建筑工程的承包人的优先受偿权优于抵押权和其他债权。（注：《中华人民共和国民法典》自 2021 年 1 月 1 日起施行，《中华人民共和国合同法》同时废止》。《合同法》第 286 条对应《民法典》第 807 条）

2) 消费者交付购买商品房的全部或者大部分款项后，承包人就该商品房享有的工程价款优先受偿权不得对抗买受人。

3) 建筑工程价款包括承包人为建设工程应当支付的工作人员报酬、材料款等实际支出的费用，不包括承包人因发包人违约所造成的损失。

4) 建设工程承包人行使优先权的期限为六个月，自建设工程竣工之日或者建设工程合同约定的竣工之日起计算。

【案例3-4】 湘建建筑有限责任公司进行施工任务时急需水泥，遂向本省的甲、乙、丙水泥厂发出邮件，称"我公司急需强度等级32.5级的PO32.5型号的水泥200吨，如贵厂有货，请速回邮件，我公司愿派人前往购买。"三家水泥厂在收到邮件后，都先后向其回复了邮件，在邮件中告知备有现货，且告知了水泥的价格。而甲水泥厂在发出邮件的同时，便派车给湘建建筑公司送去了200吨水泥。

在该批水泥送达之前，湘建公司得知丙水泥厂的水泥质量较好，且价格合理，因此，向丙水泥厂发送邮件，称"我公司愿购买贵厂200吨PO32.5型号水泥，盼速送货，运费由我公司负担。"在发出邮件后第二天上午，丙水泥厂发函称已准备发货。下午，甲水泥厂将200吨水泥送达湘建公司，被告知，他们已决定购买丙水泥厂的水泥，因此不能接受其送来的水泥。双方因协商不成，甲遂向法院提出诉讼。

请问： 法院应如何判决？

案例3-4解析

3.2.3 合同的订立与生效

订立合同是当事人就合同的内容协商一致的过程。《民法典》第四百七十一条规定，当事人订立合同，可以采取要约、承诺方式或者其他方式。

1. 要约

要约是希望与他人订立合同的意思表示，即一方当事人以缔结合同为目的，向对方当事人发出的意思表示。发出要约的一方称为要约人，接受要约的一方称为受要约人。

（1）要约的条件

要约应当符合以下两个条件：

1) 内容具体确定。具体确定到何种程度，应当依据要约人所要成立的合同的内容来确定，但要约的内容至少应该就合同的标的做出明确规定，如买卖合同应确定买卖物，租赁合同应确定租赁物。

2) 表明经受要约人承诺，要约人即受该意思表示约束。要约一经生效，要约人不能随意撤销或对受要约人随意加以限制、变更或扩张。

（2）要约邀请

要约邀请是希望他人向自己发出要约的意思表示。拍卖公告、招标公告、招股说明书、债券募集办法、基金招募说明书、商业广告和宣传、寄送的价目表等为要约邀请。商业广告和宣传的内容符合要约条件的，构成要约。

要约邀请不是合同订立的必备程序，发生在要约之前。

（3）要约生效

要约生效是指要约开始发生法律效力的时间，采用"到达主义"，即意思表示到达时生效，而非作出时生效。

以对话方式作出的要约，受要约人知道其内容时生效。以非对话方式作出的要约，到达受要约人时生效。以非对话方式作出的采用数据电文形式的要约，受要约人指定特定系统接收数据电文的，该数据电文进入该特定系统时生效；未指定特定系统的，受要约人知

道或者应当知道该数据电文进入其系统时生效。当事人对采用数据电文形式的意思表示的生效时间另有约定的，按照其约定。

（4）要约撤回

要约撤回是指要约生效即开始发生法律效力之前，要约人欲使其不发生法律效力而宣告取消要约。

要约可以撤回，但撤回要约的通知应当在要约到达受要约人之前或者与要约同时到达受要约人。

（5）要约撤销

要约撤销是指要约生效即开始发生法律效力之后，要约人欲使其丧失法律效力而宣告取消要约。

要约可以撤销。撤销要约的意思表示以对话方式作出的，该意思表示的内容应当在受要约人作出承诺之前为受要约人所知道；撤销要约的意思表示以非对话方式作出的，应当在受要约人作出承诺之前到达受要约人。

但是有下列情形之一的，要约不可撤销：

1）要约人以确定承诺期限或者其他形式明示要约不可撤销；

2）受要约人有理由认为要约是不可撤销的，并已经为履行合同做了合理准备工作。

（6）要约失效

要约失效是指要约丧失了法律效力，不再对当事人产生约束。有下列情形之一的，要约失效：

1）要约被拒绝。如受要约人明确拒绝要约的条件，或者未在规定期限内作出承诺，都表明受要约人拒绝要约，一旦拒绝，则要约失效。

2）要约被依法撤销。一旦要约人在要约生效之前撤销了要约，即要约失效。

3）承诺期限届满，受要约人未作出承诺。凡是在要约中明确规定了承诺期限的，承诺必须在该期限内作出，超出该期限要约自动失效。

4）受要约人对要约的内容作出实质性变更。此时应将变更后的内容视为新要约，原要约失效。

2. 承诺

承诺是受要约人同意要约的意思表示。如受要约人向要约人作出承诺，则可称其为承诺人。

承诺应当以通知的方式作出，但是根据交易习惯或者要约表明可以通过行为作出承诺的除外。例如甲公司在要约中提出以 10 万元的价格从乙厂家购买 1 台设备，如果乙厂家同意即可发货，货到付款，则乙厂家依照要约做出的发货行为，就是其作出的承诺。

（1）承诺期限

承诺应当在要约确定的期限内到达要约人。超过承诺期限，要约已经失效，受要约人不能作出承诺。

要约没有确定承诺期限的，承诺应当依照下列规定到达：

1）要约以对话方式作出的，应当即时作出承诺；

2）要约以非对话方式作出的，承诺应当在合理期限内到达。

（2）承诺生效

承诺生效的时间是指承诺开始发生法律效力的时间，也采用"到达主义"。以通知方式作出的承诺，采用对话方式的，受要约人知道其内容时生效。以非对话方式作出的承诺，到达受要约人时生效。采用非对话方式的数据电文形式的承诺，受要约人指定特定系统接收数据电文的，该数据电文进入该特定系统时生效；未指定特定系统的，受要约人知道或者应当知道该数据电文进入其系统时生效。当事人对采用数据电文形式的承诺的生效时间另有约定的，按照其约定。

承诺不需要通知的，根据交易习惯或者要约的要求作出承诺的行为时生效。

（3）新要约

承诺的内容必须与要约的内容完全一致，不得限制、扩张、缩减或者变更要约内容，否则不构成承诺，而应视为对原要约的拒绝并向原要约人作出的一项新要约。受要约人超过承诺期限发出承诺，或者在承诺期限内发出承诺，按照通常情形不能及时到达受要约人的，该承诺也视为新要约。

此时承诺人变成了新的要约人，原要约人变成了新的受要约人。

（4）承诺撤回

承诺撤回是指受要约人在发出承诺以后，在承诺正式生效之前撤回，阻止承诺发生法律效力。

承诺可以撤回，撤回承诺的通知应当在承诺通知到达要约人前或者与承诺通知同时到达要约人。

与要约不同的是，承诺只能撤回，不能撤销。这是因为承诺一旦生效，合同即告成立，一方当事人无权单方面撤销，只能按照合同变更、解除的规定处理，否则受要约人撤销承诺的行为事实上已经构成违约。

3. 合同成立与合同生效

合同成立与合同生效，是一对相互联系又相互区别的概念。合同成立，是指双方当事人意思表示达成一致；合同生效，是指成立后的合同在法律上得到了肯定，产生了法律效力。

（1）合同成立

当事人采用合同书形式订立合同的，自当事人均签名、盖章或者按指印时合同成立。在签名、盖章或者按指印之前，当事人一方已经履行主要义务，对方接受时，该合同成立。最后签名、盖章或者按指印的地点为合同成立的地点，但是当事人另有约定的除外。

法律、行政法规规定或者当事人约定合同应当采用书面形式订立，当事人未采用书面形式但是一方已经履行主要义务，对方接受时，该合同成立。

当事人采用信件、数据电文等形式订立合同要求签订确认书的，签订确认书时合同成立。采用数据电文形式订立合同的，收件人的主营业地为合同成立的地点；没有主营业地的，其住所地为合同成立的地点。当事人另有约定的，按照其约定。

当事人一方通过互联网等信息网络发布的商品或者服务信息符合要约条件的，对方选择该商品或者服务并提交订单成功时合同成立，但是当事人另有约定的除外。

（2）合同生效

依法成立的合同，自成立时生效，但是法律另有规定或者当事人另有约定的除外。依

知识链接3-2
"中标通知书"与
"承诺"的区别

照法律、行政法规的规定，合同应当办理批准等手续的，自批准起生效。

合同生效可以附条件，但是根据其性质不得附条件的除外。附生效条件的合同，自条件成就时生效。附解除条件的合同，自条件成就时失效。

合同生效可以附期限，但是根据其性质不得附期限的除外。附生效期限的合同，自期限届至时生效。附终止期限的合同，自期限届满时失效。

【案例3-5】某钢材厂为推销钢材向湘建建筑有限责任公司采购部门负责人李四行贿10万元，李四在未验货的情况下与钢材厂签订了100吨的购货合同。公司领导发现后对该购货合同不予承认，拒绝履行。为此钢材厂以湘建公司不履行合同造成了自身损失为由起诉至人民法院。

请问：

1. 该合同是否有效？
2. 湘建公司是否需要赔偿钢材厂的损失？

案例3-5解析

3.2.4　合同的效力

合同效力，又称合同的法律效力，是指已经成立的合同对合同当事人及第三人产生的法律后果，或者说法律拘束力。

当法律对当事人合意予以肯定时，合同生效；当法律对当事人合意予以绝对否定时，则合同无效；当法律对当事人予以相对否定时，则合同效力待定或可撤销、可变更。

1. 无效合同

无效合同是指合同内容或者形式违反了法律、行政法规的强制性规定和社会公共利益，因而不能产生法律约束力，不受到法律保护的合同。

（1）无效合同的特征

1）无效合同具有违法性；

2）无效合同具有不可履行性；

3）无效合同自订立之时就不具有法律效力；

4）合同部分无效，不影响其他部分效力的，其他部分仍然有效。

（2）无效合同的类型

1）无民事行为能力人订立的合同

无民事行为能力人是指不满八周岁的未成年人或不能辨认自己行为的成年人。《民法典》规定，无民事行为能力人实施的民事法律行为无效，故其订立的合同也无效。

2）行为人与相对人以虚假的意思表示订立的合同

所谓虚假的意思表示，是指当事人都知道该合同是假的，都不想使其发生效力，并就该虚假意思表示不发生效力进行了通牒。这种情况下订立的合同无效。

3）违反法律、行政法规的强制性规定

法律、行政法规中包含强制性规定和任意性规定，当事人在合同中不得协议排除法律、行政法规的强制性规定，否则将构成无效合同；对于任意性规定，当事人可以约定排除，如当事人可以约定商品的价格等。

应当指出的是，法律是指全国人大及其常委会颁布的法律，行政法规是指由国务院颁布的法规。在实践中，有的将违反了地方规定的合同认定为无效是违法的。

4）违背公序良俗

公序良俗就是公共秩序和善良风俗，其制度价值在于维护国家利益和社会公共利益，有效弥补强制性规定的不足。违背公序良俗，实质上是违反了社会主义的公共道德，破坏了社会经济秩序和生活秩序。例如，与他人签订合同出租赌博场所。

5）行为人与相对人恶意串通，损害他人合法权益订立的合同

所谓恶意串通，是指合同双方当事人非法勾结，为牟取私利而共同订立的损害国家、集体或者第三人利益的合同。在实践中，常见的还有代理人与第三人勾结，订立合同，损害被代理人利益的行为。

2. 效力待定合同

效力待定合同是指合同虽已成立，但因有效要件欠缺，是否能发生效力尚未确定，有待于其他行为或事实使其确定的合同。效力待定合同的类型如下：

1）限制民事行为能力人订立的合同

限制民事行为能力人是指八周岁以上的未成年人和不能完全辨认自己行为的成年人。限制民事行为能力人订立的纯获利益的合同或者与其年龄、智力、精神健康状况相适应而订立的合同有效，除此之外订立的合同经法定代理人同意或者追认后有效。

相对人可以催告法定代理人自收到通知之日起三十日内予以追认。法定代理人未作表示的，视为拒绝追认。合同被追认前，善意相对人有撤销的权利。撤销应当以通知的方式作出。

2）无权代理人订立的合同

无权代理人包括自始没有代理权、超越代理权限或者代理权终止后以被代理人名义三种情形。无权代理人以被代理人的名义订立合同，属于效力待定的合同，即合同是否发生效力，取决于被代理人是否追认。

被代理人追认合同，即成为合同主体，追认生效后，由被代理人承担相应合同责任，不再追究代理人的责任。被代理人已经开始履行合同义务或者接受相对人履行的，视为对合同的追认。合同未经被代理人追认，对被代理人不发生效力，由无权代理人承担责任。

法人的法定代表人或者非法人组织的负责人超越权限订立的合同，除相对人知道或者应当知道其超越权限外，该代表行为有效，订立的合同对法人或者非法人组织发生效力。

【案例3-6】湘建建筑有限责任公司派出采购员小钱去参加某次工业品展览会，并授权其采购一批外墙面砖。在展会期间，小钱出示购买外墙面砖的授权委托书及确定样品后，与领航建筑材料公司签订一份外墙面砖供应合同。因洽谈顺利，小钱发现该公司生产的卫生洁具质量上乘，且价格优惠，而现场正准备组织洁具供货，于是以公司名义又签订了50套洁具供应合同。

合同成立后，张三便随同建材公司送货车回到项目现场。湘建公司以小钱自作主张为由，不承认其所签订的洁具合同，拒收货物。

请问：

1. 小钱与领航公司签订的墙面砖合同是否有效？

2. 小钱与领航公司签订的洁具合同是否有效？

案例3-6解析

3. 可撤销合同

可撤销合同又称可变更、可撤销合同，是指当事人的意思表示不真实，法律允许当事人一方请求人民法院或仲裁机构予以变更或撤销的合同。被撤销的合同自始没有法律约束力。

（1）可撤销合同的类型

1）因重大误解订立的合同

重大误解是指当事人一方因自己的过失而对合同的内容或者条款在理解、认识上存在重大的错误，在此基础上订立的合同不能反映当事人内心订立合同的真实意思。为了维护当事人的利益，基于重大误解订立的合同，行为人有权请求人民法院或者仲裁机构予以撤销。

2）因欺诈、胁迫订立的合同

所谓欺诈，是指故意隐瞒真实情况或者故意告知对方虚假的情况，欺骗对方，诱使对方做出错误的意思表示而与之订立合同。所谓胁迫，是指行为人以将要发生的损害或者以直接实施损害相威胁，使对方当事人产生恐惧而与之订立合同。

当事人一方以欺诈、胁迫手段，使对方在违背真实意思的情况下订立的合同，受欺诈方有权请求人民法院或者仲裁机构予以撤销。

第三人实施欺诈行为，使一方在违背真实意思的情况下订立的合同，对方知道或者应当知道该欺诈行为的，受欺诈方有权请求人民法院或者仲裁机构予以撤销。

3）显失公平的合同

当事人一方利用对方处于危困状态、缺乏判断能力等情形，致使订立的合同显失公平的，必然产生一方当事人严重侵犯另一方当事人合法权益的后果。为维护当事人双方的合法权益，体现法律促进交易公平的原则，受损害方有权请求人民法院或者仲裁机构撤销所订立的合同。

（2）撤销权的消灭

权利人可以依法行使撤销权和变更权，但其他人不得请求撤销合同。权利人行使撤销权是有期限的，存在下列情形之一的，撤销权消灭：

1）当事人自知道或者应当知道撤销事由之日起一年内、重大误解的当事人自知道或者应当知道撤销事由之日起九十日内没有行使撤销权；

2）当事人受胁迫，自胁迫行为终止之日起一年内没有行使撤销权；

3）当事人知道撤销事由后明确表示或者以自己的行为表明放弃撤销权。

当事人自民事法律行为发生之日起五年内没有行使撤销权的，撤销权消灭。

3.2.5　合同的转让与终止

1. 合同的转让

合同转让是指合同一方当事人将合同的权利、义务全部或部分转让给第三人的法律行为。合同的转让包括权利（债权）的转让、义务（债务）的转让及权利和义务一并转让三种情形。

（1）合同权利的转让

1）合同权利转让的要件

债权人转让债权，应该通知债务人。未通知债务人的，该转让对债务人不发生效力。

债权转让的通知不得撤销，但是经受让人同意的除外。

2）合同权利的转让范围

债权人可以将债权的全部或者部分转让给第三人，但是有下列情形之一的除外：

① 根据债权性质不得转让。如果合同是基于特定当事人的身份关系订立的，合同权利转让给第三人会使合同的内容发生变化，违反当事人订立合同的目的，使当事人的合法利益得不到应有的保护。

② 按照当事人约定不得转让。当事人订立合同时可以对权利的转让做出特别约定，禁止债权人将权利转让给第三人。这种约定只要是当事人真实意思的表示，同时不违反法律禁止性规定，即对当事人产生法律的效力。债权人如果将权利转让给他人则其行为将构成违约。

③ 依照法律规定不得转让。我国一些法律中对某些权利的转让做出了禁止性规定，对于这些规定当事人应当严格遵守，不得擅自转让法律禁止转让的权利。

（2）合同义务的转让

债务人将债务的全部或者部分转移给第三人的，应当经债权人同意。债务人或者第三人可以催告债权人在合理期限内予以同意，债权人未作表示的，视为不同意。

（3）合同权利和义务一并转让

合同的当事人一方将其在合同中的权利和义务（债权和债务）一并转让给第三人，由第三人一并继受这些权利和义务。权利义务一并转让的后果，导致原合同关系的消灭，第三人取代了转让方的地位，产生出一种新的合同关系。

只有经对方当事人同意，才能将合同的权利和义务一并转让。如果未经对方同意，一方当事人擅自一并转让权利和义务的，其转让行为无效，对方有权就转让行为对自己造成的损害，追究转让方的违约责任。

2. 合同的终止

（1）合同的权利义务终止

合同的终止，是指依法生效的合同，因具备法定的或当事人约定的情形，合同的债权、债务归于消灭，债权人不再享有合同的权利，债务人也不必再履行合同的义务。

《民法典》规定，有下列情形之一的，债权债务终止：

1）债务已经履行；

2）债务相互抵销；

3）债务人依法将标的物提存；

4）债权人免除债务；

5）债权债务同归于一人；

6）法律规定或者当事人约定终止的其他情形。

合同解除的，该合同的权利义务关系终止。债权债务终止后，当事人应当遵循诚信等原则，根据交易习惯履行通知、协助、保密、旧物回收等义务。

（2）合同解除

合同解除是指合同成立后，在尚未履行或尚未履行完毕之前，因当事人一方或双方的意思表示而使合同的权利义务关系消灭。

合同解除分为约定解除和法定解除两大类。

1）约定解除

当事人协商一致，可以解除合同。当事人可以约定一方解除合同的事由。解除合同的事由发生时，解除权人可以解除合同。

2）法定解除

《民法典》规定，有下列情形之一的，当事人可以解除合同：

① 因不可抗力致使不能实现合同目的；

② 在履行期限届满前，当事人一方明确表示或者以自己的行为表明不履行主要债务；

③ 当事人一方迟延履行主要债务，经催告后在合理期限内仍未履行；

④ 当事人一方迟延履行债务或者有其他违约行为致使不能实现合同目的；

⑤ 法律规定的其他情形。

【案例3-7】湘建建筑有限责任公司于2020年3月10日与某机械厂签订了一份购买设备的合同，总价值20万元，并约定机械厂于2020年4月1日前交付货物，湘建公司向机械厂支付了3万元定金，合同中还约定若当事人一方违约则须承担5万元的违约金。合同签订后，机械厂产能受限，经湘建公司多次催促，直至合同履行期满仍未能交货。于是，湘建公司要求机械厂双倍返还定金并赔偿违约金。

请问：

1. 湘建公司与机械厂约定的3万元定金是否有效？

2. 湘建公司要求机械厂双倍返还定金并赔偿违约金是否符合法律规定？

案例3-7解析

3.2.6 违约责任

1. 违约责任的概念

违约责任，是指合同当事人因违反合同义务所承担的责任。

《民法典》第五百七十七条规定，当事人一方不履行合同义务或者履行合同义务不符合约定的，应当承担继续履行、采取补救措施或者赔偿损失等违约责任。

2. 违约责任的种类

合同当事人违反合同义务，承担违约责任的种类主要有：继续履行、采取补救措施、停止违约行为、赔偿损失、支付违约金或定金等。

守约方可以要求违约方停止违约行为，采取补救措施，继续履行合同约定；可以按照合同约定，要求违约方支付违约金或没收定金。如果守约方发生的经济损失大于违约金或定金的，守约方可以主张违约方按照实际损失予以赔偿。

（1）继续履行

继续履行是一种违约后的补救方式，是否要求违约方继续履行是非违约方的一项权利。继续履行可以与违约金、定金、赔偿损失并用，但不能与解除合同的方式并用。

（2）违约金

违约金有法定违约金和约定违约金两种：由法律规定的违约金为法定违约金；由当事人约定的违约金为约定违约金。

《民法典》第五百八十五条规定，当事人可以约定一方违约时应当根据违约情况向对方支付一定数额的违约金，也可以约定因违约产生的损失赔偿额的计算方法。约定的违约金低于造成的损失的，当事人可以请求人民法院或者仲裁机构予以增加；约定的违约金过分高于造成的损失的，当事人可以请求人民法院或者仲裁机构予以适当减少。

（3）定金

当事人可以约定一方向对方给付定金作为债权的担保。债务人履行债务后，定金应当抵作价款或者收回。给付定金的一方不履行债务或者履行债务不符合约定，致使不能实现合同目的的，无权请求返还定金；收受定金的一方不履行债务或者履行债务不符合约定，致使不能实现合同目的的，应当双倍返还定金。

当事人既约定违约金，又约定定金的，一方违约时，对方可以选择适用违约金或者定金条款。定金不足以弥补一方违约造成的损失的，对方可以请求赔偿超过定金数额的损失。

课程思政：诚实守信，遵守公序良俗，树立合同意识

诚实守信是合同法中的"帝王条款"。《民法典》规定："民事主体从事民事活动，应当遵循诚信原则，秉持诚实，恪守承诺。民事主体从事民事活动，不得违反法律，不得违背公序良俗。处理民事纠纷，应当按照法律；法律没有规定的，可以适用习惯，但是不得违背公序良俗。"做人须以诚为本，秉持诚实，恪守承诺，这也是中华民族十分重视的伦理标准。在学校里某些同学骗取请假条、抄袭作业、考试作弊、代理等违反校纪校规的现象均是不诚信的表现。同学们应牢固树立诚实守信的意识，养成学法、知法、守法、用法、护法的良好习惯。

在建设工程领域，由于各相关方立场不同、利益不同，容易产生纠结和矛盾。合同订立之后会发生变更、终止、违约等情况，因此会出现争议，但对于上述情况法律上都有相应处理方式。在学校中学生发生争执时容易冲动，轻则产生口角，重则大打出手，这都是不可取的。尤其是毕业后步入社会，作为建设工程从业人员，要重视基本礼仪，学会如何与人沟通，即使出现了纠纷也要通过合理合法的渠道解决。同时要牢固树立合同意识，强化合同管理，运用所学知识合理规避风险，维护企业和自身的合法权益。在执业过程中要以诚信为本、操守为重，遵守社会公序良俗，杜绝欺诈、胁迫等违法行为，为建筑行业的良性发展贡献自己的力量。

【任务3.2小结】

1.掌握合同的基本概念和分类。

2.熟悉建设工程合同的概念、法定形式和主要内容。

3.熟悉合同的订立与生效过程。

4.了解合同的效力、合同的转让与终止。

5.了解合同违约责任的主要种类。

班级：_____   姓名：_____   成绩：_____

【任务 3.2 习题】

一、单项选择题

1. 建设工程合同包括下列选项中除(   )的合同。

A. 建设工程勘察合同   B. 建设工程设计合同

C. 建设工程委托监理合同   D. 建设工程施工总承包合同

2. 建设工程合同的法定形式为(   )。

A. 书面合同   B. 口头合同

C. 默示合同   D. 合同示范文本

3. 下列关于合同示范性文本的性质和作用的描述中，不正确的是(   )。

A. 合同示范性文本是规范性文本

B. 合同示范性文本对当事人订立合同起参考作用

C. 签订合同时有合同示范性文本的必须使用

D. 合同成立与否与是否采用合同示范性文本无直接关系

4. 要约邀请是希望他人向自己发出要约的意思表示。根据《民法典》的规定，下列情形中，不属于发出要约邀请的是(   )。

A. 甲公司向数家贸易公司寄送价目表

B. 乙公司通过报刊发布招标公告

C. 丙公司在其运营中的咖啡自动售货机上载明"每杯一元"

D. 丁公司向社会公众发布招股说明书

5. 下列关于要约的说法，正确的是(   )。

A. 要约发出时生效

B. 收件人指定特定系统接收要约数据电文的，该数据电文进入该特定系统的时间，视为到达时间

C. 收件人未指定特定系统接收要约数据电文的，该数据电文进入收件人常用系统的时间，视为到达时间

D. 要约可以撤销，撤销要约的通知应当在要约到达受要约人之前或者与要约同时到达受要约人

6. 施工单位向电梯生产公司订购两部 A 型电梯，并要求 5 日内交货。电梯生产公司回函表示如果延长一周可如约供货。根据《民法典》，电梯生产公司的回函属于(   )。

A. 要约邀请   B. 承诺   C. 部分承诺   D. 新要约

7. 招标人 4 月 30 日向投标人甲发出中标通知书。双方于 5 月 10 日签订书面施工合同，并约定在主管机关办理备案后合同生效。5 月 15 日招标人办理合同备案，该工程于 5 月 25 日开工。该施工合同成立的时间是(   )。

A. 4 月 30 日   B. 5 月 10 日

C. 5 月 15 日   D. 5 月 25 日

8. 某合同于 11 月 10 日签订，11 月 25 日当事人一方认为合同无效，于 11 月 30 日向

法院申请确认该合同无效，法院于 12 月 28 日确认无效，合同没有效力的时间是从（　　）开始。

    A. 11 月 10 日　　　　　　　　　　B. 11 月 25 日

    C. 11 月 30 日　　　　　　　　　　D. 12 月 28 日

9. 某开发公司与李某于 11 月 1 日签订了一份商品房买卖合同，当时开发公司给李某出示了商品房手续的复印件，但李某于 12 月 15 日发现开发公司商品房开发手续不全，没有《商品房预售许可证》，当时提供的复印件是假的。该合同属于（　　）。

    A. 可撤销合同　　　　　　　　　　B. 有效合同

    C. 无效合同　　　　　　　　　　　D. 效力待定合同

10. 房地产开发商发包的工程由乙包工头借用甲施工企业的资质中标并签订施工合同，工程竣工验收质量合格，乙包工头要求按合同约定支付工程款，则（　　）。

    A. 合同无效，不应支付工程款

    B. 合同无效，应参照合同约定支付工程款

    C. 合同有效，不应支付工程款

    D. 合同有效，应参照合同约定支付工程款

11. 下列情形中属于效力待定合同的有（　　）。

    A. 出租车司机借抢救重病人急需租车之机将车价提高 10 倍

    B. 10 周岁的儿童因发明创造而接受奖金

    C. 成年人甲误将本为复制品的油画当成真品购买

    D. 10 周岁的少年将自家的电脑卖给 40 岁的张某

12. 某监理公司为了承揽某开发公司的监理业务，在开发公司的要求下，同意为其免费进行招标代理，但是在招标代理工作完成后，开发公司并未将监理业务委托给该监理公司，则招标代理合同属于（　　）。

    A. 可撤销合同　　　　　　　　　　B. 有效合同

    C. 无效合同　　　　　　　　　　　D. 效力待定合同

13. 甲与乙订立了一份材料购销合同，约定甲向乙交付相应的材料，货款为 80 万元，乙向甲支付定金 4 万元；同时约定任何一方不履行合同应支付违约金 6 万元。合同到期后，甲无法向乙交付材料，乙为了最大限度保护自己的利益，应该请求（　　）。

    A. 甲双倍返还定金 8 万元

    B. 甲支付违约金 6 万元

    C. 甲双倍返还定金 8 万元，同时请求甲支付违约金 6 万元

    D. 甲支付违约金 6 万元，同时请求返还支付的定金 4 万元

14. 百货公司向彩电厂订购彩电 100 台，每台价格 3000 元，总货款为 300000 元，约定 12 月 10 日前交货，逾期交货的，彩电厂应支付违约金 30000 元，后彩电厂未能如期交货。关于本案正确的表述应是（　　）。

    A. 彩电厂支付违约金后，不必再承担其他民事责任

    B. 彩电厂支付违约金后，仍应当继续履行合同

    C. 彩电厂继续履行合同后，可不必支付违约金

    D. 彩电厂如无过错，可不必支付违约金

15. 下列关于违约金的说法，错误的是（　　）。

A. 违约金和解除合同不可以并用

B. 违约金的数额是预先确定的

C. 违约金是违约后生效的责任方式

D. 约定违约金过分低于造成损失的，当事人不可以请求增加

二、多项选择题

1. 依据不同的合同划分标准，建设工程施工合同属于（　　）。

A. 要式合同　　　　　　　　　B. 实践合同

C. 单务合同　　　　　　　　　D. 有偿合同

E. 双务合同

2.《建设工程施工合同（示范文本）》主要由（　　）等组成。

A. 协议书　　　　　　　　　　B. 招标、投标文件

C. 施工图纸与工程量清单　　　D. 通用条款

E. 专用条款

3. 甲建筑公司向乙供应商发出购买 100 吨钢材的要约（3500 元/吨），乙公司收到要约后直接将 110 吨钢材送进现场，甲公司接收并用于工程。下列说法正确的是（　　）。

A. 乙公司的行为构成承诺

B. 乙公司的行为属于新要约

C. 甲公司接受钢材并使用于工程，构成承诺

D. 双方的合同已经成立

E. 乙的行为违背了甲公司的真实意思，合同不成立

4. 下列合同中，属于无效合同的有（　　）。

A. 无民事行为能力人订立的合同

B. 行为人与相对人以虚假的意思表示订立的合同

C. 违反法律、行政法规的强制性规定的合同

D. 违背公序良俗的合同

E. 限制民事行为能力人订立的合同

5. 无效合同、可撤销合同的确认应由（　　）裁定。

A. 人民法院　　　　　　　　　B. 当事人双方

C. 主管部门　　　　　　　　　D. 仲裁机构

E. 检察机构

6. 无处分权人处分他人的财产，在（　　）的情况下，该合同有效。

A. 经过权利人追认　　　　　　B. 与其年龄相适应

C. 与其智力相适应　　　　　　D. 与其精神健康状态相适应

E. 无处分权人在订立合同后取得处分权

7. 对于可撤销合同，具有撤销权的当事人（　　），撤销权消灭。

A. 自知道或者应当知道撤销事由之日起一年内没有行使撤销权的

B. 自知道或者应当知道撤销事由之日起六个月内没有行使撤销权的

C. 自知道或者应当知道权利受到侵害之日起一年内没有行使撤销权的

D. 知道撤销事由后明确表示放弃撤销权的

E. 知道撤销事由后以自己的行为放弃撤销权的

8. 下列各项中，属于合同终止的原因有（　　）。

A. 合同已按约定履行 　　　　　　　B. 一方违约

C. 合同解除 　　　　　　　　　　　　D. 债务免除

E. 合同变更

9. 根据《民法典》，施工企业可单方解除合同的有（　　）。

A. 建设单位交付的施工图设计文件深度不足

B. 建设单位违约致使合同目的不能实现

C. 地震导致合同无法履行

D. 建设单位迟延 3 日给付预付款

E. 建设单位提供的地址资料不准确

10. 合同当事人承担违约责任的形式有（　　）。

A. 合同继续履行 　　　　　　　　　B. 采取补救措施

C. 支付赔偿金 　　　　　　　　　　　D. 返还财产，恢复原状

E. 支付违约金

三、简答题

1. 什么是要约？什么是承诺？

2. 可撤销合同有哪几种类型？

任务 3.3　相　关　合　同　制　度

在建设工程领域，还涉及一些与建设工程活动密切相关的合同，如买卖合同、租赁合同、融资租赁合同、承揽合同、运输合同、委托合同等。

3.3.1　买卖合同

买卖合同是出卖人转移标的物的所有权于买受人，买受人支付价款的合同。买卖合同的内容一般包括标的物的名称、数量、质量、价款、履行期限、履行地点和方式、包装方式、检验标准和方法、结算方式、合同使用的文字及其效力等条款。

1. 买卖合同的法律特征

在买卖合同中，取得标的物所有权的一方成为买受人，转移标的物并取得价款的一方成为出卖人。买卖合同具有以下法律特征：

（1）买卖合同是有偿合同

买卖合同的实质是以等价有偿方式转让标的物的所有权，即出卖人移转标的物的所有权于买方，买方向出卖人支付价款。这是买卖合同的基本特征。

（2）买卖合同是双务合同

在买卖合同中，买方和卖方都享有一定的权利，承担一定的义务。而且，其权利和义务存在对应关系，即买方的权利就是卖方的义务，买方的义务就是卖方的权利。

（3）买卖合同是诺成合同

买卖合同自双方当事人意思表示一致就可以成立，不以一方交付标的物为合同的成立要件，当事人交付标的物属于履行合同，与合同的成立无关。

（4）买卖合同一般是非要式合同。

买卖合同可以是书面的，也是可以口头的，但对于房屋买卖等标的额较大的财产买卖，应当签订书面合同。

2. 买卖合同当事人的权利与义务

（1）出卖人的主要义务

1）按照合同约定交付标的物的义务

出卖的标的物，应当属于出卖人所有或者出卖人有权处分。出卖人应当按照约定或者交易习惯向买受人交付提取标的物单证以外的有关单证和资料。出卖人应当按照约定的时间和地点交付标的物。约定交付期限的，出卖人可以在该交付期限内的任何时间交付。

2）转移标的物所有权的义务

买受人的最终目的是获得标的物的所有权。出卖人应当履行向买受人交付标的物或者交付提取标的物的单证，并转移标的物所有权的义务。因出卖人未取得处分权致使标的物所有权不能转移的，买受人可以解除合同并请求出卖人承担违约责任。

3）瑕疵担保义务

出卖人就交付的标的物，负有保证第三人对该标的物不享有任何权利的义务，但是法律另有规定的除外。出卖人必须保证标的物转移于买受人之后，具有约定或法定的品质。因标的物不符合质量要求，致使不能实现合同目的的，买受人可以拒绝接受标的物或者解除合同，并且可以根据规定请求承担违约责任。买受人拒绝接受标的物或者解除合同的，标的物毁损、灭失的风险由出卖人承担。

（2）买受人的主要义务

1）支付价款的义务

买受人应当按照约定的时间、地点、数额和支付方式支付价款。对支付时间、地点和价款没有约定或者约定不明确的，可以协议补充；不能达成补充协议的，按照合同有关条款或者交易习惯确定。

当事人可以在买卖合同中约定买受人未履行支付价款或者其他义务的，标的物的所有权属于出卖人。

2）受领标的物的义务

买受人应当按照约定接受买卖标的物及其有关权利和单证。因买受人的原因致使标的物未按照约定的期限交付的，买受人应当自违反约定时起承担标的物毁损、灭失的风险。

出卖人多交标的物的，买受人可以接收或者拒绝接收多交的部分。买受人接收多交部分的，按照约定的价格支付价款；买受人拒绝接收多交部分的，应当及时通知出卖人。

3）检验标的物的义务

买受人收到标的物时应当在约定的检验期限内检验。没有约定检验期限的，应当及时检验。买受人应当在检验期限内将标的物的数量或者质量不符合约定的情形通知出卖人。买受人怠于通知的，视为标的物的数量或者质量符合约定。

当事人没有约定检验期限的，买受人应当在发现或者应当发现标的物的数量或者质量不符合约定的合理期限内通知出卖人。买受人在合理期限内未通知或者自收到标的物之日起二年内未通知出卖人的，视为标的物的数量或者质量符合约定；但是，对标的物有质量保证期的，适用质量保证期，不适用2年诉讼时效的规定。

3.3.2 租赁合同

租赁合同是出租人将租赁物交付承租人使用、收益，承租人支付租金的合同。租赁合同的内容一般包括租赁物的名称、数量、用途、租赁期限、租金及其支付期限和方式、租赁物维修等条款。

租赁合同按是否约定租赁期限分为定期租赁和不定期租赁。当事人约定租赁期限不得超过二十年。超过二十年的，超过部分无效。租赁期限届满，当事人可以续订租赁合同；但是，约定的租赁期限自续订之日起不得超过二十年。租赁期限六个月以上的，应当采用书面形式。当事人未采用书面形式，无法确定租赁期限的，视为不定期租赁。

1. 租赁合同的法律特征

（1）租赁合同是有偿合同

租赁合同的实质是以等价有偿方式转让租赁物的使用收益权，即出租人移转租赁物的使用收益权，而不转让其所有权，承租人向出租人支付租金，租赁合同终止时承租人须返还租赁物。这是租赁合同区别于买卖合同的根本特征。

（2）租赁合同是双务合同

在租赁合同中，双方当事人互享权利、互负义务，一方权利的实现有赖于对方履行约定及法定的义务。

（3）租赁合同是诺成合同

租赁合同的成立不以租赁物的交付为要件，当事人只要依法达成协议，合同即告成立。

2. 租赁合同当事人的权利与义务

（1）出租人的义务

1）交付租赁物

出租人应当按照约定将租赁物交付承租人，并在租赁期限内保持租赁物符合约定的用途。

2）维修租赁物

出租人应当履行租赁物的维修义务，但是当事人另有约定的除外。承租人在租赁物需要维修时可以请求出租人在合理期限内维修。出租人未履行维修义务的，承租人可以自行维修，维修费用由出租人负担。因维修租赁物影响承租人使用的，应当相应减少租金或者延长租期。

3）瑕疵担保义务

出租人应当担保租赁物质量完好，不存在影响承租人正常使用的瑕疵，且没有第三人对租赁物主张权利。因第三人主张权利，致使承租人不能对租赁物使用、收益的，承租人可以请求减少租金或者不支付租金。

（2）承租人的义务

1）支付租金

承租人应当按照约定的期限支付租金。对支付租金的期限没有约定或者约定不明确的，可以协议补充；不能达成补充协议的，按照合同有关条款或者交易习惯确定。对于不能达成补充协议，也不能按照合同有关条款或者交易习惯确定的，租赁期限不满一年的，应当在租赁期限届满时支付；租赁期限一年以上的，应当在每届满一年时支付，剩余期限不满一年的，应当在租赁期限届满时支付。

承租人无正当理由未支付或者迟延支付租金的，出租人可以请求承租人在合理期限内支付；承租人逾期不支付的，出租人可以解除合同。

2）按照约定使用并保管租赁物

承租人应当按照约定的方法使用租赁物。对租赁物的使用方法没有约定或者约定不明确，可以协议补充；不能达成补充协议的，按照合同有关条款或者交易习惯确定。对于不能达成补充协议，也不能按照合同有关条款或者交易习惯确定的，应当根据租赁物的性质使用。承租人未按照约定的方法或者未根据租赁物的性质使用租赁物，致使租赁物受到损失的，出租人可以解除合同并请求赔偿损失。

承租人应当妥善保管租赁物，因保管不善造成租赁物毁损、灭失的，应当承担赔偿责任。承租人未经出租人同意，对租赁物进行改善或者增设他物的，出租人可以请求承租人恢复原状或者赔偿损失。

3）返还租赁物

租赁期限届满，承租人应当返还租赁物。返还的租赁物应当符合按照约定或者根据租赁物的性质使用后的状态。租赁期限届满，承租人继续使用租赁物，出租人没有提出异议的，原租赁合同继续有效，但是租赁期限为不定期。

【案例3-8】 湘建建筑有限责任公司与 A 公司签订了一份融资租赁合同，约定由 A 公司负责向湘建公司指定的 B 厂家购买 2 台塔吊，并以融资租赁的形式提供给湘建公司使用，湘建公司每月向 A 公司支付租金。合同签订后，A 公司依约向 B 厂家购进了 2 台塔吊，湘建公司也按期向 A 公司支付租金。但使用一段时间后，湘建公司发现其中一台塔吊经常出现故障，不能正常使用，于是向 A 公司提出索赔。

请问：

1. 融资租赁合同的三方主体分别是谁？

2. A 公司是否应当承担赔偿责任？

案例3-8解析

3.3.3 融资租赁合同

融资租赁合同是出租人根据承租人对出卖人、租赁物的选择，向出卖人购买租赁物，提供给承租人使用，承租人支付租金的合同。融资租赁合同的内容一般包括租赁物的名称、数量、规格、技术性能、检验方法，租赁期限，租金构成及其支付期限和方式、币种，租赁期限届满租赁物的归属等条款。

1. 融资租赁合同的法律特征

融资租赁是将融资和融物结合在一起的特殊交易方式。融资租赁合同涉及出租人（买受人）、出卖人和承租人三方主体。承租人要求出租人为其融资购买所需的租赁物，由出租人向出卖人支付价款，并由出卖人向承租人交付租赁物及承担瑕疵担保义务，而承租人仅向出租人支付租金而无需向出卖人承担义务。

融资租赁是三方主体参与的经济活动，为明确各自的权利和义务，《民法典》第七百三十六条规定，融资租赁合同应当采用书面形式。

2. 融资租赁合同当事人的权利与义务

（1）出租人（买受人）的义务

1）向出卖人支付价款

出租人根据承租人对出卖人、租赁物的选择订立的买卖合同，向出卖人支付标的物的价款。未经承租人同意，出租人不得变更与承租人有关的合同内容。出租人对租赁物享有所有权。

2）保证承租人对租赁物占有和使用

出租人应当保证承租人对租赁物的占有和使用。出租人有下列情形之一的，承租人有权请求其赔偿损失：

① 无正当理由收回租赁物；

② 无正当理由妨碍、干扰承租人对租赁物的占有和使用；

③ 因出租人的原因致使第三人对租赁物主张权利；

④ 不当影响承租人对租赁物占有和使用的其他情形。

（2）出卖人的义务

1）向承租人交付标的物

出租人根据承租人对出卖人、租赁物的选择订立的买卖合同，虽然出卖人是向出租人主张价金，但出卖人应当按照约定向承租人交付标的物，承租人享有与受领标的物有关的买受人的权利。

2）标的物的瑕疵担保

出卖人违反向承租人交付标的物的义务，有下列情形之一的，承租人可以拒绝受领出卖人向其交付的标的物：

① 标的物严重不符合约定；

② 未按照约定交付标的物，经承租人或者出租人催告后在合理期限内仍未交付。

承租人拒绝受领标的物的，应当及时通知出租人。

（3）承租人的义务

1）支付租金

承租人应当按照约定支付租金。承租人经催告后在合理期限内仍不支付租金的，出租人可以请求支付全部租金；也可以解除合同，收回租赁物。

2）妥善保管和使用租赁物

承租人应当妥善保管、使用租赁物，并履行占有租赁物期间的维修义务。承租人未经出租人同意，将租赁物转让、抵押、质押、投资入股或者以其他方式处分的，出租人可以解除融资租赁合同。

3）租赁期满返还租赁物

当事人约定租赁期限届满租赁物归承租人所有，承租人已经支付大部分租金，但是无力支付剩余租金，出租人因此解除合同收回租赁物，收回的租赁物的价值超过承租人欠付的租金以及其他费用的，承租人可以请求相应返还。

当事人约定租赁期限届满，承租人仅需向出租人支付象征性价款的，视为约定的租金义务履行完毕后租赁物的所有权归承租人。

当事人约定租赁期限届满租赁物归出租人所有，因租赁物毁损、灭失或者附合、混合于他物致使承租人不能返还的，出租人有权请求承租人给予合理补偿。

【案例3-9】湘建建筑有限责任公司与某加工厂签订了一份钢构件加工合同，双方约定工期3个月，加工费20万元，违约金5万元。合同签订后，湘建公司将加工图纸交给了该加工厂，当加工到一半时，湘建公司又提出对部分设计进行修改，但加工厂按原图纸加工已使用了不少材料和人工。3个月完工后，湘建公司发现加工好的钢构件表面有瑕疵，于是湘建公司以加工质量不合格为由，拒付加工费尾款。该加工厂则提出，由于湘建公司中途变更设计，给加工厂造成了人工和材料的浪费，湘建公司应当对此承担相应责任。

案例3-9解析

请问：

1. 加工厂是否应当承担加工质量不合格的责任？

2. 湘建公司是否应当承担中途变更设计导致加工厂损失的责任？

3.3.4 承揽合同

承揽合同是承揽人按照定作人的要求完成工作，交付工作成果，定作人支付报酬的合同。承揽包括加工、定作、修理、复制、测试、检验等工作。承揽合同的内容一般包括承揽的标的、数量、质量、报酬、承揽方式，材料的提供，履行期限，验收标准和方法等条款。

1. 承揽合同的法律特征

在承揽合同中，提出工作要求，按约定接受工作成果并给付酬金的一方称为定作人；完成工作并交付工作成果，按约定获取报酬的一方称为承揽人。

承揽人必须按照定作人的要求完成指定的工作，相对于承揽人的工作过程，定作人关心的是工作成果的品质好坏。承揽人应当以自己的设备、技术和劳力完成主要工作，经定作人同意后，可以将辅助工作交由第三人完成，并就第三人完成的工作成果向定作人负责。承揽人在完成工作过程中，不受定作人的指挥管理，但应接受定作人的监督检查。

2. 承揽合同当事人的权利与义务

（1）承揽人的权利和义务

1）交付符合质量要求工作成果

承揽人完成工作的，应当向定作人交付工作成果，并提交必要的技术资料和有关质量证明。定作人应当验收该工作成果。承揽人交付的工作成果不符合质量要求的，定作人可以合理选择请求承揽人承担修理、重作、减少报酬、赔偿损失等违约责任。

承揽人应当妥善保管定作人提供的材料以及完成的工作成果，因保管不善造成毁损、灭失的，应当承担赔偿责任。

2）留置权

定作人未向承揽人支付报酬或者材料费等价款的，承揽人对完成的工作成果享有留置权或者有权拒绝交付，但是当事人另有约定的除外。

留置权是指债权人因合法手段占有债务人的财物，在由此产生的债权未得到清偿以前留置该项财物并在超过一定期限仍未得到清偿时依法变卖留置财物，从价款中优先受偿的权利。

3）解除权

定作人不履行协助义务致使承揽工作不能完成的，承揽人可以催告定作人在合理期限内履行义务，并可以顺延履行期限；定作人逾期不履行的，承揽人可以解除合同。

（2）定作人的权利和义务

1）支付报酬

定作人应当按照约定的期限支付报酬。对支付报酬的期限没有约定或者约定不明确的，可以协议补充；不能达成补充协议的，按照合同有关条款、合同性质、合同目的或者交易习惯确定；仍不能确定的，定作人应当在承揽人交付工作成果时支付；工作成果部分交付的，定作人应当相应支付。

2）解除权

承揽人未经定作人同意将其承揽的主要工作交由第三人完成，定作人可以解除合同。定作人中途变更承揽工作的要求，造成承揽人损失的，应当赔偿损失。定作人在承揽人完成工作前可以随时解除合同，造成承揽人损失的，应当赔偿损失。

【案例3-10】湘建建筑有限责任公司采购材料后，委托某运输公司运至工地并签订了运输合同，明确约定了运输费用、运输路线、运输时间以及其他相应条款。在运输中，承运司机因为某路段路况不太好而绕道行驶，增加了路途的距离和费用。第二天将货物运送到工地。在货物卸下后，湘建公司没有及时验收。10天后，工地的工作人员发现个别材料有损坏，向承运人提出赔偿，但承运人不同意赔偿要求，并主张自己在运输过程中额外增加了运输费用，应当在支付合同约定的运输费用外再支付所增加的费用。双方发生了争议。

请问：

1. 运输公司要求湘建公司支付所增加运输费用的主张能否实现？承运人应当在合同签订时注意哪些问题？

2. 湘建公司能否就货物的损坏向运输公司主张赔偿？

案例3-10解析

3.3.5　货运合同

运输合同是承运人将旅客或者货物从起运地点运输到约定地点，旅客、托运人或者收货人支付票款或者运输费用的合同。运输合同分为客运合同和货运合同，鉴于建设工程活动的特点，本教材重点介绍货运合同。

1. 货运合同的法律特征

承运人有义务安全、准时将货物运抵约定地点，并有权取得托运人支付的费用，而托运人或收货人有义务支付运输费用。收货人可以是托运人，也可以是第三人，第三人虽不是合同当事人，却是合同的利害关系人。

货运合同一般以托运人提出运送货物的请求为要约，承运人同意运输为承诺，合同即告成立。货运合同当事人的权利及义务关系，是围绕着运送货物的行为产生，而不是货物本身产生的。

2. 货运合同当事人的权利与义务

（1）承运人的权利和义务

1）运输货物

承运人应当在约定期限或者合理期限内，按照约定的或者通常的运输路线将货物安全运输到约定地点。

承运人对运输过程中货物的毁损、灭失承担赔偿责任。但是，承运人证明货物的毁损、灭失是因不可抗力、货物本身的自然性质或者合理损耗以及托运人、收货人的过错造成的，不承担赔偿责任。

货物运输到达后，承运人知道收货人的，应当及时通知收货人，收货人应当及时提货。收货人逾期提货的，应当向承运人支付保管费等费用。

2）留置权

托运人或者收货人不支付运费、保管费或者其他费用的，承运人对相应的运输货物享有留置权，但是当事人另有约定的除外。

收货人不明或者收货人无正当理由拒绝受领货物的，承运人依法可以提存货物。

（2）托运人的权利和义务

1）支付运费

托运人或者收货人应当支付票款或者运输费用。承运人未按照约定路线或者通常路线运输增加票款或者运输费用的，托运人或者收货人可以拒绝支付增加部分的票款或者运输费用。

货物在运输过程中因不可抗力灭失，未收取运费的，承运人不得请求支付运费；已经收取运费的，托运人可以请求返还。法律另有规定的，依照其规定。

2）妥善包装和告知

托运人办理货物运输，应当向承运人准确表明收货人的姓名、名称或者凭指示的收货人，货物的名称、性质、重量、数量，收货地点等有关货物运输的必要情况。因托运人申报不实或者遗漏重要情况，造成承运人损失的，托运人应当承担赔偿责任。

托运人应当按照约定的方式包装货物。对包装方式没有约定或者约定不明确的，可以协议补充；不能达成补充协议的，按照合同有关条款、合同性质、合同目的或者交易习惯确定；仍不能确定的，应按照通用的方式包装；没有通用方式的，应当采取足以保护标的物的包装方式。托运人违反前款规定的，承运人可以拒绝运输。

（3）收货人的权利和义务

1）提货验收

收货人提货时应当按照约定的期限检验货物。对检验货物的期限没有约定或者约定不明确的，可以协议补充；不能达成补充协议的，按照合同有关条款、合同性质、合同目的或者交易习惯确定；仍不能确定的，应当在合理期限内检验货物。收货人在约定的期限或者合理期限内对货物的数量、毁损等未提出异议的，视为承运人已经按照运输单证的记载交付的初步证据。

2）支付托运人未付或少付运费及其他费用

一般情况下，运费由托运人在发站向承运人支付，但如果合同约定由收货人在到站支付或者托运人未支付的，收货人应支付。在运输中发生的其他费用，应由收货人支付的，收货人也必须支付。

【案例3-11】湘建建筑有限责任公司需要定制3台新风设备，委托某机电公司代购，并与该机电公司签订了委托合同，对新风设备的生产厂家、型号、价款、到货时间、地点以及对机电公司的受托权限等作了约定。之后，该机电公司以自己的名义与新风设备厂家签订了购销合同。在代购合同履行时，新风设备生产厂家符合型号要求的只有2台可以按期交货，而剩余1台交货时间较长。为了不影响委托人的使用和对委托代购时间的履约，机电公司认为尽管新风设备的型号不同，但质量、外观等差异不大，就擅自做主将另外1台型号有差异的新风设备做了代替，事后也未向湘建公司报告。在试用期间，这台新风设备发生了质量问题。

请问：

1. 对有质量问题的新风设备，湘建公司应当向谁提出索赔？

2. 机电公司有何过错？

案例3-11解析

3.3.6 委托合同

委托合同是委托人和受托人约定，由受托人处理委托人事务的合同。委托人可以特别委托受托人处理一项或者数项事务，也可以概括委托受托人处理一切事务。

1. 委托合同的法律特征

委托合同的目的是为他人处理或管理事务，委托合同的订立以双方互相信任为前提。委托合同可以是有偿合同，也可以是无偿合同。

合同订立后，受托人在委托权限内以委托人的名义实施行为，委托的事务可以是法律行为，也可以是事实行为。

2. 委托合同当事人的权利与义务

（1）委托人的义务

1）支付委托费用和报酬

委托人应当预付处理委托事务的费用。受托人为处理委托事务垫付的必要费用，委

人应当偿还该费用并支付利息。受托人完成委托事务的，委托人应当按照约定向其支付报酬。

因不可归责于受托人的事由，委托合同解除或者委托事务不能完成的，委托人应当向受托人支付相应的报酬。当事人另有约定的，按照其约定。

2）赔偿损失

委托人经受托人同意，可以在受托人之外委托第三人处理委托事务。因此造成受托人损失的，受托人可以向委托人请求赔偿损失。受托人处理委托事务时，因不可归责于自己的事由受到损失的，可以向委托人请求赔偿损失。

（2）受托人的义务

1）处理委托事务

受托人应当按照委托人的指示处理委托事务。需要变更委托人指示的，应当经委托人同意；因情况紧急，难以和委托人取得联系的，受托人应当妥善处理委托事务，但是事后应当将该情况及时报告委托人。

受托人应当亲自处理委托事务。经委托人同意，受托人可以转委托。转委托经同意或者追认的，委托人可以就委托事务直接指示转委托的第三人，受托人仅就第三人的选任及其对第三人的指示承担责任。转委托未经同意或者追认的，受托人应当对转委托的第三人的行为承担责任；但是，在紧急情况下受托人为了维护委托人的利益需要转委托第三人的除外。

受托人应当按照委托人的要求，报告委托事务的处理情况。委托合同终止时，受托人应当报告委托事务的结果。受托人处理委托事务取得的财产，应当转交给委托人。

2）赔偿损失

有偿的委托合同，因受托人的过错造成委托人损失的，委托人可以请求赔偿损失。无偿的委托合同，因受托人的故意或者重大过失造成委托人损失的，委托人可以请求赔偿损失。受托人超越权限造成委托人损失的，应当赔偿损失。

（3）终止合同的权利

委托人或者受托人可以随时解除委托合同。因解除合同造成对方损失的，除不可归责于该当事人的事由外，无偿委托合同的解除方应当赔偿因解除时间不当造成的直接损失，有偿委托合同的解除方应当赔偿对方的直接损失和合同履行后可以获得的利益。

委托人死亡、终止或者受托人死亡、丧失民事行为能力、终止的，委托合同终止；但是，当事人另有约定或者根据委托事务的性质不宜终止的除外。

【任务3.3小结】

1. 熟悉买卖合同的概念及法律特征。
2. 熟悉租赁合同的概念及法律特征。
3. 熟悉融资租赁合同的概念及法律特征。
4. 熟悉承揽合同的概念及法律特征。
5. 熟悉货运合同的概念及法律特征。
6. 熟悉委托合同的概念及法律特征。

班级：_____　　姓名：_____　　成绩：_____

【任务 3.3 习题】

一、单项选择题

1. 下列关于承揽合同法律特征的表述中，正确的是(　　)。

A. 承揽合同的标的包括加工、定作、修理、复制、测试、检验等工作及其成果

B. 承揽人和定作人的权利义务没有对应关系

C. 为确保标的物的质量，定作人必须管理承揽人的工作过程

D. 在确保标的物质量的前提下，承揽人有权将承揽的工作交由第三人完成

2. 承揽合同属于(　　)。

A. 单务合同　　　　　　　　　　B. 双务合同

C. 要物合同　　　　　　　　　　D. 不要式合同

3. 按照承揽合同的法律规定，下列关于承揽人义务的表述中，正确的是(　　)。

A. 承揽人发现定作人提供的材料不合约定的，可以自行更换

B. 未经定作人许可，承揽人不得留存复制品或技术资料

C. 共同承揽人对定作人不负连带责任

D. 承揽人交付的工作成果不符合质量要求的，定作人可以解除合同

4. 按照承揽合同的法律规定，下列关于定作人义务的表述中，正确的是(　　)。

A. 定作人不按约定支付报酬的，承揽人对已完工作成果有处置权

B. 定作人不能中途变更对承揽工作的要求

C. 由于承揽人工作具有独立性，定作人不负有协助的义务

D. 定作人怠于答复承揽人提出的有关图纸或技术要求中的问题而给承揽人造成损失的，应赔偿损失

5. 关于承揽合同的解除，下列表述中错误的是(　　)。

A. 承揽人具有法定解除权　　　　B. 定作人具有法定解除权

C. 承揽人具有法定任意解除权　　D. 定作人具有法定任意解除权

6. 下列关于买卖合同法律特征的相关表述中，正确的是(　　)。

A. 买卖合同属于单务合同

B. 当事人交付标的物属于履行合同，与合同的成立有关

C. 买卖合同不以一方当事人交付标的物为合同成立的要件

D. 买卖合同是一种转移财产处置权的合同

7. 下列选项中，除(　　)以外均为出卖人的标的物存在权利瑕疵。

A. 标的物不具有约定或法定的品质

B. 出卖人对标的物没有所有权或处分权

C. 出卖人对标的物没有完全的所有权或处分权

D. 标的物的处分涉及第三人的权益

8. 融资租赁合同是(　　)。

A. 要式合同　　　　　　　　　　B. 非要式合同

C. 单务合同　　　　　　　　　　　　　D. 实践合同

9. 某医院与某卫生院签订了融资租赁合同，双方约定，该医院按照卫生院选定的设备和生产厂家购买医疗设备租赁给卫生院，卫生院按约定支付租金。本合同中该医院(　　)。

A. 享有买受人的权利但不承担买受人的义务

B. 向该卫生院承担该设备的瑕疵担保

C. 既为出租人，又为买受人

D. 承担该设备的维修义务

10. 货物运输合同中，托运人的主要权利是(　　)。

A. 有条件的拒付运费权和任意变更解除权

B. 按时提货验收权

C. 对运输物品的保密权

D. 对因不可抗力或货物的自然性质而损毁、灭失的货物的索赔权

11. 货物运输合同中，承运人的主要权利是(　　)。

A. 任意变更运输线路权

B. 中止运输权

C. 求偿权、特殊情况下的货物留置权和拒运权

D. 对货物的处置权

12. 下列关于委托合同法律规定的表述中，正确的是(　　)。

A. 如果委托合同是无偿合同，委托人没有义务提供或偿还委托事务的主要费用

B. 受托人应亲自处理委托事务，不得转委托

C. 无偿的委托合同，因受托人的重大过失给委托人造成损失的，委托人不能要求赔偿损失

D. 委托人或受托人可以随时解除委托合同

二、多项选择题

1. 买卖合同的法律特征主要体现在(　　)。

A. 买卖合同是双务合同　　　　　　　　B. 买卖合同是单务合同

C. 买卖合同是诺成合同　　　　　　　　D. 买卖合同是实践合同

E. 买卖合同是无偿合同

2. 甲写字楼业主将部分房屋租赁给乙单位，并签订了房屋租赁合同，乙单位没有按约定到期支付租金，并在租赁房屋期间损坏部分租赁物品。乙单位的主要义务有(　　)。

A. 按约定支付租金　　　　　　　　　　B. 按约定方法使用租赁物

C. 对损坏的租赁物品要按约定赔偿　　　D. 对租赁物品的维修

E. 可随意对租赁物品转租

3. 某施工企业与某设备租赁公司签订了融资租赁合同，施工企业根据自己的需要，通过调查卖方的信用力，自主选定租赁设备及卖方。合同中约定了购买设备的类型、数量及租金支付等内容。该融资合同涉及的主体有(　　)。

A. 出租人　　　　　　　　　　　　　　B. 公证人

C. 出卖人　　　　　　　　　　　　　　D. 所有人

E. 承租人

4. 融资租赁合同的法律效力不是买卖合同和租赁合同效力的简单叠加，其法律特征有( )。

A. 涉及出租人、出卖人和承租人三方主体

B. 出租人同时又是买受人

C. 融资租赁合同可以是不要式合同

D. 承租人享有买受人的权利但不承担买受人的义务

E. 出租人不负担租赁物的维修与瑕疵担保义务

5. 运输合同的法律特征有( )。

A. 货运合同是双务、有偿合同　　　　B. 货运合同的标的是获取货物

C. 货运合同的标的是运输行为　　　　D. 货运合同是诺成合同

E. 货运合同的收货人和托运人可以是同一人

6. 某外贸公司从国外购进 20 集装箱的货物，委托某运输公司负责运输并签订了货物运输合同。货物运输合同中运输公司的主要义务有( )。

A. 按照约定时间运输货物

B. 按照约定路线运输货物

C. 选择有利的运输工具

D. 因不可抗力灭失货物不得要求支付运费

E. 由于自身原因造成货物毁损灭失的赔偿

7. 某项目业主委托某招标代理机构进行监理招标。在招标过程中，招标代理机构的主要义务有( )。

A. 按项目业主的指示处理招标事务

B. 任意变更解除权

C. 按时提交委托事务处理报告

D. 因自身过错给项目业主造成损失的，应承担赔偿

E. 可超越业主授权处理委托事务

8. 委托合同的法律特征有( )。

A. 委托合同等同于民事代理　　　　B. 委托的事务可以是法律行为

C. 委托合同可以是无偿合同　　　　D. 委托的事务可以是事实行为

E. 委托合同是提供劳务合同

三、简答题

1. 融资租赁合同当事人的义务有哪些？

2. 什么叫作留置权？

学习情境 4   建设工程安全生产法律制度与实务

知识点

1. 施工安全生产许可证制度；
2. 施工安全生产责任制度；
3. 施工安全生产教育培训制度；
4. 施工现场安全防护制度；
5. 施工安全生产费用的提取和使用管理制度；
6. 施工工伤保险和意外伤害保险；
7. 施工安全事故应急救援与响应；
8. 施工安全生产事故调查与处理；
9. 其他参建单位及监督主体的安全责任制度。

能力点

1. 能够申请办理安全生产许可证以及申请办理延期手续；
2. 能够履行岗位安全生产责任；
3. 能够运用法律规定的从业人员安全生产保障权利和义务来维护自己的合法权益；
4. 能够按照法律法规的规定接受安全生产教育培训；
5. 能够按照安全专项施工方案进行现场监督；
6. 能够检查出不符合规定的现场安全防护措施及消防设备设施；
7. 能够对工伤进行鉴定并走程序申报；
8. 能够编制和修订应急预案，并配备应急器材、设备，组织应急演练；
9. 能够及时报告施工安全事故，并配合事故调查处理；
10. 能够分清楚建设工程其他参建单位及监督主体的安全生产责任。

思维导图

```
                                          基本规定
                          ┌─施工安全生产许可证制度──安全生产条件
                          │                        安全生产许可证的申请和颁发
                          │                        监督管理
                          │                        安全生产许可证违法行为应承担的主要法律责任
                          │
                          │                                        施工单位的安全生产责任
                          │                                        施工项目负责人的安全生产责任
                          ├─施工安全生产责任和安全生产教育培训制度─施工总承包和分包单位的安全生产责任
                          │                                        施工作业人员安全生产的权利和义务
                          │                                        施工安全生产教育培训
                          │                                        违法行为应承担的法律责任
                          │
                          │                        编制安全技术措施、专项施工方案和安全技术交底的规定
建设工程安全生产            │                        施工现场安全防范措施
法律制度与实务 ────────────┤─施工现场安全防护制度──施工单位安全生产费用的提取和使用管理
                          │                        施工现场消防安全职责和应采取的消防安全措施
                          │                        工伤保险和意外伤害保险的规定
                          │                        违法行为应承担的法律责任
                          │
                          │                                    生产安全事故的等级划分标准
                          ├─施工安全事故应急救援与调查处理──────施工生产安全事故应急准备与救援
                          │                                    施工生产安全事故报告及采取相应措施
                          │                                    违法行为应承担的法律责任
                          │
                          │                                        建设单位的安全生产责任
                          └─其他参建单位及监督主体的安全责任制度──勘察、设计单位的安全责任
                                                                   工程监理的安全责任
                                                                   政府职能部门安全监督管理的相关规定
```

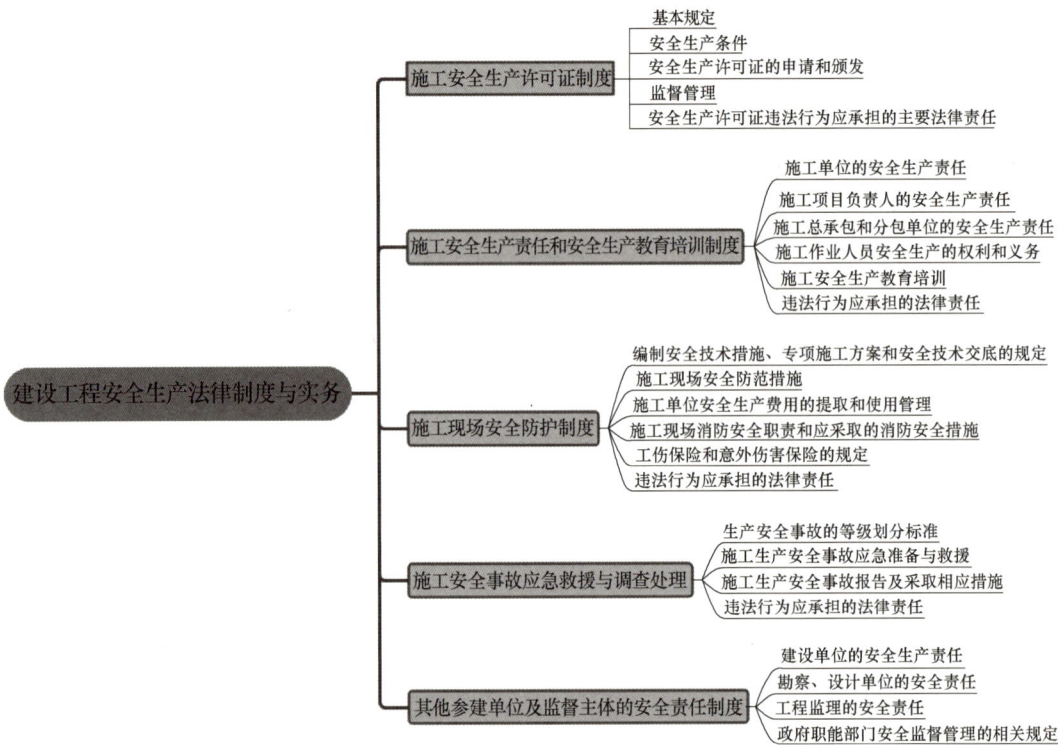

【案例 4-1】某建筑安装公司承担一住宅工程施工。该公司原已依法取得安全生产许可证，但在开工 6 个月后有效期满。因当时正值施工高峰期，该公司忙于组织施工，未能按规定办理延期手续。当地政府监管机构发现后，立即责令其停止施工，限期补办延期手续。但该公司为了赶工期，既没有停止施工，到期后也未办理延期手续。

请问：

1. 本案中的建筑安装公司有哪些违法行为？
2. 违法者应当承担哪些法律责任？

案例4-1解析

任务4.1　施工安全生产许可证制度

4.1.1　基本规定

1. 适用范围

2014 年 7 月，经修改后发布的《安全生产许可证条例》中规定，国家对矿山企业、建筑施工企业和危险化学品、烟花爆竹、民用爆炸物品生产企业（以下统称企业）实行安全生产许可制度。企业未取得安全生产许可证的，不得从事生产活动。

2015 年 1 月，住房和城乡建设部经修改后重新发布的《建筑施工企业安全生产许可证管理规定》中规定，本规定所称建筑施工企业，是指从事土木工程、建筑工程、线路管道和设备安装工程及装修工程的新建、扩建、改建和拆除等有关活动的企业。

建筑施工企业未取得安全生产许可证的（图 4-1），不得从事建筑施工活动。

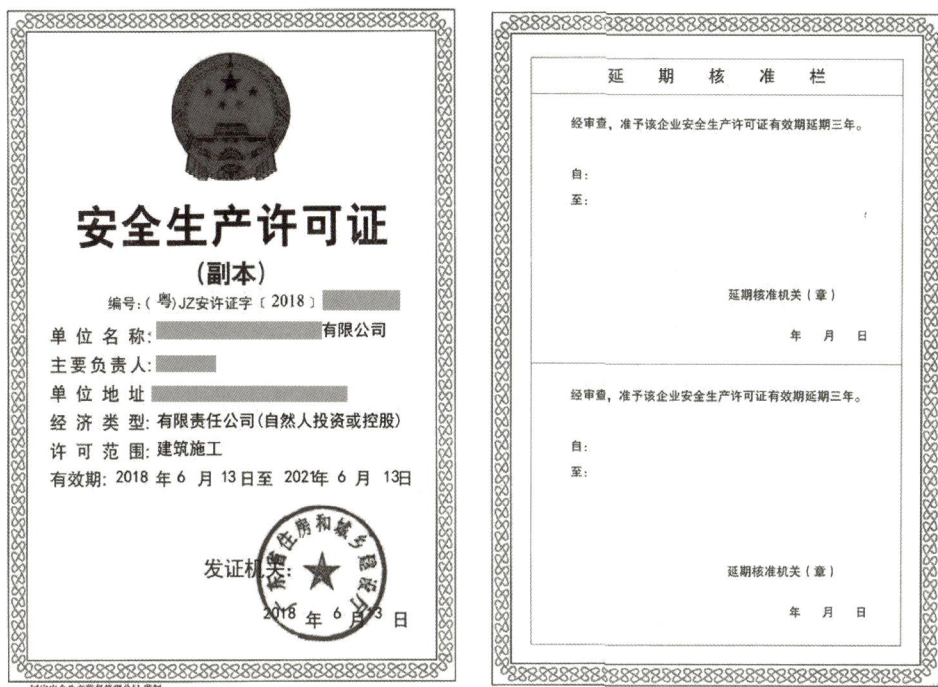

图 4-1　施工企业安全生产许可证

2. 安全生产许可证的管理

根据《建筑施工企业安全生产许可证管理规定》的规定，国务院建设主管部门负责中央管理的建筑施工企业安全生产许可证的颁发和管理。

省、自治区、直辖市人民政府建设主管部门负责本行政区域内前款规定以外的建筑施工企业安全生产许可证的颁发和管理，并接受国务院建设主管部门的指导和监督。

市、县人民政府建设主管部门负责本行政区域内建筑施工企业安全生产许可证的监督管理，并将监督检查中发现的企业违法行为及时报告安全生产许可证颁发管理机关。

4.1.2　安全生产条件

建筑施工企业具备相应的安全生产条件是保证安全生产的前提，也是实施安全生产许可证的目的，为此，《建筑施工企业安全生产许可证管理规定》对建筑施工企业的安全生产条件作出了具体规定。

（1）建立、健全安全生产责任制，制定完备的安全生产规章制度和操作规程；

（2）保证本单位安全生产条件所需资金的投入；

（3）设置安全生产管理机构，按照国家有关规定配备专职安全生产管理人员；

（4）主要负责人、项目负责人、专职安全生产管理人员经建设主管部门或者其他有关部门考核合格；

（5）特种作业人员经有关业务主管部门考核合格，取得特种作业操作资格证书；

（6）管理人员和作业人员每年至少进行一次安全生产教育培训并考核合格；

（7）依法参加工伤保险，依法为施工现场从事危险作业的人员办理意外伤害保险，为从业人员交纳保险费；

（8）施工现场的办公、生活区及作业场所和安全防护用具、机械设备、施工机具及配件符合有关安全生产法律、法规、标准和规程的要求；

（9）有职业危害防治措施，并为作业人员配备符合国家标准或者行业标准的安全防护用具和安全防护服装；

（10）有对危险性较大的分部分项工程及施工现场易发生重大事故的部位、环节的预防、监控措施和应急预案；

（11）有生产安全事故应急救援预案、应急救援组织或者应急救援人员，配备必要的应急救援器材、设备；

（12）法律、法规规定的其他条件。

4.1.3　安全生产许可证的申请和颁发

1. 申请

《安全生产许可证条例》规定，省、自治区、直辖市人民政府建设主管部门负责建筑施工企业安全生产许可证的颁发和管理，并接受国务院建设主管部门的指导和监督。

《建筑施工企业安全生产许可证管理规定》进一步明确，建筑施工企业从事建筑施工活动前，应当依照本规定向企业注册所在地省、自治区、直辖市人民政府住房城乡建设主管部门申请领取安全生产许可证。

2. 提交的材料

建筑施工企业申请安全生产许可证时，应当向住房城乡建设主管部门提供下列文件、资料：

（1）建筑施工企业安全生产许可证申请表；

（2）企业法人营业执照；

（3）与申请安全生产许可证应当具备的安全生产条件相关的文件、材料。

建筑施工企业申请安全生产许可证，应当对申请材料实质内容的真实性负责，不得隐瞒有关情况或者提供虚假材料。

3. 审查

建设主管部门应当自受理建筑施工企业的申请之日起45日内审查完毕；经审查符合安全生产条件的，颁发安全生产许可证；不符合安全生产条件的，不予颁发安全生产许可证，书面通知企业并说明理由。企业自接到通知之日起应当进行整改，整改合格后方可再次提出申请。

建设主管部门审查建筑施工企业安全生产许可证申请，涉及铁路、交通、水利等有关专业工程时，可以征求铁路、交通、水利等有关部门的意见。

4. 有效期

根据《建筑施工企业安全生产许可证管理规定》的规定，安全生产许可证的有效期为3年。

5. 延期

安全生产许可证有效期满需要延期的，企业应当于期满前3个月向原安全生产许可证颁发管理机关申请办理延期手续。

企业在安全生产许可证有效期内，严格遵守有关安全生产的法律法规，未发生死亡事故的，安全生产许可证有效期届满时，经原安全生产许可证颁发管理机关同意，不再审查，安全生产许可证有效期延期 3 年。

6. 变更、注销、补办

建筑施工企业变更名称、地址、法定代表人等，应当在变更后 10 日内，到原安全生产许可证颁发管理机关办理安全生产许可证变更手续。

建筑施工企业破产、倒闭、撤销的，应当将安全生产许可证交回原安全生产许可证颁发管理机关予以注销。

建筑施工企业遗失安全生产许可证，应当立即向原安全生产许可证颁发管理机关报告，并在公众媒体上声明作废后，方可申请补办。

课程思政：安全生产许可证是建筑施工单位必备的证件

安全第一，预防为主。我国高度重视施工企业的安全生产条件，为确保作业人员和广大人民群众的生命、财产安全，以法律法规的形式强制要求施工企业在承揽工程前必须经过行政许可，获得安全生产许可证说明施工企业的安全生产条件已经符合法定要求。企业在资质升级时，也需要用到安全生产许可证，并且资质升级办理成功后，安全生产许可证要重新核定。

作为建筑业从业人员，应当重视安全生产，熟悉申请办理安全生产许可证以及申请办理延期手续的程序。

建设主管部门在审核发放施工许可证时，应当对已经确定的建筑施工企业是否有安全生产许可证进行审查，对没有取得安全生产许可证的，不得颁发施工许可证。

安全生产许可证颁发管理机关或者其上级行政机关发现有下列情形之一的，可以撤销已经颁发的安全生产许可证：

（1）安全生产许可证颁发管理机关工作人员滥用职权、玩忽职守颁发安全生产许可证的；

（2）超越法定职权颁发安全生产许可证的；

（3）违反法定程序颁发安全生产许可证的；

（4）对不具备安全生产条件的建筑施工企业颁发安全生产许可证的；

（5）依法可以撤销已经颁发的安全生产许可证的其他情形。

依照前款规定撤销安全生产许可证，建筑施工企业的合法权益受到损害的，建设主管部门应当依法给予赔偿。

知识链接4-1 安全生产许可证违法行为应承担的主要法律责任

【任务 4.1 小结】

1. 熟悉安全生产许可证的申请和颁发程序。

2. 掌握施工企业取得安全生产许可证所必需的安全生产条件。

3. 掌握安全生产许可证违法行为应承担的主要法律责任。

班级：_____　　姓名：_____　　成绩：_____

【任务 4.1 习题】

一、单项选择题

1. 国家对高危行业企业实行安全生产许可制度，安全生产许可证的颁发和管理分别由相关政府部门负责。下列高危行业企业中，不属于安全生产监督管理部门颁发和管理安全生产许可证的是（　　）。

　　A. 非煤矿山企业　　　　　　　　　　B. 烟花爆竹生产企业

　　C. 危险化学品生产企业　　　　　　　D. 建筑施工企业

2. 根据《安全生产许可证条例》的规定，（　　）应当申请安全生产许可证。

　　A. 矿山企业、危险物品生产企业、建筑施工企业

　　B. 矿山企业、危险物品生产企业、机械加工企业

　　C. 矿山企业、食品加工企业、危险物品生产企业

　　D. 危险物品生产企业、电子生产企业、家具制造企业

3. 《安全生产许可证条例》第七条规定，安全生产许可证颁发管理机关应当自收到申请之日起（　　）日内审查完毕，经审查符合规定的安全生产条件的，颁发安全生产许可证。

　　A. 30　　　　　　　　　　　　　　B. 15

　　C. 45　　　　　　　　　　　　　　D. 60

4. 依据《建筑施工企业安全生产许可证管理规定》，建筑施工企业取得安全生产许可证，应当具备的条件包括（　　）。

　　A. 保证本单位安全生产条件所需资金的投入

　　B. 设置安全生产管理机构并配备兼职安全生产管理人员

　　C. 依法为施工现场全部作业人员办理意外伤害保险并交纳保险费

　　D. 管理人员和作业人员每年至少进行 2 次安全生产教育培训并考核合格

5. 依据《建筑施工企业安全生产许可证管理规定》，某施工企业在其安全生产许可证有效期内未发生死亡事故，则安全生产许可证有效期届满时（　　）。

　　A. 不再审查，直到发生死亡事故时终止

　　B. 经原安全生产许可证颁发机关重新办理

　　C. 经原安全生产许可证颁发机关同意，不再审查，有效期延期 3 年

　　D. 必须再次审查，审查合格延期 3 年

6. 依据《建筑施工企业安全生产许可证管理规定》，施工企业变更名称、地址、法定代表人等，应当在变更后（　　）日内，到原安全生产许可证颁发管理机关办理安全生产许可证变更手续。

　　A. 7　　　　　　　　　　　　　　　B. 10

　　C. 15　　　　　　　　　　　　　　D. 30

7. 某施工企业在 2018 年 2 月 1 日办理了安全生产许可证，则其向原发证机关办理延期手续的期间为（　　）。

A. 2020 年 2 月至 2020 年 5 月 B. 2019 年 11 月至 2019 年 1 月

C. 2021 年 2 月至 2021 年 5 月 D. 2020 年 11 月至 2021 年 1 月

8.《安全生产许可证条例》规定，生产经营企业安全生产许可证有效期满未办理延期手续，继续进行生产的，责令停止生产，限期补办延期手续，没收违法所得，并处 5 万元以上（　　）万元以下的罚款。

A. 10 B. 15

C. 30 D. 50

9. 建筑施工企业以欺骗、贿赂等不正当手段取得安全生产许可证的，撤销安全生产许可证，（　　）年内不得再次申请安全生产许可证。

A. 1 B. 2

C. 3 D. 5

10.《建筑施工企业安全生产许可证管理规定》中规定，建筑施工企业隐瞒有关情况或者提供虚假材料申请安全生产许可证的，不予受理或者不予颁发安全生产许可证，并给予警告，（　　）年内不得申请安全生产许可证。

A. 1 B. 2

C. 3 D. 5

二、多项选择题

1. 某施工单位申领建筑施工企业安全生产许可证时，根据我国《建筑施工企业安全生产许可证管理规定》，应具备经建设主管部门或者其他有关部门考核合格人员包括（　　）。

A. 应急救援人员 B. 单位主要负责人

C. 全部作业人员 D. 项目负责人

E. 专职安全生产管理人员

2. 依据《建筑施工企业安全生产许可证管理规定》，关于安全生产许可证管理制度的说法，正确的有（　　）。

A. 安全生产许可证的有效期为 3 年

B. 未取得安全生产许可证的企业，不得从事建筑施工活动

C. 建设主管部门在颁发施工许可证时，必须审查安全生产许可证

D. 企业未发生死亡事故的，许可证有效期届满时自动延期

E. 企业未发生死亡事故的，许可证有效期届满时，经原办证机关同意，可延期

3. 依据《建筑施工企业安全生产许可证管理规定》，下列要求中，属于施工企业取得安全生产许可证应当具备的安全生产条件有（　　）。

A. 建立、健全安全生产责任制

B. 保障本单位安全生产条件所需资金投入

C. 保障工程质量和安全的具体措施

D. 管理人员每年至少进行 1 次安全生产教育培训

E. 已经取得建设工程规划许可证

4. 安全生产许可证有效期满未办理延期手续，继续进行生产的，应有以下处罚（　　）。

A. 责令停止生产

B. 限期补办延期手续

C. 没收违法所得

D. 处 10 万元以上 50 万元以下的罚款

E. 逾期仍不办理延期手续，继续进行生产的，依照未取得安全生产许可证擅自进行生产的规定处罚

5. 下列情形可以撤销已经颁发的安全生产许可证的有(   )。

A. 安全生产许可证颁发管理机关工作人员滥用职权、玩忽职守颁发安全生产许可证的

B. 超越法定职权颁发安全生产许可证的

C. 违反法定程序颁发安全生产许可证的

D. 对不具备安全生产条件的建筑施工企业颁发安全生产许可证的

E. 转让安全生产许可证的

三、思考题

哪些情况可以吊销施工企业的安全生产许可证？

任务 4.2　施工安全生产责任和安全生产教育培训制度

《中华人民共和国建筑法》（以下简称《建筑法》）规定，建筑工程安全生产管理必须坚持安全第一、预防为主的方针，建立健全安全生产的责任制度和群防群治制度。建筑施工企业应当建立健全劳动安全生产教育培训制度，加强对职工安全生产的教育培训；未经安全生产教育培训的人员，不得上岗作业。

2003 年 11 月发布的《建设工程安全生产管理条例》进一步规定，施工单位应当建立健全安全生产责任制度和安全生产教育培训制度，制定安全生产规章制度和操作规程，保证本单位安全生产条件所需资金的投入，对所承担的建设工程进行定期和专项安全检查，并做好安全检查记录。

4.2.1　施工单位的安全生产责任

1. 施工安全生产管理的方针

《安全生产法》规定，安全生产工作应当以人为本，坚持安全发展，坚持安全第一、预防为主、综合治理的方针。

安全第一，就是要在建设工程施工过程中把安全放在第一重要的位置，贯彻以人为本的科学发展观，切实保护劳动者的生命安全和身体健康。

预防为主，是要把建设工程施工安全生产工作的关口前移，建立预教、预警、预防的施工事故隐患预防体系，改善施工安全生产状况，预防施工安全事故。

综合治理，则是要自觉遵循施工安全生产规律，把握施工安全生产工作中的主要矛盾和关键环节，综合运用经济、法律、行政等手段，人管、法治、技防多管齐下，并充分发挥社会、职工、舆论的监督作用，有效解决建设工程施工安全生产的问题。

2. 施工单位的安全生产责任制度

《安全生产法》规定，生产经营单位的安全生产责任制应当明确各岗位的责任人员、责任范围和考核标准等内容。生产经营单位应当建立相应的机制，加强对安全生产责任制落实情况的监督考核，保证安全生产责任制的落实。

《建筑法》还规定，建筑施工企业必须依法加强对建筑安全生产的管理，执行安全生产责任制度，采取有效措施，防止伤亡和其他安全生产事故的发生。

《中共中央、国务院关于推进安全生产领域改革发展的意见》中指出，企业实行全员安全生产责任制度，法定代表人和实际控制人同为安全生产第一责任人，主要技术负责人负有安全生产技术决策和指挥权，强化部门安全生产职责，落实一岗双责。建立企业全过程安全生产和职业健康管理制度，做到安全责任、管理、投入、培训和应急救援"五到位"。国有企业要发挥安全生产工作示范带头作用，自觉接受属地监管。

（1）施工单位主要负责人对安全生产工作全面负责

《安全生产法》规定，生产经营单位的主要负责人对本单位的安全生产工作全面负责。生产经营单位的主要负责人对本单位安全生产工作负有下列职责：

1）建立、健全本单位安全生产责任制；

2）组织制定本单位安全生产规章制度和操作规程；

3）保证本单位安全生产投入的有效实施；

4）督促、检查本单位的安全生产工作，及时消除生产安全事故隐患；

5）组织制定并实施本单位的生产安全事故应急救援预案；

6）及时、如实报告生产安全事故；

7）组织制定并实施本单位安全生产教育和培训计划。

《建筑法》规定，建筑施工企业的法定代表人对本企业的安全生产负责。《建设工程安全生产管理条例》也规定，施工单位主要负责人依法对本单位的安全生产工作全面负责。

住房和城乡建设部《建筑工企业主要负责人、项目负责人和专职安全生产管理人员安全生产管理规定实施意见》（建质〔2015〕206号）中规定，企业主要负责人包括法定代表人、总经理（总裁）、分管安全生产的副总经理（副总裁）、分管生产经营的副总经理（副总裁）、技术负责人、安全总监等。

（2）施工单位安全生产管理机构和专职安全生产管理人员

《安全生产法》规定，矿山、金属冶炼、建筑施工、道路运输单位和危险物品的生产、经营、储存单位，应当设置安全生产管理机构或者配备专职安全生产管理人员。

《建设工程安全生产管理条例》还规定，施工单位应当设立安全生产管理机构，配备专职安全生产管理人员。专职安全生产管理人员负责对安全生产进行现场监督检查。发现安全事故隐患，应当及时向项目负责人和安全生产管理机构报告；对违章指挥、违章操作的，应当立即制止。

（3）专职安全生产管理人员的配备要求

建筑施工企业安全生产管理机构专职安全生产管理人员的配备应满足下列要求，并应根据企业经营规模、设备管理和生产需要予以增加：

1）建筑施工总承包资质序列企业：特级资质不少于6人；一级资质不少于4人；二级和二级以下资质企业不少于3人。

2）建筑施工专业承包资质序列企业：一级资质不少于3人；二级和二级以下资质企业不少于2人。

3）建筑施工劳务分包资质序列企业：不少于2人。

4）建筑施工企业的分公司、区域公司等较大的分支机构应依据实际生产情况配备不少于2人的专职安全生产管理人员。

总承包单位配备项目专职安全生产管理人员应当满足下列要求：

1）建筑工程、装修工程按照建筑面积配备：

①1万平方米以下的工程不少于1人；②1万～5万平方米的工程不少于2人；③5万平方米及以上的工程不少于3人，且按专业配备专职安全生产管理人员。

2）土木工程、线路管道、设备安装工程按照工程合同价配备：①5000万元以下的工程不少于1人；②5000万～1亿元的工程不少于2人；③1亿元及以上的工程不少于3人，且按专业配备专职安全生产管理人员。

分包单位配备项目专职安全生产管理人员应当满足下列要求：

1）专业承包单位应当配置至少1人，并根据所承担的分部分项工程的工程量和施工危险程度增加。

2）劳务分包单位施工人员在50人以下的，应当配备1名专职安全生产管理人员；50～200人的，应当配备2名专职安全生产管理人员；200人及以上的，应当配备3名及以上专职安全生产管理人员，并根据所承担的分部分项工程施工危险实际情况增加，不得少于工程施工人员总人数的5‰。

采用新技术、新工艺、新材料或致害因素多、施工作业难度大的工程项目，项目专职安全生产管理人员的数量应当根据施工实际情况，在以上规定的配备标准上增加。

施工作业班组可以设置兼职安全巡查员，对本班组的作业场所进行安全监督检查。建筑施工企业应当定期对兼职安全巡查员进行安全教育培训。

3. 施工单位负责人施工现场带班制度

2010年7月颁发的《国务院关于进一步加强企业安全生产工作的通知》中规定，强化生产过程管理的领导责任。企业主要负责人和领导班子成员要轮流现场带班。

2011年7月颁发的《建筑施工企业负责人及项目负责人施工现场带班暂行办法》进一步规定，企业负责人带班检查是指由建筑施工企业负责人带队实施对工程项目质量安全生产状况及项目负责人带班生产情况的检查。建筑施工企业负责人，是指企业的法定代表人、总经理、主管质量安全和生产工作的副总经理、总工程师和副总工程师。

建筑施工企业负责人要定期带班检查，每月检查时间不少于其工作日的25%。建筑施工企业负责人带班检查时，应认真做好检查记录，并分别在企业和工程项目存档备查。工程项目进行超过一定规模的危险性较大的分部分项工程施工时，建筑施工企业负责人应到施工现场进行带班检查。工程项目出现险情或发现重大隐患时，建筑施工企业负责人应到施工现场带班检查，督促工程项目进行整改，及时消除险情和隐患。

对于有分公司的企业集团，集团负责人因故不能到现场的，可书面委托工程所在地的分公司负责人对施工现场进行带班检查。

4. 重大事故隐患治理督办制度

《安全生产法》规定，生产经营单位应当建立健全生产安全事故隐患排查治理制度，采取技术、管理措施，及时发现并消除事故隐患。事故隐患排查治理情况应当如实记录，并向从业人员通报。县级以上地方各级人民政府负有安全生产监督管理职责的部门应当建立健全重大事故隐患治理督办制度，督促生产经营单位消除重大事故隐患。

《国务院关于进一步加强企业安全生产工作的通知》规定，对重大安全隐患治理实行逐级挂牌督办、公告制度。

2011年10月，住房和城乡建设部发布的《房屋市政工程生产安全重大隐患排查治理挂牌督办暂行办法》进一步规定，重大隐患是指在房屋建筑和市政工程施工过程中，存在的危害程度较大、可能导致群死群伤或造成重大经济损失的生产安全隐患。

建筑施工企业是房屋市政工程生产安全重大隐患排查治理的责任主体，应当建立健全重大隐患排查治理工作制度，并落实到每一个工程项目。建筑施工企业应及时将工程项目重大隐患排查治理的有关情况向建设单位报告。建设单位应积极协调勘察、设计、施工、监理、监测等单位，并在资金、人员等方面积极配合做好重大隐患排查治理工作。

住房城乡建设主管部门接到工程项目重大隐患举报，应立即组织核实，属实的由工程所在地住房城乡建设主管部门及时向承建工程的建筑施工企业下达《房屋市政工程生产安全重大隐患治理挂牌督办通知书》，并公开有关信息，接受社会监督。

承建工程的建筑施工企业接到《房屋市政工程生产安全重大隐患治理挂牌督办通知

书》后，应立即组织治理。确认重大隐患消除后，向工程所在地住房城乡建设主管部门报送治理报告，并提请解除督办。工程所在地住房城乡建设主管部门收到建筑施工企业提出的重大隐患解除督办申请后，应当立即进行现场审查。审查合格的，依照规定解除督办。审查不合格的，继续实施挂牌督办。

5. 建立健全群防群治制度

群防群治制度，是《建筑法》中所规定的建筑工程安全生产管理的一项重要法律制度。它是施工企业进行民主管理的重要内容，也是群众路线在安全生产管理工作中的具体体现。广大职工群众在施工生产活动中既要遵守有关法律、法规和规章制度，不得违章作业，还拥有对于危及生命安全和身体健康的行为提出批评、检举和控告的权利。

4.2.2 施工项目负责人的安全生产责任

1. 施工项目负责人的执业资格和安全生产责任

《建设工程安全生产管理条例》规定，施工单位的项目负责人应当由取得相应执业资格的人员担任，对建设工程项目的安全施工负责，落实安全生产责任制度、安全生产规章制度和操作规程，确保安全生产费用的有效使用，并根据工程的特点组织制定安全施工措施，消除安全事故隐患，及时、如实报告生产安全事故。

《建筑施工企业主要负责人、项目负责人和专职安全生产管理人员安全生产管理规定》中规定，项目负责人对本项目安全生产管理全面负责，应当建立项目安全生产管理体系，明确项目管理人员安全职责，落实安全生产管理制度，确保项目安全生产费用有效使用。项目负责人应当按规定实施项目安全生产管理，监控危险性较大分部分项工程，及时排查处理施工现场安全事故隐患，隐患排查处理情况应当记入项目安全管理档案；发生事故时，应当按规定及时报告并开展现场救援。工程项目实行总承包的，总承包企业项目负责人应当定期考核分包企业安全生产管理情况。

2. 施工单位项目负责人施工现场带班制度

《建筑施工企业负责人及项目负责人施工现场带班暂行办法》规定，项目负责人是工程项目质量安全管理的第一责任人，应对工程项目落实带班制度负责。项目负责人带班生产是指项目负责人在施工现场组织协调工程项目的质量安全生产活动。

项目负责人在同一时期只能承担一个工程项目的管理工作。项目负责人带班生产时，要全面掌握工程项目质量安全生产状况，加强对重点部位、关键环节的控制，及时消除隐患。要认真做好带班生产记录并签字存档备查。项目负责人每月带班生产时间不得少于本月施工时间的80%，因其他事务需离开施工现场时，应向工程项目的建设单位请假，经批准后方可离开。离开期间应委托项目相关负责人负责其外出时的日常工作。

《住房城乡建设部办公厅关于进一步加强危险性较大的分部分项工程安全管理的通知》（建办质〔2017〕39号）中规定，施工单位项目经理是危大工程安全管控第一责任人，必须在危大工程施工期间现场带班，超过一定规模的危大工程施工时，施工单位负责人应当带班检查。

4.2.3 施工总承包和分包单位的安全生产责任

《安全生产法》规定，两个以上生产经营单位在同一作业区域内进行生产经营活动，可能危及对方生产安全的，应当签订安全生产管理协议，明确各自在安全生产管理职责和应当采取的安全措施，并指定专职安全生产管理人员进行安全检查与协调。

1. 总承包单位应当承担的法定安全生产责任

《建筑法》规定，施工现场安全由建筑施工企业负责。实行施工总承包的，由总承包单位负责。分包单位向总承包单位负责，服从总承包单位对施工现场的安全生产管理。

（1）分包合同应当明确总分包双方的安全生产责任

《建设工程安全生产管理条例》规定，总承包单位依法将建设工程分包给其他单位的，分包合同中应当明确各自在安全生产方面的权利、义务。

施工总承包单位与分包单位的安全生产责任，可分为法定责任和约定责任。所谓法定责任，即法律法规中明确规定的总承包单位、分包单位各自的安全生产责任。所谓约定责任，即总承包单位与分包单位通过协商，在分包合同中约定各自应当承担的安全生产责任。但是，安全生产的约定责任不能与法定责任相抵触。

（2）统一组织编制建设工程生产安全应急救援预案

《建设工程安全生产管理条例》规定，施工单位应当根据建设工程施工的特点、范围，对施工现场易发生重大事故的部位、环节进行监控，制定施工现场生产安全事故应急救援预案，实行施工总承包的，由总承包单位统一组织编制建设工程生产安全事故应急救援预案，工程总承包单位和分包单位按照应急救援预案，各自建立应急救援组织或者配备应急救援人员，配备救援器材、设备，并定期组织演练。

（3）自行完成建设工程主体结构的施工和负责上报施工生产安全事故

《建设工程安全生产管理条例》规定，总承包单位应当自行完成建设工程主体结构的施工。

实行施工总承包的建设工程，由总承包单位负责上报事故。

（4）承担连带责任

《建设工程安全生产管理条例》规定，总承包单位和分包单位对分包工程的安全生产承担连带责任。该规定强化了总承包、分包单位的安全生产责任意识，也有利于保护受害者的合法权益。

2. 分包单位应当承担的法定安全生产责任

《建筑法》规定，分包单位向总承包单位负责，服从总承包单位对施工现场的安全生产管理。《建设工程安全生产管理条例》进一步规定，分包单位应当服从总承包单位的安全生产管理，分包单位不服从管理导致生产安全事故的，由分包单位承担主要责任。

在许多工地上，往往有若干分包单位同时在施工，若缺乏统一的组织管理，很容易发生安全事故。因此，分包单位要服从总承包单位对施工现场的安全生产规章制度、岗位操作要求等安全生产管理。否则，一旦发生施工安全生产事故，分包单位要承担主要责任。

4.2.4　施工作业人员安全生产的权利和义务

《安全生产法》规定，生产经营单位的从业人员有依法获得安全生产保障的权利，并应当依法履行安全生产方面的义务。

生产经营单位与从业人员订立的劳动合同，应当载明有关保障从业人员劳动安全、防止职业危害的事项，以及依法为从业人员办理工伤保险的事项。生产经营单位不得以任何形式与从业人员订立协议，免除或者减轻其对从业人员因生产安全事故伤亡依法应承担的责任。

1. 施工作业人员依法享有的安全生产保障权利

按照《建筑法》《安全生产法》《建设工程安全生产管理条例》等法律、行政法规的规定，施工作业人员主要享有如下的安全生产权利：

（1）施工安全生产的知情权和建议权

《安全生产法》规定，生产经营单位的从业人员有权了解其作业场所和工作岗位存在的危险因素、防范措施及事故应急措施，有权对本单位的安全生产工作提出建议。

《建筑法》规定，作业人员有权对影响人身健康的作业程序和作业条件提出改进意见。《建设工程安全生产管理条例》进一步规定，施工单位应当向作业人员提供安全防护用具和安全防护服装，并书面告知危险岗位的操作规程和违章操作的危害。

（2）施工安全防护用品的获得权

《安全生产法》规定，生产经营单位必须为从业人员提供符合国家标准或者行业的劳动防护用品，并监督、教育从业人员按照使用规则佩戴、使用。

《建筑法》规定，作业人员有权获得安全生产所需的防护用品。《建设工程安全生产管理条例》进一步规定，施工单位应当向作业人员提供安全防护用具和安全防护服装。

（3）批评、检举、控告权及拒绝违章指挥权

《建筑法》规定，作业人员对危及生命安全和人身健康的行为有权提出批评、检举和控告。《建设工程安全生产管理条例》进一步规定，作业人员有权对施工现场的作业条件、作业程序和作业方式中存在的安全问题提出批评、检举和控告，有权拒绝违章指挥和强令冒险作业。

《安全生产法》还规定，生产经营单位不得因从业人员对本单位安全生产工作提出批评、检举、控告或者拒绝违章指挥、强令冒险作业而降低其工资、福利等待遇或者解除与其订立的劳动合同。

（4）紧急避险权

《安全生产法》规定，从业人员发现直接危及人身安全的紧急情况时，有权停止作业或者在采取可能的应急措施后撤离作业场所。生产经营单位不得因从业人员在前款紧急情况下停止作业或者采取紧急撤离措施而降低其工资、福利等待遇或者解除与其订立的劳动合同。

《建设工程安全生产管理条例》也规定，在施工中发生危及人身安全的紧急情况时，作业人员有权立即停止作业或者在采取必要的应急措施后撤离危险区域。

（5）获得工伤保险和意外伤害保险赔偿的权利

《建筑法》规定，建筑施工企业应当依法为职工参加工伤保险缴纳工伤保险费。鼓励企业为从事危险作业的职工办理意外伤害保险，支付保险费。

据此，施工作业人员除依法享有工伤保险的各项权利外，从事危险作业的施工人员还可以依法享有意外伤害保险的权利。

（6）请求民事赔偿权

《安全生产法》规定，因生产安全事故受到损害的从业人员，除依法享有工伤保险外，依照有关民事法律尚有获得赔偿的权利的，有权向本单位提出赔偿要求。

（7）依靠工会维权和被派遣劳动者的权利

《安全生产法》规定，生产经营单位的工会依法组织职工参加本单位安全生产工作的民主管理和民主监督，维护职工在安全生产方面的合法权益。生产经营单位制定或者修改有关安全生产的规章制度，应当听取工会的意见。

工会对生产经营单位违反安全生产法律、法规，侵犯从业人员合法权益的行为，有权要求纠正；发现生产经营单位违章指挥、强令冒险作业或者发现事故隐患时，有权提出解决的建议，生产经营单位应当及时研究答复；发现危及从业人员生命安全的情况时，有权向生产经营单位建议组织从业人员撤离危险场所，生产经营单位必须立即做出处理。工会有权依法参加事故调查，向有关部门提出处理意见，并要求追究有关人员的责任。

生产经营单位使用被派遣劳动者的，被派遣劳动者享有本法规定的从业人员的权利。

2. 施工作业人员应当履行的安全生产义务

按照《安全生产法》《建筑法》《建设工程安全生产管理条例》等法律、行政法规的规定，施工作业人员主要应当履行如下安全生产义务：

（1）守法遵章和正确使用安全防护用具等的义务

施工单位要依法保障施工作业人员的安全，施工作业人员也必须依法遵守有关规章制度，做到不违章作业。

《安全生产法》规定，从业人员在作业过程中，应当严格遵守本单位的安全生产规章制度和操作规程，服从管理，正确佩戴和使用劳动防护用品。《建设工程安全生产管理条例》进一步规定，作业人员应当遵守安全施工的强制性标准、规章制度和操作规程，正确使用安全防护用具、机械设备等。

《建筑法》规定，建筑施工企业和作业人员在施工过程中，应当遵守有关安全生产的法律、法规和建筑行业安全规章、规程，不得违章指挥或者违章作业。

（2）接受安全生产教育培训的义务

施工单位加强安全教育培训，使作业人员具备必要的施工安全生产知识，熟悉有关的规章制度和安全操作规程，掌握本岗位安全操作技能，是控制和减少施工安全事故的重要措施。

《安全生产法》规定，从业人员应当接受安全生产教育和培训，掌握本职工作所需的安全生产知识，提高安全生产技能，增强事故预防和应急处理能力。

《建设工程安全生产管理条例》也规定，作业人员进入新的岗位或新的施工现场前，应当接受安全生产教育培训。未经教育培训或者教育培训考核不合格的人员，不得上岗作业。

（3）施工安全事故隐患报告的义务

施工安全事故通常都是由事故隐患或者其他不安全因素所酿成。因此，施工作业人员一旦发现事故隐患或者其他不安全因素，应当立即报告，以便及时采取措施，防患于未然。

《安全生产法》规定，从业人员发现事故隐患或者其他不安全因素，应当立即向现场安全生产管理人员或者本单位负责人报告，接到报告的人员应当及时予以处理。

（4）被派遣劳动者的义务

《安全生产法》规定，生产经营单位使用被派遣劳动者的，被派遣劳动者应当履行本法规定的从业人员的义务。

4.2.5　施工安全生产教育培训

《安全生产法》规定，生产经营单位应当教育和督促从业人员严格执行本单位的安全生产规章制度和安全操作规程；并向从业人员如实告知作业场所和工作岗位存在的危险因素、防范措施以及事故应急措施。生产经营单位应当安排用于配备劳动防护用品、进行安全生产培训的经费。

《建筑法》还规定，建筑施工企业应当建立健全劳动安全生产教育培训制度，加强对职工安全生产的教育培训；未经安全生产教育培训的人员，不得上岗作业。

1. 施工单位"安管人员"和特种作业人员的培训考核

（1）"安管人员"的考核

《建筑施工企业主要负责人、项目负责人和专职安全生产管理人员安全生产管理规定》规定，企业主要负责人、项目负责人和专职安全生产管理人员合称为"安管人员"。"安管人员"应当通过其受聘企业，向企业工商注册地的省、自治区、直辖市人民政府住房城乡建设主管部门申请安全生产考核，并取得安全生产考核合格证书。安全生产考核合格证书有效期为3年，证书在全国范围内有效。有效期届满需要延续的，"安管人员"应当在有效期届满前3个月内，由本人通过受聘企业向原考核机关申请证书延续。准予证书延续的，证书有效期延续3年。建筑施工企业应当建立安全生产教育培训制度，制定年度培训计划，每年对"安管人员"进行培训和考核，考核不合格的，不得上岗。

《建筑施工企业主要负责人、项目负责人和专职安全生产管理人员安全生产管理规定实施意见》中规定，专职安全生产管理人员分为机械、土建、综合三类。机械类专职安全生产管理人员可以从事起重机械、土石方机械、桩工机械等安全生产管理工作。土建类专职安全生产管理人员可以从事除起重机械、土石方机械、桩工机械等安全生产管理工作以外的安全生产管理工作。综合类专职安全生产管理人员可以从事全部安全生产管理工作。

（2）特种作业人员的培训考核

《安全生产法》规定，生产经营单位的特种作业人员必须按照国家有关规定经专门的安全作业培训，取得相应资格，方可上岗作业。《建设工程安全生产管理条例》进一步规定，垂直运输机械作业人员、安装拆卸工、爆破作业人员、起重信号工、登高架设作业人员等特种作业人员，必须按照国家有关规定经过专门的安全作业培训，并取得特种作业操作资格证书后，方可上岗作业。

2008年4月，住房和城乡建设部发布的《建筑施工特种作业人员管理规定》规定，建筑施工特种作业人员包括：1）建筑电工；2）建筑架子工；3）建筑起重信号司索工；4）建筑起重机械司机；5）建筑起重机械安装拆卸工；6）高处作业吊篮安装拆卸工；7）经省级以上人民政府建设主管部门认定的其他特种作业。

建筑施工特种作业人员必须经建设主管部门考核合格，取得建筑施工特种作业人员操作资格证书，方可上岗从事相应作业。资格证书有效期为两年。有效期满需要延期的，建筑施工特种作业人员应当于期满前3个月内向原考核发证机关申请办理延期复核手续。延期复核合格的，资格证书有效期延期2年。

用人单位对于首次取得资格证书的人员，应当在其正式上岗前安排不少于3个月的实习操作。

2. 施工单位全员的安全生产教育培训

《安全生产法》规定，生产经营单位应当对从业人员进行安全生产教育和培训，保证从业人员具备必要的安全生产知识，熟悉有关的安全生产规章制度和安全操作规程，掌握本岗位的安全操作技能，了解事故应急处理措施，知悉自身在安全生产方面的权利和义务。未经安全生产教育和培训合格的从业人员，不得上岗作业。

生产经营单位使用被派遣劳动者的，应当将被派遣劳动者纳入本单位从业人员统一管理，对被派遣劳动者进行岗位安全操作规程和安全操作技能的教育和培训。劳务派遣单位应当对被派遣劳动者进行必要的安全生产教育和培训。

生产经营单位应当建立安全生产教育和培训档案，如实记录安全生产教育和培训的时间、内容、参加人员以及考核结果等情况。

《建设工程安全生产管理条例》还规定，施工单位应当对管理人员和作业人员每年至少进行一次安全生产教育培训，其教育培训情况记入个人工作档案。安全生产教育培训考核不合格的人员，不得上岗。

3. 进入新岗位或者新施工现场前的安全生产教育培训

《建设工程安全生产管理条例》规定，作业人员进入新的岗位或者新的施工现场前，应当接受安全生产教育培训。未经教育培训或者教育培训考核不合格的人员，不得上岗作业。

《国务院安委会关于进一步加强安全培训工作的决定》中指出，严格落实企业职工先培训后上岗制度。建筑企业要对新职工进行至少32学时的安全培训，每年进行至少20学时的再培训。

4. 采用新技术、新工艺、新设备、新材料前的安全生产教育培训

《安全生产法》规定，生产经营单位采用新工艺、新技术、新材料或者使用新设备，必须了解、掌握其安全技术特性，采取有效的安全防护措施，并对从业人员进行专门的安全生产教育和培训。《建设工程安全生产管理条例》规定，施工单位在采用新技术、新工艺、新设备、新材料时，应当对作业人员进行相应的安全生产教育培训。

随着我国工程建设和科学技术的迅速发展，越来越多的新技术、新工艺、新设备、新材料被广泛应用于施工生产活动中，大大促进了施工生产效率和工程质量的提高，同时也对施工作业人员的素质提出了更高要求。如果施工单位对所采用的新技术、新工艺、新设备、新材料的了解与认识不足，对其安全技术性能掌握不充分，或是没有采取有效的安全防护措施，没有对施工作业人员进行专门的安全生产教育培训，就很可能会导致事故的发生。

5. 安全教育培训方式

《国务院安委会关于进一步加强安全培训工作的决定》中指出，完善和落实师傅带徒弟制度。高危企业新职工安全培训合格后，要在经验丰富的工人师傅带领下，实习至少2个月后方可独立上岗。工人师傅一般应当具备中级工以上技能等级，3年以上相应工作经历，成绩突出，善于"传、帮、带"，没有发生过"三违"行为等条件。要组织签订师徒协议，建立师傅带徒弟激励约束机制。

支持大中型企业和欠发达地区建立安全培训机构，重点建设一批具有仿真、体感、实操特色的示范培训机构。加强远程安全培训。开发国家安全培训网和有关行业网络学习平台，实现优质资源共享。实行网络培训学时学分制，将学时和学分结果与继续教育、再培训挂钩。利用视频、电视、手机等拓展远程培训形式。

【**案例4-2**】在某高层建筑的外墙装饰施工工地，某施工单位为赶在雨季来前完成施工，又从其他工地调配来一批工人，但未经安全培训教育就安排到有关岗位开始作业。2

名工人被安排上高处作业吊篮到六层处从事外墙装饰作业。他们在作业完成后为图省事，直接从高处作业吊篮的悬吊平台向六层窗口爬去，结果失足从高处坠落在地，造成1死1重伤。

请问：

1. 在本案中，施工单位有何违法行为？
2. 该违法行为应当承担哪些法律责任？

案例4-2解析

4.2.6 违法行为应承担的法律责任

施工安全生产和安全生产教育培训违法行为的法律责任主体包括单位及有关的责任人员。

1. 施工单位违法行为应承担的法律责任

施工单位如果未能按照法律法规要求进行安全生产，行政监督部门一般会责令限期改正，可以处5万元以下的罚款；逾期未改正的，责令停产停业整顿，并处5万元以上10万元以下的罚款，对其直接负责的主管人员和其他直接责任人员处1万元以上2万元以下的罚款。

施工单位挪用列入建设工程概算的安全生产作业环境及安全施工措施所需费用的，责令限期改正，处挪用费用20%以上50%以下的罚款；造成损失的，依法承担赔偿责任。

2015年8月，经修改后公布的《中华人民共和国刑法》（以下简称《刑法》）第137条规定，建设单位、设计单位、施工单位、工程监理单位违反国家规定，降低工程质量标准，造成重大安全事故的，对直接责任人员，处5年以下有期徒刑或者拘役，并处罚金；后果特别严重的，处5年以上10年以下有期徒刑，并处罚金。

2. 施工管理人员违法行为应承担的法律责任

《安全生产法》规定，生产经营单位的主要负责人未履行本法规定的安全生产管理职责的，责令限期改正；逾期未改正的，处2万元以上5万元以下的罚款，责令生产经营单位停产停业整顿。生产经营单位的主要负责人有前款违法行为，导致发生生产安全事故的，给予撤职处分；构成犯罪的，依照刑法有关规定追究刑事责任。生产经营单位的主要负责人依照前款规定受刑事处罚或者撤职处分的，自刑罚执行完毕或者受处分之日起，5年内不得担任任何生产经营单位的主要负责人；对重大、特别重大生产安全事故负有责任的，终身不得担任本行业生产经营单位的主要负责人。

生产经营单位的主要负责人未履行法定的安全生产管理职责，导致发生生产安全事故的，由安全生产监督管理部门依照下列规定处以罚款：1）发生一般事故的，处上一年年收入30%的罚款；2）发生较大事故的，处上一年年收入40%的罚款；3）发生重大事故的，处上一年年收入60%的罚款；4）发生特别重大事故的，处上一年年收入80%的罚款。

注册执业人员未执行法律、法规和工程建设强制性标准的，责令停止执业3个月以上1年以下；情节严重的，吊销执业资格证书，5年内不予注册；造成重大安全事故的，终身不予注册；构成犯罪的，依照刑法有关规定追究刑事责任。

《刑法》第一百三十四条第2款规定，强令他人违章冒险作业，或者明知存在重大事故隐患而不排除，仍冒险组织作业，因而发生重大伤亡事故或者造成其他严重后果的，处五年以下有期徒刑或者拘役；情节特别恶劣的，处五年以上有期徒刑。

《刑法》第一百三十五条第 1 款规定，安全生产设施或者安全生产条件不符合国家规定，因而发生重大伤亡事故或者造成其他严重后果的，对直接负责的主管人员和其他直接责任人员，处三年以下有期徒刑或者拘役；情节特别恶劣的，处三年以上七年以下有期徒刑。

3. 施工作业人员违法行为应承担的法律责任

《安全生产法》规定，生产经营单位的从业人员不服从管理，违反安全生产规章制度或者操作规程的，由生产经营单位给予批评教育，依照有关规章制度给予处分；构成犯罪的，依照刑法有关规定追究刑事责任。

《刑法》第一百三十四条第 1 款规定，在生产、作业中违反有关安全管理的规定，因而发生重大伤亡事故或者造成其他严重后果的，处三年以下有期徒刑或者拘役；情节特别恶劣的，处三年以上七年以下有期徒刑。

《最高人民法院、最高人民检察院关于办理危害生产安全刑事案件适用法律若干问题的解释》中规定，刑法第一百三十四条第 1 款规定的犯罪主体，包括对生产、作业负有组织、指挥或者管理职责的负责人、管理人员、实际控制人、投资人等人员，以及直接从事生产、作业的人员。

4. 安全生产教育培训违法行为应承担的法律责任

《国务院安委会关于进一步加强安全培训工作的决定》规定，严肃追究安全培训责任。对应持证未持证或者未经培训就上岗的人员，一律先离岗、培训持证后再上岗，并依法对企业按规定上限处罚，直至停产整顿和关闭。

对存在不按大纲教学、不按题库考试、教考不分、乱办班等行为的安全培训和考试机构，一律依法严肃处罚。对各类生产安全责任事故，一律倒查培训、考试、发证不到位的责任。对因未培训、假培训或者未持证上岗人员的直接责任引发重特大事故的，所在企业主要负责人依法终身不得担任本行业企业矿长（厂长、经理），实际控制人依法承担相应责任。

【任务 4.2 小结】

1. 熟悉施工单位的安全生产责任。
2. 掌握施工企业安管人员、特种作业人员和从业人员的安全生产责任。
3. 了解施工总承包和分包单位的安全生产责任。
4. 熟悉施工安全生产教育培训的规定。

班级：_____　　姓名：_____　　成绩：_____

【任务 4.2 习题】

一、单项选择题

1. 依据《安全生产法》，下列安全工作职责，属于生产经营单位主要负责人的是(　　)。

A. 检查本单位的安全生产状况，及时排查生产安全事故隐患，提出改进安全生产管理的建议

B. 组织或者参与本单位应急救援演练

C. 组织或者参与本单位安全生产教育和培训，如实记录安全生产教育和培训情况

D. 建立、健全本单位安全生产责任制

2. 依据《建设工程安全生产管理条例》的规定，施工单位的(　　)应当对建设工程项目的安全施工负责，落实安全生产责任制度等，并根据工程的特点组织制定安全施工措施，消除安全事故隐患，及时、如实报告生产安全事故。

A. 委托监督员　　　　　　　　　B. 项目负责人

C. 安全生产管理人员　　　　　　D. 技术负责人

3. 根据《安全生产法》，下列生产经营单位的工作中，属于安全生产管理人员职责的是(　　)。

A. 健全本单位安全生产责任制

B. 组织制定并实施本单位的事故应急救援预案

C. 如实记录本单位安全生产教育和培训情况

D. 保证本单位安全生产投入的有效实施

4. 住房和城乡建设部《建筑施工企业主要负责人、项目负责人和专职安全生产管理人员安全生产管理规定》规定，从事房屋建筑和市政基础设施工程施工活动的建筑施工企业的"专职安全生产管理人员"，包括(　　)。

A. 施工单位主要负责人

B. 施工单位分管安全生产工作的副经理

C. 施工单位某项目的项目经理

D. 工程项目专职从事安全生产管理工作的人员

5. 根据《国务院安委会关于进一步加强安全培训工作的决定》，严格落实企业职工先培训后上岗制度。建筑企业要对新职工进行至少(　　)学时的安全培训。

A. 12　　　　　　　　　　　　　B. 24

C. 32　　　　　　　　　　　　　D. 40

6. 依据《建设工程安全生产管理条例》的规定，实行施工总承包的建设工程，支付意外伤害保险费的单位是(　　)。

A. 总承包单位　　　　　　　　　B. 施工单位

C. 总承包单位与施工单位　　　　D. 施工单位与监理单位

7. 甲公司采取施工总承包方式将一建设工程发包给乙公司，乙公司又将该工程中的

液氨罐区安装工程分包给丙公司，将供水工程分包给丁公司，依据《建设工程安全生产管理条例》的规定，对该建设工程安全生产负总责的单位是(   )。

A. 甲公司　　　　　　　　　　　　B. 乙公司

C. 丙公司　　　　　　　　　　　　D. 丁公司

8. 根据《建筑施工企业主要负责人、项目负责人和专职安全生产管理人员安全生产管理规定》，安全生产考核合格证书有效期届满需要延续的，应当在有效期届满前(   )内申请证书延续。

A. 30 日　　　　　　　　　　　　B. 45 日

C. 60 日　　　　　　　　　　　　D. 3 个月

9. 某生产车间进行吊装作业，为防止吊装物料大量滑落，班长要求工人站在吊装的物料上，根据《安全生产法》，工人正确的做法是(   )。

A. 执行班长的工作指令　　　　　　B. 系上安全带进行作业

C. 拒绝班长的工作指令　　　　　　D. 穿上防滑鞋进行作业

10. 建筑企业要对新职工进行至少(   )学时的安全培训，每年进行至少 20 学时的再培训。

A. 24　　　　　　　　　　　　　B. 32

C. 48　　　　　　　　　　　　　D. 72

二、多项选择题

1. 根据《建筑施工企业安全生产管理机构设置及专职安全生产管理人员配备办法》的要求，总承包单位配备项目专职安全生产管理人员应当满足的要求包括(   )。

A. 1 万平方米以下的建筑工程不少于 1 人

B. 1 万~5 万平方米的装修工程不少于 2 人

C. 5 万平方米及以上的设备安装工程不少于 3 人

D. 1 万~5 万平方米的线路管道工程不少于 5 人

E. 5000 万元以下的设备安装工程不少于 3 人

2. 根据《建筑施工企业安全生产管理机构设置及专职安全生产管理人员配备办法》，说法正确的是(   )。

A. "安管人员"应当参加安全生产考核，履行安全生产责任

B. 安全生产考核合格证书有效期届满需要延续的，应当在有效期届满前 3 个月内申请证书延续

C. 安全生产考核合格证书有效期 3 年，未发生死亡事故的，证书有效期延续 5 年

D. 建筑施工企业每年对"安管人员"进行培训和考核，考核不合格的，不得上岗

E. "安管人员"以欺骗、贿赂等不正当手段取得安全生产考核合格证书的，由原考核机关撤销安全生产考核合格证书；"安管人员"1 年内不得再次申请考核

3. 根据《安全生产法》，生产经营单位的从业人员，其安全生产权力包括(   )。

A. 紧急避险权

B. 批评、检举、控告权

C. 拒绝违章指挥和强令冒险作业

D. 佩戴安全帽

E. 作业方案修改权

4. 依据《建筑施工特种作业人员管理规定》的规定，建筑施工特种作业人员包括（　　）。

　　A. 建筑电工

　　B. 建筑架子工

　　C. 建筑起重机械信号司索工、司机、安装拆卸工

　　D. 高处作业吊篮安装拆卸工

　　E. 建筑木工

5.《国务院安委会关于进一步加强安全培训工作的决定》中规定，完善和落实师傅带徒弟制度。工人师傅一般应当具备（　　）条件。

　　A. 中级工以上技能等级　　　　　　　B. 2 年以上相应工作经历

　　C. 成绩突出，善于"传、帮、带"　　　D. 没有发生过"三违"行为

　　E. 3 年以上相应工作经历

三、思考题

A 厂为新建煤化工企业，B 公司为 A 厂煤气化装置项目总承包商，C 公司为 B 公司的分包商，承担其中的防腐保温工程。

2019 年 3 月 5 日，C 公司在对煤气化装置的飞灰过滤器进行内部除锈作业时发生事故，导致 4 人死亡。

事发时，B 公司尚未向 A 厂进行煤气化装置整体的中间交接，A 厂员工在自行组织磨煤机单体试车，3 月 4 日 10 时，A 厂进行煤粉循环试运行，使 0.5～0.6MPa 的氮气作为惰性循环介质，17 时，由于氮气供应不畅，停止试运行并停止供氮。

飞灰过滤器位于煤气化装置框架＋38m 层面，直径 1.6m，高度 6m。上部为圆筒形，下部为锥形。过滤器上部的带孔隔板将其分隔成上下两部分，设备顶部和带孔隔板下方（距锥底 4m 处）分别设有人孔，设备外接 3 条电（气）控阀管线。

3 月 5 日 8 时，C 公司员工甲、乙、丙开始过滤器打磨除锈作业，甲从带孔隔板下方人孔进入过滤器内搭设的跳板作业，乙负责监护。10 时，丙替换甲继续作业。11 时 20 分，丙突然从作业跳板坠落至过滤器锥体底部。乙听到坠落声响后立即呼救，以为是过滤器内搭设跳板脱落，向内探头观察，随即丧失意识被甲拉出，甲判断过滤器内手持照明灯可能发生漏电，立即断开直接引自 TNS 系统配电箱电源，并紧急呼救。

附近试车作业的 A 厂员工丁、戊、己 3 人听到呼救后，赶到现场，相继进入过滤器施救，均晕倒在内，陆续赶到的救援人员将 4 人抬出送医，经抢救无效死亡。

事故调查发现：试车方案编制及实施均由 A 厂单独进行；丙为 C 公司临聘人员，3 月 4 日到达施工现场，尚未录入员工名册，遇难后才查明身份；外接的 3 条电（气）控阀管线可远程开启，且与设备连接管道未按要求封堵盲板；飞灰过滤器管线与氮气管线串线，氮气窜入飞灰过滤器；作业过程中未系安全绳；搭设的跳板未绑扎；该项作业无任何书证记录。

根据以上场景，回答下列问题（1、2 题为单选题，3～5 题为多选题）。

1. 煤气化装置项目中间交接之前，该建设项目的安全管理责任单位为（　　）。

　　A. A 厂　　　　　　　　　　　　　　B. B 公司

C. C公司   D. A厂和B公司

E. A厂和C公司

2. 该起事故的责任单位和上报单位分别是( )。

A. A厂、B公司   B. B公司、A厂

C. C公司、B公司   D. C公司、A厂

E. B公司、B公司

3. 该起事故暴露出现场安全管理方面的问题有( )。

A. 与设备连接管道未按要求封堵盲板

B. 以包代管，没有安全技术交底，安全教育培训不到位

C. 没有进行有效的风险辨识并编制相应应急预案

D. 施工和试车交叉作业时，管理职责不明确

E. 没有为除锈作业人员配置防毒面具

4. 可能导致员工丙死亡的直接原因包括( )。

A. 手持照明灯触电

B. 未系安全绳，跳板无绑扎，导致坠落

C. 氮气经过外接的电（气）控阀的管线进入过滤器

D. 过滤器上部物体掉落打击

E. 氮气系统渗漏富集

5. 关于A、B、C三家单位同时在现场进行交叉作业时安全管理的说法，正确的包括( )。

A. 三家单位现场施工过程中的安全管理统一由A厂负责

B. 三家单位现场施工过程中的安全管理统一由B公司负责

C. A厂应与B公司签订安全管理协议，明确各自的安全生产管理职责

D. B公司应与C公司签订安全管理协议，明确各自的安全生产管理职责

E. B公司对进场人员进行危害告知和安全交底，安全教育培训

任务 4.3　施工现场安全防护制度

4.3.1　编制安全技术措施、专项施工方案和安全技术交底的规定

《建筑法》规定，建筑施工企业在编制施工组织设计时，应当根据建筑工程的特点制定相应的安全技术措施；对专业性较强的工程项目，应当编制专项安全施工组织设计，并采取安全技术措施。

1. 编制安全技术措施、临时用电方案和安全专项施工方案

《建设工程安全生产管理条例》规定，施工单位应当在施工组织设计中编制安全技术措施和施工现场临时用电方案，对下列达到一定规模的危险性较大的分部分项工程编制专项施工方案，并附具安全验算结果，经施工单位技术负责人、总监理工程师签字后实施，由专职安全生产管理人员进行现场监督：

（1）基坑支护与降水工程；

（2）土方开挖工程；

（3）模板工程；

（4）起重吊装工程；

（5）脚手架工程；

（6）拆除、爆破工程；

（7）国务院建设行政主管部门或者其他有关部门规定的其他危险性较大的工程。

所谓危险性较大的分部分项工程（以下简称"危大工程"），是指房屋建筑和市政基础设施工程在施工过程中，容易导致人员群死群伤或者造成重大经济损失的分部分项工程。

2019 年 3 月，住房和城乡建设部经修改后发布的《危险性较大的分部分项工程安全管理规定》中规定，施工单位应当在危大工程施工前组织工程技术人员编制专项施工方案。实行施工总承包的，专项施工方案应当由施工总承包单位组织编制。危大工程实行分包的，专项施工方案可以由相关专业分包单位组织编制。

专项施工方案应当由施工单位技术负责人审核签字、加盖单位公章，并由总监理工程师审查签字、加盖执业印章后方可实施。危大工程实行分包并由分包单位编制专项施工方案的，专项施工方案应当由总承包单位技术负责人及分包单位技术负责人共同审核签字并加盖单位公章。

对于超过一定规模的危大工程，施工单位应当组织召开专家论证会对专项施工方案进行论证。实行施工总承包的，由施工总承包单位组织召开专家论证会。专家论证前专项施工方案应当通过施工单位审核和总监理工程师审查。

专家论证会后，应当形成论证报告，对专项施工方案提出通过、修改后通过或者不通过的一致意见。专家对论证报告负责并签字确认。专项施工方案经论证不通过的，施工单位修改后应当按照本规定的要求重新组织专家论证。

2. 安全施工技术交底

《建设工程安全生产管理条例》规定，建设工程施工前，施工单位负责项目管理的技术人员应当对有关安全施工的技术要求向施工作业班组、作业人员作出详细说明，并由双方签字确认。

《危险性较大的分部分项工程安全管理规定》中规定，专项施工方案实施前，编制人员或者项目技术负责人应当向施工现场管理人员进行方案交底。施工现场管理人员应当向作业人员进行安全技术交底，并由双方和项目专职安全生产管理人员共同签字确认。

安全技术交底，通常有施工工种安全技术交底、分部分项工程施工安全技术交底、大型特殊工程单项安全技术交底、设备安装工程技术交底以及采用新工艺、新技术、新材料施工的安全技术交底等。

4.3.2 施工现场安全防范措施

《建筑法》规定，建筑施工企业应当在施工现场采取维护安全、防范危险、预防火灾等措施；有条件的，应当对施工现场实行封闭管理。施工现场对毗邻的建筑物、构筑物和特殊作业环境可能造成损害的，建筑施工企业应当采取安全防护措施。

《国务院办公厅关于促进建筑业持续健康发展的意见》（国办发〔2017〕19号）中规定，全面落实安全生产责任，加强施工现场安全防护，特别要强化对深基坑、高支模、起重机械等危险性较大的分部分项工程的管理，以及对不良地质地区重大工程项目的风险评估或论证。

1. 危险部位设置安全警示标志

《安全生产法》规定，生产经营单位应当在有较大危险因素的生产经营场所和有关设施、设备上，设置明显的安全警示标志。

《建设工程安全生产管理条例》进一步规定，施工单位应当在施工现场入口处、施工起重机械、临时用电设施、脚手架、出入通道口、楼梯口、电梯井口、孔洞口、桥梁口、隧道口、基坑边沿、爆破物及有害危险气体和液体存放处等危险部位，设置明显的安全警示标志。安全警示标志必须符合国家标准。

工地现场的情况尽管千差万别，不同施工现场的危险源也不尽相同，但施工现场入口处、施工起重机械、临时用电设施、脚手架、出入通道口、楼梯口、电梯井口、孔洞口、桥梁口、隧道口、基坑边沿、爆破物及有害危险气体和液体存放处等，通常都是容易出现生产安全事故的危险部位。

安全警示标志，是指提醒人们注意的各种标牌、文字、符号以及灯光等，一般由安全色、几何图形和图形符号构成。安全警示标志须符合国家标准《安全标志及其使用导则》GB 2894—2008的有关规定。

2. 不同施工阶段和暂停施工应采取的安全施工措施

《建设工程安全生产管理条例》规定，施工单位应当根据不同施工阶段和周围环境及季节、气候的变化，在施工现场采取相应的安全施工措施。施工现场暂时停止施工的，施工单位应当做好现场防护，所需费用由责任方承担，或者按照合同约定执行。

由于施工作业的风险性较大，在地下施工、高处施工等不同的施工阶段要采取相应安全措施，并应根据周围环境和季节、气候变化，加强季节性安全防护措施。例如，夏季要防暑降温，冬季要防寒防冻、防止煤气中毒；夜间施工应有足够的照明；雨期和冬期施工应对道路采取防滑措施；傍山沿河地区应制定防滑坡、防泥石流、防汛措施；大风、大雨期间应暂停施工等。

在实践中造成暂时停止施工的原因很多，责任方可能是施工单位，也可能是建设单位、设计单位或监理单位，还有不可抗力或违法行为被责令停止施工等。一般来说，除不可抗力要按合同约定执行外，其他则要分清责任，由责任方承担费用。但不论费用由谁承担，施工单位都必须做好现场防护，以防止在暂停施工期间出现施工现场的作业人员或者其他人员的安全事故，并为今后继续施工创造良好的作业环境。

3. 施工现场临时设施的安全卫生要求

《建设工程安全生产管理条例》规定，施工单位应当将施工现场的办公、生活区与作业区分开设置，并保持安全距离；办公、生活区的选址应当符合安全性要求。职工的膳食、饮水、休息场所等应当符合卫生标准。施工单位不得在尚未竣工的建筑物内设置员工集体宿舍。施工现场临时搭建的建筑物应当符合安全使用要求。施工现场使用的装配式活动房屋应当具有产品合格证。

依法将施工现场的办公区、生活区与作业区分开设置，并保持安全距离，是因为办公区、生活区为人们进行办公和日常生活的区域，人员较多且复杂，安全意识和防范措施相对较弱，如果将其混设一处，势必造成施工现场管理混乱，极易发生生产安全事故。办公区和生活区的选址也要满足安全性要求，应当建在安全地带，保证办公、生活用房不致因滑坡、泥石流等地质灾害而受到破坏，造成人员伤亡和财产损失。

为了保障职工身体健康，对职工的膳食、饮水、休息场所等，均应符合卫生安全标准。2018 年 12 月，经修订后公布的《中华人民共和国食品安全法》规定，学校、托幼机构、养老机构、建筑工地等集中用餐单位的食堂应当严格遵守法律、法规和食品安全标准；从供餐单位订餐的，应当从取得食品生产经营许可的企业订购，并按照要求对订购的食品进行查验。此外，施工单位提供的饮水也必须达到国家规定的标准。

未竣工的建筑物内不得设置员工集体宿舍是因为这类建筑物尚在施工过程中，条件较差，不宜居住，如将员工集体宿舍设在其中，会有很大的安全事故隐患。施工现场临时搭建的建筑物，如办公用房、宿舍、食堂、仓库、卫生间、淋浴室等，也必须稳固、安全、整洁，并满足消防要求。很多施工工地都采用装配式的活动房屋，这种房屋具有密封严密、隔热保温、防水防火、运输方便、使用周期长等优点，但施工单位应当选择具有产品合格证的正规生产厂家产品，防止因活动房屋产品质量不合格导致生产安全事故的发生。

4. 对施工现场周边的安全防护措施

施工单位对因建设工程施工可能造成损害的毗邻建筑物、构筑物和地下管线等，应当采取专项防护措施。在城市市区内的建设工程，施工单位应当对施工现场实行封闭围挡。

建设工程施工多为露天、高处作业，对周围环境特别是毗邻的建筑物、构筑物和地下管线等可能会造成损害。因此，施工单位有责任、有义务采取相应的安全防护措施，确保毗邻的建筑物、构筑物和地下管线等不受损坏。施工现场实行封闭管理，主要是解决"扰民"和"民扰"问题。施工现场采用密目式安全网、围墙、围栏等封闭起来，既可以防止施工中的不安全因素扩散到场外，也可以起到保护环境、美化市容、文明施工的作用，还可以防盗、防打砸损害物品等。

5. 安全防护设备、机械设备等的安全管理

《建设工程安全生产管理条例》规定，施工单位采购、租赁的安全防护用具、机械设备、施工机具及配件，应当具有生产（制造）许可证、产品合格证，并在进入施工现场前进行查验。施工现场的安全防护用具、机械设备、施工机具及配件必须由专人管理，定期进行检查、维修和保养，建立相应的资料档案，并按照国家有关规定及时报废。

施工单位在使用施工起重机械和整体提升脚手架、模板等自升式架设设施前，应当组织有关单位进行验收，也可以委托具有相应资质的检验检测机构进行验收；使用承租的机械设备和施工机具及配件的，由施工总承包单位、分包单位、出租单位和安装单位共同进行验收。验收合格的方可使用。

2013年6月公布的《中华人民共和国特种设备安全法》（以下简称《特种设备安全法》）规定，起重机械、客运索道、大型游乐设施的安装、改造、重大修理过程，应当经特种设备检验机构按照安全技术规范的要求进行监督检验；未经监督检验或者监督检验不合格的，不得出厂或者交付使用。

【案例4-3】 某建筑公司在城市市区承担一商厦工程施工，在施工现场周边设置了2m高的围挡，但因施工日久失管，有几处已破损成洞。某日，有2个男孩淘气从洞处钻入工地现场玩耍，不小心被堆放的钢筋等材料碰伤，引起了孩子家长与该建筑公司的赔偿纠纷。

请问：

1. 本案中的建筑公司是否存在违法行为？

2. 该违法行为应当承担哪些法律责任？

同学们在深入思考后，可扫描二维码查看案例解析。

案例4-3解析

4.3.3 施工单位安全生产费用的提取和使用管理

施工单位安全生产费用（以下简称安全费用），是指施工单位按照规定标准提取在成本中列支，专门用于完善和改进企业或者施工项目安全生产条件的资金。安全费用按照"企业提取、政府监管、确保需要、规范使用"的原则进行管理。

《建设工程安全生产管理条例》规定，施工单位对列入建设工程概算的安全作业环境及安全施工措施所需费用，应当用于施工安全防护用具及设施的采购和更新、安全施工措施的落实、安全生产条件的改善，不得挪作他用。

1. 施工单位安全费用的提取管理

2012年2月，财政部、国家安全生产监督管理总局发布的《企业安全生产费用提取和使用管理办法》中规定，建设工程施工企业以建筑安装工程造价为计提依据。各建设工程类别安全费用提取标准如下：1）矿山工程为2.5%；2）房屋建筑工程、水利水电工程、电力工程、铁路工程、城市轨道交通工程为2.0%；3）市政公用工程、冶炼工程、机电安装工程、化工石油工程、港口与航道工程、公路工程、通信工程为1.5%。建设工程施工企业提取的安全费用列入工程造价，在竞标时，不得删减，列入标外管理。总包单位应当将安全费用按比例直接支付分包单位并监督使用，分包单位不再重复提取。

企业在上述标准的基础上，根据安全生产实际需要，可适当提高安全费用提取标准。

2005年6月，原建设部发布的《建筑工程安全防护、文明施工措施费用及使用管理规定》中规定，建筑工程安全防护、文明施工措施费用是由《建筑安装工程费用项目组成》中措施费所含的文明施工费、环境保护费、临时设施费、安全施工费组成。

建设单位、设计单位在编制工程概（预）算时，应当依据工程所在地工程造价管理机构测定的相应费率，合理确定工程安全防护、文明施工措施费。依法进行工程招投标的项目，招标方或具有资质的中介机构编制招标文件时，应当按照有关规定并结合工程实际单独列出安全防护、文明施工措施项目清单。投标方应当根据现行标准规范，结合工程特点、工期进度和作业环境要求，在施工组织设计文件中制定相应的安全防护、文明施工措施，并按照招标文件要求结合自身的施工技术水平、管理水平对工程安全防护、文明施工措施项目单独报价。投标方安全防护、文明施工措施的报价，不得低于依据工程所在地工程造价管理机构测定费率计算所需费用总额的 90％。

建设单位与施工单位应当在施工合同中明确安全防护、文明施工措施项目总费用，以及费用预付、支付计划，使用要求、调整方式等条款。建设单位与施工单位在施工合同中对安全防护、文明施工措施费用预付、支付计划未作约定或约定不明的，合同工期在一年以内的，建设单位预付安全防护、文明施工措施项目费用不得低于该费用总额的 50％；合同工期在一年以上的（含一年），预付安全防护、文明施工措施费用不得低于该费用总额的 30％，其余费用应当按照施工进度支付。

2013 年 3 月，住房和城乡建设部、财政部经修订后发布的《建筑安装工程费用项目组成》中规定，安全文明施工费包括：1）环境保护费：是指施工现场为达到环保部门要求所需要的各项费用。2）文明施工费：是指施工现场文明施工所需要的各项费用。3）安全施工费：是指施工现场安全施工所需要的各项费用。4）临时设施费：是指施工企业为进行建设工程施工所必须搭设的生活和生产用的临时建筑物、构筑物和其他临时设施费用，包括临时设施的搭设、维修、拆除、清理费或摊销费等。

2. 施工单位安全费用的使用管理

《企业安全生产费用提取和使用管理办法》中规定，建设工程施工企业安全费用应当按照以下范围使用：1）完善、改造和维护安全防护设施设备支出（不含"三同时"要求初期投入的安全设施），包括施工现场临时用电系统、洞口、临边、机械设备、高处作业防护、交叉作业防护、防火、防爆、防尘、防毒、防雷、防台风、防地质灾害、地下工程有害气体监测、通风、临时安全防护等设施设备支出；2）配备、维护、保养应急救援器材、设备支出和应急演练支出；3）开展重大危险源和事故隐患评估、监控和整改支出；4）安全生产检查、评价（不包括新建、改建、扩建项目安全评价）、咨询和标准化建设支出；5）配备和更新现场作业人员安全防护用品支出；6）安全生产宣传教育、培训支出；7）安全生产适用的新技术、新标准、新工艺、新装备的推广应用支出；8）安全设施及特种设备检测检验支出；9）其他与安全生产直接相关的支出。

施工单位应当确保安全防护、文明施工措施费专款专用，在财务管理中单独列出安全防护、文明施工措施项目费用清单备查。施工单位安全生产管理机构和专职安全生产管理人员负责对建筑工程安全防护、文明施工措施的组织实施进行现场监督检查，并有权向建设主管部门反映情况。

工程总承包单位对建筑工程安全防护、文明施工措施费用的使用负总责。总承包单位应当按照本规定及合同约定及时向分包单位支付安全防护、文明施工措施费用。总承包单位不按本规定和合同约定支付费用，造成分包单位不能及时落实安全防护措施导致发生事故的，由总承包单位负主要责任。

4.3.4　施工现场消防安全职责和应采取的消防安全措施

施工现场的火灾时有发生，甚至还出现过特大恶性火灾事故。因此，施工单位必须建立健全消防安全责任制，加强消防安全教育培训，严格消防安全管理，确保施工现场消防安全。

1. 施工单位消防安全责任人和消防安全职责

2011年12月颁布的《国务院关于加强和改进消防工作的意见》中规定，机关、团体、企业事业单位法定代表人是本单位消防安全第一责任人。各单位要依法履行职责，保障必要的消防投入，切实提高检查消除火灾隐患、组织扑救初起火灾、组织人员疏散逃生和消防宣传教育培训的能力。

重点工程的施工现场多定为消防安全重点单位，按照《消防法》的规定，除应当履行所有单位都应当履行的职责外，还应当履行下列消防安全职责：1）确定消防安全管理人，组织实施本单位的消防安全管理工作；2）建立消防档案，确定消防安全重点部位，设置防火标志，实行严格管理；3）实行每日防火巡查，并建立巡查记录；4）对职工进行岗前消防安全培训，定期组织消防安全培训和消防演练。

《建设工程安全生产管理条例》还规定，施工单位应当在施工现场建立消防安全责任制度，确定消防安全责任人，制定用火、用电、使用易燃易爆材料等各项消防安全管理制度和操作规程，设置消防通道、消防水源，配备消防设施和灭火器材，并在施工现场入口处设置明显标志。

建设工程的建设、设计、施工和监理等单位应当遵守消防法律、法规、规章和工程建设消防技术标准，在工程设计使用年限内对工程的消防设计、施工质量承担终身责任。

2. 施工现场的消防安全要求

《国务院关于加强和改进消防工作的意见》规定，公共建筑在营业、使用期间不得进行外保温材料施工作业，居住建筑进行节能改造作业期间应撤离居住人员，并设消防安全巡逻人员，严格分离用火用焊作业与保温施工作业，严禁在施工建筑内安排人员住宿。新建、改建、扩建工程的外保温材料一律不得使用易燃材料，严格限制使用可燃材料。建筑室内装饰装修材料必须符合国家、行业标准和消防安全要求。

公安部、住房和城乡建设部于2009年3月发布的《关于进一步加强建设工程施工现场消防安全工作的通知》中规定，施工单位应当在施工组织设计中编制消防安全技术措施和专项施工方案，并由专职安全管理人员进行现场监督。

施工现场要设置消防通道并确保畅通。建筑工地要满足消防车通行、停靠和作业要求。在建建筑内应设置标明楼梯间和出入口的临时醒目标志，视实际情况安装楼梯间和出入口的临时照明，及时清理建筑垃圾和障碍物，规范材料堆放，保证发生火灾时，现场施工人员疏散和消防人员扑救快捷畅通。

施工现场要按有关规定设置消防水源。应当在建设工程平地阶段按照总平面设计设置室外消火栓系统，并保持充足的管网压力和流量。根据在建工程施工进度，同步安装室内消火栓系统或设置临时消火栓，配备水枪水带，消防干管设置水泵接合器，满足施工现场火灾扑救的消防供水要求。施工现场应当配备必要的消防设施和灭火器材。施工现场的重点防火部位和在建高层建筑的各个楼层，应在明显和方便取用的地方配置适当数量的手提式灭火器、消防沙袋等消防器材。

动用明火必须实行严格的消防安全管理，禁止在具有火灾、爆炸危险的场所使用明火；需要进行明火作业的，动火部门和人员应当按照用火管理制度办理审批手续，落实现场监护人，在确认无火灾、爆炸危险后方可动火施工；动火施工人员应当遵守消防安全规定，并落实相应的消防安全措施；易燃易爆危险物品和场所应有具体防火防爆措施；电焊、气焊、电工等特殊工种人员必须持证上岗；将容易发生火灾、一旦发生火灾后果严重的部位确定为重点防火部位，实行严格管理。

施工现场的办公、生活区与作业区应当分开设置，并保持安全距离；施工单位不得在尚未竣工的建筑物内设置员工集体宿舍。

3. 施工单位消防安全自我评估和防火检查

《国务院关于加强和改进消防工作的意见》中指出，要建立消防安全自我评估机制，消防安全重点单位每季度、其他单位每半年自行或委托有资质的机构对本单位进行一次消防安全检查评估，做到安全自查、隐患自除、责任自负。

《关于进一步加强建设工程施工现场消防安全工作的通知》中规定，施工单位应及时纠正违章操作行为，及时发现火灾隐患并采取防范、整改措施。国家、省级等重点工程的施工现场应当进行每日防火巡查，其他施工现场也应根据需要组织防火巡查。

施工单位防火检查的内容应当包括：火灾隐患的整改情况以及防范措施的落实情况，疏散通道、消防车通道、消防水源情况，灭火器材配置及有效情况，用火、用电有无违章情况，重点工种人员及其他施工人员消防知识掌握情况，消防安全重点部位管理情况，易燃易爆危险物品和场所防火防爆措施落实情况，防火巡查落实情况等。

4. 建设工程消防施工的质量和安全责任

2012 年 7 月，经公安部修改后发布的《建设工程消防监督管理规定》中规定，建设工程的消防设计、施工必须符合国家工程建设消防技术标准。施工单位应当承担下列消防施工的质量和安全责任：1）按照国家工程建设消防技术标准和经消防设计审核合格或者备案的消防设计文件组织施工，不得擅自改变消防设计进行施工，降低消防施工质量；2）查验消防产品和具有防火性能要求的建筑构件、建筑材料及装修材料的质量，使用合格产品，保证消防施工质量；3）建立施工现场消防安全责任制度，确定消防安全负责人。加强对施工人员的消防教育培训，落实动火、用电、易燃可燃材料等消防管理制度和操作规程。保证在建工程竣工验收前消防通道、消防水源、消防设施和器材、消防安全标志等完好有效。

5. 施工单位的消防安全教育培训和消防演练

《国务院关于加强和改进消防工作的意见》指出，要加强对单位消防安全责任人、消防安全管理人、消防控制室操作人员和消防设计、施工、监理人员及保安、电（气）焊工、消防技术服务机构从业人员的消防安全培训。

2009 年 5 月，公安部、住房和城乡建设部等九部委发布的《社会消防安全教育培训规定》中规定，在建工程的施工单位应当开展下列消防安全教育工作：1）建设工程施工前应当对施工人员进行消防安全教育；2）在建设工地醒目位置、施工人员集中住宿场所设置消防安全宣传栏，悬挂消防安全挂图和消防安全警示标识；3）对明火作业人员进行经常性的消防安全教育；4）组织灭火和应急疏散演练。

施工单位应当根据国家有关消防法规和建设工程安全生产法规的规定，建立施工现场消防组织，制定灭火和应急疏散预案，并至少每半年组织一次演练，提高施工人员及时报警、扑灭初期火灾和自救逃生能力。

4.3.5　违法行为应承担的法律责任

施工现场安全防护违法行为应承担的主要法律责任如下：

1. 施工现场安全防护违法行为应承担的法律责任

《建筑法》规定，建筑施工企业违反本法规定，对建筑安全事故隐患不采取措施予以消除的，责令改正，可以处以罚款；情节严重的，责令停业整顿，降低资质等级或者吊销资质证书；构成犯罪的，依法追究刑事责任。

《建设工程安全生产管理条例》规定，施工单位有下列行为之一的，责令限期改正；逾期未改正的，责令停业整顿，并处5万元以上10万元以下的罚款；造成重大安全事故，构成犯罪的，对直接责任人员，依照《刑法》有关规定追究刑事责任：1）施工前未对有关安全施工的技术要求作出详细说明的；2）未根据不同施工阶段和周围环境及季节、气候的变化，在施工现场采取相应的安全施工措施或者在城市市区内的建设工程的施工现场未实行封闭围挡的；3）在尚未竣工的建筑物内设置员工集体宿舍的；4）施工现场临时搭建的建筑物不符合安全使用要求的；5）未对因建设工程施工可能造成损害的毗邻建筑物、构筑物和地下管线等采取专项防护措施的。施工单位有以上规定第4）项、第5）项行为，造成损失的，依法承担赔偿责任。

施工单位有下列行为之一的，责令限期改正；逾期未改正的，责令停业整顿，并处10万元以上30万元以下的罚款；情节严重的，降低资质等级，直至吊销资质证书；造成重大安全事故，构成犯罪的，对直接责任人员，依照刑法有关规定追究刑事责任；造成损失的，依法承担赔偿责任：1）安全防护用具、机械设备、施工机具及配件在进入施工现场前未经查验或者查验不合格即投入使用的；2）使用未经验收或者验收不合格的施工起重机械和整体提升脚手架、模板等自升式架设设施的；3）委托不具有相应资质的单位承担施工现场安装、拆卸施工起重机械和整体提升脚手架、模板等自升式架设设施的；4）在施工组织设计中未编制安全技术措施、施工现场临时用电方案或者专项施工方案的。

2. 施工单位安全费用违法行为应承担的法律责任

《安全生产法》规定，生产经营单位的决策机构、主要负责人或者个人经营的投资人不依照本法规定保证安全生产所必需的资金投入，致使生产经营单位不具备安全生产条件的，责令限期改正，提供必需的资金；逾期未改正的，责令生产经营单位停产停业整顿。有前款违法行为，导致发生生产安全事故的，对生产经营单位的主要负责人给予撤职处分，对个人经营的投资人处2万元以上20万元以下的罚款；构成犯罪的，依照《刑法》有关规定追究刑事责任。

《建设工程安全生产管理条例》规定，施工单位挪用列入建设工程概算的安全生产作业环境及安全施工措施所需费用的，责令限期改正，处挪用费用20％以上50％以下的罚款；造成损失的，依法承担赔偿责任。

【任务 4.3 小结】

1. 熟悉危大工程的安全管理；
2. 熟悉施工现场安全防范措施的要求；
3. 了解施工单位安全生产费用的提取和使用管理；
4. 熟悉施工现场消防安全职责和应采取的消防安全措施；
5. 熟悉工伤保险和意外伤害保险的规定；
6. 了解违法行为应承担的法律责任。

班级：_____　　姓名：_____　　成绩：_____

【任务 4.3 习题】

一、单项选择题

1. 根据《建筑法》，施工企业必须为职工办理的保险是（　　）。

A. 意外伤害险　　　　　　　　　　B. 工伤保险

C. 职业责任险　　　　　　　　　　D. 财产险

2. 根据《建设工程安全生产管理条例》的规定，建设工程施工前应进行交底，施工单位的相关人员应当对有关安全施工的技术要求向施工作业班组、作业人员作出详细说明，并由双方签字确认，进行交底的人员是（　　）。

A. 项目负责人　　　　　　　　　　B. 负责各项目的班组长

C. 专职安全生产管理人员　　　　　D. 负责项目管理的技术人员

3. 根据《危险性较大的分部分项工程安全管理规定》，实行施工总承包的，专项施工方案应当由（　　）组织编制。

A. 施工总承包单位　　　　　　　　B. 设计单位

C. 建设单位　　　　　　　　　　　D. 监理单位

4. 根据《危险性较大的分部分项工程安全管理规定》，对于超过一定规模的危大工程，实行施工总承包的，由（　　）组织召开专家论证会。

A. 建设单位　　　　　　　　　　　B. 监理单位

C. 施工总承包单位　　　　　　　　D. 分包单位

5. 根据《危险性较大的分部分项工程安全管理规定》，对于按照规定需要验收的危大工程，施工单位、监理单位应当组织相关人员进行验收。验收合格的，经（　　）签字确认后，方可进入下一道工序。

A. 施工单位项目负责人

B. 总监理工程师

C. 施工单位项目技术负责人

D. 施工单位项目技术负责人及总监理工程师

6. 职工发生事故伤害或者按照《职业病防治法》规定被诊断、鉴定为职业病，所在单位应当自事故伤害发生之日或者被诊断、鉴定为职业病之日起（　　）日内，向统筹地区社会保险行政部提出工伤认定申请。

A. 15　　　　　　　　　　　　　　B. 30

C. 45　　　　　　　　　　　　　　D. 60

7. 根据《消防法》，生产经营单位发生火灾后，负责统一组织和指挥火灾现场扑救的单位是（　　）。

A. 火灾发生单位上级部门　　　　　B. 火灾发生单位消防部门

C. 消防救援机构　　　　　　　　　D. 人民政府安全监管部门

8. 未参加工伤保险的建设项目，职工发生工伤事故，依法由职工所在用人单位支付工伤保险待遇，（　　）承担连带责任。

A. 建设单位   B. 监理单位

C. 施工总承包单位   D. 施工总承包单位及建设单位

9.《关于进一步加强建设工程施工现场消防安全工作的通知》中规定，施工单位应及时纠正违章操作行为，及时发现火灾隐患并采取防范、整改措施。国家、省级等重点工程的施工现场应当进行（　　）防火巡查，其他施工现场也应根据需要组织防火巡查。

A. 每日   B. 每周

C. 每月   D. 每季度

10.《建设工程安全生产管理条例》规定，施工单位应当将施工现场的（　　）与作业区分开设置，并保持安全距离

A. 办公区   B. 生活区

C. 临时加工区   D. 办公区及生活区

二、多项选择题

1. 安全警示标志，是指提醒人们注意的各种标牌、文字、符号以及灯光等，一般由（　　）构成。

A. 专用图表   B. 安全色

C. 几何图形   D. 图形符号

E. 警示语言

2. 根据《危险性较大的分部分项工程安全管理规定》，以下说法正确的有（　　）。

A. 施工单位应当在施工现场显著位置公告危大工程名称、施工时间和具体责任人员，并在危险区域设置安全警示标志

B. 专项施工方案实施前，编制人员或者项目技术负责人应当向施工现场管理人员进行方案交底

C. 监理单位应当结合危大工程专项施工方案编制监理实施细则，并对危大工程施工实施定期抽查

D. 施工单位应当严格按照专项施工方案组织施工，不得擅自修改专项施工方案

E. 按照规定需要进行第三方监测的危大工程，监测方案由监测单位技术负责人审核签字并加盖单位公章，报送监理单位后方可实施

3. 依据《消防法》的规定，某重点工程的施工现场被列为消防安全重点单位，该建设项目下列关于火灾预防的做法，正确的有（　　）。

A. 定期组织有针对性的消防演练

B. 制定消防安全责任制度，并积极落实

C. 按规定设置消防安全标志，并定期组织人员检验和维修

D. 采购符合国家标准、行业标准的消防设施、器材，配置在作业场所

E. 对建筑消防设施每两年全面检测一次，确保完好有效，将完整准确的检测记录存档备查

4.《企业安全生产费用提取和使用管理办法》中规定，建设工程施工企业安全费用应当按照（　　）范围使用。

A. 完善、改造和维护安全防护设施设备支出

B. 配备、维护、保养应急救援器材、设备支出和应急演练支出

C. 配备和更新现场作业人员安全防护用品支出

D. 建筑安装施工支出

E. 安全生产宣传教育、培训支出

5. 安全文明施工费包括(　　)。

A. 环境保护费　　　　　　　　　B. 文明施工费

C. 安全施工费　　　　　　　　　D. 临时设施费

E. 绿色施工费

三、思考题

某企业发生一起桥机起吊事故,事故经过是:一台 30t/5t 桥机在对一件尺寸为 8300mm×3250mm×120mm,重约 25.4t 的拼焊钢板进行 180°翻身吊运时,由于操作者选用的钢丝绳及卸扣等起吊工具偏小,起吊方法上有误,因此,当桥机起吊工件呈垂直状态大车行驶约 30cm 时,承重的 ϕ39mm 卸扣销轴突然被剪切断开,钢板坠落在焊接平台上,一台焊接设备当场砸损,所幸没有造成人身伤害的事故。试回答:

1. 下列不属于特殊工种的是(　　)。

A. 起重机械司机　　　　　　　　B. 司索工

C. 电焊工　　　　　　　　　　　D. 车工

2. 简述起重机械的使用安全要点。

任务 4.4　施工安全事故应急救援与调查处理

4.4.1　生产安全事故的等级划分标准

《安全生产法》规定，生产安全一般事故、较大事故、重大事故、特别重大事故的划分标准由国务院规定。

2007 年 4 月，国务院颁布的《生产安全事故报告和调查处理条例》规定，根据生产安全事故（以下简称事故）造成的人员伤亡或者直接经济损失，事故一般分为以下等级：

（1）特别重大事故，是指造成 30 人以上死亡，或者 100 人以上重伤（包括急性工业中毒，下同），或者 1 亿元以上直接经济损失的事故；

（2）重大事故，是指造成 10 人以上 30 人以下死亡，或者 50 人以上 100 人以下重伤，或者 5000 万元以上 1 亿元以下直接经济损失的事故；

（3）较大事故，是指造成 3 人以上 10 人以下死亡，或者 10 人以上 50 人以下重伤，或者 1000 万元以上 5000 万元以下直接经济损失的事故；

（4）一般事故，是指造成 3 人以下死亡，或者 10 人以下重伤，或者 1000 万元以下直接经济损失的事故。

所称的"以上"包括本数，所称的"以下"不包括本数。

《生产安全事故报告和调查处理条例》还规定，没有造成人员伤亡，但是社会影响恶劣的事故，国务院或者有关地方人民政府认为需要调查处理的，依照本条例的有关规定执行。

据此，生产安全事故等级的划分包括了人身、经济和社会 3 个要素：人身要素就是人员伤亡的数量；经济要素就是直接经济损失的数额；社会要素则是社会影响。这三个要素依法可以单独适用。

4.4.2　施工生产安全事故应急准备与救援

1. 施工生产安全事故应急救援预案的编制

《安全生产法》规定，生产经营单位对重大危险源应当登记建档，进行定期检测、评估、监控，并制定应急预案，告知从业人员和相关人员在紧急情况下应当采取的应急措施。生产经营单位应当按照国家有关规定将本单位重大危险源及有关安全措施、应急措施报有关地方人民政府安全生产监督管理部门和有关部门备案。

《建设工程安全生产管理条例》规定，施工单位应当根据建设工程施工的特点、范围，对施工现场易发生重大事故的部位、环节进行监控，制定施工现场生产安全事故应急救援预案。实行施工总承包的，由总承包单位统一组织编制建设工程生产安全事故应急救援预案，工程总承包单位和分包单位按照应急救援预案，各自建立应急救援组织或者配备应急救援人员，配备救援器材、设备，并定期组织演练。

应急预案的编制应当符合下列基本要求：1）有关法律、法规、规章和标准的规定；2）本地区、本部门、本单位的安全生产实际情况；3）本地区、本部门、本单位的危险性分析情况；4）应急组织和人员的职责分工明确，并有具体的落实措施；5）有明确、具体的应急程序和处置措施，并与其应急能力相适应；6）有明确的应急保障措施，满足本地区、本部门、本单位的应急工作需要；7）应急预案基本要素齐全、完整，应急预案附件提供的信息准确；8）应急预案内容与相关应急预案相互衔接。

编制应急预案应当成立编制工作小组，由本单位有关负责人任组长，吸收与应急预案有关的职能部门和单位的人员，以及有现场处置经验的人员参加。

编制应急预案前，编制单位应当进行事故风险辨识、评估和应急资源调查。事故风险辨识、评估，是指针对不同事故种类及特点，识别存在的危险危害因素，分析事故可能产生的直接后果以及次生、衍生后果，评估各种后果的危害程度和影响范围，提出防范和控制事故风险措施的过程。应急资源调查，是指全面调查本地区、本单位第一时间可以调用的应急资源状况和合作区域内可以请求援助的应急资源状况，并结合事故风险辨识评估结论制定应急措施的过程。

2. 施工生产安全事故应急救援预案的评审和备案

生产经营单位的应急预案经评审或者论证后，由本单位主要负责人签署，向本单位从业人员公布，并及时发放到本单位有关部门、岗位和相关应急救援队伍。事故风险可能影响周边其他单位、人员的，生产经营单位应当将有关事故风险的性质、影响范围和应急防范措施告知周边的其他单位和人员。

易燃易爆物品、危险化学品等危险物品的生产、经营、储存、运输单位，矿山、金属冶炼、城市轨道交通运营、建筑施工单位，以及宾馆、商场、娱乐场所、旅游景区等人员密集场所经营单位，应当在应急预案公布之日起 20 个工作日内，按照分级属地原则，向县级以上人民政府应急管理部门和其他负有安全生产监督管理职责的部门进行备案，并依法向社会公布。前款所列单位属于中央企业的，其总部（上市公司）的应急预案，报国务院主管的负有安全生产监督管理职责的部门备案，并抄送应急管理部；其所属单位的应急预案报所在地的省、自治区、直辖市或者设区的市级人民政府主管的负有安全生产监督管理职责的部门备案，并抄送同级人民政府应急管理部门。

生产经营单位申报应急预案备案，应当提交下列材料：1）应急预案备案申报表；2）本办法第二十一条所列单位，应当提供应急预案评审意见；3）应急预案电子文档；4）风险评估结果和应急资源调查清单。

受理备案登记的负有安全生产监督管理职责的部门应当在 5 个工作日内对应急预案材料进行核对，材料齐全的，应当予以备案并出具应急预案备案登记表；材料不齐全的，不予备案并一次性告知需要补齐的材料。逾期不予备案又不说明理由的，视为已经备案。对于实行安全生产许可的生产经营单位，已经进行应急预案备案的，在申请安全生产许可证时，可以不提供相应的应急预案，仅提供应急预案备案登记表。

3. 施工生产安全事故应急救援预案的培训和演练

生产经营单位应当制定本单位的应急预案演练计划，根据本单位的事故风险特点，每年至少组织一次综合应急预案演练或者专项应急预案演练，每半年至少组织一次现场处置方案演练。易燃易爆物品、危险化学品等危险物品的生产、经营、储存、运输单位，矿山、金属冶炼、城市轨道交通运营、建筑施工单位以及宾馆、商场、娱乐场所、旅游景区等人员密集场所经营单位，应当至少每半年组织一次生产安全事故应急预案演练，并将演练情况报送所在地县级以上地方人民政府负有安全生产监督管理职责的部门。县级以上地方人民政府负有安全生产监督管理职责的部门应当对本行政区域内前款规定的重点生产经营单位的生产安全事故应急救援预案演练进行抽查；发现演练不符合要求的，应当责令限期改正。

应急预案演练结束后，应急预案演练组织单位应当对应急预案演练效果进行评估，撰写应急预案演练评估报告，分析存在的问题，并对应急预案提出修订意见。

4.4.3　施工生产安全事故报告及采取相应措施

《建筑法》规定，施工中发生事故时，建筑施工企业应当采取紧急措施减少人员伤亡和事故损失，并按照国家有关规定及时向有关部门报告。

《建设工程安全生产管理条例》进一步规定，施工单位发生生产安全事故，应当按照国家有关伤亡事故报告和调查处理的规定，及时、如实地向负责安全生产监督管理的部门、建设行政主管部门或者其他有关部门报告；特种设备发生事故的，还应当同时向特种设备安全监督管理部门报告。实行施工总承包的建设工程，由总承包单位负责上报事故。

1. 施工生产安全事故报告的基本要求

《安全生产法》规定，生产经营单位发生生产安全事故后，事故现场有关人员应当立即报告本单位负责人。单位负责人接到事故报告后，应当迅速采取有效措施，组织抢救，防止事故扩大，减少人员伤亡和财产损失，并按照国家有关规定立即如实报告当地负有安全生产监督管理职责的部门，不得隐瞒不报、谎报或者迟报，不得故意破坏事故现场、毁灭有关证据。

（1）事故报告的时间要求

《生产安全事故报告和调查处理条例》规定，事故发生后，事故现场有关人员应当立即向本单位负责人报告。单位负责人接到报告后，应当于 1 小时内向事故发生地县级以上人民政府安全生产监督管理部门和负有安全生产监督管理职责的有关部门报告。情况紧急时，事故现场有关人员可以直接向事故发生地县级以上人民政府安全生产监督管理部门和负有安全生产监督管理职责的有关部门报告。

所谓事故现场，是指事故具体发生地点及事故能够影响和波及的区域，以及该区域内的物品、痕迹等所处的状态。所谓有关人员，主要是指事故发生单位在事故现场的有关工作人员，可以是事故的负伤者，或者是在事故现场的其他工作人员。所谓立即报告，是指在事故发生后的第一时间用最快捷的报告方式进行报告。所谓单位负责人，可以是事故发生单位的主要负责人，也可以是事故发生单位主要负责人以外的其他分管安全生产工作的副职领导或其他负责人。

在一般情况下，事故现场有关人员应当先向本单位负责人报告事故。但是，事故是人命关天的大事，在情况紧急时允许事故现场有关人员直接向安全生产监督管理部门和负有安全生产监督管理职责的有关部门报告。事故报告应当及时、准确、完整。任何单位和个人对事故不得迟报、漏报、谎报或者瞒报。

（2）事故报告的内容要求

《生产安全事故报告和调查处理条例》规定，报告事故应当包括下列内容：1）事故发生单位概况；2）事故发生的时间、地点以及事故现场情况；3）事故的简要经过；4）事故已经造成或者可能造成的伤亡人数（包括下落不明的人数）和初步估计的直接经济损失；5）已经采取的措施；6）其他应当报告的情况。

事故发生单位概况，应当包括单位的全称、所处地理位置、所有制形式和隶属关系、生产经营范围和规模、持有各类证照情况、单位负责人基本情况以及近期生产经营状况等。该部分内容应以全面、简洁为原则。

报告事故发生的时间应当具体；报告事故发生的地点要准确，除事故发生的中心地点外，还应当报告事故所波及的区域；报告事故现场的情况应当全面，包括现场的总体情况、人员伤亡情况和设备设施的毁损情况，以及事故发生前后的现场情况，便于比较分析事故原因。

对于人员伤亡情况的报告，应遵守实事求是的原则，不作无根据的猜测，更不能隐瞒实际伤亡人数。对直接经济损失的初步估算，主要指事故所导致的建筑物毁损、生产设备和仪器仪表损坏等。

（3）事故补报的要求

《生产安全事故报告和调查处理条例》规定，事故报告后出现新情况的，应当及时补报。

自事故发生之日起 30 日内，事故造成的伤亡人数发生变化的，应当及时补报。道路交通事故、火灾事故自发生之日起 7 日，事故造成的伤亡人数发生变化的，应当及时补报。

2. 发生施工生产安全事故后应采取的相应措施

《安全生产法》规定，生产经营单位发生生产安全事故时，单位的主要负责人应当立即组织抢救，并不得在事故调查处理期间擅离职守。《建设工程安全生产管理条例》进一步规定，发生生产安全事故后，施工单位应当采取措施防止事故扩大，保护事故现场。需要移动现场物品时，应当做出标记和书面记录，妥善保管有关证物。

（1）组织应急抢救工作

《生产安全事故报告和调查处理条例》规定，事故发生单位负责人接到事故报告后，应当立即启动事故相应应急预案，或者采取有效措施，组织抢救，防止事故扩大，减少人员伤亡和财产损失。

（2）妥善保护事故现场

《生产安全事故报告和调查处理条例》规定，事故发生后，有关单位和人员应当妥善保护事故现场以及相关证据，任何单位和个人不得破坏事故现场、毁灭相关证据。因抢救人员、防止事故扩大以及疏通交通等原因，需要移动事故现场物件的，应当做出标志，绘制现场简图并做出书面记录，妥善保存现场重要痕迹、物证。

【案例 4-4】某住宅小区工地上，一载满作业工人的施工升降机在上升过程中突然失控冲顶，从 100m 高处坠落，造成施工升降机上的 9 名施工人员全部随机坠落而遇难的惨剧。

请问：

1. 本案中的事故应当定为何等级？

2. 在事故发生后，施工单位应当依法采取哪些措施？

案例4-4解析

3. 施工生产安全事故的调查

《安全生产法》规定，事故调查处理应当按照科学严谨、依法依规、实事求是、注重实效的原则，及时、准确地查清事故原因，查明事故性质和责任，总结事故教训，提出整改措施，并对事故责任者提出处理意见。事故调查报告应当依法及时向社会公布。

（1）事故调查的管辖

《生产安全事故报告和调查处理条例》规定，特别重大事故由国务院或者国务院授权有关部门组织事故调查组进行调查。

重大事故、较大事故、一般事故分别由事故发生地省级人民政府、设区的市级人民政府、县级人民政府负责调查。省级人民政府、设区的市级人民政府、县级人民政府可以直接组织事故调查组进行调查，也可以授权或者委托有关部门组织事故调查组进行调查。未造成人员伤亡的一般事故，县级人民政府也可以委托事故发生单位组织事故调查组进行调查。上级人民政府认为必要时，可以调查由下级人民政府负责调查的事故。

自事故发生之日起 30 日内（道路交通事故、火灾事故自发生之日起 7 日内），因事故伤亡人数变化导致事故等级发生变化，依照《生产安全事故报告和调查处理条例》规定应当由上级人民政府负责调查的，上级人民政府可以另行组织事故调查组进行调查。

特别重大事故以下等级事故，事故发生地与事故发生单位不在同一个县级以上行政区域的，由事故发生地人民政府负责调查，事故发生单位所在地人民政府应当派人参加。

（2）事故调查组的组成与职责

事故调查组的组成应当遵循精简、高效的原则。根据事故的具体情况，事故调查组由有关人民政府、安全生产监督管理部门、负有安全生产监督管理职责的有关部门、监察机关、公安机关以及工会派人组成，并应当邀请人民检察院派人参加。事故调查组可以聘请有关专家参与调查。

事故调查组成员应当具有事故调查所需要的知识和专长，并与所调查的事故没有直接利害关系。事故调查组组长由负责事故调查的人民政府指定。事故调查组组长主持事故调查组的工作。

事故调查组履行下列职责：1）查明事故发生的经过、原因、人员伤亡情况及直接经济损失；2）认定事故的性质和事故责任；3）提出对事故责任者的处理建议；4）总结事故教训，提出防范和整改措施；5）提交事故调查报告。

（3）事故调查组的权利与纪律

事故调查组有权向有关单位和个人了解与事故有关的情况，并要求其提供相关文件、资料，有关单位和个人不得拒绝。事故发生单位的负责人和有关人员在事故调查期间不得擅离职守，并应当随时接受事故调查组的询问，如实提供有关情况。事故调查中发现涉嫌犯罪的，事故调查组应当及时将有关材料或者其复印件移交司法机关处理。

事故调查中需要进行技术鉴定的，事故调查组应当委托具有国家规定资质的单位进行技术鉴定。必要时，事故调查组可以直接组织专家进行技术鉴定。技术鉴定所需时间不计入事故调查期限。

事故调查组成员在事故调查工作中应当诚信公正、恪尽职守，遵守事故调查组的纪律，保守事故调查的秘密。未经事故调查组组长允许，事故调查组成员不得擅自发布有关事故的信息。

（4）事故调查报告的期限与内容

事故调查组应当自事故发生之日起 60 日内提交事故调查报告；特殊情况下，经负责事故调查的人民政府批准，提交事故调查报告的期限可以适当延长，但延长的期限最长不超过 60 日。

事故调查报告应当包括下列内容：1）事故发生单位概况；2）事故发生经过和事故救援情况；3）事故造成的人员伤亡和直接经济损失；4）事故发生的原因和事故性质；5）事故责任的认定以及对事故责任者的处理建议；6）事故防范和整改措施。事故调查报告应当附具有关证据材料。事故调查组成员应当在事故调查报告上签名。

4. 施工生产安全事故的处理

（1）事故处理时限和落实批复

《生产安全事故报告和调查处理条例》规定，重大事故、较大事故、一般事故，负责事故调查的人民政府应当自收到事故调查报告之日起 15 日内做出批复；特别重大事故，30 日内做出批复，特殊情况下，批复时间可以适当延长，但延长的时间最长不超过 30 日。

有关机关应当按照人民政府的批复，依照法律、行政法规规定的权限和程序，对事故发生单位和有关人员进行行政处罚，对负有事故责任的国家工作人员进行处分。事故发生单位应当按照负责事故调查的人民政府的批复，对本单位负有事故责任的人员进行处理。负有事故责任的人员涉嫌犯罪的，依法追究刑事责任。

（2）事故发生单位的防范和整改措施

事故发生单位应当认真吸取事故教训，落实防范和整改措施，防止事故再次发生。防范和整改措施的落实情况应当接受工会和职工的监督。

安全生产监督管理部门和负有安全生产监督管理职责的有关部门应当对事故发生单位落实防范和整改措施的情况进行监督检查。

（3）处理结果的公布

事故处理的情况由负责事故调查的人民政府或者其授权的有关部门、机构向社会公布，依法应当保密的除外。

【案例 4-5】2012 年 10 月 25 日，某建筑公司承建的 A 市电视台演播中心裙楼工地发生一起施工安全事故。大演播厅舞台在浇筑顶部混凝土施工中，因模板支撑系统失稳导致屋盖坍塌，造成在现场施工的民工和电视台工作人员 6 人死亡，35 人受伤（其中重伤 11人），直接经济损失 70 余万元。

事故发生后，该建筑公司项目经理部向有关部门紧急报告事故情况。闻讯赶到的有关领导，指挥公安民警、武警战士和现场工人实施了紧急抢险工作，将伤者立即送往医院进行救治。

请问：

1. 本案中的施工安全事故应定为哪种等级的事故？
2. 事故发生后，施工单位应采取哪些措施？

施工安全事故应急救援与调查处理参见知识链接 4-2。

案例4-5解析

知识链接4-2 施工安全事故应急救援与调查处理

【任务 4.4 小结】

1. 掌握生产安全事故的等级划分标准。
2. 掌握施工生产安全事故应急准备与应急救援。
3. 掌握施工生产安全事故报告及采取相应措施。
4. 熟悉施工生产安全事故的调查程序。

班级：_____　　姓名：_____　　成绩：_____

【任务 4.4 习题】

一、单项选择题

1. 依据《生产安全事故报告和调查处理条例》的规定，造成 8 人死亡和直接经济损失 6000 万元的事故是（　　）。

　　A. 一般事故　　　　　　　　　　B. 较大事故

　　C. 重大事故　　　　　　　　　　D. 特别重大事故

2. 根据《生产安全事故报告和调查处理条例》的规定，下列情形中，属于一般事故的是（　　）。

　　A. 某企业发生生产设备事故，造成直接经济损失费 5000 万元

　　B. 某机械制造公司发生机械伤害事故，造成 3 名作业人员重伤

　　C. 某项目施工现场发生火灾，造成直接经济损失 2000 万元

　　D. 某企业发生事故，造成 3 人死亡

3. 根据《生产安全事故应急预案管理办法》的规定，生产经营单位风险种类多、可能发生多种类型事故的，应当组织编制（　　）。

　　A. 综合应急预案　　　　　　　　B. 专项应急预案

　　C. 现场处置方案　　　　　　　　D. 风险评估方案

4. 生产经营单位应当针对本单位可能发生的生产安全事故的特点和危害，进行风险辨识和评估，制定相应的生产安全事故应急救援预案，并向本单位从业人员公布。根据《生产安全事故应急预案管理办法》的规定，下列关于应急预案编制的说法，正确的是（　　）。

　　A. 对于危险性较大的重点岗位，应当制订专项应急预案

　　B. 对于危险性较大的某一类风险，应当制订现场处置方案

　　C. 编制的各类应急预案之间应当相互衔接，并与当地人民政府及相关部门、应急救援队伍和涉及的其他单位的应急预案相衔接

　　D. 应急预案编制完成后不需要组织专家评审和论证

5. 根据《生产安全事故应急预案管理办法》的规定，建筑施工单位应当在应急预案公布之日起（　　）个工作日内，按照分级属地原则，向县级以上人民政府应急管理部门和其他负有安全生产监督管理职责的部门进行备案，并依法向社会公布。

　　A. 15　　　　　　　　　　　　　B. 20

　　C. 30　　　　　　　　　　　　　D. 45

6. 某建筑施工单位制定了综合应急预案、专项应急预案和现场处置方案。根据《生产安全事故应急预案管理办法》的规定，该单位应当至少每（　　）个月组织一次生产安全事故应急预案演练，并将演练情况报送所在地县级以上地方人民政府负有安全生产监督管理职责的部门。

　　A. 12　　　　　　　　　　　　　B. 6

　　C. 3　　　　　　　　　　　　　D. 1

7. 依据《生产安全事故应急条例》的规定，下列单位中应当建立应急值班制度，配备应急值班人员的有（　　）。

A. 道路交通运营单位

B. 大型特种设备生产经营单位

C. 建筑施工单位

D. 宾馆、商场、娱乐场所、旅游景区等人员密集场所经营单位

8. 根据《生产安全事故报告和调查处理条例》的规定，生产安全事故造成的伤亡人数发生变化时，应当及时补报。补报的时限为自事故发生之日起（　　）日内。

A. 10   B. 20

C. 30   D. 60

9. 根据《生产安全事故报告和调查处理条例》的规定，事故造成的伤亡人数发生变化时，应当及时补报。其中道路交通事故、火灾事故补报的时限为自事故发生之日起（　　）日内。

A. 5   B. 7

C. 15   D. 30

10. 根据《生产安全事故报告和调查处理条例》规定，事故发生后，事故现场有关人员应当立即向本单位负责人报告。单位负责人接到报告后，应当于（　　）内向事故发生地县级以上人民政府安全生产监督管理部门和负有安全生产监督管理职责的有关部门报告。

A. 立即   B. 15 分钟

C. 1 小时   D. 2 小时

二、多项选择题

1. 某地甲乙丙丁戊五家企业发生了下列安全生产事故。依据的规定，其中属于较大事故的有（　　）。

A. 甲企业发生事故造成 5 人死亡，2000 万元直接经济损失

B. 乙企业发生事故造成 2 人死亡，11 人重伤

C. 丙企业发生事故造成 15 人急性工业中毒

D. 丁企业发生事故造成 5 人重伤，6000 万元直接经济损失

E. 戊企业发生事故造成 55 人重伤

2. 某日 9 时，某建设工地发生事故，现场安全员立即将事故情况向施工企业负责人报告，企业负责人立即组织人员前往现场营救。事故造成 7 人当场死亡，3 人受伤送医院治疗。次日 7 时施工企业负责人向当地县安全监管局报告事故情况，3 日后 1 人因救治无效死亡。依据《生产安全事故报告和调查处理条例》的规定，下列关于该起事故报告的说法中，正确的有（　　）。

A. 现场安全员只向企业负责人报告，未及时向当地安全监管局报告，属违法行为

B. 企业负责人在事故发生后 22 小时向当地安全监管局报告事故情况，属于迟报

C. 企业负责人还应该向建设主管部门报告

D. 因死亡人数增加 1 人，企业应及时向当地县安全监管局和建设主管部门补报

E. 当地县安全监管局应当向上一级安全生产监管部门报告

3. 根据《生产安全事故应急条例》的规定，下列情形中，生产安全事故应急救援预

案制定单位应当及时修订相关预案的有（　　）。

    A. 法定代表人及主要负责人发生重大变化

    B. 应急指挥机构及其职责发生调整

    C. 安全生产面临的事故风险发生重大变化

    D. 重要应急资源发生重大变化

    E. 在预案演练或者应急救援中发现需要修订预案的重大问题

    4. 根据《生产安全事故报告和调查处理条例》的规定，事故调查报告应包括的内容有（　　）。

    A. 事故发生单位概况

    B. 事故发生经过和事故救援情况

    C. 事故造成的人员伤亡和直接经济损失

    D. 事故发生的原因和事故性质

    E. 事故发生单位的经营状况

    5. 根据《生产安全事故报告和调查处理条例》的规定，事故调查组履行的职责有（　　）。

    A. 查明事故发生的经过、原因、人员伤亡情况及直接经济损失

    B. 认定事故的性质和事故责任

    C. 决定对事故责任者的处理决定

    D. 总结事故教训，提出防范和整改措施

    E. 提交事故调查报告

三、简答题

2019年12月，某公司因必要的安全投入不足导致生产安全事故，造成2人死亡、3人重伤。王某任该公司总经理，其2018年、2019年的年收入分别为200万元、300万元。请问：

    1. 根据《生产安全事故报告和调查处理条例》，该事故属于什么事故等级？

    2. 应急管理部门对王某处以罚款的金额应当为多少万元？

任务4.5　其他参建单位及监督主体的安全责任制度

《建设工程安全生产管理条例》规定，建设单位、勘察单位、设计单位、施工单位、工程监理单位及其他与建设工程安全生产有关的单位，必须遵守安全生产法律、法规的规定，保证建设工程安全生产，依法承担建设工程安全生产责任。

建设工程施工安全生产的主要责任单位是施工单位，但与施工活动密切相关的单位的活动也都影响着施工安全。因此，有必要对所有与建设工程施工活动有关的单位的安全责任作出明确规定。

课程思政：建设项目中的不同主体都有安全生产责任

大学生在学校不断学习与成长，得到与社会环境相适应的专业知识，磨炼自己的专业技能，以期奔赴工作岗位后将所学应用于实践，为社会主义建设添砖加瓦，而必备的法律素养，已成为现代公民特别是青年大学生立足社会的基本要件。

在建设项目中，安全风险无处不在，不管你是在政府职能部门，还是建设单位，施工单位、勘察、设计单位，还是监理单位，设备、材料供应等单位工作，都应遵守安全生产的各项法律、法规、规章制度，增强安全意识，知法守法，依法开展工作，才能保证建设项目的安全实施、顺利竣工。

4.5.1　建设单位的安全生产责任

建设单位是建设工程项目的投资主体或管理主体，在整个工程建设中居于主导地位。《建设工程安全生产管理条例》中明确规定，建设单位必须遵守安全生产法律、法规的规定，保证建设工程安全生产，依法承担建设工程安全生产责任。

1. 依法办理有关批准手续

《建筑法》规定，有下列情形之一的，建设单位应当按照国家有关规定办理申请批准手续：

1）需要临时占用规划批准范围以外场地的；

2）可能损坏道路，管线、电力、邮电通信等公共设施的；

3）需要临时停水、停电、中断道路交通的；

4）需要进行爆破作业的；

5）法律、法规规定需要办理报批手续的其他情形。

2. 向施工单位提供真实，准确和完善的有关资料

《建筑法》规定，建设单位应当向建筑施工企业提供与施工现场相关的底线管线资料，建筑施工企业应当采取措施加以保护。

《建设工程安全生产管理条例》进一步规定，建设单位应当向施工企业提供施工现场及毗邻区域的供水、排水、供电、供热、通信、广播电视等地下管线，气象和水文观测等资料，相邻建筑物和构筑物、地下工程的有关资料，并保证资料的真实、准确、完整。

在建设工程施工前，施工单位须搞清楚施工现场及毗邻区域内地下管线，以及相邻建筑物、构筑物和地下工程的有关资料，否则很有可能会因施工而对其造成破坏，不仅导致人员伤亡和经济损失，还将影响周边地区单位和居民的工作与生活。同时，建设工程的施

工周期往往比较长，又多是露天作业，受气候条件的影响较大，建设单位还应当提供有关气象和水文观测资料。建设单位须保证所提供资料的真实、准确，并能满足施工安全作业的需要。

3. 不得提出违法要求和随意压缩合同工期

《建设工程安全生产管理条例》规定，建设单位不得对勘察、设计、施工、工程监理等单位提出不符合建设工程安全生产法律、法规和强制性标准规定的要求，不得压缩合同约定的工期。

合同约定的工期是建设单位与施工单位在工期定额的基础上，根据施工条件、技术水平等，经过双方平等协商而共同约定的工期。建设单位不能片面地为了早日发挥建设项目的效益，迫使施工单位大量增加人力、物力投入，或者是简化施工程序，随意压缩合同约定的工期。应该讲，任何违背科学和客观规律的行为，都是施工生产安全事故隐患，都有可能导致施工生产安全事故的发生。当然，在符合有关法律、法规和强制性标准的规定，并编制了赶工技术措施等前提下，建设单位与施工单位就提前工期的技术措施费和提前工期奖励等协商一致后，是可以对合同工期进行适当调整的。

4. 编制工程概算时应当确定建设工程安全费用

《建设工程安全生产管理条例》规定，建设单位在编制工程概算时，应当确定建设工程安全作业环境及安全施工措施所需费用。

工程概算是指在初步设计阶段，根据初步设计图纸、概算定额或概算指标、费用定额及其他有关文件，概略计算的拟建工程费用。在建设单位在编制工程概算时，就应当合理确定保障建设工程施工安全所需的费用，并依法足额向施工单位提供。

5. 不得要求购买、租赁和使用不符合安全施工要求的用具设备等

《建设工程安全生产管理条例》规定，建设单位不得明示或者暗示施工单位购买、租赁、使用不符合安全施工要求的安全防护用具、机械设备、施工机具及配件、消防设施和器材。

由于建设工程的投资、投资效益以及工程质量后果等都由建设单位承担或最终承担，所以建设单位对工程建设的各个环节都非常关心，包括对材料设备的采购、租赁等，建设单位或多或少都要对施工单位产生影响。这就要求建设单位与施工单位在合同中应当明确约定双方的权利义务，包括采用哪种供货方式等。无论施工单位购买、租赁还是使用有关安全生产的材料设备，建设单位都不得采用明示或者暗示的手段对施工单位施工影响，提出不符合安全施工条件的要求。

6. 申领施工许可证时应当提供有关安全施工措施的资料

《建设工程安全生产管理条例》规定，建设单位在申请领取施工许可证时，应当提供建设工程有关安全施工措施的资料，依法批准开工报告的建设工程，建设单位应当自开工报告批准之日起15日内，将保证安全施工的措施报送建设工程所在地的县级以上人民政府建设行政主管部门或者其他有关部门备案。

7. 依法实施装修工程和拆除工程

《建筑法》规定，涉及建筑主体和承重结构变动的装修工程，建设单位应当在施工前委托原设计单位或者具有相应资质条件的设计单位提出设计方案；没有设计方案的不得施工。《建筑法》还规定，房屋拆除应当由具备保证安全条件的建筑施工单位承担。

《建设工程安全生产管理条例》进一步规定，建设单位应当将拆除工程发包给具有相

应资质等级的施工单位。建设单位应当在拆除工程施工 15 日前，将下列资料报送建设工程所在地的县级以上地方人民政府建设行政主管部门或者其他有关部门备案：

（1）施工单位资质等级证明；

（2）拆除建筑物、构筑物及可能危及毗邻建筑的说明；

（3）拆除施工组织方案；

（4）堆放、清除废弃物的措施。

实施爆破作业时，应当遵守国家有关民用爆破物品管理的规定。

8. 建设单位违法行为应承担的法律责任

《建设工程安全生产管理条例》规定，建设单位未提供建设工程安全生产作业环境及安全施工措施所需费用的，责令限期改正；逾期未改正的，责令该建设工程停止施工。

建设单位未将保证安全施工的措施或者拆除工程的有关资料报送有关部门备案的，责令限期改正，给予警告。

建设单位有下列行为之一的，责令限期改正，处 20 万元以上 50 万元以下的罚款；造成重大安全事故，构成犯罪的，对直接责任人员依照刑法有关规定追究刑事责任；造成损失的，依法承担赔偿责任：1）对勘察、设计、施工、工程监理等单位提出不符合安全生产法律、法规和强制性标准规定的要求的；2）要求施工单位压缩合同约定的工期的；3）将拆除工程发包给不具有相应资质等级的施工单位的。

【案例 4-6】某县招待所决定对 2 层砖混结构住宿楼进行局部拆除改建和重新装修，并将拆改和装修工程包给一无资质的劳务队。该工程未经有资质的单位设计，也没有办理相关手续，仅由劳务队队长口述了自己的施工方案，便开始组织施工，该劳务队队长在现场指挥 4 人在二层干活，安排 2 人在一层干活。当 1 名工人在修凿砖柱（剩余墙体）时，突然发生坍塌，导致屋面梁和整个屋面板全部倒塌，施工人员被埋压。

请问：

1. 本案中建设单位有何违法行为？

2. 建设单位应当承担哪些法律责任？

案例4-6解析

4.5.2　勘察、设计单位的安全责任

1. 勘察单位的安全责任

《建设工程安全生产管理条例》规定，勘察单位应当按照法律、法规和工程建设强制性标准进行勘察，提供的勘察文件应当真实、准确，满足建设工程安全生产的需要。勘察单位在勘察作业时，应当严格执行操作规程，采取措施保证各类管线、设施和周边建筑物、构筑物的安全。

（1）勘察单位的注册资本、专业技术人员、技术装备和业绩应当符合规定，取得相应等级资质证书后，在许可范围内从事勘察活动。

（2）勘察必须满足工程建设强制性标准的要求。只有满足工程强制性标准，才能满足工程对安全、质量、卫生、环保等多方面的要求。因此，必须严格执行。如房屋建筑部分的工程建设强制性标准主要由建筑设计、建筑防火、建筑设备、勘察和地质基础、结构设计、房屋抗震设计、结构鉴定和加固、施工质量和安全等八个方面的相关标准组成。

（3）勘察单位提供的勘察文件应当真实、准确，满足安全生产的要求。

（4）勘察单位应当严格遵守、执行操作规程，采取措施保证各类管线和周边建

筑物、构筑物的安全。勘察单位应当按照国家有关规定，制定勘察操作规程和勘察钻机、经纬仪等设备和检测仪器的安全操作规程，并严格遵守，防止生产安全事故的发生。

2. 设计单位的安全责任

在建设工程项目确定后，工程设计是工程建设中最重要、最关键的环节，对安全施工有着重要影响。

（1）按照法律、法规和工程建设强制性标准进行设计。设计单位必须取得相应的等级资质证书，在许可范围内承揽工程，《建设工程安全生产管理条例》规定，设计单位应当按照法律、法规和工程建设强制性标准进行设计，防止因设计不合理导致生产安全事故的发生。

（2）提出防范生产安全事故的指导意见和措施建议

设计单位的工程设计文件对保证建设工程结构安全至关重要。同时，设计单位在编制设计文件时，还应当结合建设工程的具体特点和实际情况，考虑施工安全作业和安全防护的需要，为施工单位制定安全防护措施提供技术保障。特别是对采用新结构、新材料、新工艺的建设工程和特殊结构的建设工程，设计单位应当在设计中提出保障施工作业人员安全和预防生产安全事故的措施建议。在施工单位作业前，设计单位还应当就设计意图、设计文件向施工单位做出说明和技术交底，并对防范生产安全事故提出指导意见。

（3）对设计成果承担责任

《建设工程安全生产管理条例》规定，设计单位和注册建筑师等注册执业人员应当对其设计负责。

"谁设计，谁负责"是国际通行做法。如果由于设计责任造成事故，设计单位要承担法律责任，还要对造成的损失进行赔偿。建筑师、结构工程师等注册执业人员应当在设计文件上签字盖章，对设计文件负责，也要承担相应的法律责任。

3. 勘察、设计单位应承担的法律责任

《建设工程安全生产管理条例》规定，勘察单位、设计单位有下列行为之一的，责令限期改正，处10万元以上30万元以下的罚款；情节严重的，责令停业整顿，降低资质等级，直至吊销资质证书；造成重大安全事故，构成犯罪的，对直接责任人员，依照刑法有关规定追究刑事责任；造成损失的，依法承担赔偿责任：1）未按照法律、法规和工程建设强制性标准进行勘察、设计的；2）采用新结构、新材料、新工艺的建设工程和特殊结构的建设工程，设计单位未在设计中提出保障施工作业人员安全和预防生产安全事故的措施建议的。

注册执业人员未执行法律、法规和工程建设强制性标准的，责令停止执业3个月以上1年以下；情节严重的，吊销执业资格证书，5年内不予注册；造成重大安全事故的，终身不予注册；构成犯罪的，依照刑法有关规定追究刑事责任。

4.5.3 工程监理的安全责任

（1）对安全技术措施和专项施工方案进行审查

《建设工程安全生产管理条例》规定，工程监理单位应当审查施工组织设计中的安全技术措施或者专项施工方案是否符合工程建设强制性标准。

施工组织设计中应当包含安全技术措施和施工现场临时用电方案，对基坑支护与降水工程，土方开挖工程，模板工程，起重吊装工程，脚手架工程，拆除、爆破工程等达到一定规模的危险性较大的分部分项工程，还应当编制专项施工方案。工程监理单位要对这些安全技术措施和专项施工方案进行审查，审查的重点在是否符合工程建设强制性标准；对于达不到强制性标准的，应当要求施工单位进行补充完善。

（2）依法对施工安全事故隐患进行处理

《建设工程安全生产管理条例》规定，工程监理单位在实施监理过程中，发现存在安全事故隐患的，应当要求施工单位整改；情节严重的，应当要求施工单位暂时停止施工，并及时报告建设单位。事故单位拒不整改或者不停止施工的，工程监理单位应当及时向有关主管部门报告。

（3）对建设工程安全生产承担监理责任

《建设工程安全生产管理条例》规定，工程监理单位和监理工程师应当按照法律、法规和工程建设强制性实施监理，并对建设工程安全生产承担监理责任。

工程监理单位有下列行为之一的，责令限期改正；逾期未改正的，责令停业整顿，并处10万元以上30万元以下的罚款；情节严重的，降低资质等级，直至吊销资质证书；造成重大安全事故，构成犯罪的，对直接责任人员，依照《刑法》有关规定追究刑事责任；造成损失的，依法承担赔偿责任：1）未对施工组织设计中的安全技术措施或者专项施工方案进行审查的；2）发现安全事故隐患未及时要求施工单位整改或者暂时停止施工的；3）施工单位拒不整改或者不停止施工，未及时向有关主管部门报告的；4）未依照法律、法规和工程建设强制性标准实施监理的。

4.5.4　政府职能部门安全监督管理的相关规定

1. 建设工程安全生产的监督管理体制

《安全生产法》规定，国务院安全生产监督管理部门依照本法，对全国安全生产工作实施综合监督管理；县级以上地方各级人民政府安全生产监督管理部门依照本法，对本行政区域内安全生产工作实施综合监督管理。国务院有关部门依照本法和其他有关法律、行政法规的规定，在各自的职责范围内对有关行业、领域的安全生产工作实施监督管理；县级以上地方各级人民政府有关部门依照本法和其他有关法律、法规的规定，在各自的职责范围内对有关行业、领域的安全生产工作实施监督管理。

安全生产监督管理部门和对有关行业、领域的安全生产工作实施监督管理的部门，统称负有安全生产监督管理职责的部门。

《建设工程安全生产管理条例》进一步规定，国务院负责安全生产监督管理的部门依照《中华人民共和国安全生产法》的规定，对全国安全生产工作实施综合监督管理。县级以上地方各级人民政府负责安全生产监督管理的部门，依照《中华人民共和国安全生产法》的规定，对本行政区域内安全生产工作实施综合监督管理。

国务院建设行政主管部门对全国的建设工程安全生产实施监督管理。国务院铁路、交通、水利等有关部门按照国务院规定的职责分工，负责有关专业建设工程安全生产的监督管理。县级以上地方人民政府建设行政主管部门对本行政区域内的建设工程安全生产实施监督管理。县级以上地方人民政府交通、水利等有关部门在各自的职责范围内，负责本行政区域内的专业建设工程安全生产的监督管理。

建设行政主管部门或者其他有关部门可以将施工现场的监督检查委托给建设工程安全监督机构具体实施。

建设行政主管部门或者其他有关部门对建设工程是否有安全施工措施进行审查时，不得收取费用。

2. 政府主管部门实施安全生产行政执法工作的法定职权

《建设工程安全生产管理条例》规定，县级以上人民政府负有建设工程安全生产监督管理职责的部门在各自的职责范围内履行安全监督检查职责时，有权采取下列措施：1）要求被检查单位提供有关建设工程安全生产的文件和资料；2）进入被检查单位施工现场进行检查；3）纠正施工中违反安全生产要求的行为；4）对检查中发现的安全事故隐患，责令立即排除，重大安全事故隐患排除前或者排除过程中无法保证安全的，责令从危险区域内撤出作业人员或者暂时停止施工。

负有安全生产监督管理职责的部门依法对存在重大事故隐患的生产经营单位作出停产停业、停止施工、停止使用相关设施或者设备的决定，生产经营单位应当依法执行，及时消除事故隐患。生产经营单位拒不执行，有发生生产安全事故的现实危险的，在保证安全的前提下，经本部门主要负责人批准，负有安全生产监督管理职责的部门可以采取通知有关单位停止供电、停止供应民用爆炸物品等措施，强制生产经营单位履行决定。通知应当采用书面形式，有关单位应当予以配合。负有安全生产监督管理职责的部门依照规定采取停止供电措施，除有危及生产安全的紧急情形外，应当提前二十四小时通知生产经营单位。生产经营单位依法履行行政决定、采取相应措施消除事故隐患的，负有安全生产监督管理职责的部门应当及时解除前款规定的措施。

3. 组织制定特大事故应急救援预案和重大生产安全事故抢救

《安全生产法》规定，县级以上地方各级人民政府应当组织有关部门制定本行政区域内特大生产安全事故应急救援预案，建立应急救援体系。有关地方人民政府和负有安全生产监督管理职责的部门负责人接到重大生产安全事故报告后，应当立即赶到事故现场，组织事故抢救。

4. 建立安全生产的举报制度、相关信息系统和淘汰严重危及施工安全的工艺设备材料

《安全生产法》规定，负有安全生产监督管理职责的部门应当建立举报制度，公开举报电话、信箱或者电子邮件地址，受理有关安全生产的举报；受理的举报事项经调查核实后，应当形成书面材料；需要落实整改措施的，报经有关负责人签字并督促落实。任何单位或者个人对事故隐患或者安全生产违法行为，均有权向负有安全生产监督管理职责的部门报告或者举报。

《建设工程安全生产管理条例》规定，国家对严重危及施工安全的工艺、设备、材料实行淘汰制度。具体目录由国务院建设行政主管部门会同国务院其他有关部门制定并公布。

县级以上人民政府建设行政主管部门和其他有关部门应当及时受理对建设工程生产安全事故及安全事故隐患的检举、控告和投诉。

【任务 4.5 小结】

1. 掌握建设单位的安全生产责任；
2. 掌握勘察、设计单位的安全责任；
3. 掌握工程监理的安全责任；
4. 熟悉政府职能部门安全监督管理的相关规定。

班级：_____　　姓名：_____　　成绩：_____

【任务 4.5 习题】

一、单项选择题

1. 根据《建设工程安全生产管理条例》的规定，建设工程安全作业环境及安全施工措施所需费用，应由（　　）承担。

A. 设计单位 　　　　　　　　　　　B. 建设单位

C. 施工单位 　　　　　　　　　　　D. 监理单位

2. 根据《建设工程安全生产管理条例》的规定，依法批准开工报告的建设工程，建设单位应当自开工报告批准之日起（　　）日内，将保证安全施工的措施报送建设工程所在地的县级以上人民政府建设行政主管部门或者其他有关部门备案。

A. 15 　　　　　　　　　　　　　　B. 30

C. 45 　　　　　　　　　　　　　　D. 60

3.《建设工程安全生产管理条例》规定了建筑施工工期，建设单位工期按照要求，应该做到（　　）。

A. 可以压缩合同工期 　　　　　　　B. 不得压缩合同工期

C. 可以适当地压缩合同工期 　　　　D. 压缩工期最多不超过 10 天

4. 依据《建设工程安全生产管理条例》的规定，建设单位应当将拆除工程施工 15 日前，将（　　）等资料报送建设工程所在地的县级以上地方人民政府建设行政主管部门或者其他有关部门备案。

A. 施工单位资质等级证明

B. 拟进入现场使用的起重机械设备（塔式起重机、物料提升机、外用电梯）的型号、数量

C. 项目负责人、安全管理人员和特种作业人员持证上岗情况

D. 建设单位安全监督人员和工程监督人员的花名册

5. 某施工单位在开挖基坑时因无地下管线资料，不慎挖断天然气管道，导致天然气泄漏并发生爆炸，造成人员伤亡和财产损失。依据《建设工程安全生产管理条例》，施工现场及毗邻区域内的管线资料应由（　　）提供给施工单位。

A. 工程建设单位 　　　　　　　　　B. 工程勘察单位

C. 工程设计单位 　　　　　　　　　D. 工程监理单位

6. 根据《建设工程安全生产管理条例》的规定，施工组织设计中的安全技术措施或者专项施工方案是否符合工程建设强制性标准，负责符合性审查的单位是（　　）。

A. 建设单位 　　　　　　　　　　　B. 设计单位

C. 监理单位 　　　　　　　　　　　D. 施工单位

7. 根据《建设工程安全生产管理条例》的规定，建设行政主管部门在审核发放施工许可证时，应当对建设工程是否有（　　）进行审查，否则不得颁发施工许可证。

A. 环境保护措施 　　　　　　　　　B. 应急救援措施

C. 职业病防治措施 　　　　　　　　D. 安全施工措施

8. 勘察单位、设计单位注册执业人员未执行法律、法规和工程建设强制性标准的，责令停止执业 3 个月以上 1 年以下；情节严重的，吊销执业资格证书，（   ）年内不予注册；造成重大安全事故的，终身不予注册；构成犯罪的，依照《刑法》有关规定追究刑事责任。

A. 1   B. 2

C. 3   D. 5

9. 建设单位是建设工程的投资主体，在建筑活动中居于主导地位。依据《建设工程安全生产管理条例》的规定，下列关于建设单位安全责任的说话，正确的是（   ）。

A. 建设单位可以根据市场需求压缩合同约定的工期

B. 建设单位应当自开工报告批准之日起 10 日内，将保证安全施工的措施报送所在地建设行政主管部门或有关部门备案

C. 建设单位应当在拆除工程施工 10 日前，将有关资料报送所在地建设行政主管部门或有关部门备案

D. 建设单位应当根据工程需要向施工企业提供施工现场相邻建筑物的相关资料

10. 依据《建设工程安全生产管理条例》的规定，下列关于建设工程相关单位安全责任的说法，正确的是（   ）。

A. 建设工程的合理工期应由施工单位和监理单位双方协商一致确定

B. 建设单位在编制工程概算时，应当确定建设工程的安全作业环境和安全施工所需费用

C. 工程设计单位向施工单位提供施工现场内供水、排水、供电、通信等地下管线资料

D. 建设单位应当在开工报告批准之日起 30 日内，将安全施工保证措施报送有关主管部门备案

二、多项选择题

1. 根据《建设工程安全生产管理条例》规定，县级以上人民政府负有建设工程安全生产监督管理职责的部门，在各自的职责范围内履行安全监督检查职责时，有权采取的措施有（   ）。

A. 要求提供有关建设工程安全生产的文件和资料

B. 进入施工现场进行检查

C. 没收存在隐患的设备

D. 检查中一经发现事故隐患，责令立即停止施工

E. 纠正施工中违反安全生产要求的行为

2. 根据《建设工程安全生产管理条例》规定，建设单位的主要安全责任包括（   ）。

A. 压缩合同约定的工期要征得设计单位的同意

B. 在编制工程概算时，应当确定建设工程安全作业环境及安全施工措施所需费用

C. 建设单位向施工单位提供真实、准确、完整的地下管线及其相关资料

D. 申请领取施工许可证时应提供建设工程有关安全施工措施的资料

E. 将拆除工程发包给具有相应资质等级的施工单位

3. 根据《建设工程安全生产管理条例》规定，勘察单位的主要安全责任有（   ）。

    A. 应按规定进行勘察，提供真实的勘察文件

    B. 应按规定进行勘察，提供准确的勘察文件

    C. 严格执行操作规程，采取措施保证各类管线、设施的安全

    D. 严格执行操作规程，采取措施保证周边建筑物、构筑物的安全

    E. 发现问题，应当要求施工单位整改或暂时停止施工，并及时报告建设单位

    4. 根据《建设工程安全生产管理条例》规定，工程监理单位的主要安全责任有(　　)。

    A. 审查安全技术措施是否符合工程建设强制性标准

    B. 如发现问题应要求施工单位整改或暂时停止施工

    C. 按法律、法规和工程建设强制性标准实施监理

    D. 对建设工程安全生产承担管理责任

    E. 负责建设工程安全许可证的申报

    5. 根据《建筑法》，建设单位在申请领取施工许可证应当具备的条件有(　　)。

    A. 已办理建筑工程用地审批手续

    B. 需要拆迁的，拆迁工作已经完成

    C. 已确定工程监理单位

    D. 建设资金全部到位

    E. 有保证工程质量和安全的具体措施

三、简答题

    某酒店公司决定对本酒店大楼进行拆改和重新装修。为了节省费用和赶在国庆节前重新开业，酒店公司在未办理施工备案手续的情况下，将酒店的门窗及内外装饰物拆除工程发包给包工头张某施工，2016 年 4 月 2 日酒店公司与张某签订了拆除合同，约定合同总价 200 万元。当年 4 月 2 日开工至同年 5 月 2 日完工。4 月 10 日下午 5 点左右，张某在现场指挥 4 名工人拆除 4 层户外铝合金玻璃窗户时，玻璃窗扇不慎掉下，将 1 名正在进行地面清扫的工人砸成重伤，区建委接到事故报案后，立即组织对伤员进行医疗救治，同时展开事故调查。

    请问：本案中建设单位有何违法行为？应承担哪些法律责任？

学习情境 5　建设工程质量法律制度与实务

知识点

1. 了解工程建设标准的分类；
2. 掌握工程建设强制性标准、推荐性标准；
3. 掌握施工单位的质量责任与义务的相关规定；
4. 熟悉其他单位的质量责任与义务的相关规定；
5. 掌握工程竣工验收的主体和法定条件；
6. 掌握工程竣工验收程序；
7. 掌握竣工验收备案、档案移交的相关规定；
8. 熟悉规划、消防、节能、环保验收的相关规定；
9. 掌握竣工结算、质量争议处理办法；
10. 掌握质量保修书和最低保修期限的相关规定；
11. 掌握缺陷责任期的相关规定；
12. 掌握工程质量保证金的相关规定。

能力点

1. 能正确选择工程建设标准，自觉遵守工程建设强制性标准；
2. 能区分清楚各参建单位的质量责任与义务，对工程实际案例进行合理分析；
3. 能在实际工作中参与建设工程竣工验收；
4. 能运用建设工程质量法律法规正确处理建设工程结算、质量争议；
5. 能做好工程质量保修的工作。

思维导图

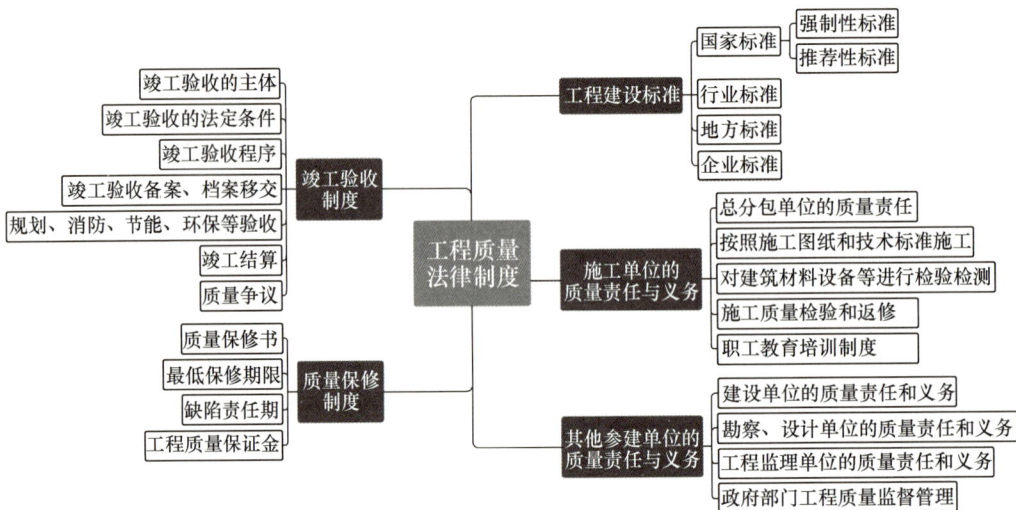

课程思政：遵守规则做合格大学生

施工质量不管在什么时候都是重中之重，这涉及企业的信誉问题、企业生产的安全问题等。为了保证施工质量，要认真执行建设工程施工质量规范、标准（包括强制性标准）的相关规定。纪律和规则是我们平时学习和生活中不可缺少的。很多事实都能说明这个道理，比如买票要排队，走在马路上要遵守交通规则，甚至我们平时的一举一动都受到一定的要求和约束，否则任何事情都毫无秩序可言。而我们作为在校大学生，处在向社会过渡的时期，更是要用纪律和规则来严格要求自己。

任务5.1 工程建设标准

2017年11月4日，第十二届全国人民代表大会常务委员会第三十次会议修订的《中华人民共和国标准化法》（以下简称《标准化法》）第二条规定，本法所称标准（含标准样品），是指农业、工业、服务业以及社会事业等领域需要统一的技术要求。

标准包括国家标准、行业标准、地方标准和团体标准、企业标准。国家标准分为强制性标准、推荐性标准，行业标准、地方标准是推荐性标准。

强制性标准必须执行。国家鼓励采用推荐性标准。

1990年4月6日起实施的《中华人民共和国标准化法实施条例》规定，对建设工程的勘察、设计、施工、验收的技术要求和方法；有关工业生产、工程建设和环境保护的技术术语、符号、代号、制图方法、互换配合要求，应当制定标准。

【案例5-1】违反工程强制性标准应承担的违约责任

原告鹏盛公司与被告福士达茶业发展有限公司建设工程施工合同纠纷一案。

经福士达公司申请，杭州市建筑工程质量检测中心有限公司（以下简称质量检测中心）出具的《司法鉴定意见书》鉴定意见为：①A1、A2 区块工程地下室地坪存在大量开裂及局部起砂现象，不符合《建筑地面工程施工质量验收规范》GB 50209—2010 的要求。地坪开裂的主要原因是施工单位未严格按照设计图纸施工，地坪构造措施不当而导致。②A1、A2 区块工程地下室底板、顶板、外墙的裂缝和渗水点分布范围较广且渗水较严重，其缺陷不符合《地下防水工程质量验收规范》GB 50208—2011 及《混凝土结构工程施工质量验收规范》GB 50204—2015 的规定。③A1、A2 区块工程各栋楼屋面檐沟构造施工做法不符合设计要求，主要原因是未按设计图纸施工导致。④A2 区块工程 21 号楼交易区与会展中心、物流区连廊断裂、牛腿混凝土开裂，原因是施工不符合设计要求，同时设计不符合规范要求。⑤A2 区块工程 21 号楼、22 号楼外墙存在开裂渗水情况，主要原因是外墙保温做法不符合设计要求。⑥市政景观工程三个水池存在不同程度的漏水情况，1 号楼西北角及 15 号楼北侧的管道底部及管道周围填筑未按设计要求施工。⑦16 号楼、22 号楼屋面构造层发生滑移，滑移的主要原因是构造层未能按照图集要求与结构层进行有效连接，以及建筑设计图纸中未注明应参考图集 09J202-1《坡屋面建筑构造（一）》K2-K21 做法，构造层起拱及刚性保护层开裂原因是施工未按设计要求留设分仓缝。

请问：维修责任应由哪家单位承担？

5.1.1 工程建设标准的分类

案例5-1解析

1. 工程建设国家标准

工程建设国家标准分为强制性标准和推荐性标准。

（1）工程建设国家标准的类型

《标准化法》第十条规定，对保障人身健康和生命财产安全、国家安全、生态环境安全以及满足经济社会管理基本需要的技术要求，应当制定强制性国家标准。

国务院有关行政主管部门依据职责负责强制性国家标准的项目提出、组织起草、征求意见和技术审查。国务院标准化行政主管部门负责强制性国家标准的立项、编号和对外通报。国务院标准化行政主管部门应当对拟制定的强制性国家标准是否符合前款规定进行立项审查，对符合前款规定的予以立项。强制性国家标准由国务院批准发布或者授权批准发布。

《标准化法》第十一条规定，对满足基础通用、与强制性国家标准配套、对各有关行业起引领作用等需要的技术要求，可以制定推荐性国家标准。推荐性国家标准由国务院标准化行政主管部门制定。

《工程建设国家标准管理办法》（1992 年 12 月 30 日原建设部令第 24 号实施）第二条规定，对需要在全国范围内统一的下列技术要求，应当制定国家标准：①工程建设勘察、规划、设计、施工（包括安装）及验收等通用的质量要求；②工程建设通用的有关安全、卫生和环境保护的技术要求；③工程建设通用的术语、符号、代号、量与单位、建筑模数和制图方法；④工程建设通用的试验、检验和评定等方法；⑤工程建设通用的信息技术要求；⑥国家需要控制的其他工程建设通用的技术要求。法律另有规定的，依照法律的规定执行。

《工程建设国家标准管理办法》第三条规定下列标准属于强制性标准：①工程建设勘察、规划、设计、施工（包括安装）及验收等通用的综合标准和重要的通用的质量标准；

②工程建设通用的有关安全、卫生和环境保护的标准；③工程建设重要的通用的术语、符号、代号、量与单位、建筑模数和制图方法标准；④工程建设重要的通用的试验、检验和评定方法等标准；⑤工程建设重要的通用的信息技术标准；⑥国家需要控制的其他工程建设通用的标准。强制性标准以外的标准是推荐性标准。

（2）工程建设国家标准的制订

《工程建设国家标准管理办法》第二十三条规定，制定国家标准的工作程序按准备、征求意见、送审和报批四个阶段进行。

《工程建设国家标准管理办法》第十六条～第二十二条规定：

1）制订国家标准必须贯彻执行国家的有关法律、法规和方针、政策，密切结合自然条件，合理利用资源，充分考虑使用和维修的要求，做到安全适用、技术先进、经济合理。

2）制订国家标准，对需要进行科学试验或测试验证的项目，应当纳入各级主管部门的科研计划，认真组织实施，写出成果报告。凡经过行政主管部门或受委托单位鉴定，技术上成熟，经济上合理的项目应当纳入标准。

3）制订国家标准应当积极采用新技术、新工艺、新设备、新材料。纳入标准的新技术、新工艺、新设备、新材料，应当经有关主管部门或受委托单位鉴定，有完整的技术文件，且经实践检验行之有效。

4）制订国家标准要积极采用国际标准和国外先进标准，凡经过认真分析论证或测试验证，并且符合我国国情的，应当纳入国家标准。

5）制订国家标准，其条文规定应当严谨明确，文句简练，不得模棱两可；其内容深度、术语、符号、计量单位等应当前后一致，不得矛盾。

6）制订国家标准必须做好与现行相关标准之间的协调工作。对需要与现行工程建设国家标准协调的，应当遵守现行工程建设国家标准的规定；确有充分依据对其内容进行更改的，必须经过国务院工程建设行政主管部门审批，方可另行规定。凡属于产品标准方面的内容，不得在工程建设国家标准中加以规定。

7）制订国家标准必须充分发扬民主。对国家标准中有关政策性问题，应当认真研究、充分讨论、统一认识；对有争论的技术性问题，应当在调查研究、试验验证或专题讨论的基础上，经过充分协商，恰如其分地做出结论。

（3）工程建设国家标准的审批发布

国家标准由国务院工程建设行政主管部门审查批准，由国务院标准化行政主管部门统一编号，由国务院标准化行政主管部门和国务院工程建设行政主管部门联合发布。

《工程建设国家标准管理办法》第二十九条规定，工程建设国家标准的编号由国家标准代号、发布标准的顺序号和发布标准的年号组成。并应当符合下列统一格式：

1）强制性国家标准的编号为：

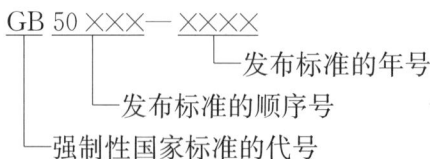

GB 50×××—××××
　　　　　　└── 发布标准的年号
　　　└── 发布标准的顺序号
　└── 强制性国家标准的代号

2）推荐性国家标准编号为：

GB/T 50×××—××××
└─ 发布标准的年号
└─ 发布标准的顺序号
└─ 推荐性国家标准的代号

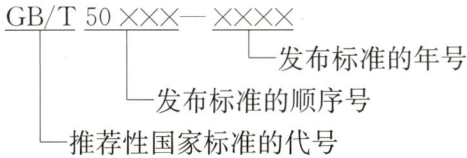

例如：《建筑地基基础工程施工质量验收标准》GB 50202—2018，其中 GB 表示为强制性国家标准，50202 表示标准发布顺序号，2018 表示是 2018 年批准发布的；《建筑工程施工质量评价标准》GB/T 50375—2016，其中 GB/T 表示为推荐性国家标准，50375 表示标准发布顺序号，2016 表示是 2016 年批准发布的。

2. 工程建设行业标准

《标准化法》第十二条规定，对没有推荐性国家标准、需要在全国某个行业范围内统一的技术要求，可以制定行业标准。行业标准由国务院有关行政主管部门制定，报国务院标准化行政主管部门备案。

行业标准不得与国家标准相抵触。行业标准的某些规定与国家标准不一致时，必须有充分的科学依据和理由，并经国家标准的审批部门批准。行业标准在相应的国家标准实施后，应当及时修订或废止。

3. 工程建设地方标准

我国各地的自然条件、风俗习惯差异较大，而工程建设在许多方面会受其影响。因此，工程建设标准除国家标准、行业标准外，还需要有相应的地方标准。

《标准化法》第十三条规定，为满足地方自然条件、风俗习惯等特殊技术要求，可以制定地方标准。地方标准由省、自治区、直辖市人民政府标准化行政主管部门制定；设区的市级人民政府标准化行政主管部门根据本行政区域的特殊需要，经所在地省、自治区、直辖市人民政府标准化行政主管部门批准，可以制定本行政区域的地方标准。地方标准由省、自治区、直辖市人民政府标准化行政主管部门报国务院标准化行政主管部门备案，由国务院标准化行政主管部门通报国务院有关行政主管部门。

4. 工程建设企业标准

《标准化法》第十九条、第二十条规定，企业可以根据需要自行制定企业标准，或者与其他企业联合制定企业标准。国家支持在重要行业、战略性新兴产业、关键共性技术等领域利用自主创新技术制定团体标准、企业标准。

第二十一条规定，推荐性国家标准、行业标准、地方标准、团体标准、企业标准的技术要求不得低于强制性国家标准的相关技术要求。国家鼓励社会团体、企业制定高于推荐性标准相关技术要求的团体标准、企业标准。

5.1.2　工程建设强制性标准实施的规定

《建筑法》第五十二条规定，建筑工程勘察、设计、施工的质量必须符合国家有关建筑工程安全标准的要求，具体管理办法由国务院规定。有关建筑工程安全的国家标准不能适应确保建筑安全的要求时，应当及时修订。《标准化法》第二条规定，强制性标准必须执行。

1. 工程建设各方主体实施强制性标准的法律规定

《建筑法》第三十二条规定，建筑工程监理应当依照法律、行政法规及有关的技术标准、设计文件和建筑工程承包合同，对承包单位在施工质量、建设工期和建设资金使用等方面，代表建设单位实施监督。工程监理人员认为工程施工不符合工程设计要求、施工技术标准和合同约定的，有权要求建筑施工企业改正。工程监理人员发现工程设计不符合建筑工程质量标准或者合同约定的质量要求的，应当报告建设单位要求设计单位改正。

《建筑法》第五十四条规定，建设单位不得以任何理由，要求建筑设计单位或者建筑施工企业在工程设计或者施工作业中，违反法律、行政法规和建筑工程质量、安全标准，降低工程质量。建筑设计单位和建筑施工企业对建设单位违反前款规定提出的降低工程质量的要求，应当予以拒绝。

《建筑法》第五十六条规定，建筑工程的勘察、设计单位必须对其勘察、设计的质量负责。勘察、设计文件应当符合有关法律、行政法规的规定和建筑工程质量、安全标准、建筑工程勘察、设计技术规范以及合同的约定。设计文件选用的建筑材料、建筑构配件和设备，应当注明其规格、型号、性能等技术指标，其质量要求必须符合国家规定的标准。

《建筑法》第五十八条～第六十一条规定，建筑施工企业必须按照工程设计图纸和施工技术标准施工，不得偷工减料。建筑施工企业必须按照工程设计要求、施工技术标准和合同的约定，对建筑材料、建筑构配件和设备进行检验，不合格的不得使用。交付竣工验收的建筑工程，必须符合规定的建筑工程质量标准，有完整的工程技术经济资料和经签署的工程保修书，并具备国家规定的其他竣工条件。

2. 工程建设强制性标准实施的管理

2015年1月22日，修订后发布的《实施工程建设强制性标准监督规定》第二条规定，在中华人民共和国境内从事新建、扩建、改建等工程建设活动，必须执行工程建设强制性标准。

（1）监督管理机构

《实施工程建设强制性标准监督规定》第四条规定，国务院住房城乡建设主管部门负责全国实施工程建设强制性标准的监督管理工作。国务院有关主管部门按照国务院的职能分工负责实施工程建设强制性标准的监督管理工作。县级以上地方人民政府住房城乡建设主管部门负责本行政区域内实施工程建设强制性标准的监督管理工作。

《实施工程建设强制性标准监督规定》第六条规定，建设项目规划审查机构应当对工程建设规划阶段执行强制性标准的情况实施监督；施工图设计文件审查单位应当对工程建设勘察、设计阶段执行强制性标准的情况实施监督；建筑安全监督管理机构应当对工程建设施工阶段执行施工安全强制性标准的情况实施监督；工程质量监督机构应当对工程建设施工、监理、验收等阶段执行强制性标准的情况实施监督。

（2）监督检查的内容和方式

工程建设标准批准部门应当对工程项目执行强制性标准情况进行监督检查。监督检查可以采取重点检查、抽查和专项检查的方式。

《实施工程建设强制性标准监督规定》第九条规定，强制性标准监督检查的内容包括：①工程技术人员是否熟悉、掌握强制性标准；②工程项目的规划、勘察、设计、施工、验收等是否符合强制性标准的规定；③工程项目采用的材料、设备是否符合强制性标准的规定；④工程项目的安全、质量是否符合强制性标准的规定；⑤工程中采用的导则、指南、手册、计算机软件的内容是否符合强制性标准的规定。

工程建设标准批准部门应当将强制性标准监督检查结果在一定范围内公告。

【任务 5.1 小结】

1. 我国的标准划分为国家标准、行业标准、地方标准、团体标准、企业标准。

2. 国家标准又划分为强制性标准（GB）和推荐性标准（GB/T）。行业标准和地方标准均为推荐性标准。

3. 工程建设强制性标准的实施监督内容：①有关工程技术人员是否熟悉、掌握强制性标准；②项目的规划、勘察、设计、施工、验收是否符合强制性标准的规定；③项目采用的材料、设备是否符合强制性标准的规定；④项目的安全、质量是否符合强制性标准的规定；⑤项目采用的导则、指南、手册、计算机软件是否符合强制性标准规定。

班级：_____　　姓名：_____　　成绩：_____

【任务 5.1 习题】

一、单项选择题

1. 根据《标准化法》，关于企业标准的说法，正确的是(　　)。

A. 企业标准的制定应当经过行业主管部门批准

B. 企业标准可以高于国家标准

C. 企业标准应当高于行业标准

D. 企业标准应当与团体标准相符

2. 某项目建设过程中，发包承包双方就有关建设工程标准的执行问题有不同理解，下列观点中正确的是(　　)。

A. 在承包合同中双方约定的内容不能低于强制标准的规定

B. 若强制性标准未在承包合同中约定，则对承包方不具约束力

C. 因推荐性标准属自愿执行，所以对承包合同约定采用的推荐性标准可以不执行

D. 因发包方坚持要求承包方执行强制性标准而增加的成本应由发包方承担

3. 工程建设中通用的安全、卫生和环境保护标准属于(　　)。

A. 强制性国家标准　　　　　　　　B. 强制性行业标准

C. 强制性地方标准　　　　　　　　D. 推荐性标准

4. 工程建设地方标准应报(　　)备案。未经备案的，不得在建设活动中使用。

A. 当地质量监督站

B. 省、自治区、直辖市建设行政主管部门

C. 国务院建设行政主管部门

D. 国务院

5. 关于实施工程建设强制性标准的说法，正确的是(　　)。

A. 工程建设强制性标准均为关于工程质量标准的强制性条文

B. 工程建设中采用新技术、新工艺、新材料且没有国家技术标准的，可不受强制性标准的限制

C. 工程建设地方标准中，对直接涉及环境保护和公共利益的条文，经国务院建设行政主管部门确定后，可作为强制性条文

D. 工程建设中采用国际标准或者国外标准且我国未做规定的，可不受强制性标准的限制

二、多项选择题

1. 根据《标准化法》，下列标准中，不能制定为强制性标准的有(　　)。

A. 行业标准　　　　　　　　　　　B. 地方标准

C. 国家标准　　　　　　　　　　　D. 团体标准

E. 企业标准

2. 下列工程建设国家标准中，属于强制性标准的有(　　)。

A. 工程建设规划、施工等通用的综合标准

B. 工程建设重要的通用的制图方法标准

C. 工程建设重要的通用的试验检验和评定方法标准

D. 工程建设重要的通用的信息管理标准

E. 工程建设通用的有关安全和环境保护的标准

3. 工程建设领域制定的地方标准，在相关技术部门公布了（　　）后，该地方标准自行废止。

A. 国家标准

B. 行业标准

C. 强制性标准

D. 推荐性标准

E. 国际标准

4. 根据《实施工程建设强制性标准监督规定》，下列情形中属于强制性标准监督检查内容的是（　　）。

A. 工程项目规划、勘察、设计、施工阶段是否符合强制性标准

B. 工程项目使用的材料、设备是否符合强制性标准

C. 工程管理人员是否熟悉强制性标准

D. 工程项目的安全、质量是否符合强制性标准

E. 工程项目采用的导则、指南、手册、计算机软件的内容是否符合强制性标准的规定

5. 关于工程建设国家标准的说法，正确的是（　　）。

A. 工程建设推荐性国家标准由国务院建设行政主管部门制定

B. 工程建设强制性标准包括地方标准

C. 工程建设强制性国家标准的立项由国务院标准化行政主管部门负责

D. 工程建设强制性国家标准只能由国务院批准发布

E. 国家标准分为强制性标准、推荐性标准

三、简答题

1. 试举例说一说与建筑质量相关的国家标准规范有哪些？

2. 某市质量监督机构工作人员在对某工程施工阶段执行强制性标准的情况实施监督时，发现以下情况，施工单位将不符合强制性标准的建筑材料、建筑构配件和设备用于工程项目上，并且有工程监理单位的签字盖章。依据《实施工程建设强制性标准监督规定》，试分析相关单位应受到哪些处罚？

任务 5.2 施工单位的质量责任与义务

2014 年 8 月 25 日，住房和城乡建设部发布的《建筑工程五方责任主体项目负责人质量终身责任追究暂行办法》第二条规定，建筑工程五方责任主体项目负责人是指承担建筑工程项目建设的建设单位项目负责人、勘察单位项目负责人、设计单位项目负责人、施工单位项目经理、监理单位总监理工程师。建筑工程开工建设前，建设、勘察、设计、施工、监理单位法定代表人应当签署授权书，明确本单位项目负责人。

《建筑工程五方责任主体项目负责人质量终身责任追究暂行办法》第三条规定，建筑工程五方责任主体项目负责人质量终身责任，是指参与新建、扩建、改建的建筑工程项目负责人按照国家法律法规和有关规定，在工程设计使用年限内对工程质量承担相应责任。

施工单位是工程建设五方责任主体之一。由于施工阶段影响质量稳定的因素和涉及的责任主体均较多，协调管理的难度大，施工阶段的质量责任制度尤为重要。

【案例 5-2】因施工质量问题造成损失的赔偿责任承担

2016 年 7 月 7 日，被告汤某承包原告文华双语学校综合楼外墙保温工程，工程单价 78 元/m²，同年 8 月 26 日被告将该楼外墙保温工程施工完毕，施工面积 3660.9m²。该工程完工时，原告先后支付被告工程款 139000 元，剩余工程款未付。2018 年 11 月，被告起诉原告要求支付剩余工程款 146550.2 元及利息，原告主张工程存在重大质量问题要求被告赔偿损失，2019 年 6 月 19 日，原告通过法院委托针对涉案外墙保温工程施工质量及修复整改方案提出司法鉴定，青岛诚祥建筑工程司法鉴定所在 2019 年 8 月 23 日至 2019 年 9 月 16 日期间作出涉案外墙保温工程存在面层开裂、空鼓、脱落等质量问题，并提出了维修方案的鉴定意见书，原告为此支出鉴定费 36000 元。随后原告通过法院委托针对涉案工程修复整改费用提出价格评估，日照信益达价格评估有限公司以 2019 年 11 月 19 日为评估基准日出具涉案工程修复整改费用为 259500 元的评估结论，原告为此支出评估费 12970 元。

案例5-2解析

请问：原告是否有权就工程质量问题向被告主张权利？涉案工程保修期内出现的质量问题应该由谁承担责任？

5.2.1 对施工质量负责和总分包单位的质量责任

1. 施工单位对施工质量负责

《建筑法》第五十八条规定，建筑施工企业对工程的施工质量负责。《建设工程质量管理条例》第二十六条进一步规定，施工单位对建设工程的施工质量负责。施工单位应当建立质量责任制，确定工程项目的项目经理、技术负责人和施工管理负责人。

《建筑工程五方责任主体项目负责人质量终身责任追究暂行办法》第五条规定，施工单位项目经理应当按照经审查合格的施工图设计文件和施工技术标准进行施工，对因施工导致的工程质量事故或质量问题承担责任。

《建设工程消防监督管理规定》第十条规定，施工单位应当承担查验消防产品和具有防火性能要求的建筑构件、建筑材料及装修材料的质量，使用合格产品，保证消防施工质量。

2. 总分包单位的质量责任

《建筑法》第五十五条规定，建筑工程实行总承包的，工程质量由工程总承包单位负责，总承包单位将建筑工程分包给其他单位的，应当对分包工程的质量与分包单位承担连带责任。分包单位应当接受总承包单位的质量管理。

《建设工程质量管理条例》第二十六条、第二十七条进一步规定，建设工程实行总承包的，总承包单位应当对全部建设工程质量负责；建设工程勘察、设计、施工、设备采购的一项或者多项实行总承包的，总承包单位应当对其承包的建设工程或者采购的设备质量负责。总承包单位依法将建设工程分包给其他单位的，分包单位应当按照分包合同的约定对其分包工程的质量向总承包单位负责，总承包单位与分包单位对分包工程的质量承担连带责任。

在总分包的情况下存在着总包、分包两种合同，总承包单位和分包单位各自向合同中的对方主体负责。总分包情况下，总包单位对外负总责，分包单位就分包工程与总包单位承担连带责任，即分包工程发生质量问题时，建设单位或其他受害人既可以向分包单位请求赔偿，也可以向总承包单位请求赔偿；对内要根据具体情况分析责任大小分别承担主要责任、次要责任，但是内部责任不得对抗外部责任。超额赔偿的一方，有权依据分包合同的约定，对不属于自己责任的那部分赔偿向对方追偿。因此，分包单位还应当接受总承包单位的质量管理。

5.2.2 按照工程设计图纸和施工技术标准施工的规定

《建筑法》第五十八条规定，建筑施工企业必须按照工程设计图纸和施工技术标准施工，不得偷工减料。工程设计的修改由原设计单位负责，建筑施工企业不得擅自修改工程设计。

《建设工程质量管理条例》第二十八条进一步规定，施工单位必须按照工程设计图纸和施工技术标准施工，不得擅自修改工程设计，不得偷工减料。施工单位在施工过程中发现设计文件和图纸有差错的，应当及时提出意见和建议。

《建设工程消防监督管理规定》第十条规定，施工单位必须按照国家工程建设消防技术标准和经消防设计审核合格或者备案的消防设计文件组织施工，不得擅自改变消防设计进行施工，降低消防施工质量。

1. 遵守技术标准按图纸施工

施工单位只有按照工程设计图纸、施工技术标准，特别是强制性标准的要求施工，才能保证工程的施工质量。工程设计图纸和施工技术标准都属于合同文件的组成部分，如果施工单位不按照工程设计图纸和施工技术标准施工，则属于违约行为，应承担违约责任。

2. 发现设计文件和图纸差错及时提出

施工人员、施工管理负责人、技术负责人以及项目经理等，均为具有丰富实践经验的专业技术人员、专业管理人员，在施工过程中发现设计文件和图纸有差错的，施工单位有义务及时向建设单位或监理单位提出意见和建议，是其履行施工合同应尽的基本义务。以免造成不必要的损失和质量问题。

5.2.3 对建筑材料设备等进行检验检测的规定

《建筑法》第五十九条规定，建筑施工企业必须按照工程设计要求、施工技术标准和合同的约定，对建筑材料、建筑构配件和设备进行检验，不合格的不得使用。

《建设工程质量管理条例》第二十九条规定，施工单位必须按照工程设计要求、施工技术标准和合同约定，对建筑材料、建筑构配件、设备和商品混凝土进行检验，检验应当有书面记录和专人签字；未经检验或者检验不合格的，不得使用。

《建设工程消防监督管理规定》第十条规定，施工单位必须查验消防产品和具有防火性能要求的建筑构件、建筑材料及装修材料的质量，使用合格产品，保证消防施工质量。

1. 建筑材料、构配件、设备和商品混凝土的检验制度

施工单位依据工程设计要求、施工技术标准和合同约定对将在工程施工中使用的建筑材料、建筑构配件、设备和商品混凝土实行检验制度。检验结果形成书面记录，并由相关的专业人员签字盖章。对未经检验或检验不合格的，不得在工程中使用。

2. 施工检测的见证取样和送检制度

《建设工程质量管理条例》第三十一条规定，施工人员对涉及结构安全的试块、试件以及有关材料，应当在建设单位或者工程监理单位监督下现场取样，并送具有相应资质等级的质量检测单位进行检测。

（1）见证取样和送检

2000 年 9 月，原建设部发布的《房屋建筑工程和市政基础设施工程实行见证取样和送检的规定》中第三条规定，所称见证取样和送检是指在建设单位或工程监理单位人员的见证下，由施工单位的现场试验人员对工程中涉及结构安全的试块、试件和材料在现场取样，并送至经过省级以上建设行政主管部门对其资质认可和质量技术监督部门对其计量认证的质量检测单位（以下简称"检测单位"）进行检测。第五条规定，涉及结构安全的试块、试件和材料见证取样和送检的比例不得低于有关技术标准中规定应取样数量的 30%。

下列试块、试件和材料必须实施见证取样和送检：

①用于承重结构的混凝土试块；②用于承重墙体的砌筑砂浆试块；③用于承重结构的钢筋及连接接头试件；④用于承重墙的砖和混凝土小型砌块；⑤用于拌制混凝土和砌筑砂浆的水泥；⑥用于承重结构的混凝土中使用的外加剂；⑦地下、屋面、厕浴间使用的防水材料；⑧国家规定必须实行见证取样和送检的其他试块、试件和材料。

见证人员应由建设单位或该工程的监理单位中具备施工试验知识的专业技术人员担任，并由建设单位或该工程的监理单位书面通知施工单位、检测单位和负责该项工程的质量监督机构。

在施工过程中，见证人员应按照见证取样和送检计划，对施工现场的取样和送检进行见证。取样人员应在试样或其包装上做出标识、封志。标识和封志应标明工程名称、取样部位、取样日期、样品名称和样品数量，并由见证人员和取样人员签字。见证人员和取样人员应对试样的代表性和真实性负责。

见证取样的试块、试件和材料送检时，应由送检单位填写委托单，委托单应有见证人员和送检人员签字。检测单位应检查委托单及试样上的标识和封志，确认无误后方可进行检测。

（2）工程质量检测机构的资质和检测规定

《建设工程质量检测管理办法》（2015 年 5 月 4 日修订版）第四条规定，工程质量检测机构是具有独立法人资格的中介机构。检测机构资质按照其承担的检测业务内容分为专项检测机构资质和见证取样检测机构资质。检测机构未取得相应的资质证书，不得承担本

办法规定的质量检测业务。

本办法规定的质量检测业务，由工程项目建设单位委托具有相应资质的检测机构进行检测。委托方与被委托方应当签订书面合同。检测结果利害关系人对检测结果发生争议的，由双方共同认可的检测机构复检，复检结果由提出复检方报当地建设主管部门备案。

检测机构完成检测业务后，应当及时出具检测报告。检测报告经检测人员签字、检测机构法定代表人或者其授权的签字人签署，并加盖检测机构公章或者检测专用章后方可生效。检测报告经建设单位或者工程监理单位确认后，由施工单位归档。见证取样检测的检测报告中应当注明见证人单位及姓名。

任何单位和个人不得明示或者暗示检测机构出具虚假检测报告，不得篡改或者伪造检测报告。

检测人员不得同时受聘于两个或者两个以上的检测机构。检测机构和检测人员不得推荐或者监制建筑材料、构配件和设备。检测机构不得与行政机关，法律、法规授权的具有管理公共事务职能的组织以及所检测工程项目相关的设计单位、施工单位、监理单位有隶属关系或者其他利害关系。

检测机构不得转包检测业务。检测机构跨省、自治区、直辖市承担检测业务的，应当向工程所在地的省、自治区、直辖市人民政府建设主管部门备案。

检测机构应当对其检测数据和检测报告的真实性和准确性负责。检测机构违反法律法规和工程建设强制性标准，给他人造成损失的，应当依法承担相应的赔偿责任。

检测机构应当将检测过程中发现的建设单位、监理单位、施工单位违反有关法律、法规和工程建设强制性标准的情况，以及涉及结构安全检测结果的不合格情况，及时报告工程所在地建设主管部门。

检测机构应当建立档案管理制度。检测合同、委托单、原始记录、检测报告应当按年度统一编号，编号应当连续，不得随意抽撤、涂改。应当单独建立检测结果不合格项目台账。

5.2.4 施工质量检验和返修的规定

1. 施工质量检验制度

《建设工程质量管理条例》第三十条规定，施工单位必须建立、健全施工质量的检验制度，严格工序管理，做好隐蔽工程的质量检查和记录。隐蔽工程在隐蔽前，施工单位应当通知建设单位和建设工程质量监督机构。

（1）严格工序质量检验和管理

施工质量检验，通常是指工程施工过程中工序质量检验（或称为过程检验），包括预检、自检、交接检、专职检、分部工程中间检验以及隐蔽工程检验等。完善的检验制度和严格的工序管理是保证工序或过程质量的前提。因此，施工单位要加强对施工工序或过程的质量控制，特别是要加强影响结构安全的地基和结构等关键施工过程的质量控制。

（2）注重隐蔽工程质量检查

隐蔽工程，是指在施工过程中某一道工序所完成的工程实物，被后续工序形成的工程实物所隐蔽，而且不可以逆向作业的那部分工程。例如，钢筋混凝土工程施工中，钢筋为混凝土所覆盖，前者即为隐蔽工程。由于隐蔽工程被后续工序覆盖后，其施工质量就很难被检验。所以，隐蔽工程在覆盖前，施工单位除了要做好自查并书面记录外，还应当及时通知建设单位（实施监理的工程为监理单位）和建设工程质量监督机构参加隐蔽工程验收。

2. 建设工程的返修

《建筑法》第六十条规定，建筑工程竣工时，屋顶、墙面不得留有渗漏、开裂等质量缺陷；对已经发现的质量缺陷，建筑施工企业应当修复。

《建设工程质量管理条例》第三十二条规定，施工单位对施工中出现质量问题的建设工程或者竣工验收不合格的建设工程，应当负责返修。

对于非施工单位原因造成的质量问题，返修作为施工单位的法定义务，施工单位也应当负责返修，但是因此造成的损失及返修费用由责任方承担。

5.2.5   建立健全职工教育培训制度的规定

《建设工程质量管理条例》第三十三条规定，施工单位应当建立、健全教育培训制度，加强对职工的教育培训；未经教育培训或者考核不合格的人员，不得上岗作业。

【任务 5.2 小结】

1. 质量终身责任，是五方责任主体项目负责人应在工程设计使用年限内承担相应责任。

2. 总承包单位依法将工程分包给其他单位的，分包单位应当接受总承包的质量管理，并按照分包合同的约定对其分包工程的质量向总承包单位负责。总分包单位对分包工程的质量承担连带责任。

3. 施工单位必须按照工程设计图纸和施工技术标准施工，对所有进场的建筑材料、建筑构配件、设备和商品混凝土进行检验，检验应当有书面记录和专人签字。已经检验合格、已经进场的材料，如果涉及结构安全，还需要在建设单位或监理单位的监督见证下现场取样。

班级：_____　姓名：_____　成绩：_____

【任务 5.2 习题】

一、单项选择题

1. 某单位工程设计图纸注明的混凝土强度等级为 C30，但监理工程师认为该设计不符合承包合同约定的 C35 等级，书面通知承包人按照合同约定的 C35 施工。对该事件说法正确的是（　　）。

A. 施工单位应当继续按照原施工图纸施工

B. 施工单位应当按照监理通知要求施工

C. 施工单位发现设计不符合承包合同约定时，应按照承包合同约定施工

D. 监理单位认为设计不符合技术标准和合同约定的，应当报告建设单位

2. 有关建筑材料、构配件、设备、商品混凝土检验规定，理解正确的是（　　）。

A. 建设单位对自己采购的建筑材料质量负责，相应的检验检测工作也应当由建设单位自行完成

B. 施工单位对建筑材料、设备的检验，必须以工程设计要求、施工技术标准和承包合同约定为依据，并形成书面记录，由专人签字

C. 有生产许可证、产品合格证的材料、设备，可以不再检验

D. 涉及结构安全的试块、试件、材料，施工人员应当现场取样，并送当地质量监督机构进行检测

3. 施工人员对涉及结构安全的试块、试件以及有关材料，应当在（　　）监督下现场取样，并送具有相应资质等级的质量检测单位进行检测。

A. 施工企业质量管理部门　　　　　B. 设计单位或监理单位

C. 建设单位或监理单位　　　　　　D. 工程质量监督机构

4. 施工中见证取样和送检行为，不正确的是（　　）。

A. 见证取样和送检的样品，仅限于用于承重结构的试块、试件和材料

B. 见证取样和送检的比例不得低于施工技术标准中规定应取样数量的 30%

C. 取样人员应当在试样上作出标识和封志，注明工程名称、取样部位、取样日期、样品名称和样品数量，并由取样人员和见证人员签字

D. 见证人员和取样人员应对试样的代表性和真实性负责

5. 混凝土浇筑施工前，施工单位应当提前通知建设工程质量监督机构，这是因为（　　）。

A. 质量监督机构应当对商品混凝土进行见证取样

B. 质量监督机构负责组织隐蔽工程验收

C. 未经质量监督机构签字，施工单位不得进行下道工序的施工

D. 隐蔽工程质量应当接受政府强制监督

6. 项目施工中某分部工程质量检验不合格，经各方确认是设计原因和甲供材料缺陷所导致，说法错误的是（　　）。

A. 施工单位应当就该质量缺陷负责返修

B. 施工单位的返修费用可以向建设单位主张

C. 施工单位的返修费用可以向设计单位主张

D. 施工单位拒绝返修，致使损失扩大的，不得就扩大的损失主张权利

7. 关于施工企业返修义务的说法，正确的是（   ）。

A. 施工企业仅对施工中出现质量问题的建设工程负责返修

B. 非施工企业原因造成的质量问题，相应的损失和返修费用由责任方承担

C. 施工企业仅对竣工验收不合格的工程负责返修

D. 对于非施工企业原因造成的质量问题，施工企业不承担返修的义务

8. 关于建设工程返修的说法，正确的是（   ）。

A. 建设工程返修不包括竣工验收不合格的情形

B. 对竣工验收不合格的建设工程，若非施工企业原因造成的，施工企业不负责返修

C. 对施工中出现质量问题的建设工程，无论是否施工企业原因造成的，施工企业都应负责返修

D. 对竣工验收不合格的建设工程，若是施工企业原因造成的，施工企业负责有偿返修

9. 根据《房屋建筑工程和市政基础设施工程实行见证取样和送检的规定》，涉及结构安全的试块、试件和材料见证取样和送检的最低比例是有关技术标准中规定应取样数量的（   ）。

A. 20%   B. 30%

C. 25%   D. 40%

10. 检测结果利害关系人对检测结果发生争议，由（   ）复检。

A. 双方共同认可的检测机构   B. 原检测机构

C. 上级检测机构   D. 建设行政主管部门

二、多项选择题

1. 根据《建设工程质量检测办法》，说法正确的是（   ）。

A. 检测资质分为专项检测机构资质和见证取样检测机构资质

B. 涉及结构安全的试件经见证取样后，由施工单位委托检测单位检测

C. 利害关系人对检测结果发生争议的，由双方认可的检测机构复检，复检结果由提出复检一方报当地建设主管部门备案

D. 检测机构应当将涉及结构安全检测结果不合格情况，及时报告工程所在地建设主管部门

E. 检测机构应当对试样的代表性和真实性负责

2. 根据《房屋建筑工程和市政基础设施工程实行见证取样和送检的规定》，必须实施见证取样和送检的试块、试件或材料，包括（   ）。

A. 用于非承重结构的钢筋连接接头试件

B. 地下使用的防水材料

C. 用于砌筑砂浆的水泥

D. 用于承重结构的混凝土中使用的掺加剂

E. 用于承重墙的砖与混凝土小型砌块

3. 关于工程质量检测的说法，不正确的是（　　）。

A. 检测人员不得同时受聘于两个或两个以上检测机构

B. 检测报告必须由检测机构法定代表人签署

C. 检测机构是不具有独立法人资格的非营利性中介机构

D. 检测数据和检测报告仅供施工企业参考

E. 任何单位和个人不得明示或者暗示检测机构出具虚假检测报告，不得篡改或者伪造检测报告

4. 关于总分包单位的质量责任的说法，正确的是（　　）。

A. 分包工程质量由分包单位自行向建设单位负责

B. 分包单位应当接受总承包单位的质量管理

C. 总承包单位与分包单位对分包工程的质量各自向建设单位承担相应的责任

D. 分包工程发生质量问题，建设单位只能向总承包单位请求赔偿

E. 总承包单位与分包单位对分包工程的质量承担连带责任

5. 关于建设工程见证取样的说法，正确的是（　　）。

A. 施工人员对工程涉及结构安全的试块、试件和材料，应当在建设单位或工程监理单位监督下现场取样

B. 取样人员和见证人员应当在试样或其包装上作出标识、封志

C. 墙体保温材料应当根据建设单位的实际需要决定是否实施见证取样和送检

D. 见证人员应当由施工企业中具备施工试验知识的专业技术人员提供

E. 施工人员对涉及结构安全的试块、试件以及有关材料，应当在建设单位或监理单位监督下现场取样

三、思考题

1. 施工技术人员小李发现施工图纸有错误，考虑到工期紧张，自己又懂技术且会使用 CAD 绘图软件，就自己修改了施工图纸继续施工。请问小李的做法是否正确？

2. 某工程设计为有防水要求的筏形基础，采用 C50、P12 混凝土，承包商施工方案确定使用泵送商品混凝土，并与混凝土供应商签订合同。商品混凝土随到随用，由于现场调配的问题，商品混凝土在现场等待时间过长，施工单位没有对商品混凝土及时进行和易性检验，混凝土坍落度太低，混凝土不能及时从管中泵出。结果在基础浇筑施工 3 小时后发生了堵管现象。由于已经浇筑完毕的混凝土初凝，导致了拟连续浇筑的基础不能形成一个整体，产生了人为施工缝，给工程造成了损失。请问责任应该由谁承担？

3. 某城市建设开发集团在该市建设居民回迁房。A 建筑公司通过招标投标获得了该工程项目，经建设单位同意，A 建筑公司将该工程中 1~4 号多层住宅楼分包给 B 公司，并签订了分包合同。在工程交付使用后，发现 1 号楼因偷工减料存在严重质量问题，城市建设开发集团便要求 A 建筑公司承担责任。A 建筑公司认为工程 1 号楼是由分包商 B 公司完成的，应由 B 公司承担相关责任，并以 B 公司早已结账撤出而失去联系为由，不予配合问题的处理。请问 A 建筑公司是否应该对 1 号楼的质量问题承担责任？为什么？

任务 5.3 其他参建单位的质量责任与义务

【案例 5-3】 因施工蓝图大范围调整而造成相应损失一案的责任承担

原告时代装饰有限公司作为承包人，被告万家有限公司作为发包人，双方签订《深圳某店装修工程建设施工合同》。

2016 年 10 月 20 日，原告进场施工。

2016 年 11 月 10 日，原告向被告发出《停工确认函》，告知被告：我司严格按照合同约定配备现场管理人员，各工种技术工、普工、机械等，按施工进度计划表进行施工，于 2016 年 11 月 10 日接甲方通知，由于招标蓝图不能满足贵司营运更新，施工蓝图需进行大范围调整，暂停施工，所有施工人员待命等待复工通知期间不可做放假处理。

2017 年 2 月 18 日，被告向原告发出《工程指示》，告知原告：为了满足营运需求，总包招标蓝图 2014 年 9 月版已经不能满足公司标准更新，经项目组决定，现场实际施工以 2017 年 2 月 15 日蓝图为第一版施工依据。现场产生的装饰、机电、空调及排油烟由总包单位完成，具体费用以第三方审计为主。

施工过程中，乙方人员、设备均按合同要求配备，且积极配合甲方的各种书面及口头指令，并未发生因乙方原因造成工期延误的情形。

2017 年 7 月 5 日，涉案工程经被告验收合格。

2018 年 7 月 20 日，被告以电子邮件方式向原告送达最终涉案工程结算核算稿，核定工程结算总价为 9909220.44 元。

原告主张被告仅支付工程款 5472018.86 元，尚欠 4437201.58 元至今未付，要求被告支付未付工程款并赔偿损失 1642381 元。被告确认尚欠原告工程款 4423201.58 元，对原告主张的损失，被告主张原告提供的证据仅有 2016 年 11 月 10 日至 2016 年 11 月 12 日有被告的代理人签字，其他并无被告方确认，被告不予确认。

请问： 双方签订的合同是否有效？因施工蓝图大范围调整而造成设备闲置和窝工损失应由谁承担责任？

案例5-3解析

5.3.1 建设单位相关的质量责任和义务

建设单位作为建设工程的业主，是建设工程的重要责任主体之一。建设单位有选择承包单位的权利，有责任对建设全过程进行检查控制，组织建设工程验收，有义务按时支付工程款和费用等。因此，为确保建设工程的质量，必须规范建设单位的行为，明确其质量责任。

1. 依法发包工程

《建筑法》第二十四条规定，提倡对建筑工程实行总承包，禁止将建筑工程肢解发包。建筑工程的发包单位可以将建筑工程的勘察、设计、施工、设备采购一并发包给一个工程总承包单位，也可以将建筑工程勘察、设计、施工、设备采购的一项或者多项发包给一个工程总承包单位；但是，不得将应当由一个承包单位完成的建筑工程肢解成若干部分发包给几个承包单位。

《建设工程质量管理条例》第七条、第八条规定，建设单位应当将工程发包给具有相应资质等级的单位。建设单位不得将建设工程肢解发包。建设单位应当依法对工程建设项目的勘察、设计、施工、监理以及与工程建设有关的重要设备、材料等的采购进行招标。

从事建筑活动的建筑施工企业、勘察单位、设计单位和工程监理单位，按照其拥有的注册资本、专业技术人员、技术装备和已完成的建筑工程业绩等资质条件，划分为不同的资质等级，经资质审查合格，取得相应等级的资质证书后，方可在其资质等级许可的范围内从事建筑活动。

建设单位发包工程时，不得违法发包、肢解发包。肢解发包是指建设单位将本应由一个承包单位整体承建完成的建设工程肢解成若干部分，分别发包给不同承包单位的行为。在实践中，由于一些发包单位肢解发包工程，使施工现场缺乏应有的组织协调，不仅承建单位容易出现推诿扯皮，还会造成施工现场混乱、责任不清，工期拖延，成本增加，甚至发生严重的建设工程质量和安全问题。建设单位可以根据工程特点，以有利于工程的质量、进度、成本控制为原则，合理划分标段，而不能肢解发包工程。

2. 提供原始资料并保证真实、准确、齐全

《建设工程质量管理条例》第九条规定，建设单位必须向有关的勘察、设计、施工、工程监理等单位提供与建设工程有关的原始资料。原始资料必须真实、准确、齐全。

在工程实践中，建设单位需向施工单位提供概算批准文件，建设项目正式列入国家、部门或地方的年度固定资产投资计划，建设用地的征用资料，施工图纸及技术资料，建设资金和主要建筑材料、设备的来源落实资料，建设项目所在地规划部门批准文件，施工现场完成"三通一平"的平面图等资料。

3. 限制不合理的要求

《建筑法》第五十四条规定，建设单位不得以任何理由，要求建筑设计单位或者建筑施工企业在工程设计或者施工作业中，违反法律、行政法规和建筑工程质量、安全标准，降低工程质量。

《建设工程质量管理条例》第十条规定，建设工程发包单位，不得迫使承包方以低于成本的价格竞标，不得任意压缩合理工期。建设单位不得明示或者暗示设计单位或者施工单位违反工程建设强制性标准，降低建设工程质量。

建设单位如果迫使承包方以低于企业成本的价格中标，会导致中标单位在履行合同过程中，为了减少开支、降低成本而采取偷工减料、以次充好、粗制滥造等手段，最终导致建设工程出现质量问题，影响投资效益的发挥。而任意压缩工期，会导致简化工序，不按标准规程操作，使建设工程出现质量等问题。

4. 报审施工图纸

《建设工程质量管理条例》第十一条规定，施工图设计文件审查的具体办法，由国务院建设行政主管部门、国务院其他有关部门制定。施工图设计文件未经审查批准的，不得使用。

施工图审查是指国务院建设行政主管部门和省、自治区、直辖市人民政府建设行政主管部门，依照认定的设计审查机构，根据国家的法律、法规、技术标准与规范，对施工图进行结构安全和强制性标准、规范执行情况等进行的独立审查。建设单位应当将施工图报送建设行政主管部门，由建设行政主管部门委托有关审查机构，进行结构安全和强制性标准、规范执行情况等内容的审查。

建设单位将施工图报建设行政主管部门审查时，还应同时提供下列资料：①批准的立

项文件或初步设计批准文件；②主要的初步设计文件；③工程勘察成果报告；④结构计算书及计算软件名称。

5. 依法实行建设工程监理

《建设工程质量管理条例》第十二条规定，实行监理的建设工程，建设单位应当委托具有相应资质等级的工程监理单位进行监理，也可以委托具有工程监理相应资质等级并与被监理工程的施工承包单位没有隶属关系或者其他利害关系的该工程的设计单位进行监理。

下列建设工程必须实行监理：①国家重点建设工程；②大中型公用事业工程；③成片开发建设的住宅小区工程；④利用外国政府或者国际组织贷款、援助资金的工程；⑤国家规定必须实行监理的其他工程。

6. 办理工程质量监督手续、施工许可证等

《建设工程质量管理条例》第十三条规定，建设单位在开工前，应当按照国家有关规定办理工程质量监督手续，工程质量监督手续可以与施工许可证或者开工报告合并办理。

《建筑法》第七条规定，建筑工程开工前，建设单位应当按照国家有关规定向工程所在地县级以上人民政府建设行政主管部门申请领取施工许可证。但是，国务院建设行政主管部门确定的限额以下的小型工程除外。按照国务院规定的权限和程序批准开工报告的建筑工程，不再领取施工许可证。

7. 保证甲供建筑材料、构配件和设备符合要求

《建设工程质量管理条例》第十四条规定，按照合同约定，由建设单位采购建筑材料、建筑构配件和设备的，建设单位应当保证建筑材料、建筑构配件和设备符合设计文件和合同要求。建设单位不得明示或者暗示施工单位使用不合格的建筑材料、建筑构配件和设备。

《建筑法》第二十五条规定，按照合同约定，建筑材料、建筑构配件和设备由工程承包单位采购的，发包单位不得指定承包单位购入用于工程的建筑材料、建筑构配件和设备或者指定生产厂、供应商。

对于建设单位负责供应的材料、构配件和设备（甲供材料），施工单位在使用前应当按照规定对其进行检验和试验，如果不合格，不得在工程上使用，并应通知建设单位予以退换。

8. 依法进行装修工程

《建筑法》第四十九条规定，涉及建筑主体和承重结构变动的装修工程，建设单位应当在施工前委托原设计单位或者具有相应资质条件的设计单位提出设计方案；没有设计方案的，不得施工。

9. 组织竣工验收

《建设工程质量管理条例》第十六条规定，建设单位收到建设工程竣工报告后，应当组织设计、施工、工程监理等有关单位进行竣工验收。

《建筑工程五方责任主体项目负责人质量终身责任追究暂行办法》第九条规定，建筑工程竣工验收合格后，建设单位应当在建筑物明显部位设置永久性标牌，载明建设、勘察、设计、施工、监理单位名称和项目负责人姓名。

10. 收集、整理、移交建设项目档案

《建设工程质量管理条例》第十七条规定，建设单位应当严格按照国家有关档案管理的规定，及时收集、整理建设项目各环节的文件资料，建立、健全建设项目档案，并在建设工程竣工验收后，及时向建设行政主管部门或者其他有关部门移交建设项目档案。

《建筑工程五方责任主体项目负责人质量终身责任追究暂行办法》第十条规定，建设单位应当建立建筑工程各方主体项目负责人质量终身责任信息档案，工程竣工验收合格后移交城建档案管理部门。项目负责人质量终身责任信息档案包括下列内容：①建设、勘察、设计、施工、监理单位项目负责人姓名，身份证号码，执业资格，所在单位，变更情况等；②建设、勘察、设计、施工、监理单位项目负责人签署的工程质量终身责任承诺书；③法定代表人授权书。

5.3.2 勘察、设计单位相关的质量责任和义务

勘察、设计单位和执业注册人员是勘察设计质量的责任主体，也是整个工程质量的责任主体之一。勘察、设计质量实行单位与执业注册人员双重责任，即勘察、设计单位对其勘察、设计的质量负责，注册建筑师、注册结构工程师等专业人士对其签字的设计文件负责。

1. 依法承揽勘察、设计业务

《建设工程质量管理条例》第十八条规定，从事建设工程勘察、设计的单位应当依法取得相应等级的资质证书，并在其资质等级许可的范围内承揽工程。禁止勘察、设计单位超越其资质等级许可的范围或者以其他勘察、设计单位的名义承揽工程。禁止勘察、设计单位允许其他单位或者个人以本单位的名义承揽工程。勘察、设计单位不得转包或者违法分包所承揽的工程。

2. 必须执行强制性标准

《建设工程质量管理条例》第十九条规定，勘察、设计单位必须按照工程建设强制性标准进行勘察、设计，并对其勘察、设计的质量负责。注册建筑师、注册结构工程师等注册执业人员应当在设计文件上签字，对设计文件负责。

《建筑工程五方责任主体项目负责人质量终身责任追究暂行办法》第五条规定，勘察、设计单位项目负责人应当保证勘察设计文件符合法律法规和工程建设强制性标准的要求，对因勘察、设计导致的工程质量事故或质量问题承担责任。

强制性标准是工程建设技术和经验的积累，是勘察、设计工作的技术依据。只有满足工程建设强制性标准才能保证建设工程质量。

3. 勘察成果必须真实、准确

《建设工程质量管理条例》第二十条规定，勘察单位提供的地质、测量、水文等勘察成果必须真实、准确。

工程勘察成果文件是设计和施工的基础资料和重要依据，其真实准确与否直接影响到设计、施工质量。所以工程勘察成果必须保证真实准确、安全可靠。

4. 设计文件应当符合国家规定的设计深度要求

《建设工程质量管理条例》第二十一条规定，设计单位应当根据勘察成果文件进行建设工程设计。设计文件应当符合国家规定的设计深度要求，注明工程合理使用年限。

建筑工程一般应分为方案设计、初步设计和施工图设计三个阶段。各阶段设计文件编制深度应按以下原则进行：①方案设计文件，应满足编制初步设计文件的需要，应满足方

案审批或报批的需要；②初步设计文件，应满足编制施工图设计文件的需要，应满足初步设计审批的需要；③施工图设计文件，应满足设备材料采购、非标准设备制作和施工的需要。

5. 依法选用建筑材料、构配件和设备

《建设工程质量管理条例》第二十二条规定，设计单位在设计文件中选用的建筑材料、建筑构配件和设备，应当注明规格、型号、性能等技术指标，其质量要求必须符合国家规定的标准。除有特殊要求的建筑材料、专用设备、工艺生产线等外，设计单位不得指定生产厂、供应商。

建筑工程设计文件编制深度要求设计文件中必须注明所选用的建筑材料、建筑构配件和设备的规格、型号、性能等技术指标。为避免限制建设单位或者施工单位在材料设备等采购上的自主权，在使用通用产品就能保证工程质量的前提下，设计单位就不应选用特殊要求的产品，也不能指定生产厂、供应商。

6. 进行设计文件技术交底

《建设工程质量管理条例》第二十三条规定，设计单位应当就审查合格的施工图设计文件向施工单位作出详细说明。

设计文件的技术交底，通常的做法是设计文件完成后，通过建设单位发给施工单位，再由设计单位将设计的意图、特殊的工艺要求，以及建筑、结构、设备等各专业在施工中的难点、疑点和容易发生的问题等向施工单位作详细说明，并负责解释施工单位对设计图纸的疑问。这对确保工程质量有重要的意义。

7. 参与建设工程质量事故分析

《建设工程质量管理条例》第二十四条规定，设计单位应当参与建设工程质量事故分析，并对因设计造成的质量事故，提出相应的技术处理方案。

如果发生了质量事故，该工程的设计单位最有可能在短时间内发现存在的问题，对事故的分析具有权威性。这对及时找出事故原因并进行事故处理十分有利。

5.3.3　工程监理单位相关的质量责任和义务

工程监理单位接受建设单位的委托，代表建设单位，对建设工程进行管理。因此，工程监理单位也是建设工程质量的责任主体之一。

1. 依法承担工程监理业务

《建筑法》第三十一条、第三十四条规定，实行监理的建筑工程，由建设单位委托具有相应资质条件的工程监理单位监理。建设单位与其委托的工程监理单位应当订立书面委托监理合同。工程监理单位应当在其资质等级许可的监理范围内，承担工程监理业务。工程监理单位应当根据建设单位的委托，客观、公正地执行监理任务。工程监理单位与被监理工程的承包单位以及建筑材料、建筑构配件和设备供应单位不得有隶属关系或者其他利害关系。工程监理单位不得转让工程监理业务。

《建设工程质量管理条例》第三十四条规定，工程监理单位应当依法取得相应等级的资质证书，并在其资质等级许可的范围内承担工程监理业务。禁止工程监理单位超越本单位资质等级许可的范围或者以其他工程监理单位的名义承担工程监理业务。禁止工程监理单位允许其他单位或者个人以本单位的名义承担工程监理业务。工程监理单位不得转让工程监理业务。

超越资质等级承接监理业务、允许其他单位或者个人以本单位的名义承担监理业务等，都将使工程监理变得有名无实，最终将对工程质量造成危害。违法转让工程监理业务，与施工单位转包工程有着同样的危害性。

2. 回避有隶属关系或其他利害关系的监理业务

《建设工程质量管理条例》第三十五条规定，工程监理单位与被监理工程的施工承包单位以及建筑材料、建筑构配件和设备供应单位有隶属关系或者其他利害关系的，不得承担该项建设工程的监理业务。

工程监理单位与被监理的承包单位以及建筑材料、建筑构配件和设备供应单位之间，是监督与被监督的关系。为了保证客观、公正执行监理任务，工程监理单位与上述单位不能有隶属关系或者其他利害关系。如果有这种关系，在接受监理委托前，工程监理单位应当主动回避；对于在承接监理业务以后才发现应该回避的，建设单位可以依法解除委托关系。

3. 依照技术标准文件实施监督并承担监理责任

《建筑法》第三十二条规定，建筑工程监理应当依照法律、行政法规及有关的技术标准、设计文件和建筑工程承包合同，对承包单位在施工质量、建设工期和建设资金使用等方面，代表建设单位实施监督。工程监理人员认为工程施工不符合工程设计要求、施工技术标准和合同约定的，有权要求建筑施工企业改正。工程监理人员发现工程设计不符合建筑工程质量标准或者合同约定的质量要求的，应当报告建设单位要求设计单位改正。

《建设工程质量管理条例》第三十六条规定，工程监理单位应当依照法律、法规以及有关技术标准、设计文件和建设工程承包合同，代表建设单位对施工质量实施监理，并对施工质量承担监理责任。

监理工作的主要依据是：①相关法律、法规，如《建筑法》《民法典》《建设工程质量管理条例》等；②有关技术标准，如工程建设强制性标准以及建设工程承包合同中确认采用的推荐性标准等；③设计文件，施工图设计等；④建设工程承包合同。

《建筑法》第三十五条规定，工程监理单位不按照委托监理合同的约定履行监理义务，对应当监督检查的项目不检查或者不按照规定检查，给建设单位造成损失的，应当承担相应的赔偿责任。工程监理单位与承包单位串通，为承包单位谋取非法利益，给建设单位造成损失的，应当与承包单位承担连带赔偿责任。

4. 按职责和权限实施工程监理

《建设工程质量管理条例》第三十七条规定，工程监理单位应当选派具备相应资格的总监理工程师和监理工程师进驻施工现场。未经监理工程师签字，建筑材料、建筑构配件和设备不得在工程上使用或者安装，施工单位不得进行下一道工序的施工。未经总监理工程师签字，建设单位不拨付工程款，不进行竣工验收。

监理单位应根据所承担的监理任务，组建驻工地监理机构。监理机构一般由总监理工程师、监理工程师和其他监理人员组成。工程监理实行总监理工程师负责制，全面负责受委托的监理工程。

5. 采取相应监理形式

《建设工程质量管理条例》第三十八条规定，监理工程师应当按照工程监理规范的要求，采取旁站、巡视和平行检验等形式，对建设工程实施监理。

旁站，是监理人员在施工现场对工程实体关键部位或关键工序的施工质量进行的监督检查活动。巡视，是监理人员对正在施工的部位或工序在现场进行的定期或不定期的监督活动，是监理工作的日常程序。平行检验，是在施工阶段，项目监理机构利用一定的检查或检测手段，在承包单位自检的基础上，按照一定的比例独立进行检查和检测的活动。

5.3.4　政府部门工程质量监督管理的相关规定

为了确保建设工程质量，保障公共安全和人民生命财产安全，政府必须加强对建设工程质量的监督管理。

1. 建设工程质量监督管理体制

《建设工程质量管理条例》第四十三条至第四十六条规定，国务院建设行政主管部门对全国的建设工程质量实施统一监督管理。国务院铁路、交通、水利等有关部门按照国务院规定的职责分工，负责对全国的有关专业建设工程质量的监督管理。县级以上地方人民政府建设行政主管部门对本行政区域内的建设工程质量实施监督管理。县级以上地方人民政府交通、水利等有关部门在各自的职责范围内，负责对本行政区域内的专业建设工程质量的监督管理。

国务院建设行政主管部门和国务院铁路、交通、水利等有关部门应当加强对有关建设工程质量的法律、法规和强制性标准执行情况的监督检查。

国务院发展计划部门按照国务院规定的职责，组织稽查特派员，对国家出资的重大建设项目实施监督检查。国务院经济贸易主管部门按照国务院规定的职责，对国家重大技术改造项目实施监督检查。

建设工程质量监督管理，可以由建设行政主管部门或者其他有关部门委托的建设工程质量监督机构具体实施。从事房屋建筑工程和市政基础设施工程质量监督的机构，必须按照国家有关规定经国务院建设行政主管部门或者省、自治区、直辖市人民政府建设行政主管部门考核；从事专业建设工程质量监督的机构，必须按照国家有关规定经国务院有关部门或者省、自治区、直辖市人民政府有关部门考核。经考核合格后，方可实施质量监督。

2. 政府监督检查的内容和有权采取的措施

《建设工程质量管理条例》第四十八条至第五十条规定，县级以上人民政府建设行政主管部门和其他有关部门履行监督检查职责时，有权采取下列措施：①要求被检查的单位提供有关工程质量的文件和资料；②进入被检查单位的施工现场进行检查；③发现有影响工程质量的问题时，责令改正。

建设行政主管部门或者其他有关部门发现建设单位在竣工验收过程中有违反国家有关建设工程质量管理规定行为的，责令停止使用，重新组织竣工验收。

有关单位和个人对县级以上人民政府建设行政主管部门和其他有关部门进行的监督检查应当支持与配合，不得拒绝或者阻碍建设工程质量监督检查人员依法执行职务。

3. 禁止滥用权力的行为

《建设工程质量管理条例》第五十一条规定，供水、供电、供气、公安消防等部门或者单位不得明示或者暗示建设单位、施工单位购买其指定的生产供应单位的建筑材料、建筑构配件和设备。

一些部门或单位利用其管理职能或者垄断地位指定生产厂家或产品的现象较多，如果建设单位或者施工单位不采用，就在竣工验收时故意刁难或不予验收，不准投入使用。这种非法滥用职权的行为，是法律所禁止的。

4. 建设工程质量事故报告制度

《建设工程质量管理条例》第五十二条、第五十三条规定，建设工程发生质量事故，有关单位应当在 24 小时内向当地建设行政主管部门和其他有关部门报告。对重大质量事故，事故发生地的建设行政主管部门和其他有关部门应当按照事故类别和等级向当地人民政府和上级建设行政主管部门和其他有关部门报告。特别重大质量事故的调查程序按照国务院有关规定办理。任何单位和个人对建设工程的质量事故、质量缺陷都有权检举、控告、投诉。

【任务 5.3 小结】

1. 建设单位质量责任和义务：①办理工程质量监督手续；②应当保证甲供建筑材料、构配件和设备符合设计文件和合同要求；③涉及建筑主体和承重结构变动的装修工程，建设单位应当在施工前委托原设计单位或者具有相应资质等级的设计单位提出设计方案。

2. 勘察、设计单位质量责任和义务：①设计单位应当根据勘察成果文件进行建设工程设计；②设计单位选用的建筑材料、构配件和设备，应当注明规格、型号、性能等技术指标。除有特殊要求，设计单位不得指定生产厂、供应商。

3. 监理单位质量责任和义务：①监理业务不得转包也不得分包；②与监理对象有隶属或利害关系时应回避；③依据法律法规，有关技术标准，设计文件，建设工程承包合同开展监理工作；④未经监理工程师签字，建筑材料、构配件和设备不得在工程上使用，施工单位不得进行下道工序施工。未经总监理工程师签字，建设单位不拨付工程款，不进行竣工验收。

4. 县级以上地方人民政府建设行政主管部门对本行政区域内的建设工程质量实施监督管理。

5. 建设工程发生质量事故，有关单位应当在 24 小时内向当地建设行政主管部门和其他有关部门报告。

班级：_____　　姓名：_____　　成绩：_____

【任务 5.3 习题】

一、单项选择题

1. 根据《建设工程质量管理条例》规定，下列选项中(　　)不属于建设单位的质量责任和义务。

A. 将工程发包给具有相应资质等级的施工单位

B. 对与工程有关的重要设备、材料等采购进行招标

C. 向勘察、设计、施工、工程监理等单位提供与建设工程有关的原始资料

D. 对建筑材料、建筑构配件、设备和商品混凝土进行检验

2. 建设单位不得任意压缩合理工期，所谓合理工期是指(　　)。

A. 工期定额　　　　　　　　　　B. 合同工期

C. 以工期定额为基础适当调整　　D. 实际的客观工期

3. 建设单位为工程办理质量、安全监督手续应在(　　)。

A. 施工图纸报审前　　　　　　　B. 工程开工前

C. 领取施工许可证前　　　　　　D. 领取开工报告后

4. 装修工程涉及(　　)变动的，建设单位应当委托原设计单位或者有相应资质的设计单位提出设计方案。

A. 建筑主体和承重结构　　　　　B. 消防系统

C. 电器系统　　　　　　　　　　D. 燃气系统

5. 根据《建设工程质量管理条例》，关于设计单位权利的说法，正确的是(　　)。

A. 为节约投资成本，设计单位可不依据勘察成果文件进行设计

B. 设计单位有权将所承揽的工程交由资质等级更高的设计单位完成

C. 有特殊要求的专用设备，设计单位可以指定生产厂商或供应商

D. 设计深度由设计单位酌定

6. 下列不属于工程监理机构实施工程监理依据的是(　　)。

A. 建设工程施工合同　　　　　　B. 建设工程监理合同

C. 行政法规　　　　　　　　　　D. 设计变更洽商文件

7. 监理单位对施工单位已经检验的工程进行检验，属于(　　)监理形式。

A. 旁站　　　　　　　　　　　　B. 巡视

C. 平行检验　　　　　　　　　　D. 及时检验

8. 根据《建设工程质量管理条例》，关于工程监理单位质量责任和义务的说法，正确的是(　　)。

A. 监理单位不得与被监理工程的设计单位有利害关系

B. 监理单位对施工质量实施监理，并对施工质量承担监理责任

C. 未经总监理工程师签字，建筑材料不得在工程上使用

D. 施工图深化文件是监理工作的主要依据

9. 根据《建设工程质量管理条例》，设计单位在设计文件中选用的建筑材料、建筑构

配件和设备,应当(　　)。

A. 按照建设单位的指令确定　　　　B. 注明规格、型号、性能等技术指标

C. 注明生产厂、供应商　　　　　　D. 征求施工企业的意见

10. 某项目由具备相应建筑业企业资质的建设单位自行施工,关于确定监理单位的说法,正确的是(　　)。

A. 应当自行委托监理单位　　　　　B. 应当招标选择监理单位

C. 可不委托监理单位　　　　　　　D. 应当由建设主管部门指定监理单位

二、多项选择题

1. 根据《最高人民法院关于审理建设工程施工合同纠纷案件适用法律问题的解释》,发包人的下列行为中,造成建设工程质量缺陷,应承担过错责任的有(　　)。

A. 提供的设计有缺陷

B. 提供的建筑材料不符合强制标准

C. 指定购买的建筑构配件不符合强制标准

D. 同意总承包人依法选择的分包人分包专业工程

E. 直接指定分包人分包专业工程

2. 下列选项中,属于设计单位应承担的质量义务的是(　　)。

A. 根据勘查成果文件进行工程设计

B. 对正在送审的设计文件进行技术交底

C. 依法办理工程质量监督手续

D. 见证取样和送检

E. 参与建设工程质量事故分析

3. 必须经总监理工程师签字的工作是(　　)。

A. 开工、停工、复工令　　　　　　B. 隐蔽工程验收

C. 竣工验收　　　　　　　　　　　D. 建设单位拨付工程进度款

E. 基坑支护专项施工方案

4. 关于建设工程依法实行工程监理的说法,正确的是(　　)。

A. 建设单位应当委托该工程的设计单位进行工程监理

B. 工程监理单位不能与建设单位有隶属关系

C. 工程监理单位不能与该工程的设计单位有利害关系

D. 工程监理单位不能与施工单位有隶属关系

E. 建设单位应当委托具有相应资质等级的工程监理单位进行监理

5. 下列建设工程必须实行监理(　　)。

A. 国家重点建设工程

B. 小型公用事业工程

C. 成片开发建设的住宅小区工程

D. 利用外国政府或者国际组织贷款、援助资金的工程

E. 国家规定必须实行监理的其他工程

三、简答题

某工程,建设单位与 A 施工单位签订了施工合同,与 C 监理单位签订了监理合同,

经建设单位同意，A 施工单位确定 B 施工单位作为分包单位，并签订了分包合同。

施工过程中，A 施工单位的资金出现困难，无法按分包合同约定支付 B 施工单位的工程进度款，B 施工单位向建设单位提出支付申请，建设单位同意申请，并向 B 施工单位支付进度款。

专业监理工程师在巡视中发现，B 施工单位正在施工的部位存在质量隐患，专业监理工程师随即向 A 施工单位签发了整改通知。A 施工单位回函称，建设单位已直接向 B 施工单位支付了工程款，因而本单位对 B 施工单位施工的工程质量不承担责任。

工程完工，A 施工单位向建设单位提交了竣工验收报告后，建设单位于 2016 年 10 月 20 日组织勘察、设计、施工、监理等单位竣工验收，工程竣工验收通过，各单位分别签署了工程质量竣工验收鉴定证书。建设单位于 2017 年 4 月办理了工程竣工备案。因使用需要，建设单位于 2016 年 11 月中旬，要求 B 施工单位按其示意图在已竣工验收的地下车库承重墙上开车库大门，该工程于 2016 年 12 月底正式投入使用。2018 年 3 月，该工程排水管道严重漏水，经 C 监理单位实地检查，确认系新开车库门施工时破坏了承重结构所致。建设单位依据工程还在保修期内，要求 A 施工单位无偿修理。建设行政主管部门对责任单位进行了处罚。

问题：

1. A 施工单位回函的说法是否正确？
2. 该工程排水管道严重漏水，应该由哪些单位承担责任？
3. 就该案例，建设行政主管部门应该处罚哪些单位？

任务 5.4　建设工程竣工验收制度

【案例 5-4】 竣工验收后未按时支付工程结算款应承担的相应违约责任

2015 年 8 月 28 日，原告昆仑建设股份有限公司通过投标方式中得被告某市中南房地产开发有限公司开发建设的国际广场二期公共区域精装修工程，中标价为 1899437 元。应被告通知，原、被告于 2015 年 10 月 21 日签订国际广场二期公共区域精装修工程施工合同，合同约定承包方式为包工包料，合同总价为总价包干，综合单价闭口合同，合同价为人民币 1899437 元；双方约定经发包人审核及发包人内部流程复核及审批确认等作为合同价款的其他调整因素；工程完工后 28 日内向发包人提供完整的、经签字盖章的竣工图纸、竣工资料；结算方式为总价包干，单价闭口，设计变更按时结算。

工程质量保修期为 2 年，自整体工程竣工验收合格并取得相关验收的书面文件之日为保修起始日；预留 5% 作为工程保修金，待质保期 2 年满后十五日内一次付清（无息）；施工合同同时对违约责任的条款进行了约定。施工合同签订后，应被告通知，原告于 2015 年 10 月 25 日进场施工，2016 年 7 月 31 日涉案工程经验收合格并投入使用。2018 年 8 月，原告向被告提交了完整的竣工结算资料。2019 年 3 月 29 日，被告就原告施工过程中增项部分进行确认，确认增项部分工程价款为 182210 元。

另查明，被告陆续向原告支付工程款 1074594 元，剩余工程款至今未予支付。

上述事实，有原告提供的中标通知书、施工合同、开工报告、竣工验收记录、现场签证审批表、结算审核资料书等证据及庭审笔录在卷为凭，足以认定。

请问：

双方签订的合同是否合法有效？被告是否有权要求原告支付全部工程欠款？

案例5-4解析

5.4.1　竣工验收的主体和法定条件

1. 建设工程竣工验收的主体

《建设工程质量管理条例》第十六条规定，建设单位收到建设工程竣工报告后，应当组织设计、施工、工程监理等有关单位进行竣工验收。

2013 年 12 月 2 日发布的《房屋建筑和市政基础设施工程竣工验收规定》第三条、第四条规定，国务院住房和城乡建设主管部门负责全国工程竣工验收的监督管理。县级以上地方人民政府建设主管部门负责本行政区域内工程竣工验收的监督管理，具体工作可以委托所属的工程质量监督机构实施。工程竣工验收由建设单位负责组织实施。

2. 竣工验收应当具备的法定条件

《建筑法》第六十一条规定，交付竣工验收的建筑工程，必须符合规定的建筑工程质量标准，有完整的工程技术经济资料和经签署的工程保修书，并具备国家规定的其他竣工条件。建筑工程竣工经验收合格后，方可交付使用；未经验收或者验收不合格的，不得交付使用。

《房屋建筑和市政基础设施工程竣工验收规定》第五条规定，工程符合下列要求方可进行竣工验收：

（1）完成工程设计和合同约定的各项内容。

（2）施工单位在工程完工后对工程质量进行了检查，确认工程质量符合有关法律、法规和工程建设强制性标准，符合设计文件及合同要求，并提出工程竣工报告。工程竣工报告应经项目经理和施工单位有关负责人审核签字。

（3）对于委托监理的工程项目，监理单位对工程进行了质量评估，具有完整的监理资料，并提出工程质量评估报告。工程质量评估报告应经总监理工程师和监理单位有关负责人审核签字。

（4）勘察、设计单位对勘察、设计文件及施工过程中由设计单位签署的设计变更通知书进行了检查，并提出质量检查报告。质量检查报告应经该项目勘察、设计负责人和勘察、设计单位有关负责人审核签字。

（5）有完整的技术档案和施工管理资料。

（6）有工程使用的主要建筑材料、建筑构配件和设备的进场试验报告，以及工程质量检测和功能性试验资料。

（7）建设单位已按合同约定支付工程款。

（8）有施工单位签署的工程质量保修书。

（9）对于住宅工程，进行分户验收并验收合格，建设单位按户出具《住宅工程质量分户验收表》。

（10）建设主管部门及工程质量监督机构责令整改的问题全部整改完毕。

（11）法律、法规规定的其他条件。

5.4.2 工程竣工验收程序

《房屋建筑和市政基础设施工程竣工验收规定》第六条规定，工程竣工验收应当按以下程序进行：

（1）工程完工后，施工单位向建设单位提交工程竣工报告，申请工程竣工验收。实行监理的工程，工程竣工报告须经总监理工程师签署意见。

（2）建设单位收到工程竣工报告后，对符合竣工验收要求的工程，组织勘察、设计、施工、监理等单位组成验收组，制定验收方案。对于重大工程和技术复杂工程，根据需要可邀请有关专家参加验收组。

（3）建设单位应当在工程竣工验收7个工作日前将验收的时间、地点及验收组名单书面通知负责监督该工程的工程质量监督机构。

（4）建设单位组织工程竣工验收

① 建设、勘察、设计、施工、监理单位分别汇报工程合同履约情况和在工程建设各个环节执行法律、法规和工程建设强制性标准的情况；

② 审阅建设、勘察、设计、施工、监理单位的工程档案资料；

③ 实地查验工程质量；

④ 对工程勘察、设计、施工、设备安装质量和各管理环节等方面作出全面评价，形成经验收组人员签署的工程竣工验收意见。

参与工程竣工验收的建设、勘察、设计、施工、监理等各方不能形成一致意见时，应当协商提出解决的方法，待意见一致后，重新组织工程竣工验收。

工程竣工验收合格后，建设单位应当及时提出工程竣工验收报告。工程竣工验收报告主要包括工程概况，建设单位执行基本建设程序情况，对工程勘察、设计、施工、监理等方面的评价，工程竣工验收时间、程序、内容和组织形式，工程竣工验收意见等内容。

5.4.3　竣工验收备案、档案移交

1. 建设工程竣工验收备案

《房屋建筑和市政基础设施工程竣工验收规定》第九条规定，建设单位应当自工程竣工验收合格之日起 15 日内，依照《房屋建筑和市政基础设施工程竣工验收备案管理办法》（住房和城乡建设部令第 2 号）的规定，向工程所在地的县级以上地方人民政府建设主管部门备案。

建设单位办理工程竣工验收备案应当提交下列文件：①工程竣工验收备案表；②工程竣工验收报告。竣工验收报告应当包括工程报建日期，施工许可证号，施工图设计文件审查意见，勘察、设计、施工、工程监理等单位分别签署的质量合格文件及验收人员签署的竣工验收原始文件，市政基础设施的有关质量检测和功能性试验资料以及备案机关认为需要提供的有关资料；③法律、行政法规规定应当由规划、环保等部门出具的认可文件或者准许使用文件；④法律规定应当由公安消防部门出具的对大型的人员密集场所和其他特殊建设工程验收合格的证明文件；⑤ 施工单位签署的工程质量保修书；⑥法规、规章规定必须提供的其他文件。住宅工程还应当提交《住宅质量保证书》和《住宅使用说明书》。

2. 建设工程档案资料移交

《建设工程质量管理条例》第十七条规定，建设单位应当严格按照国家有关档案管理的规定，及时收集、整理建设项目各环节的文件资料，建立健全建设项目档案，并在建设工程竣工验收后，及时向建设行政主管部门或者其他有关部门移交建设项目档案。

2019 年 3 月，住房和城乡建设部经修改后发布的《城市建设档案管理规定》中第六条、第七条规定，建设单位应当在工程竣工验收后 3 个月内，向城建档案馆报送一套符合规定的建设工程档案。凡建设工程档案不齐全的，应当限期补充。

勘察、设计、施工、监理等单位应将本单位形成的工程文件立卷后向建设单位移交。

建设工程项目实行总承包管理的，总包单位应负责收集、汇总各分包单位形成的工程档案，并应及时向建设单位移交；各分包单位应将本单位形成的工程文件整理、立卷后及时移交总包单位。建设工程项目由几个单位承包的，各承包单位应负责收集、整理立卷其承包项目的工程文件，并应及时向建设单位移交。

5.4.4　规划、消防、节能、环保等验收的规定

《建设工程质量管理条例》第四十九条规定，建设单位应当自建设工程竣工验收合格之日起 15 日内，将建设工程竣工验收报告和规划、公安消防、环保等部门出具的认可文件或者准许使用文件报建设行政主管部门或者其他有关部门备案。

1. 建设工程竣工规划验收

2019 年 4 月 23 日，经修正后发布的《中华人民共和国城乡规划法》（以下简称《城乡规划法》）第四十五条规定，县级以上地方人民政府城乡规划主管部门按照国务院规定对建设工程是否符合规划条件予以核实。未经核实或者经核实不符合规划条件的，建设单位不得组织竣工验收。建设单位应当在竣工验收后六个月内向城乡规划主管部门报送有关竣工验收资料。

建设工程竣工后，建设单位应当依法向城乡规划行政主管部门提出竣工规划验收申请，由城乡规划行政主管部门按照选址意见书、建设用地规划许可证、建设工程规划许可证、乡村建设规划许可证及其有关规划的要求，对建设工程进行规划验收，包括对建设用地范围内的各项工程建设情况，建筑物的使用性质、位置、间距、层数、标高、平面、立

面、外墙装饰材料和色彩，各类配套服务设施、临时施工用房、施工场地等进行全面核查，并作出验收记录。对于验收合格的，由城乡规划行政主管部门出具规划认可文件或核发建设工程竣工规划验收合格证。

2. 建设工程竣工消防验收

2019年4月，经修改后公布的《中华人民共和国消防法》（以下简称《消防法》）第十三条规定，国务院住房和城乡建设主管部门规定应当申请消防验收的建设工程竣工，建设单位应当向住房和城乡建设主管部门申请消防验收。前款规定以外的其他建设工程，建设单位在验收后应当报住房和城乡建设主管部门备案，住房和城乡建设主管部门应当进行抽查。依法应当进行消防验收的建设工程，未经消防验收或者消防验收不合格的，禁止投入使用；其他建设工程经依法抽查不合格的，应当停止使用。

（1）特殊建设工程消防验收制度

2020年1月19日公布的《建设工程消防设计审查验收管理暂行规定》第二十六条、第三十条规定，对特殊建设工程实行消防验收制度。特殊建设工程竣工验收后，建设单位应当向消防设计审查验收主管部门申请消防验收；未经消防验收或者消防验收不合格的，禁止投入使用。消防设计审查验收主管部门应当自受理消防验收申请之日起十五日内出具消防验收意见。

（2）其他建设工程消防备案抽查制度

《建设工程消防设计审查验收管理暂行规定》第三十三条、第三十四条规定，对其他建设工程实行备案抽查制度。其他建设工程经依法抽查不合格的，应当停止使用。其他建设工程竣工验收合格之日起五个工作日内，建设单位应当报消防设计审查验收主管部门备案。

知识链接5-1 特殊建设工程

消防设计审查验收主管部门应当对备案的其他建设工程进行抽查。抽查工作推行"双随机、一公开"制度，随机抽取检查对象，随机选派检查人员。抽取比例由省、自治区、直辖市人民政府住房和城乡建设主管部门，结合辖区内消防设计、施工质量情况确定，并向社会公示。

消防设计审查验收主管部门应当自其他建设工程被确定为检查对象之日起十五个工作日内，按照建设工程消防验收有关规定完成检查，制作检查记录。检查结果应当通知建设单位，并向社会公示。

3. 建设工程竣工环保验收

2017年7月16日，经国务院修正后公布的《建设项目环境保护管理条例》第十七条规定，编制环境影响报告书、环境影响报告表的建设项目竣工后，建设单位应当按照国务院环境保护行政主管部门规定的标准和程序，对配套建设的环境保护设施进行验收，编制验收报告。建设单位在环境保护设施验收过程中，应当如实查验、监测、记载建设项目环境保护设施的建设和调试情况，不得弄虚作假。除按照国家规定需要保密的情形外，建设单位应当依法向社会公开验收报告。

《建设项目环境保护管理条例》第十八条、第十九条规定，分期建设、分期投入生产或者使用的建设项目，其相应的环境保护设施应当分期验收。编制环境影响报告书、环境影响报告表的建设项目，其配套建设的环境保护设施经验收合格，方可投入生产或者使用；未经验收或者验收不合格的，不得投入生产或者使用。

4. 建筑工程节能验收

2018 年 10 月 26 日，经修正后公布的《中华人民共和国节约能源法》第三十五条规定，建筑工程的建设、设计、施工和监理单位应当遵守建筑节能标准。不符合建筑节能标准的建筑工程，建设主管部门不得批准开工建设；已经开工建设的，应当责令停止施工、限期改正；已经建成的，不得销售或者使用。建设主管部门应当加强对在建建筑工程执行建筑节能标准情况的监督检查。

2008 年 8 月，国务院发布的《民用建筑节能条例》第十七条规定，建设单位组织竣工验收，应当对民用建筑是否符合民用建筑节能强制性标准进行查验；对不符合民用建筑节能强制性标准的，不得出具竣工验收合格报告。

建筑节能工程施工质量的验收，主要应按照国家标准《建筑节能工程施工质量验收标准》GB 50411—2019 以及《建筑工程施工质量验收统一标准》GB 50300—2013、各专业工程施工质量验收规范等执行。

建筑节能工程为单位建筑工程的一个分部工程。建筑节能工程验收资料应单独组卷。

5.4.5　竣工结算、质量争议的规定

在工程建设后期竣工验收阶段，建设单位与施工单位容易就工程价款结算、质量缺陷等引起纠纷，导致建设工程不能及时办理竣工验收交付使用。

1. 工程合同价款的约定与调整

2004 年 10 月，财政部、原建设部发布的《建设工程价款结算暂行办法》第十条规定，工程设计变更价款调整：

（1）施工中发生工程变更，承包人按照经发包人认可的变更设计文件，进行变更施工，其中，政府投资项目重大变更，需按基本建设程序报批后方可施工。

（2）在工程设计变更确定后 14 天内，设计变更涉及工程价款调整的，由承包人向发包人提出，经发包人审核同意后调整合同价款。变更合同价款按下列方法进行：

1）合同中已有适用于变更工程的价格，按合同已有的价格变更合同价款；

2）合同中只有类似于变更工程的价格，可以参照类似价格变更合同价款；

3）合同中没有适用或类似于变更工程的价格，由承包人或发包人提出适当的变更价格，经对方确认后执行。如双方不能达成一致的，双方可提请工程所在地工程造价管理机构进行咨询或按合同约定的争议或纠纷解决程序办理。

（3）工程设计变更确定后 14 天内，如承包人未提出变更工程价款报告，则发包人可根据所掌握的资料决定是否调整合同价款和调整的具体金额。重大工程变更涉及工程价款变更报告和确认的时限由发承包双方协商确定。

收到变更工程价款报告一方，应在收到之日起 14 天内予以确认或提出协商意见，自变更工程价款报告送达之日起 14 天内，对方未确认也未提出协商意见时，视为变更工程价款报告已被确认。确认增（减）的工程变更价款作为追加（减）合同价款与工程进度款同期支付。

2. 工程价款结算

《建设工程价款结算暂行办法》第十四条规定，工程完工后，双方应按照约定的合同价款及合同价款调整内容以及索赔事项，进行工程竣工结算。

（1）工程竣工结算编审

1）单位工程竣工结算由承包人编制，发包人审查；实行总承包的工程，由具体承包人编制，在总包人审查的基础上，发包人审查。

2）单项工程竣工结算或建设项目竣工总结算由总（承）包人编制，发包人可直接进行审查，也可以委托具有相应资质的工程造价咨询机构进行审查。政府投资项目，由同级财政部门审查。单项工程竣工结算或建设项目竣工总结算经发、承包人签字盖章后有效。

承包人应在合同约定期限内完成项目竣工结算编制工作，未在规定期限内完成的并且提不出正当理由延期的，责任自负。

（2）工程竣工结算审查期限

单项工程竣工后，承包人应在提交竣工验收报告的同时，向发包人递交竣工结算报告及完整的结算资料，发包人应按以下规定时限进行核对（审查）并提出审查意见。

工程竣工结算报告金额及审查时间：

1）500万元以下，从接到竣工结算报告和完整的竣工结算资料之日起20天；

2）500万～2000万元，从接到竣工结算报告和完整的竣工结算资料之日起30天；

3）2000万～5000万元，从接到竣工结算报告和完整的竣工结算资料之日起45天；

4）5000万元以上，从接到竣工结算报告和完整的竣工结算资料之日起60天。

建设项目竣工总结算在最后一个单项工程竣工结算审查确认后15天内汇总，送发包人后30天内审查完成。

（3）工程竣工价款结算

发包人收到承包人递交的竣工结算报告及完整的结算资料后，在规定的期限内进行核实，给予确认或者提出修改意见。发包人确认竣工结算报告后通知经办银行向承包人支付工程竣工结算价款，从应付的工程款中预留不高于工程价款结算总额3%的质量保证金，用以保证承包人在缺陷责任期内对建设工程出现的缺陷进行维修的资金。

3. 工程价款结算争议处理

《建设工程价款结算暂行办法》第十九条、第二十条规定，发包人对工程质量有异议，已竣工验收或已竣工未验收但实际投入使用的工程，其质量争议按该工程保修合同执行；已竣工未验收且未实际投入使用的工程以及停工、停建工程的质量争议，应当就有争议部分的竣工结算暂缓办理，双方可就有争议的工程委托有资质的检测鉴定机构进行检测，根据检测结果确定解决方案，或按工程质量监督机构的处理决定执行，其余部分的竣工结算依照约定办理。

知识链接5-2 合同以外零星项目工程价款结算

当事人对工程造价发生合同纠纷时，可通过下列办法解决：①双方协商确定；②按合同条款约定的办法提请调解；③向有关仲裁机构申请仲裁或向人民法院起诉。

4. 竣工工程质量争议的处理

建设工程竣工时发现的质量问题或者质量缺陷，无论是建设单位的责任、还是其他第三方的责任（如设计单位、物业管理单位）或者不可抗力原因造成的，施工单位都有义务进行修复或返修。但是，对于非施工单位原因出现的质量问题或质量缺陷，其返修的费用和造成的损失是应由责任方承担的，先由发包方承担，再进行追责索赔。

（1）承包方责任的处理

《民法典》第八百零一条规定，因施工人的原因致使建设工程质量不符合约定的，发包人有权要求施工人在合理期限内无偿修理或者返工、改建。

《最高人民法院关于审理建设工程施工合同纠纷案件适用法律问题的解释》第十一条规定，因承包人的过错造成建设工程质量不符合约定，承包人拒绝修理、返工或者改建，发包人请求减少支付工程价款的，应予支持。

（2）发包方责任的处理

《最高人民法院关于审理建设工程施工合同纠纷案件适用法律问题的解释》第十二条规定，发包人具有下列情形之一，造成建设工程质量缺陷，应当承担过错责任：①提供的设计有缺陷；②提供或者指定购买的建筑材料、建筑构配件、设备不符合强制性标准；③直接指定分包人分包专业工程。

（3）未经竣工验收擅自使用的处理

《建筑法》《建设工程质量管理条例》均规定，建设工程竣工经验收合格后，方可交付使用；未经验收或验收不合格的，不得交付使用。

《最高人民法院关于审理建设工程施工合同纠纷案件适用法律问题的解释》第十三条规定，建设工程未经竣工验收，发包人擅自使用后，又以使用部分质量不符合约定为由主张权利的，不予支持；但是承包人应当在建设工程的合理使用寿命内对地基基础工程和主体结构质量承担民事责任。

【任务5.4 小结】

1. 建设单位收到建设工程竣工报告后，应当组织设计、施工、工程监理等有关单位进行竣工验收。

2. 县级以上规划行政主管部门对建设工程是否符合规划条件予以核实。未经核实或经核实不符合规划条件的，建设单位不得组织竣工验收；特殊建设工程由建设单位向消防部门申请验收；其他工程由建设单位验收，验收后报消防部门备案；建设单位应当按照国务院环保部门规定的标准和程序，对配套建设的环境保护设施进行验收。建设单位组织竣工验收，应当对民用建筑是否符合民用建筑节能强制性标准进行查验。

3. 建设单位应当自竣工验收合格之日起15日内，向工程所在地县级以上建设主管部门进行备案。

4. 发包人根据确认的竣工结算报告向承包人支付工程竣工结算价款。保留不高于工程价款结算总额3%的质量保证金，待工程交付使用缺陷责任期到期后清算返还。

5. 建设工程竣工时发现的质量问题或者质量缺陷，无论是建设单位的责任、还是其他第三方的责任（如设计单位、物业管理单位）造成的，施工单位都有义务进行修复或返修。

班级：_____　　　姓名：_____　　　成绩：_____

【任务 5.4 习题】

一、单项选择题

1. 建设单位收到（　　）后，应当组织设计、施工、监理等有关单位组织竣工验收。

A. 监理单位出具的质量评估报告　　　　B. 施工单位出具的质量保修书

C. 设计单位签署的质量合格文件　　　　D. 施工单位提交的建设工程竣工报告

2. 按照《建设工程质量管理条例》，工程竣工验收应当具备的条件有（　　）。

A. 技术档案已经移交城建档案馆　　　　B. 已经办理竣工结算

C. 施工单位已经出具工程保修书　　　　D. 各单位共同签署质量合格文件

3. 建设单位在工程招标及与勘察、设计、施工、监理等单位签订合同时，应对工程文件的套数、费用、质量、移交时间等提出明确要求。勘察、设计、施工、监理等单位应将本单位形成的工程文件立卷后（　　）。

A. 向建设行政主管部门移交　　　　　　B. 向城建档案馆移交

C. 向建设单位移交　　　　　　　　　　D. 通过建设单位转交

4. 某教学楼扩建工程，（　　）应当组织有关单位补充原建设工程档案。

A. 建设单位　　　　　　　　　　　　　B. 施工单位

C. 城建档案馆　　　　　　　　　　　　D. 监理单位

5. 对于依法不需要公安消防机构进行消防设计审查的工程，（　　）。

A. 公安消防机构应当进行消防验收

B. 不需要进行消防验收

C. 公安消防机构不需要抽查

D. 建设单位在消防验收后应当报公安消防机构备案

6. 关于建设工程未经竣工验收，发包人擅自使用后又以使用部分质量不符合约定为由主张权利的说法，正确的是（　　）。

A. 发包人以装饰工程质量不符合约定主张索赔的，应予支持

B. 凡不符合合同约定或者验收规范的工程质量问题，承包人均应当承担责任

C. 承包人应当在工程的合理使用寿命内对地基基础和主体结构质量承担责任

D. 承包人的保修责任可以免除

7. 根据《最高人民法院关于审理建设工程施工合同纠纷案件适用法律问题的解释》，关于竣工工程质量责任的说法，正确的是（　　）。

A. 发包人指定分包人分包专业工程，应由分包人对承包人承担责任

B. 建设工程未经竣工验收投入使用后，承包人在合理使用寿命内对地基基础工程质量承担民事责任

C. 建设工程未经竣工验收投入使用，不免除承包人的保修责任

D. 建设工程竣工时发现的质量问题，如果不是承包人的原因导致的，承包人有权拒绝修复

8. 建设项目竣工总结算应在（　　）汇总，送发包人后 30 天内审查完成。

A. 最后一个单项工程竣工结算审查确认后 15 天内

B. 工程竣工验收完毕后

C. 单位工程竣工结算审查后

D. 财政部门审查后

9. 以下关于建设工程竣工验收备案说法错误的是(   )。

A. 建设单位应当在竣工验收合格之日起 15 日内办理备案

B. 竣工验收备案不提交消防部门的验收合格证明文件

C. 工程竣工验收备案表一式二份，一份由建设单位保存，一份留备案机关存档

D. 备案机关发现竣工验收过程违法的，应当责令停止使用，重新组织竣工验收

10. 某商场在竣工验收合格后，未办理竣工备案即投入使用，营业中因消防设施不符合要求造成火灾，该损失由(   )承担赔偿责任。

A. 建设单位   B. 总承包单位

C. 消防分包单位   D. 验收单位

二、多项选择题

1.《建设工程消防监督管理规定》要求，建设单位申请消防验收应当提供的资料包括(   )。

A. 工程竣工验收报告

B. 所有建筑构件、建筑材料、室内装修装饰材料的出厂合格证

C. 消防产品质量合格文件

D. 消防设施、电气防火技术检测合格证明

E. 施工、监理、检测单位的资质等级证明

2. 根据最高人民法院司法解释，因发包人下列行为导致的工程质量缺陷，发包人应当承担过错责任的有(   )。

A. 提供的设计图纸有缺陷

B. 提供的建筑构配件不符合强制标准

C. 直接指定分包人分包专业工程

D. 发包人未组织竣工验收擅自使用工程，主体结构出现质量缺陷

E. 指定购买的设备不符合强制性标准

3. 某体育馆项目竣工验收后，建设单位办理工程竣工验收备案应提交下列文件包括(   )。

A. 由规划、环保等部门出具的认可文件或者准许使用文件

B. 公安消防部门出具的对大型的人员密集场所和其他特殊建设工程验收合格的证明文件

C.《质量保证书》和《使用说明书》

D. 质量保修书

E. 工程竣工验收报告

4. 某工程项目未经竣工验收，发包人擅自使用后，楼板出现裂痕，经鉴定是由于承包人偷工减料造成的，关于此项目质量责任的说法，正确的有(   )。

A. 未经竣工验收使用此工程，由发包人承担责任

B. 承包人在建设工程设计文件规定的合理使用年限内对主体结构承担民事责任

C. 承包人应当负责返修，费用由发包人承担

D. 造成发包人损失的，承包人不承担责任

E. 承包人应当负责返修，费用由承包人承担

5. 关于竣工验收时应当提交的档案资料的说法，正确的有（　　）。

A. 建设单位应当在建设工程竣工验收后，及时向建设行政主管部门或其他有关部门移交建设项目档案

B. 施工企业应当在合同中明确要求勘察、设计、监理等单位分别提供各环节文件资料

C. 施工企业应当按照归档要求制定统一目录

D. 工程检验评定资料应当由施工企业提交

E. 工程检验评定资料无需在竣工时提交

三、思考题

1. 某住宅施工项目，总建筑面积 60000m²，项目进入室外排水管网施工时，建设单位因工程销售需要，强令施工方项目经理组织竣工验收，试分析不妥之处。

2. 某办公楼为现浇框架结构，地下 1 层，地上 6 层。主体结构施工到第 4 层时，发现 3 层竖向结构混凝土试块强度达不到设计要求，委托省级有资质的检测单位，对 3 层竖向实体结构进行检测鉴定，认定 3 层竖向实体结构强度能够达到设计要求。问题：3 层竖向结构的质量应如何验收？

3. 甲房地产开发公司与乙建筑公司签订了一份建筑工程承包合同。合同规定，乙建筑公司为甲房地产开发公司建造一栋办公楼，开工时间为 2018 年 6 月 8 日，竣工时间为 2019 年 12 月 8 日。在施工过程中，乙建筑公司以工期紧为由，在一些隐蔽工程隐蔽前没有通知甲房地产开发公司、监理工程师和建设工程质量监督机构，就进行了下一道工序施工。在竣工验收时，发现该工程存在多处质量缺陷，甲房地产开发公司要求该乙建筑公司返修，但乙建筑公司以下一个工程项目马上要开工为由，拒绝返修。问题：

（1）该建筑公司有何过错？

（2）该办公楼工程的质量问题应该如何解决？

任务 5.5　建设工程质量保修制度

建设工程质量保修制度，是指建设工程竣工经验收后，在规定的保修期限内，因勘察、设计、施工、材料等原因造成的质量缺陷，应当由施工承包单位负责维修、返工或更换，由责任单位负责赔偿损失的法律制度。《建筑法》《建设工程质量管理条例》均规定，建设工程实行质量保修制度。

5.5.1　质量保修书和最低保修期限的规定

1. 建设工程质量保修书

《建设工程质量管理条例》第三十九条规定，建设工程承包单位在向建设单位提交工程竣工验收报告时，应当向建设单位出具质量保修书。质量保修书中应当明确建设工程的保修范围、保修期限和保修责任等。

（1）质量保修责任

保修责任指的是施工单位对已交付的工程的一种保修义务，建设工程在保修范围和保修期限内发生的质量问题的，即使非因施工原因产生的质量问题，施工单位应当履行保修义务，否则应承担相应的法律责任。

《最高人民法院关于审理建设工程施工合同纠纷案件适用法律问题的解释》规定，因保修人未及时履行保修义务，导致建筑物损毁或者造成人身、财产损害的，保修人应当承担赔偿责任。保修人与建筑物所有人或者发包人对建筑物毁损均有过错的，各自承担相应的责任。

（2）质量保修范围

《建筑法》第六十二条规定，建筑工程的保修范围应当包括地基基础工程、主体结构工程、屋面防水工程和其他土建工程，以及电气管线、上下水管线的安装工程，供热、供冷系统工程等项目。

（3）质量保修期限

《建筑法》第六十二条规定，保修的期限应当按照保证建筑物合理寿命年限内正常使用，维护使用者合法权益的原则确定。

2. 建设工程质量的最低保修期限

《建设工程质量管理条例》第四十条规定，在正常使用条件下，建设工程的最低保修期限见表 5-1，其他项目的保修期限由发包方与承包方约定。

建设工程保修范围及最低保修期限　　　　　　　　　表 5-1

法定保修范围	法定最低保修期限
基础设施工程	设计文件注明的合理使用年限
（房屋建筑工程）地基基础	
（房屋建筑工程）主体结构	
屋面防水工程	≥5 年
有防水要求的卫生间、房间	
外墙面的防渗漏	
节能保温工程	

法定保修范围	法定最低保修期限
供热系统	2个采暖期（冬天）
供冷系统	2个供冷期（夏天）
电气管线	≥2年
给排水管道	
设备安装	
装修工程	

工程合理使用年限就是该工程勘察、设计、施工等单位的质量责任年限。

建设工程保修期的起始日是竣工验收合格之日。

3. 建设工程超过合理使用年限后需要继续使用的规定

《建设工程质量管理条例》第四十二条规定，建设工程在超过合理使用年限后需要继续使用的，产权所有人应当委托具有相应资质等级的勘察、设计单位鉴定，并根据鉴定结果采取加固、维修等措施，重新界定使用期。

经过具有相应资质等级的勘察、设计单位鉴定，制定技术加固措施，在设计文件中重新界定使用期，并经有相应资质等级的施工单位进行加固、维修和补强，该建设工程能达到继续使用条件的就可以继续使用。但是不经鉴定、加固等而违法继续使用的，所产生的后果由产权所有人承担。

5.5.2　缺陷责任期的规定

1. 缺陷责任期的期限及起算点

缺陷是指建设工程质量不符合工程建设强制性标准、设计文件，以及承包合同的约定。缺陷责任期指的是在承包人按照合同约定承担缺陷修复义务，且发包人扣留质量保证金的期限。缺陷责任期一般为1年，最长不超过2年，由发承包双方在合同中约定。

缺陷责任期从工程通过竣工验收之日起计。由于承包人原因导致工程无法按规定期限进行竣工验收的，缺陷责任期从实际通过竣工验收之日起计。由于发包人原因导致工程无法按规定期限进行竣工验收的，在承包人提交竣工验收报告90天后，工程自动进入缺陷责任期。

2. 缺陷责任期内承包人与发包人双方的责任划分

缺陷责任期内，由承包人原因造成的缺陷，承包人应负责维修，并承担鉴定及维修费用。如承包人不维修也不承担费用，发包人可按合同约定从保证金或银行保函中扣除，费用超出保证金额的，发包人可按合同约定向承包人进行索赔。承包人维修并承担相应费用后，不免除对工程的损失赔偿责任。由他人原因造成的缺陷，发包人负责组织维修，承包人不承担费用，且发包人不得从保证金中扣除费用。

5.5.3　工程质量保证金的相关规定

1. 工程质量保证金的扣留

2017年6月，住房和城乡建设部、财政部发布的《建设工程质量保证金管理办法》规定，建设工程质量保证金（以下简称保证金）是指发包人与承包人在建设工程承包合同中约定，从应付的工程款中预留，用以保证承包人在缺陷责任期内对建设工程出现的缺陷进行维修的资金。

关于质保金的性质，一般应为保修责任的预留款，实际上应属于质量的担保。扣留保证金应注意：①质保金的形式包括银行保函、扣留部分工程款或其他形式；②保证金总预留比例不得高于工程价款结算总额的 3%。合同约定由承包人以银行保函替代预留保证金的，保函金额不得高于工程价款结算总额的 3%；③工程项目竣工前，已经缴纳履约保证金的，发包人不得同时预留工程质量保证金。

2. 质量保证金的返还

缺陷责任期内，承包人认真履行合同约定的责任，到期后，承包人向发包人申请返还保证金。发包人在接到承包人返还保证金申请后，应于 14 天内会同承包人按照合同约定的内容进行核实。如无异议，发包人应当按照约定将保证金返还给承包人。对返还期限没有约定或者约定不明确的，发包人应当在核实后 14 天内将保证金返还承包人，逾期未返还的，依法承担违约责任。发包人在接到承包人返还保证金申请后 14 天内不予答复，经催告后 14 天内仍不予答复，视同认可承包人的返还保证金申请。

【任务 5.5 小结】

1. 承包单位在提交工程竣工验收申请报告时，应当向建设单位出具质量保修书。质量保修书中应当明确建设工程的保修范围、保修期限和保修责任等。

2. 在正常使用条件下，建设工程的最低保修期限为：①基础设施工程、房屋建筑的地基基础工程和主体结构工程，为设计文件规定的该工程的合理使用年限；②屋面防水工程、有防水要求的卫生间、房间和外墙面的防渗漏，为 5 年；③供热与供冷系统，为 2 个采暖期、供冷期；④电气管线、给排水管道、设备安装和装修工程，为 2 年。

3. 缺陷责任期由双方谈判后具体约定，一般 1 年，最长不超过 2 年。缺陷责任期到期后，承包人向发包人申请返还保证金。

4. 质量保证金从应付工程款中预留不高于结算总额的 3%。承包人提交质量保险、质量保函的，发包人不得再预留保证金。承包人已经缴纳履约保证金的，发包人不得同时预留工程质量保证金。

班级：_____　　姓名：_____　　成绩：_____

【任务 5.5 习题】

一、单项选择题

1. 关于工程合理使用年限的说法，正确的是（　　）。

A. 工程合理使用年限是指工程的地基基础、主体结构能保证在正常情况下安全使用的年限

B. 设计文件应当符合国家规定的设计深度要求，但不必注明工程合理使用年限

C. 工程合理使用年限是从工程实际转移占有之日起算

D. 工程合理使用年限与《合同法》中工程合理使用期限的内涵不一致

2. 以下原因造成质量缺陷，施工单位应承担保修责任的是（　　）。

A. 建设单位擅自改动结构、设备位置　　B. 住户装修过程中破坏防水层造成渗漏

C. 地震造成墙体裂缝　　　　　　　　　D. 砌筑灰缝不密实，造成墙面开裂

3. 关于工程质量保修问题论述中，不符合《建设工程质量管理条例》的是（　　）。

A. 地基基础工程质量保修期为设计文件规定的合理使用年限

B. 发承包双方约定屋面防水工程的保修期为 6 年

C. 保修范围属于法律强制性规定的，承发包双方必须遵守

D. 保修期限法律已有强制性规定的，承发包双方不得协商约定

4. 某商品房住宅工程在交付使用后 20 年，由于洪水冲泡地基造成了质量问题，其维修费用应由（　　）承担。

A. 原建设单位　　　　　　　　　　　B. 原施工单位

C. 原商品房销售单位　　　　　　　　D. 产权所有人共同

5. 某建设项目总投资 5000 万元，使用政府投资 2000 万元。施工合同价 3600 万元，最终与施工单位结算价款总额为 4000 万元。则结算时，应按照（　　）预留质量保证金。

A. 100 万元　　　　　　　　　　　　B. 180 万元

C. 150 万元　　　　　　　　　　　　D. 200 万元

6. 关于质量保证金预留的说法，正确的是（　　）。

A. 缺陷责任期内，非国库集中支付的政府投资项目，保证金必须预留在财政部门

B. 缺陷责任期内，如发包方被撤销，保证金随交付使用资产一并移交给当地建设行政主管部门统一管理

C. 缺陷责任期内，实行国库集中支付的政府投资项目，保证金的管理应按照国库集中支付的有关规定执行

D. 社会投资项目采用预留保证金方式的，发、承包双方必须将保证金交由第三方金融机构托管

7. 关于缺陷责任期确定的说法，正确的是（　　）。

A. 施工合同可以约定缺陷责任期为 26 个月

B. 由于承包人的原因导致工程无法进行竣工验收，缺陷责任期从实际通过竣工验收之日开始计算

C. 某工程 2018 年 6 月 11 日完成建设工程竣工验收备案，该工程缺陷责任期起算时间为 2018 年 6 月 11 日

D. 由于发包人的原因导致工程无法按规定期限进行竣工验收，在承包人提交验收报告 60 天后，工程自动进入缺陷责任期

8. 某基础设施工程未经竣工验收，建设单位擅自提前使用，2 年后发现该工程出现质量问题。关于该工程质量责任的说法，正确的是（　　）。

A. 设计文件中该工程的合理使用年限内，施工企业应当承担质量责任

B. 超过 2 年保修期后，施工企业不承担保修责任

C. 由于建设单位提前使用，施工企业不需要承担质量责任

D. 施工企业是否承担质量责任，取决于建设单位是否已经全额支付工程款

9. 关于质量保证责任的说法，不正确的有（　　）。

A. 因建设单位错误管理造成的质量缺陷，由施工企业负责维修和承担费用

B. 质量保修有保修期限和保修范围的双重约束

C. 因地震、台风、洪水等原因造成的永久工程损坏，由施工企业负责维修，其费用由建设单位承担

D. 建设工程质量保证金是从建设单位应付的工程款中预留的资金

10. 关于建设工程保修义务和损失赔偿责任的说法，不正确的是（　　）。

A. 施工企业未按照设计要求施工造成的质量缺陷，由施工企业负责返修并承担赔偿责任

B. 因设计问题造成的质量缺陷，施工企业先负责维修，其赔偿责任由施工企业向设计单位索赔

C. 因建筑材料质量不合格引起的质量缺陷，如属施工企业采购的，由施工企业负责维修并承担赔偿责任

D. 因使用单位使用不当造成的损坏问题，先由施工企业负责维修，其损失由使用单位自行承担

二、多项选择题

1. 根据《建设工程质量管理条例》，法定质量保修范围有（　　）。

A. 土石方工程　　　　　　　　B. 地基基础工程

C. 电气管线工程　　　　　　　D. 景观绿化工程

E. 屋面防水工程

2. 关于工程保修期的说法，正确的有（　　）。

A. 基础设施工程的保修期为设计文件规定的该工程合理使用年限

B. 在保修期内，施工企业一直负有维修保修义务

C. 屋面防水工程的保修期为 4 年

D. 建设工程保修期的起始日是提交竣工验收报告之日

E. 保修期结束后，返还质量保证金

3. 关于建设工程保修责任的说法，正确的是（　　）。

A. 因建设单位使用不当造成的工程损坏，由施工企业负责维修，其费用由施工企业向建设单位承担

B. 由于设计问题造成的质量缺陷，施工企业有义务维修，其费用由材料采购单位承担

C. 因建筑材料质量不合格引起的质量缺陷，由施工企业负责维修，其费用由材料采购单位承担

D. 因地震等自然灾害造成工程损坏，由施工企业负责维修，其费用由建设单位承担

E. 因施工企业违反有关标准、规范施工导致质量缺陷，由施工企业负责维修

4. 施工单位承担保修责任的前提包括(　　)。

A. 已经过竣工验收合格 　　　　　　 B. 竣工结算已经完成

C. 质量缺陷属于保修范围 　　　　　　 D. 质量缺陷发生在保修期内

E. 质量缺陷仅是施工原因造成

5. 根据《建设工程质量保证金管理办法》，关于缺陷责任期确定的说法，正确的有(　　)。

A. 缺陷责任期一般为 1 年，最长不超过 2 年

B. 缺陷责任期的期限由法律直接规定

C. 缺陷责任期从工程通过竣工验收之日起计

D. 由于承包人原因导致工程无法按规定期限进行竣工验收的，缺陷责任期从实际通过竣工验收之日起计

E. 由于发包人原因导致工程无法按规定期限进行竣工验收的，在承包人提交竣工验收报告 90 天后，工程自动进入缺陷责任期

三、简答题

甲装修工程公司承揽了乙宾馆的装饰装修工程。双方在合同中约定，对于有防水要求的卫生间的保修期限是 3 年。该工程于 2011 年 6 月 4 日竣工验收合格。2015 年 8 月 3 日，该宾馆的卫生间发生大面积的漏水现象，经认定属甲装修公司的质量责任。但甲装修工程公司认为自己没有保修义务，理由是已超出了合同规定的保修期限。

问题：甲装修工程公司是否有保修义务？为什么？

学习情境 6 建筑劳务用工及劳动合同法律制度与实务

知识点

1. 合法用工与非法用工；
2. 建筑劳务管理制度；
3. 订立劳动合同的原则；
4. 劳动合同的种类；
5. 订立劳动合同的相关问题；
6. 劳动合同的履行和变更；
7. 劳动合同的解除和终止；
8. 劳动者的工作时间和休息时间；
9. 劳动者工资；
10. 劳动者安全卫生、特殊保护制度；
11. 劳动者社会保险与福利；
12. 劳动争议的解决。

能力点

1. 能够正确的编写劳动合同；
2. 能够运用劳动合同法保护自身权益；
3. 能够运用劳动争议相关法律制度解决实际问题；
4. 能够搜集劳动争议仲裁申请书所需要的证据；
5. 能够编写劳动仲裁申请书。

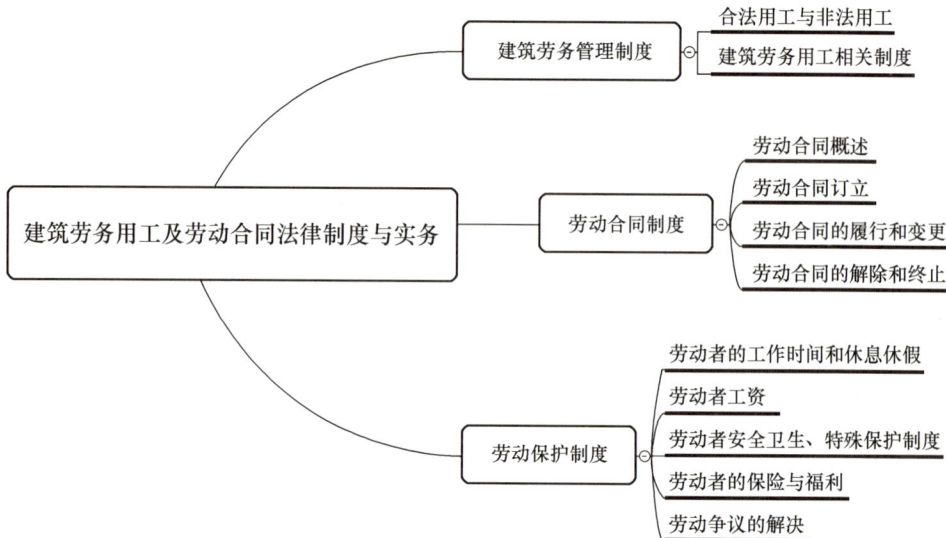

任务 6.1　建筑用工模式与建筑劳务管理制度

【案例 6-1】易某第一次来到 A 市找工作，有老乡介绍他去包工头处务工，也有亲戚带他来到人才市场，成百上千的岗位看的易某眼花缭乱。

请问：易某是应该和包工头签劳动合同还是劳务派遣公司呢？

6.1.1　合法用工与非法用工

1. "包工头"用工模式

20 世纪 80 年代以来，随着建设规模不断扩大，建筑业的发展需要大量务工人员，而农村富余劳动力又迫切要求找到适当工作，"包工头"用工模式便应运而生了。可以说，"包工头"用工模式是在特殊历史条件下的特殊产物。"包工头"作为自然人的民事主体，一方面为解决农村富余劳动力就业提供了一个渠道，另一方面也往往扮演了损害农民工利益的重要角色，在建设领域和劳动领域产生了一定的负面影响。许多"包工头"原有的身份就是农民工。他们凭借灵活的头脑和较广的人脉关系而慢慢演变成"包工头"。其所辖的"务工人员"也逐步由最初的亲戚朋友变成了老乡乃至于老乡的老乡。这种社会关系最初受亲戚朋友、乡里乡亲的约束还显得比较和谐，但用工范围变得越来越宽后，这个没有任何契约凭据而组成的"组织"很多会因为唯利是图而失去道德底线。"包工头"非法人的用工模式，容易导致大量农民工未经安全和职业技能培训就进入建筑工地，给工程质量和安全带来隐患；非法用工现象较为严重，损害农民工合法权益事件时有发生，特别是违法合同无效的规定，极易造成清欠农民工工资债务链的法律关系"断层"，严重扰乱了建筑市场的正常秩序。

2005 年 8 月，原建设部颁发了《关于建立和完善劳务分包制度发展建筑劳务企业的意见》，要求逐步在全国建立基本规范的建筑劳务分包制度，农民工基本被劳务企业或其

案例6-1解析

他用工企业直接吸纳，"包工头"承揽分包业务基本被禁止。2014 年 7 月，住房和城乡建设部又颁发了《关于进一步加强和完善建筑劳务管理工作的指导意见》，2019 年，由住房和城乡建设部、人力资源和社会保障部发布并实施的《建筑工人实名制管理办法（试行）》明确，建筑企业不得聘用未登记的建筑工人，这就杜绝了包工头的用工形式。但现实中，包工头用工形式，在一些工程施工中仍然存在，是一种不规范用工痼疾，究其存在的原因主要有以下几个：

（1）"包工头"的经营成本低。税赋压力大，制约了劳务分包企业的发展。"包工头"在承揽业务的时候，多为挂靠成建制的劳务分包企业，缴纳一定的费用给被挂靠企业。但劳务分包企业需要进行工商注册、税务注册、建筑安全部门注册资质证书和安全生产许可证等。劳务分包企业需要缴纳各种税费，例如：企业的营业税，企业所得税，劳务工人的培训费，各种证件的考核费用等。这些费用对于一个规模很小的分包公司来说，算是一笔不小的开支。"包工头"为了降低成本，不愿意注册劳务分包企业。

（2）"包工头"专业素质较低，无能力注册企业。"包工头"多是最初自己打工，后来带领家乡的亲戚朋友一块出来打工，随着规模的扩大逐渐变成"包工头"。

他们的专业素质一般较低，不知道如何注册企业，更不知道如何经营企业。同时，部分劳务分包企业由于业务较少，便外借资质赚取利润，这正迎合"包工头"的需要。

（3）施工企业愿意雇佣"包工头"。"包工头"实际承揽的业务和劳务分包企业的业务相同，主要区别在于是否是法人制。但劳务分包企业为了维持企业的正常运营费用，往往在报价时稍微高于"包工头"的报价。部分施工企业的项目经理个人收到"包工头"的贿赂，也会把施工任务违法分包给"包工头"。

2. 劳务派遣

劳务派遣又称为人力派遣，是指劳务派遣单位与被派遣劳动者订立劳动合同，把劳动者派向其他用工单位，再由其用工单位向派遣单位支付服务费用的一种用工形式。作为一种特殊劳动关系，劳务派遣具有不同于一般劳动关系的特征：①雇佣与使用相分离；②劳动与关系相分离；③劳动关系主体由两方演变为三方。

劳务派遣法律关系主体是指依据劳动合同法的规定享有权利和承担义务的劳务派遣法律关系的参加者。劳务派遣法律关系主体不同于普通劳动法律关系的主体，包括劳务派遣单位（用人单位）、劳务要派单位（用工单位）及受派遣的劳动者三方主体。劳务派遣从本质上说是将用人单位与劳动者之间的直接雇佣关系转化为间接雇佣关系，劳务派遣机构以一个不实际用工的用人单位的身份出现在传统的劳动者与用人单位之间，实际的用人单位成为用工单位，而劳动者成了受派遣的劳动者，不实际用工的派遣机构由此充当了用人单位的角色。我国《劳动合同法》对于用工单位及劳动者并无特别要求，但对于劳务派遣单位却做出了严格的规范。

（1）劳务派遣单位的成立要件

劳务派遣单位，在我国《劳动合同法》中称为用人单位，是指与劳动者签订劳动合同并将劳动者组织起来，派往实际用工单位的企业法人。劳务派遣单位的主体资格要严于一般用人单位的要求。依据《劳动合同法》第五十七条规定，劳务派遣单位的成立必须满足以下条件：

1）准入制度严格，实行行政许可制。《劳动合同法》第五十七条最后一款明确规定：

"经营劳务派遣业务，应当向劳动行政部门依法申请行政许可；经许可的，依法办理相应的公司登记；未经许可，任何单位和个人不得经营劳务派遣业务。"

2）注册资本要求高，不得少于人民币200万元。和原《劳动合同法》规定为不少于50万元相比，显然修改后的《劳动合同法》对于劳务派遣公司的成立设置了更高的门槛。

3）有固定的经营场所和设施，有合法的派遣管理制度。依据《劳动合同法》第五十七条第一款第二、三项规定，经营劳动派遣业务还要"有与开展业务相适应的固定的经营场所和设施""有符合法律、行政法规规定的劳务派遣管理制度"。

4）符合"法律、行政法规规定的其他条件"，这是一个保底性的规定。劳务派遣单位作为企业法人，依照《公司法》规定，其成立必须有公司章程、公司名称及相应的组织机构及住所。

《劳动合同法》及其《实施条例》还明确规定了对于劳务派遣单位的禁止性要求。第一，用人单位不得实行内部劳务派遣。用人单位不得设立劳务派遣单位向本单位或者所属单位派遣劳动者；用人单位不得出资或合伙设立劳务派遣单位向本单位或者所属单位派遣劳动者；用人单位所属单位不得出资或合伙设立劳务派遣单位向本单位或者所属单位派遣劳动者。实践中有些用人单位自己成立劳务派遣公司，把自己的员工全部通过自己的劳务派遣公司派遣给本单位，用工性质转变，劳动者收入下降，企业用工成本降低。违反本条规定属于违反法律强制性规定，属于无效行为。第二，劳务派遣单位不得以非全日制用工形式招用被派遣劳动者。第三，劳动派遣单位依法解除劳动合同的权利。劳动者有《劳动合同法》第三十九条规定和第四十条第、二项规定情形的，劳务派遣单位依照《劳动合同法》的有关规定，可以解除劳动合同。劳务派遣单位违法解除或者终止被派遣劳动者的劳动合同的。应依照《劳动合同法》承担违法解除或终止劳动合同的法律责任。

（2）劳务派遣单位与用工单位之间的法律关系

在劳务派遣法律关系中，劳务派遣单位与实际用工单位都是独立、平等的民事主体，双方在自愿、平等、协商的基础上签订的劳务派遣协议，实际上就是有关劳动派遣单位向用工单位派遣劳动者并提供劳动服务，而用工单位接受劳动服务并支付对价的民事劳务合同。所以，两者之间是一种民事（劳务）合同关系。但是，由于这种民事合同关系涉及劳动者的权益保护问题，劳动派遣单位与用工单位之间的"劳务派遣协议"除了要遵守《合同法》的一般规定外，还要遵守《劳动合同法》的特殊规定。

1）强制义务。劳务派遣协议是劳动派遣单位与实际用工单位就劳动派遣事项签订的书面合同。《劳动合同法》强制规定劳务派遣单位约定与用工单位签订劳权派遣协议，其中第五十九条规定，劳务派遣单位派遣劳动者应当与接受以劳务派遣形式用工的单位（以下称用工单位）订立劳务派遣协议。

2）明确内容。依据《劳动合同法》的规定，劳务派遣协议应当约定如下4个方面的内容：①派遣岗位和人员数量；②派遣期限；③劳动报酬和社会保险费的数额与支付方式；④违反协议的责任。根据人力资源和社会保障部公布的《劳务派遣暂行规定》（2014年3月1日施行）的要求，劳务派遣协议应当载明的事项包括13项：派遣的工作岗位名称和岗位性质；工作地点；派遣人员数量和派遣期限；按同工同酬原则确定的劳动报酬数额和支付方式；社会保险费数额与支付方式；工作时间和休息休假事项；被派遣劳动者工伤、生育或患病期间的相关待遇；劳动安全卫生以及培训事项；经济补偿等费用；劳务派遣协议期限；劳务派遣服务费的支付方式和标准；违反劳务派遣协议的责任；法律、法规、规章规定应当纳入劳务派遣协议的其他事项。这是派遣协议的必备内容，此外双方还可以约定其他内容。

3）期限限制。用工单位应当根据工作岗位的实际需要与劳务派遣单位确定派遣期限。不得将连续用工期限分别订立数个短期劳务派遣协议。

4）岗位限制。《劳动合同法》第六十六条规定，劳务派遣一般在临时性、辅助性或者替代性的工作岗位上实施。临时性工作岗位是指"存续时间不超过六个月"的岗位；辅助性工作岗位是指"为主营业务岗位提供服务"的非主营业务岗位；替代性工作岗位是指用工单位的劳动者因"脱产学习、休假等原因无法工作的一定期间"内可以由其他劳动者替代工作的岗位。

5）严限劳务派遣工数量。《劳动合同法》第六十六条规定："用工单位应当严格控制劳务派遣用工数量，不得超过其用工总量的一定比例，具体比例由国务院劳动行政都门规定。"根据《劳务派遣暂行规定》（2014）的要求，劳务派遣用工不得超过用工总量的10％。

6）劳动基准限制。《劳动合同法》第六十一条规定，劳务派遣单位跨地区派遣劳动者的，被派遣劳动者享有的劳动报酬和劳动条件，按照用工单位所在地的标准执行。劳务派遣往往是由经济落后面劳动力过剩地区向经济较发达但劳动力短缺的地区进行派遣，这种情况下，用工单位所在地区的劳动条件和劳动报酬一般要优于劳动派遣单位所在地区。这种地区差距往往成为派遣单位和用工单位侵害劳动者合法权益的"驱动力"。因此，《劳动合同法》对此进行了规制。

（3）用工单位与被派遣劳动者之间的法律关系

用工单位与受派劳动者之间的法律关系比较特殊。劳动者虽然直接向用工单位提供劳动，但双方之间并不存在劳动合同关系，只存在事实上的劳动力使用与被使用的关系，而劳动者的报酬支付、人事管理，争议解决都由劳务派遣单位来进行。根据《劳动合同法》第九十二条规定，用工单位给被派遣劳动者造成损害的，劳务派遣单位与用工单位承担连带赔偿责任。这种连带责任的规定实质上是将其作为共同雇主对待。

1）用工单位的义务

《劳动合同法》虽未规定在劳务派遣过程中实际用工单位是劳动法意义上的用人单位，但在第六十二、六十三条等条款中从如下方面强化了用工单位的义务。

① 同工同酬的义务。《劳动合同法》第六十三条规定："用工单位应当按照同工同酬原则，对被派遣劳动者与本单位同类岗位的劳动者实行相同的劳动报酬分配办法。用工单位无同类岗位劳动者的，参照用工单位所在地相同或者和相近岗位劳动者的劳动报酬确定。劳务派遣单位与被派遣劳动者订立的劳动合同和与用工单位订立的劳务派遣协议，载明或者约定的向被派遣劳动者支付的劳动报酬应当符合前款规定。"《劳务派遣暂行规定》还规定了"同工同社保"的义务。

② 执行劳动基准的义务。执行国家劳动标准，提供相应的劳动条件和劳动保护。

③ 告知义务。告知被派遣劳动者的工作要求和劳动报酬。

④ 支付加班费、奖金及福利待遇的义务。支付加班费、绩效奖金，提供与工作岗位相关的福利待遇。加班费的支付与数额不可能在劳务派遣协议中事先约定；绩效奖金是一

定时期或者一项任务完成而按照劳动者绩效计算发放的奖金，也无法事先约定；提供与工作岗位相关的福利待遇体现了劳务派遣工与用工单位其他职工同工同酬的权利。上述工资待遇之外的加班费、绩效奖金及福利待遇，需要由用工单位向受派劳动者在正常的工资待遇之外另行支付。

⑤ 培训义务。对在岗被派遣劳动者进行工作岗位所必需的培训。劳务派遣单位应当按照用工单位的要求派遣符合其要求的劳动者，但如果用工单位在接受被派遣劳动者后认为按照本单位的岗位需求须进一步进行培训的，则由用工单位负责对在岗的被派遣劳动者进行工作岗位所必需的培训，费用也应由用工单位承担。

⑥ 正常调薪的义务。连续用工的，实行正常的工资调整机制。

⑦ 禁止收费义务。用工单位不得向被派遣劳动者收取费用。

⑧ 不得转派遣。用工单位不得将被派遣劳动者再派遣到其他用人单位，必须"自用"。

⑨ 不得内部派遣。不得设立劳务派遣单位向本单位或者所属单位派遣劳动者，即不得自己出资或者其所属单位出资或合伙设立劳务派遣单位然后向本单位或者所属单位派遣劳动者。

2）用工单位的权利

用工单位对于受派遣的劳动者享有如下两个方面的权利：①依法行使生产指挥的权利。如前所述，劳务派遣单位享有对劳动者的员工关系管理权，而用工单位享受对劳动者的生产经营指挥权，因此用工单位可以要求被劳动者按照本单位要求完成劳动任务、严格遵守劳动职业道德和单位劳动纪律、严格遵守劳动安全规程、提高职业技能等。②依法退工的权利。受派劳动者有《劳动合同法》第三十九条规定和第四十条第一、二项规定情形的，用工单位可以将劳动者退回劳动派遣单位，劳务派遣单位依照《劳动合同法》的有关规定，可以解除劳动合同。

（4）被派遣劳动者的权利

在劳务派遣法律关系中，劳动者既与劳务派遣单位之间存在劳动法律关系，也与用工单位之间存在法律关系，所以被派遣劳动者的权利，有的可以向劳务派遣单位主张，有的可以向用工单位主张，有的可以向双方主张。因此，被派遣劳动者主要享有以下权利：

1）劳动报酬权。劳动者无论是否被派遣工作，都有权向劳动派遣单位索要劳动报酬。

2）同工同酬权。《劳动合同法》第六十三条规定："被派遣劳动者享有与用工单位的劳动者同工同酬的权利。"实践中，有些用人单位为规避同工同酬的规定，将某些岗位全部实行劳务派遣，使单位内部的"同工"彻底消失，使得"同酬"失去基础。对此，《劳动合同法》规定"参照用工单位所在地相同或者相近岗位劳动者的劳动报酬确定"。

3）组织或参加工会权。《劳动合同法》第六十四条规定："被派遣劳动者有权在劳务派遣单位或者用工单位依法参加或者组织工会，维护自身的合法权益。"但根据《关于组织劳动派遣工加入工会的规定》（总工发〔2009〕21号）的要求，劳务派遣工应当首选在劳务派遣单位参加或组织工会。

4）知情权。《劳动合同法》第六十条规定："劳务派遣单位应当将劳务派遣协议的内容告知被派遣劳动者。"第六十二条规定："用工单位应当告知被派遣劳动者的工作要求和劳动报酬。"

5）解除劳动合同权。《劳动合同法》第六十五条规定："被派遣劳动者可以依照本法第三十六条、第三十八条的规定与劳务派遣单位解除劳动合同。"所以，协商解除劳动合同（第三十六条）、被迫解除劳动合同（第三十八条）同样适用于被派遣劳动者，该支付经济补偿的，派遣单位同样需依法支付。

6）其他权利。劳务派遣单位及用工单位的法定义务均为劳动者应当享有的权利。

3. 劳务分包

劳务分包又称劳务作业分包，指施工总承包企业或专业承包企业（即劳务作业发包人）将其承包工程的劳务作业发包给劳务承包企业（即劳务作业承包人）完成的活动。2015 年，住房和城乡建设部发布了新的《建筑业企业资质标准》，该标准取消了原规定的13 个劳务资质标准的类别和等级划分，以及施工劳务企业的承包业务范围限制，施工劳务企业可承担各类施工劳务作业。

劳务分包合同的性质内容和对象都源自建设施工合同，其设立和履行的目的是为了建设施工合同的顺利履行，具有一定的从属性。同时，劳务分包又是相对独立的法律关系的产物，其权利义务受自身合同约定的规制和约束，不能把建设施工合同的条款简单地适用到劳务分包之中。

劳务分包的内容是施工劳务而非具体工程项目，典型特点是"包工不包料"，目前的建筑劳务市场上普遍存在的"包工、包主料"属于专业分包，专业分包需要经过建设单位或总承包人同意，而劳务分包无需取得建设单位或总承包人同意。

劳务分包的内容指向是建设工程的施工劳务，其发包人是建设工程总承包人或专业分包的承包人，而接受劳务发包的，必须是具有相应资质的劳务企业，不能是个人。因此，劳务分包属于企业之间的法律关系，不属于劳动关系，也区别于一般的劳务关系。

劳务分包与劳务派遣有所不同，具体的区别如下：

（1）用工主体不同

劳务分包是劳动分工的结果，劳务分包企业既用人又用工，工人从事的岗位明确，由劳务分包企业对工人进行具体的管理。而劳务派遣企业则是用人不用工，对于工人被派遣到什么岗位不明确。劳务派遣企业不对工人进行具体管理。

（2）适用的行业和岗位不同

劳务分包指向的对象是工程施工的劳务作业，目前采用劳务分包的行业主要是建筑行业，而劳务派遣是针对政府机关、国有企事业单位、民营及外资企业等的需要，将其雇佣的劳动者提供给这些单位使用。一般为"临时性、辅助性或者替代性的工作岗位"，包括销售、企业认证、翻译、装饰设计、法律顾问、电视拍摄、课程讲学、商务谈判、后勤、前台、保安等 40 多种岗位。目前采用劳务派遣的行业主要是建筑业、制造业、服务业等行业。因此，劳务派遣所适用的行业和岗位比较广泛。

（3）企业之间签订的合同/协议不同

在劳务分包用工关系中，施工总承包或专业承包企业与劳务分包企业之间签订的是劳务作业分包合同。而在劳务派遣用工关系中，用工单位与派遣机构签订的是劳务派遣协议或劳务派遣合同。

（4）费用计价不同

在劳务分包用工关系中，一般是按照计件或计时的施工劳务收取人工费以及劳务施工相关的管理费用。而在劳务派遣用工关系中，一般是按照派遣的时间和费用标准，根据约定派遣的人数结算费用。

4. 工程建设领域用工发展方向

国家高度重视建筑产业工人培育，相继出台了《关于促进建筑业持续健康发展的意见》《新时期产业工人队伍建设改革方案》《关于推行终身职业技能培训制度的意见》《关于培育新时期建筑产业工人队伍的指导意见》等文件，意在大力推进行业劳务用工制度深化改革和建筑产业工人培育，促进行业持续健康发展。逐步建立施工承包企业自有建筑工人为骨干、专业作业企业自有建筑工人为主体的多元化用工方式。鼓励施工总承包、专业承包企业培育以特种作业工种、高技能建筑工人为主的自有建筑工人队伍，作为技术骨干承担施工现场作业带班或监督等工作。

根据 2020 年 11 月 11 日国务院常务会议审议通过的《住房和城乡建设部关于印发建设工程企业资质管理制度改革方案的通知》将施工劳务企业资质改为专业作业资质，由审批制改为备案制。专业作业企业应当与建筑农民工建立相对稳定的劳动关系，依法签订劳动合同。

专业作业企业用工模式是推动包工队转型为专业作业企业，鼓励具备一定职业技能和管控能力的建筑工人，通过向工商部门申请工商营业执照，而后与技术工人、熟练工等签订正式的劳动合同组建成建制的专业作业企业，而提出的一种专业作业企业直接和施工企业签订劳务分包合同的新型劳务用工模式，这种新型的劳务用工模式所呈现出的扁平化是区别于传统劳务用工模式的显著特点。从 2016 年起，就有不少省份试点取消建筑施工劳务企业资质，设立专业作业资质专业作业企业大致可分为以下三类：

1）自备班组的建筑劳务企业直接更名转型为多工种协同作业的专业作业企业，这类企业既具有专业配套、作业精干的自有作业队伍，又具有较强管理能力，可以形成工种完备的专业作业企业，面向施工企业提供多工种协同的劳务分包；

2）具备一定专业技术和管理能力的建筑工人申请工商营业执照，成立以单一工种作业为主的专业作业企业。凭借工商营业执照，可直接与施工企业签订劳务分包合同，成为"小而精"的小微型专业作业企业；

3）包工队和劳务班组转型为专业作业企业，这类企业可以取代当前数量最多、流动性最强的非法劳务作业队伍，成为建筑市场中最具有活力的专业作业企业。

6.1.2 建筑劳务管理相关制度

1. 劳务管理机构及劳务管理人员设置标准

（1）使用劳务分包单位人员三千人以上的建筑施工单位，必须设置劳务管理机构；使用三千人以下的建筑施工单位，必须设置至少一名专职劳务管理人员。

（2）各项目部，必须设置专职劳务员岗位，并配备专职劳务员，劳务员必须取得当地建筑行政主管部门颁发的劳务员岗位证书。

（3）国家、省市重点工程项目必须指定劳务管理部门，确定主管负责人。

（4）境外项目部必须设置专职劳务管理人员和劳资员。

2. 劳务管理检查

各项目部应坚持每周开展一次劳务管理自查制度，检查、督促劳务企业落实实名制管理。项目部的劳务员，必须建立分包队伍及人员履约情况检查记录，定期对履约能力进行评价，及时指导劳务工程分包人改进管理，保证完成合同规定内容。

3. 项目部劳务管理标准

（1）劳务管理保障体系的建立

项目经理部要建立劳务管理保障体系，结合劳务分包合同履约监管，加强劳务队伍从选用、进场到结算支付的全过程管理。对劳务纠纷隐患做到及时发现、及时分析、及时处理，推进劳务管理的标准化和劳务纠纷隐患排查化解的常态化。

（2）劳务管理人员

项目经理部应根据本单位使用劳务分包企业的人员数量，设立至少1名专职劳务管理人员，监督指导劳务分包企业及人员做好日常管理，并持证上岗。

（3）项目部劳务管理工作领导小组

项目经理部应成立项目部劳务管理工作领导小组，小组成员应包含专业分包单位项目经理、劳务分包单位施工队长及总、分包单位劳务员，负责组织做好劳务队伍进场、合同履约、结算支付、隐患排查化解等各环节的工作。

项目部要制定劳务管理工作领导小组例会制度，每月召开会议，对本项目劳务合同履约、劳务费结算、支付、工资发放、人员变动等情况总结分析，并做好会议记录。

（4）劳务管理规范化工作流程的建立

建立劳务管理规范化工作流程，项目部要编制劳务管理体系图，明确各劳务管理相关方职责及责任人，并将劳务管理体系图、项目经理工作职责、劳务员工作职责、劳务作业人员培训管理制度等资料上墙明示，制作劳务管理员花名册并附劳务员证书及身份证明。

（5）劳务纠纷和突发性事件处理预案

制定劳务纠纷和突发性事件处理预案，预案应当根据本项目部实际情况，针对劳务纠纷和农民工突发事件的性质、特点和可能造成的企业及社会危害，具体规定突发事件应急管理工作的组织协调系统与职责分工以及突发事件的预防制度、处理程序、应急保障措施和善后工作等内容。

（6）签订劳动合同

项目部应监督劳务分包企业与施工人员依法签订书面劳动合同，明确双方权利义务，将劳务人员花名册、身份证复印件、劳动合同书、岗位技能证书复印件报送总包项目部备案，总包项目部核实后留存，确保人、册、证、合同、证书相符统一。无身份证、无劳动合同、无岗位证书的"三无"人员不得进入现场施工。

（7）入场安全教育培训

项目部劳务员要配合安全系统对劳务人员进行入场安全教育，留存安全培训资料。劳务企业要组织对劳务人员进行普法维权培训，项目部须留存普法维权培训记录，项目部应以农民工夜校为平台，组织多种形式的培训教育活动，要建立劳务人员入场、继续教育培训档案，记录培训内容、时间、考核结果、取证情况并注意动态维护，确保资料完整、齐全。

（8）实名制管理

全面落实实名制管理规定，在工程项目建立门禁系统或用移动打卡方式管理。

以某建工集团劳务实名制实施办法为例。

1）项目根据工自身需求，在项目初期，通过安装闸机、考勤设备、身份证阅读器等硬件设备的安装及劳务实名制平台部署，建立起一套完整的劳务实名制管理系统，当前主流的实名制考勤分为三类：IC卡、生物识别、手工填报。

IC卡具有体积小、质量小，便于携带的优点；缺点是不能做到人证统一。建议合同额1000万元以下的项目选择该方式。

生物识别的优点是保障数据的真实性，可以防止代打卡。缺点是人体特征变化较大，可能造成无法识别，建议合同额1000万元以上的项目选择该方式。

手工填报的优点是硬件投入成本低，缺点是数据统计传送操作麻烦。

2）实名制管理制度确立

成立以项目经理为组长的实名制管理小组，并设置实名制劳务员岗位。对项目施工过程中的劳务进行管理。

项目经理职责有两个：①项目经理为劳务管理第一负责人，对施工现场分包队伍进行全面管理工作，对整个项目的劳务情况负总责；②负责对分包队伍履约情况进行检查记录，定期对履约能力进行评估并负责劳务人员持证上岗、出勤统计、工资支付、劳动纪律、劳务纠纷处理等日常管理工作。

劳务员职责有对劳务人员证件及基本信息采集、备份，无身份证人员一律不得进入施工现场；对劳务人员的实名制认证、安全教育培训、信息公示、合同管理、协调等工作进行管理；定期教育培训（安全生产教育、质量意识教育、遵纪守法教育、企业规章制度教育等）；做好外来务工人员的管理工作；劳务资料定期做好整理等。

3）工人进场管理

① 劳务工人进场需要进行实名制认证，提供个人资料到项目报到，信息采集、学历、工种、班组、岗位证书，对于个人信息必须真实有效。

② 确立劳务分包，根据工程类型、项目需求，去企业实名制管理档案库中查找对应符合要求的分包单位。

③ 做好对班组进退场管理。项目经理、项目合约部拟定合同及补充协议后，按照企业统一的标准，签订班组承包协议，后报公司审批同意。

④ 进场验证。分包企业提供劳动人员花名册、劳动合同原件、身份证复印件、体检健康证明、技能等级证书复印件。如发现进场人员与花名册及证件不符时，须要求其立即退场。

⑤ 分阶段入场。经理部根据项目劳动力需求计划，分阶段组织劳动力入场，入场须按照分包队伍进场管理流程办理进场手续。

⑥ 做入场教育。班组入场前要进行安全生产、安全技术交底、劳动保护等内容的教育，由项目经理部进行入场登记，发放工作牌、登记劳务工人进场记录。

劳务人员进入现场，为降低工地事故风险，标准化管理，需设定人员进出场管理流程。规范劳务人员现场行为。人员进场管理程序如下：

① 要身份认证：身份证信息采集、学历、工种、班组、岗位证书、健康证等（自动获取身份证信息，通过闸机完成人证比对）。

② 根据企业标准签订劳务合同。

③ 办理银行卡，用作工资发放，并在项目部进行备案登记。

④ 工资支付标准：根据工人、班组情况，签订恰当的工资发放标准，主要分为计时工、计件工、固定工资。

⑤ 进场培训：现场观看安全教育视频，后台推送培训链接至人员手机上，一天之内必须观看，否则第二天不能进场。

根据人员录入的信息，划分劳务工人的人员类别，并对不同类别工人进行进出场权限划分：

① 实名制 A 类人员：人证验证、合同签订和银行卡办理；

② 实名制 B1 类人员：A 类除外，无临时工标签的人员；

③ 实名制 B2 类人员：A 类除外，标签为临时工标签的人员。

4）安全生产管理

劳务人员入场前要进行安全生产、遵章守纪、安全技术交底、劳动保护等内容的教育企业标准：2 次/月。

考核：对各分包单位劳务队伍的培训情况进行实名制考核，对考核结果公示。

5）农民工工资支付管理

农民工工资支付作为劳务实名制管理中心重要的组成部分，农民工有按时足额获得工资的权利，任何单位和个人不得拖欠农民工工资。劳务管理小组需设定工资发放流程，并监督该项事宜的执行：

① 工资核算：依据现场打卡记录生成考勤台账；

② 考勤调整：可对考勤情况进行调整，去除无效考勤；

③ 考勤确认：每个劳务工人的考勤情况进行签字确认；

④ 工资条：下发工资条，工人签字确认，作为工资发放依据。

班组/人员退场管理程序如下：

班组退场（图 6-1）：

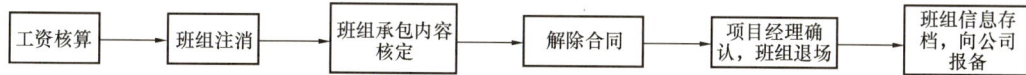

工资核算 → 班组注销 → 班组承包内容核定 → 解除合同 → 项目经理确认，班组退场 → 班组信息存档，向公司报备

图 6-1　班组退场流程

人员退场（图 6-2）：

工资核算 → 实名制退场管理 → 解除合同 → 班组退场

图 6-2　人员退场流程

（9）劳务人员社会保险缴费

劳务人员社会保险缴费实名制，劳务企业要按照施工所在地政府要求，根据劳务人员花名册为劳务人员投保社会保险，并将交费收据复印件、缴费名单报送总包项目部备案。

（10）建立健全劳动安全卫生管理制度

劳务分包企业应严格执行《国家劳动安全卫生规程和标准》，建立健全劳动安全卫生管理制度，对劳务人员进行劳动安全卫生教育、向劳务人员提供必要的劳动防护用品，预防安全事故，减少职业危害。

【任务 6.1 小结】

通过学习建筑劳务管理制度，可以了解到政策法规的动向和劳务管理行业最新的动态，为将来成为守诚信、懂法纪、素质高、有技能的新兴产业工人队伍的一员打下良好的基础。

1. 熟悉各种用工模式，主要包括包工头模式，劳务派遣。

2. 了解劳务分包的内容，主要指向是建设工程的施工劳务，其发包人是建设工程总承包人或专业分包的承包人，而接受劳务发包的，也必须是具有相应资质的劳务企业，不能是个人。

3. 了解新型劳务用工模式，即专业作业企业直接和施工企业签订劳务分包合同。

4. 熟悉建筑劳务管理相关制度。

班级：_____　　姓名：_____　　成绩：_____

【任务6.1习题】

一、单项选择题

1. 按照《劳动合同法》的规定，下列关于劳务派遣的表述中，正确的是（　　）。

A. 被派遣的劳动者应与用人单位签订合同

B. 派遣单位应与被派遣劳动者订立3年以上的固定期限劳动合同

C. 劳务派遣一般在临时性、辅助性、替代性的工作岗位上实施

D. 被派遣劳动者在无工作期间，劳务派遣单位应当按照所在地政府规定的最低生活保障标准按月支付生活费

2. 劳务派遣单位与被派遣者的劳动者签订的劳动合同的法定最低期限为（　　）。

A. 6个月　　　　　　　　　　　　B. 1年

C. 2年　　　　　　　　　　　　　D. 5年

二、多项选择题

1. 根据《劳动合同法》，劳务派遣用工岗位具有（　　）。

A. 替代性　　　　　　　　　　　　B. 辅助性

C. 临时性　　　　　　　　　　　　D. 长期性

E. 关键性

2. 被派遣劳动者主要享有以下（　　）权利。

A. 同工同酬　　　　　　　　　　　B. 组织或参加工会

C. 合同解除　　　　　　　　　　　D. 遵守规章制度

E. 知情权

三、名词解释

劳务派遣

劳务分包

四、论述题

简述建筑领域劳务用工发展的方向。

任务 6.2　劳动合同制度

【案例 6-2】易某最终选择了和劳务派遣公司签约，当他看到劳动合同上的条款时又生出了很多疑问，他看不懂，于是他来到律师事务所咨询刘律师，刘律师向他仔细地讲解劳动合同从订立到履行变更、解除与终止的各个条款，还给他举例进行了说明。

请问：签订劳动合同要注意哪些问题呢？

同学们可在深入思考后，扫描二维码观看案例解析。

案例6-2解析

6.2.1　劳动合同概述

【案例 6-3】刘律师仔细地向易某讲述了《劳动合同法》的原则，可是易某觉得原则和自己签合同没有什么关系，于是刘律师告诉易某韩某的经历。2019 年 9 月 16 日，韩某进入被告深圳市某公司淮安分公司从事保安工作。9 月 30 日，韩某单位发现原告身份证与实际不符，其并非 1976 年出生，而是 1966 年出生，即入职时持虚假身份证"减龄 10 岁"，不符合招聘简章关于年龄的要求，遂通知原告韩某离职。2020 年 6 月 15 日，韩某向法院提起诉讼，要求判决工作单位支付节假日加班工资、额外一个月工资、赔偿金、拖欠工资款和平时加班工资等费用。

韩某称，2019 年 9 月 16 日进入公司当保安，工作中勤勤恳恳，但公司没有为员工缴纳五险一金，且公司管理粗暴，还要求员工上班前三天不拿工资，该公司的行为违反了《劳动法》及《劳动合同法》，已经严重侵犯韩某权益，特提起诉讼。

单位认为韩某在应聘及入职时提供虚假身份信息，实际年龄不符合聘用标准。发现该情况后，通知原告韩某于 2019 年 9 月 30 日前办理离职手续，且韩某已在工资结清清单上签字确认工资已结清。单位已于节假日之前通知韩某办理离职，但因韩某个人原因未在节假日之前办理离职手续，故不应支付之前的加班工资及值班工资。

请问：韩某的要求会受到法律的支持吗？

同学们可在深入思考后，扫描二维码查看案例解析。

案例6-3解析

1. 订立劳动合同应遵守的原则

诚实信用原则不仅是用人单位、劳动者应当共同恪守的社会公德，更是用人单位与劳动者依法建立和履行劳动关系的基石。案例 6-3 中韩某在入职时提供虚假身份信息，"减龄 10 岁"，违反诚实信用原则，最终导致其与公司所签劳动合同被认定无效，其诉请亦未得到支持，自食其果。不论是在入职之初，如实说明与劳动合同直接相关的知识技能、学历、职业资格、工作经历、年龄等基本情况，还是在履行劳动合同过程中，勤勉踏实、如约履行，这都是劳动者应该做到的，只有做到如此，劳动者的合法权益才能够得到最大的保障。

（1）合法原则

即劳动合同必须依法订立，不得违反法律、行政法规的规定，不得违反国家强制性、禁止性的规定。劳动合同依法订立即具有法律效力，用人单位与劳动者应当履行劳动合同约定的义务。而违法订立的劳动合同，会被劳动争议仲裁委员会或者人民法院确认无效。

合法原则的具体要求如下：

1）订立劳动合同的主体合法。劳动合同的当事人必须具备合法资格，劳动者应是年满16周岁、身体健康，具有劳动能力的公民，外国公民也可在我国就业，但其就业年龄须年满18周岁；用人单位应是依法成立或核准登记的企业、个体经济组织、民办非企业单位、国家机关、事业组织、社会团体，根据法律规定有使用和管理劳动者的权利。劳动合同的订立主体不合法，有可能导致劳动合同的全部无效，造成劳动合同无效的过错方根据法律规定要承担法律责任。

2）劳动合同的内容合法。劳动合同的内容必须符合国家法律、行政法规的规定，包括国家的劳动法律、法规，如违反劳动法约定周六加班不付加班费，这种约定无效；劳动合同的内容也不得违反国家的其他法律、行政法规，如违反婚姻法的规定等，这种约定违法无效。

3）劳动合同订立的程序和形式合法。劳动合同订立的程序必须符合法律规定，未经双方协商一致、强迫订立的劳动合同无效。劳动合同必须以书面形式订立。采用书面形式订立具有严肃、慎重、明确、有据的特点。

（2）公平原则

即订立、履行、变更、解除或者终止劳动合同时，应公平合理，利益均衡，不得使某一方的利益过于失衡。作为劳动合同双方当事人的用人单位和劳动者法律地位是平等的，法律面前一律平等，劳动关系的运行中不应有倾向性，但由于用人单位在组织上、经济地位上与劳动者存在明显的优势地位，且双方信息不对称，劳动者往往在劳动关系运行中处于劣势。

因此，劳动合同立法及执法有必要通过制度设计，加强对劳动者利益的保护，消除双方当事人事实上的不平等，使劳动者与用人单位的利益均衡，以实现结果公平。

（3）平等自愿、协商一致原则

平等，是指在订立劳动合同过程中，双方当事人的法律地位平等，有双向选择权，任何一方不得凭借事实上的优势地位强迫对方接受不合理、不公平、不合法的条款；

自愿，是指劳动合同的订立及其合同内容的达成，完全出于当事人自己的意志，是其真实意思的表示，任何一方不得将自己的意志强加于对方，也不允许第三者非法干预；

协商一致，是指经过双方当事人充分协商，达成一致意见，签订劳动合同。以欺诈或威胁手段强迫劳动者签订的劳动合同或未经协商一致签订的劳动合同为无效劳动合同。

（4）诚实信用原则

诚实信用原则是指劳动合同的双方当事人订立、履行、变更、解除或者终止劳动合同过程中，应当讲究信用，诚实不欺，在追求自身合法权益的同时，以善意的方式履行义务，尊重对方当事人的利益和他人利益，不得损人利己。

诚信原则要求劳动关系的双方当事人互相尊重，用人单位尊重劳动者的人格，尊重劳动者的选择，平等待人；劳动者要有自我意识，克服心理失衡，自觉维护用人单位的形象和荣誉，双方真正建立一种和谐、互惠的关系，一种平等、信任的关系，在用人单位内部形成公平、公开、公正、有序的劳动秩序。

诚实信用原则的实施需要有相应的法律规定作保障，劳动合同法中规定的订立劳动合同时劳动者的知情权，用人单位有权利要求劳动者如实说明与劳动合同直接相关的基本情况，规定用人单位的劳动规章制度应公示或者告知劳动者等内容就是诚实信用原则的具体体现。

课程思政：重合同、守信誉的"诚实守信好人"

周某，长沙县人，湖南某建筑有限公司董事长，高级工程师，2011 年"中国好人榜"诚实守信好人。

作为一名民营企业家，周某深知"诚信"对一个企业发展壮大的重要性，始终坚持"弘扬螺丝钉精神，促进企业发展，造福于民，建设信誉好、实力强、重安全、品质优现代化建筑企业"的管理理念，把安全、质量、责任摆在首位。

40 多年来，不管是在从事现场施工的工作中，还是在从事施工企业管理的岗位上，他都坚决杜绝弄虚作假、偷工减料、以次充好的现象发生。他的建筑公司成立多年来，从未出现过重大安全事故和工人伤亡事件，连续多年被上级主管部门评为"安全施工先进单位""十年安全生产无事故先进企业"。一九九四年，被省建委评为"百强施工企业"。二〇〇八年二月，公司晋升为房屋建筑工程施工总承包一级企业。2008 年荣获"长沙县建筑业企业综合实力十强"称号，2010 年，获得长沙市"建筑业企业 AAA"称号。

2. 劳动合同的当事人及适用范围

中华人民共和国国境内的企业、个体经济组织、民办非企业单位等组织（以下称用人单位），与劳动者建立劳动关系，订立、履行、变更、解除或者终止劳动合同，适用《劳动法》。

国家机关、事业单位、社会团体和与其建立劳动关系的劳动者，订立、履行、变更、解除或者终止劳动合同，依照本法执行。

根据《劳动法》第二条和1995年劳动部《关于贯彻执行〈中华人民共和国劳动法〉若干问题的意见》，《劳动法》的适用范围具体为：

（1）各类企业和与之形成劳动关系的劳动者；

（2）个体经济组织和与之形成劳动关系的劳动者；

（3）国家机关、事业组织、社会团体实行劳动合同制度的以及按规定应实行劳动合同制度的工勤人员；

（4）实行企业化管理的事业组织的人员；

（5）其他通过劳动合同与国家机关、事业组织、社会团体建立劳动关系的劳动者。

以上内容重点排除了公务员和比照实行公务员制度的事业组织和社会团体的工作人员，以及农村劳动者（乡镇企业职工和进城务工、经商的农民除外）、现役军人和家庭保姆等。按照当时的设计，就是将劳动者分为两部分：一部分是公务员和参照公务员管理的人员，按照《公务员法》进行管理；另一部分按照《劳动法》进行管理。

随着市场经济的发展，劳动关系呈现多样化，《劳动法》的调整范围已不适用劳动关系客观发展的需要。因此，《劳动合同法》在《劳动法》的基础上扩大了适用范围，即增加了民办非企业单位等组织作为用人单位，并且将事业单位聘用制工作人员也纳入本法调整。此外，《劳动法》还根据征求意见的情况和现实劳动关系的需要，对非全日制用工作了专门规定。

（1）企业、个体经济组织、民办非企业单位等组织

企业是以盈利为目的经济性组织，包括法人企业和非法人企业，是用人单位的主要组成部分，是本法的主要调整对象。

个体经济组织是指雇工7个人以下的个体工商户（同样需要有执照）。

民办非企业单位是指企业事业单位、社会团体和其他社会力量以及公民个人利用非国有资产举办的，从事非营利性社会服务活动的组织。如民办学校、民办医院、民办图书馆、民办博物馆、民办科技馆等。

（2）国家机关、事业单位和社会团体

根据本条的规定，国家机关、事业单位、社会团体和与其建立劳动合同关系的劳动者，订立、履行、变更、解除或者终止劳动合同，依照本法执行。

1）国家机关。这里的国家机关包括国家权力机关、国家行政机关、司法机关、国家军事机关、政协等，其录用公务员和聘任制公务员，适用公务员法，不适用本法，国家机关招用工勤人员，需要签订劳动合同，就要适用劳动合同法。

2）事业单位。事业单位适用本法，可以分为三种情况：①具有管理公共事务职能的组织，如证券监督管理委员会、保险监督管理委员会、银行业监督管理委员会等，其录用工作人员是参照《公务员法》进行管理，不适用本法。②实行企业化管理的事业单位，这类事业单位与职工签订的是劳动合同，适用本条的规定。③事业单位如医院、学校、科研机构等，有的劳动者与单位签订的是劳动合同，签订劳动合同的，就要按照本条的规定执行。

3）社会团体。按照《社会团体登记管理条例》的规定，社会团体是指中国公民自愿组成，为实现会员共同意愿，按照其章程开展活动的非营利性社会组织。社会团体的情况也比较复杂，有的社会团体如党派团体，除工勤人员外，其工作人员是公务员，按照《公务员法》管理；有的社会团体如工会、共青团、妇联、工商联等人民团体和群众团体，文学艺术联合会、足球协会等文化艺术体育团体，法学会、医学会等学术研究团体，各种行业协会等社会经济团体。这些社会团体虽然公务员法没有明确规定参照，但实践中对列入国家编制序列的社会团体，除工勤人员外，其工作人员是比照公务员法进行管理的。除此以外的多数社会团体，如果作为用人单位与劳动者订立的是劳动合同，就按照本法进行调整。

6.2.2 劳动合同的订立

按照《劳动合同法》的第十条规定，建立劳动关系，应当订立书面劳动合同。已建立劳动关系，未同时订立书面劳动合同的，应当自用工之日起一个月内订立书面劳动合同。用人单位与劳动者在用工前订立劳动合同的，劳动关系自用工之日起建立。《劳动合同法》第八十二条规定，用人单位自用工之日起超过一个月不满一年未与劳动者订立书面劳务合同的，应当向劳动者每月支付二倍的工资。用人单位未在用工的同时订立书面劳动合同，与劳动者约定的劳动报酬不明确的，新招用的劳动者的劳动报酬按照集体合同规定的标准执行；没有集体合同或者集体合同未规定的，实行同工同酬。

劳动合同的书面形式除劳动合同书外，还包括专项劳动协议、用人单位依法制定的劳动规章制度等劳动合同书的附件。用人单位应当依法建立和完善劳动规章制度，在制定、修改或者决定有关劳动报酬、工作时间、休息休假、劳动安全卫生、保险福利、职工培

训、劳动纪律以及劳动定额管理等直接涉及劳动者切身利益的规章制度或者重大事项时，应当经职工代表大会或者全体职工讨论，提出方案和意见，与工会或者职工代表平等协商确定。在规章制度和重大事项决定实施过程中，工会或者职工认为不适当的，有权向用人单位提出，通过协商予以修改完善。用人单位应当将直接涉及劳动者切身利益的规章制度和重大事项决定公示，或者告知劳动者。

1. 建立劳动关系

建立劳动关系，应当订立书面劳动合同。

已建立劳动关系，未同时订立书面劳动合同的，应当自用工之日起一个月内订立书面劳动合同。

用人单位与劳动者在用工前订立劳动合同的，劳动关系自用工之日起建立。

《劳动合同法》第七条规定，用人单位自用工之日起即与劳动者建立劳动关系。用人单位应当建立职工名册备查。所以建立劳动关系的标志是用工之日。也就是说，在未签订书面劳动合同或者签订书面劳动合同的时间与实际用工时间不一致时，实际用工时间为劳动关系建立之时。

用人单位招用劳动者时，应当如实告知劳动者工作内容、工作条件、工作地点、职业危害、安全生产状况、劳动报酬，以及劳动者要求了解的其他情况；用人单位有权了解劳动者与劳动合同直接相关的基本情况，劳动者应当如实说明。

用人单位招用劳动者，不得扣押劳动者的居民身份证和其他证件，不得要求劳动者提供担保或者以其他名义向劳动者收取财物。

【案例 6-4】易某想起自己的老乡林某的经历。林某是一个农村木工，自 2000 年起一直在某市一家建筑公司打工，因为踏实认真且业务熟练，公司至今都没有将其辞退，林某和公司一年一次签订临时工合同。现在林某已在公司连续工作十多年了，希望能签订无固定期限的劳动合同，而公司经理却说他是农民工，不能签订。

请问：林某可不可以与单位签订无固定期限的劳动合同吗？

案例6-4解析

2. 劳动合同的种类

根据《中华人民共和国劳动合同法》，劳动合同按照劳动合同的期限分为：固定期限劳动合同、无固定期限劳动合同和以完成一定工作任务为期限的劳动合同。

（1）固定期限劳动合同：是指用人单位与劳动者约定合同终止时间的劳动合同。其特点有：

1）合同的期限届满，劳动关系消灭。

2）期限长短无限制，劳动者与用人单位可以协商。

3）劳动者与用人单位协商一致可以续签劳动合同。

（2）无固定期限劳动合同：是指用人单位与劳动者约定无确定终止时间的劳动合同。其特点有：

1）合同书只约定合同生效的起始日期，没有确定合同的终止日期。

2）不是绝对无期限，可以依据法律规定解除、变更、终止。

用人单位与劳动者协商一致，可以订立无固定期限劳动合同。有下列情形之一，劳动者提出或者同意续订、订立劳动合同的，除劳动者提出订立固定期限劳动合同外，应当订立无固定期限劳动合同：

1）劳动者在该用人单位连续工作满十年的；

2）用人单位初次实行劳动合同制度或者国有企业改制重新订立劳动合同时，劳动者在该用人单位连续工作满十年且距法定退休年龄不足十年的；

3）连续订立二次固定期限劳动合同，且劳动者没有《劳动法》第三十九条和第四十条第一项、第二项规定的情形，续订劳动合同的。

用人单位自用工之日起满一年不与劳动者订立书面劳动合同的，视为用人单位与劳动者已订立无固定期限劳动合同。

3. 以完成一定工作任务为期限的劳动合同：是指用人单位与劳动者约定以某项工作任务的完成时间为合同期限的劳动合同。例如：在房屋拆迁、城市建设领域，承办拆迁、建设工作的单位为了完成一定区域内的房屋拆迁、垃圾清运等事项以及一些季节性、临时性的事情，可以签订一个以完成一定工作任务为期限的劳动合同。具有以下特点：

（1）工作完成合同终止。

（2）合同在签订上没有特殊或强制性的要求，用人单位与劳动者协商一致。

（3）便于用人单位根据工作性质、工作任务完成的状况，灵活确定劳动合同开始和结束的时间，具有较大的灵活性。

根据《劳动合同法》第五十八条规定，劳务派遣单位应当与被派遣的劳动者订立二年以上固定期限劳动合同。

4. 劳动合同的效力

劳动合同由用人单位与劳动者协商一致，并经用人单位与劳动者在劳动合同文本上签字或者盖章生效。劳动合同文本由用人单位和劳动者各执一份。

《劳动合同法》第二十六条规定，下列劳动合同无效或者部分无效：

（1）以欺诈、胁迫的手段或者乘人之危，使对方在违背真实意思的情况下订立或者变更劳动合同的；

订立劳动合同，和其他一般的民事合同一样，都应当遵循自愿、协商一致和诚实信用等基本原则。因此，任何一方采用欺诈、胁迫的手段或者乘人之危，致使对方违反本意与其订立或变更劳动合同的，该劳动合同无效。

欺诈是指劳动合同的一方当事人故意陈述虚伪事实、隐瞒真实情况或者捏造假象，误导对方，使对方违背真实意思而订立合同。

实践中比较常见的情形有，劳动者伪造学历、履历或者提供其他虚假情况以骗取与用人单位签订劳动合同；劳动者隐瞒尚未和原单位解除劳动关系的事实，与用人单位订立劳动合同；用人单位虚假承诺向劳动者提供福利待遇或夸大工资标准等。

胁迫是指当事人一方以暴力或其他手段，威胁、强迫对方，或以将来要发生的损害相威胁，致使对方屈服其压力，违背自己的真实意思而订立合同。如用人单位限制劳动者人身自由，或威胁抵押金不予退还，合同期满后强迫续订劳动合同等。

乘人之危是指乘对方处于危难之际，诱骗或强迫对方违背自己的真实意思接受某种明显不公平的条件而订立合同。如用人单位趁劳动者生活处于窘迫急于找到工作之机，将劳动者的工资压得过低，与其实际劳动力价值不相符，使劳动者不得已而接受显失公平的合同条款。

（2）用人单位免除自己的法定责任、排除劳动者权利的。

由于实践中，劳动者与用人单位订立的劳动合同，基本上都是用人单位事先拟定好的格式合同，劳动者不能对劳动合同的内容提出异议或进行协商，只有签或不签的权利。因此，为了防止用人单位滥用单方确定合同内容的地位，法律对于用人单位提供的劳动合同的内容设定了上述限制。也就是说，用人单位应该公平合理地确定双方当事人的权利义务，而不得免除自己的法定责任、排除劳动者的法定权利，使得劳动合同的内容显失公平。

实务中，比较典型的"霸王条款"有："用人单位对工伤概不负责"；"无工资上岗"；"生病与单位无关，单位不负责治疗"；"合同期内不准恋爱、结婚、生育"；"用人单位有权根据经营状况随时变动劳动者工作岗位，劳动者必须服从单位安排"等。用人单位在制作劳动合同时，应在法律规定的范围内拟订相关的条款，避免出现上述限制或排除劳动者权利的条款。

（3）违反法律、行政法规强制性规定的。

内容合法是劳动合同生效的必备要件，对于"违反法律、行政法规强制性规定"这个无效情形，需要具备两个条件：①违反的必须是法律和行政法规，即违反的是由全国人大及其常务委员会制定的法律和国务院制定的行政法规，不包括各部委所制定的部门规章，也不包括地方性法规或地方政府规章。②违反的必须是法律、行政法规中的强制性规定。强制性规定是指法律规定的内容具有强制性，当事人只能无条件地遵守，不能随意更改的法律规范。

"违反法律、行政法规强制性规定"属于保底条款，因为，以欺诈手段订立劳动合同，用人单位免除自己的法定责任、排除劳动者权利的条款，也都是违反法律、行政法规强制性规定的，但对于上述无效情形无法覆盖的情况或条款，《劳动合同法》以违反法律、行政法规强制性规定作为兜底，认定相应条款无效。常见的违法条款有：违法约定劳动者支付违约金的条款；超过法定期限的试用期条款；违法约定劳动合同期限的条款；违法约定工资标准的条款等。

对劳动合同的无效或者部分无效有争议的，由劳动争议仲裁机构或者人民法院确认。劳动合同部分无效，不影响其他部分效力的，其他部分仍然有效。劳动合同被确认无效，劳动者已付出劳动的，用人单位应当向劳动者支付劳动报酬。劳动报酬的数额，参照本单位相同或者相近岗位劳动者的劳动报酬确定。

5. 劳动合同的条款

劳动合同的条款一般分为必备条款和可备条款。劳动合同的必备条款是法律规定生效劳动合同所必须具备的条款。可备条款是指除法定必备条款外，劳动合同双方当事人可以协商约定、也可以不约定的条款。是否约定由当事人确定。约定条款的缺少并不影响劳动合同的成立。虽然约定哪些条款由双方当事人决定，但国家对约定条款的内容有强制性、禁止性约定的，仍应当遵守，约定条款不得违背法律、法规的约定。

劳动合同应当具备以下条款：①用人单位的名称、住所和法定代表人或者主要负责人；②劳动者的姓名、住址和居民身份证或者其他有效身份证件号码；③劳动合同期限；④工作内容和工作地点；⑤工作时间和休息休假；⑥劳动报酬；⑦社会保险；⑧劳动保护、劳动条件和职业危害防护；⑨法律、法规规定应当纳入劳动合同的其他事项。

劳动合同除上述规定的必备条款外，用人单位与劳动者可以约定试用期、培训、保守秘密、补充保险和福利待遇等其他事项。

（1）试用期条款。劳动合同期限3个月以上不满1年的，试用期不得超过1个月；劳动合同期限1年以上不满3年的，试用期不得超过2个月；3年以上固定期限和无固定期限的劳动合同，试用期不得超过6个月。同一用人单位与同一劳动者只能约定1次试用期。以完成一定工作任务为期限的劳动合同或者劳动合同期限不满3个月的，不得约定试用期。试用期包含在劳动合同期限内。劳动合同仅约定试用期的，试用期不成立，该期限为劳动合同期限。

劳动者在试用期的工资不得低于本单位相同岗位最低档工资或者劳动合同约定工资的80%，并不得低于用人单位所在地的最低工资标准。在试用期中，除劳动者有《劳动合同法》第三十九条和第四十条第1项、第2项规定的情形外，用人单位不得解除劳动合同。用人单位在试用期解除劳动合同的，应当向劳动者说明理由。

（2）保密协议。用人单位与劳动者可以在劳动合同中约定保守用人单位的商业秘密和与知识产权相关的保密事项。

对负有保密义务的劳动者，用人单位可以在劳动合同或者保密协议中与劳动者约定竞业限制条款，并约定在解除或者终止劳动合同后，在竞业限制期限内按月给予劳动者经济补偿。劳动者违反竞业限制约定的，应当按照约定向用人单位支付违约金。

（3）竞业限制条款。竞业限制的人员限于用人单位的高级管理人员、高级技术人员和其他负有保密义务的人员。竞业限制的范围、地域、期限由用人单位与劳动者约定，竞业限制的约定不得违反法律、法规的规定。

在解除或者终止劳动合同后，前款规定的人员到与本单位生产或者经营同类产品、从事同类业务的有竞争关系的其他用人单位，或者自己开业生产或者经营同类产品、从事同类业务的竞业限制期限，不得超过二年。

知识链接6-1

6. 非全日制用工

非全日制用工是与全日制用工相对的概念，是一种重要的灵活就业方式，《劳动合同法》第六十八条规定，非全日制用工，是指以小时计酬为主，劳动者在同一用人单位一般平均每日工作时间不超过四小时，每周工作时间累计不超过二十四小时的用工形式。在同一个单位中，如果劳动者每日工作时间不超过四小时，但每周累计工作时间超过二十四小时的，将构成一般的劳动关系，而不是非全日制用工关系；如果劳动者每天平均工作时间超过了四小时，而每周累计不超过二十四小时，也将构成一般的劳动关系，而不是非全日制用工关系。此外，非全日制用工中工资形式以小时计酬为主。

非全日制用工可以不订立书面劳动合同，双方当事人可以订立口头协议；从事非全日制用工的劳动者可以与一个或者个以上用人单位订立劳动合同。但是，后订立的劳动合同不得影响先订立的劳动合同的履行。非全日制用工双方当事人任何一方都可以随时通知对方终止用工。终止用工，用人单位不向劳动者支付经济补偿。

知识链接6-2

在非全日制用工的情况下，小时工资标准是用人单位按双方约定的工资标准支付给非全日制劳动者的工资，但不得低于当地政府颁布的小时最低工资标准。

当地政府颁布的小时最低工资标准，含用人单位为其交纳的基本养老保险费和基本医疗保险费。支付工资周期最长不得超过十五日。

6.2.3　劳动合同的履行和变更

课程思政：铁腕治欠薪保障农民工合法权益

知识链接6-3

保障农民工劳动报酬权益，关系到广大农民工的切身利益，关系到社会公平正义和社会和谐稳定，是各级党组织和政府践行立党为公、执政为民理念的具体体现。党中央、国务院历来高度重视解决拖欠农民工工资问题，并且国务院成立高规格小组根治农民工工资拖欠，经过各有关部门多年来的治理，拖欠农民工工资问题取得了明显成效，"欠薪可耻、恶意欠薪有罪"的社会舆论氛围逐渐形成。

对于恶意欠薪的行为，我国目前在民事及行政法律法规方面制定颁布了《劳动合同法》《劳动保障监察条例》《工资支付暂行规定》《保障农民工工资支付条例》以及其他有关劳动者薪酬支付的规定。在刑事法律方面，就是拒不支付劳动报酬犯罪相关的刑法条文以及司法解释规定。拒不支付劳动报酬罪，是指以转移财产、逃匿等方法逃避支付劳动者的劳动报酬或有能力支付而不支付劳动者的劳动报酬，数额较大，经政府有关部门责令支付仍不支付的行为。

1. 劳动合同的履行

劳动合同的履行是指劳动合同的双方当事人按照合同规定，履行各自应承担义务的行为。劳动合同依法订立即具有法律约束力。

（1）劳动合同履行中用人单位的义务

用人单位与劳动者应当按照劳动合同的约定，全面履行各自的义务。用人单位应当按照劳动合同约定和国家规定，向劳动者及时足额支付劳动报酬。用人单位拖欠或者未足额支付劳动报酬的，劳动者可以依法向当地人民法院申请支付令，人民法院应当依法发出支付令。根据 2020 年 5 月 1 日《保障农民工工资支付条例》（下简称《条例》），《条例》第二十四条规定，人工费用拨付周期不得超过 1 个月。第二十八条规定，未与施工总承包单位或者分包单位订立劳动合同并进行用工实名登记的人员，不得进入项目现场施工。

用人单位应当严格执行劳动定额标准，不得强迫或者变相强迫劳动者加班。用人单位安排加班的，应当按照国家有关规定向劳动者支付加班费。

（2）劳动合同履行中劳动者的权利

用人单位拖欠或者未足额支付劳动报酬的，劳动者可以依法向当地人民法院申请支付令，人民法院应当依法发出支付令。劳动者拒绝用人单位管理人员违章指挥、强令冒险作业的，不视为违反劳动合同。劳动者对危害生命安全和身体健康的劳动条件，有权对用人单位提出批评、检举和控告。

用人单位变更名称、法定代表人、主要负责人或者投资人等事项，不影响劳动合同的履行，用人单位发生合并或者分立等情况，原劳动合同继续有效，劳动合同由继承其权利和义务的用人单位继续履行。

2. 劳动合同的变更

劳动合同的变更是指当事人双方对尚未履行或尚未完全履行的劳动合同，依据法律规定的条件和程序，对原劳动合同进行修改或增删的法律行为。它发生于劳动合同生效后尚未履行或尚未完全履行期间，是对劳动合同所约定的权利和义务的完善和发展，是确保劳动合同全面履行和劳动过程顺利实现的重要手段。

引起劳动合同变更的原因，按照其来源不同大致可以归纳为如下三个方面：①用人单位方面的原因。如：调整劳动报酬或员工福利分配方案、发生严重亏损、防止泄露商业秘密等。②劳动者方面的原因。如：身体健康状况发生变化，所在岗位与其职业技能不相适应等。③客观方面的原因。如：法规和政策发生变化、自然灾害、社会动荡等。

变更劳动合同时应当注意：①必须在劳动合同依法订立之后，在合同没有履行或者尚未履行完毕之前的有效时间内进行；②必须坚持平等自愿、协商一致的原则，即须经用人单位和劳动者双方当事人的同意；③不得违反法律法规的强制性规定；④劳动合同的变更须采用书面形式。

变更劳动合同，应当采用书面形式。变更后的劳动合同文本由用人单位和劳动者各执一份。用人单位变更劳动合同的内容，应当与劳动者协商一致。用人单位原则上不得以劳动者拒绝劳动合同内容的变更为由与劳动者解除劳动合同，否则构成违法解除，承担相应的法律后果。如果用人单位变更劳动合同的内容有法定的理由，劳动者拒不服从用人单位正常合理的经营安排的，用人单位有权以劳动者不服从单位合理工作安排为由，对劳动者进行违纪解除。劳动者已经按照用人单位的工作安排，到新的工作岗位或者工作地点进行工作，并且在一定的合理期限内没有提出异议，视为劳动者已经同意了用人单位对劳动合同的变更，事后又以上述理由提出用人单位变更劳动合同违法的，属于反悔行为，不应得到支持。

用人单位主体变更，不影响劳动合同的履行。单位的名称、法定代表人、主要负责人或者投资人变更，不影响劳动合同的履行。用人单位无论是变更名称、法定代表人（法人）、主要负责人（非法人）还是投资人，本质上都没有改变用人单位的法律独立人格，只要其法律人格没有受到限制或变更，就不影响其履行能力，仍应按照劳动合同约定的事项继续履行。因此，《劳动合同法》第三十三条规定，用人单位变更名称、法定代表人、主要负责人或者投资人等事项，不影响劳动合同的履行。单位发生合并或者分立，也不影响劳动合同的履行。用人单位发生合并或分立主要包括4种可能：①并购其他公司；②被其他公司并购；③与其他公司合并成立新公司；④公司分立为多个新的公司。根据《劳动合同法》第三十四条规定，用人单位发生合并或者分立等情况，原劳动合同继续有效，劳动合同由承继其权利和义务的用人单位继续履行。

用人单位主体变更，不一定要变更劳动合同，《劳动合同法》并未有明确的强制性规定。但在实践操作中，为了避免不必要的争议和麻烦，当用人单位发生上述变更事项时，最好及时变更劳动合同中的相关内容。

如果用人单位主体变更后原劳动合同无法继续履行，《劳动合同法》第四十条秉持情事变更原则，实事求是地给出了处理方法，即"劳动合同订立时所依据的客观情况发生重大变化，致使劳动合同无法履行，经用人单位与劳动者协商，未能就变更劳动合同内容达成协议的"，用人单位提前三十日以书面形式通知劳动者本人或者额外支付劳动者一个月工资后，可以解除劳动合同。但《劳动合同法》对何谓"客观情况发生变化"没有明确界定，从实践来看，一般是指因不可抗力或企业条件发生变化等无法避免的情况，如自然条件、企业迁移、被兼并、分立、企业资产转移、生产结构重大调整、转产等。当出现上述情形后，用人单位必须经与劳动者协商未能就变更劳动合同内容达成协议。如果经过协商可以达成协议，就不能解除劳动合同。

6.2.4 劳动合同的解除和终止

【案例6-5】易某看到劳动合同的解除，想起老乡韩某的困境，他咨询刘律师。农民工韩某等5人2018年7月离开家乡到南方某城市打工，一起进入了某建筑公司，并与该建筑公司签订了为期3年的劳动合同。劳动合同规定，甲方每月25日发放工人工资，韩某等人工资在合同中约定为每月2000元。刚开始的几个月里，该建筑公司都是按照合同的规定，每月25日及时给韩某等人发放了工资2000元。可自从2019年2月开始，建筑公司方以生产效益下降为由，经常未能及时发放足额工资，到2019年7月，共计拖欠韩某等人3个月工资，于是韩某等人提出辞职，但是辞职又怕拿不到建筑公司方拖欠的工资。

请问：在这种情况下，能不能无条件的单方面解除劳动合同，并要回其所拖欠的工资？

案例6-5解析

1. 劳动合同的解除

劳动合同的解除，是指当事人双方提前终止劳动合同、解除双方权利义务关系的法律行为，可分为协商解除、法定解除和约定解除三种情况。

（1）劳动者可以单方解除劳动合同的规定

1）预告解除。也就是劳动者履行预告程序后单方解除劳动合同。劳动者提前30日以书面形式通知用人单位，可以解除劳动合同。劳动者在试用期内提前3日通知用人单位，可以解除劳动合同。

2）用人单位有违法、违约情形，劳动者有权单方解除劳动合同。根据《劳动合同法》第三十八条规定，用人单位有下列情形之一的，劳动者可以解除劳动合同：①未按照劳动合同约定提供劳动保护或者劳动条件的；②未及时足额支付劳动报酬的；③未依法为劳动者缴纳社会保险费的；④用人单位的规章制度违反法律、法规的规定，损害劳动者权益的；⑤因本法第二十六条第一款规定的情形致使劳动合同无效的；⑥法律、行政法规规定劳动者可以解除劳动合同的其他情形。

3）立即解除。用人单位以暴力、威胁或者非法限制人身自由的手段强迫劳动者劳动的，或者用人单位违章指挥、强令冒险作业危及劳动者人身安全的，劳动者可以立即解除劳动合同，不需事先告知用人单位。

（2）用人单位可以单方解除劳动合同的规定

《劳动合同法》在赋予劳动者单方解除权的同时，也赋予用人单位对劳动合同的单方解除权，以保障用人单位的用工自主权。具备法律规定的条件时，用人单位享有单方解除权，无须双方协商达成一致意见。用人单位单方解除劳动合同，应当事先将理由通知工会。用人单位违反法律、行政法规规定或者劳动合同约定的，工会有权要求用人单位纠正，用人单位应当研究工会的意见并将处理结果书面通知工会。

用人单位单方解除劳动合同有以下三种情形：

1）过错性解除。过错性解除，即劳动者有过错性情形时，用人单位有权单方解除劳动合同。《劳动合同法》对过错性解除的程序无严格的限制，且用人单位无须支付劳动者解除劳动合同的经济补偿金。根据《劳动合同法》第三十九条规定，劳动者有下列情形之一的，用人单位可以解除劳动合同：①在试用期间被证明不符合录用条件的；②严重违反用人单位的规章制度的；③严重失职，营私舞弊给用人单位造成严重影响或者经用人单位提出，拒不改正的；④劳动者同时与其他用人单位建立劳动关系，对完成本单位的工作任务造成严重影响，或者经用人单位提出，拒不改正的；⑤因劳动者以欺诈、胁迫的手段或者乘人之危，使对方在违背真实意思的情况下订立或者变更劳动合同的情形致使劳动合同无效的；⑥被依法追究刑事责任的。

2）非过错性解除。非过错性解除，即劳动者本人无过错，但由于主客观原因致使劳动合同无法履行，用人单位在符合法律规定的情形下，履行法律规定的程序后有权单方解除劳动合同。根据《劳动合同法》第四十条规定，适用于劳动者有下列情形之一的：①劳动者患病或者非因工负伤，在规定的医疗期满后不能从事原工作，也不能从事由用人单位另行安排的工作的；②劳动者不能胜任工作，经过培训或者调整工作岗位，仍不能胜任工作的；③劳动合同订立时所依据的客观情况发生重大变化，致使劳动合同无法履行，经用人单位与劳动者协商，未能就变更劳动合同内容达成协议的。

对于非过错性解除劳动合同，用人单位应提前三十日以书面形式通知劳动者本人或者额外支付劳动者一个月工资后，可以解除劳动合同。用人单位还应当承担支付经济补偿金的义务。

3）经济性裁员

经济性裁员是指用人单位由于经营不善等经济原因，一次性辞退部分劳动者的情形。经济性裁员仍属用人单位单方解除劳动合同。

有下列情形之一，需要裁减人员二十人以上或者裁减不足二十人但占企业职工总数百分之十以上的，用人单位提前三十日向工会或者全体职工说明情况，听取工会或者职工的意见后，裁减人员方案经向劳动行政部门报告，可以裁减人员：

① 依照企业破产法规定进行重整的；

② 生产经营发生严重困难的；

③ 企业转产、重大技术革新或者经营方式调整，经变更劳动合同后，仍需裁减人员的；

④ 其他因劳动合同订立时所依据的客观经济情况发生重大变化，致使劳动合同无法履行的。

裁减人员时，应当优先留用下列人员：

① 与本单位订立较长期限的固定期限劳动合同的；

② 与本单位订立无固定期限劳动合同的；

③ 家庭无其他就业人员，有需要扶养的老人或者未成年人的；

④ 用人单位依照本条第一款规定裁减人员，在六个月内重新招用人员的，应当通知被裁减的人员，并在同等条件下优先招用被裁减的人员。

（3）不得解除劳动合同的规定

为了保护一些特殊群体劳动者的权益，《劳动合同法》第四十二条规定，劳动者有下列情形之一的，用人单位不得依照该法第四十条、第四十一条的规定解除劳动合同：①从事接触职业病危害作业的劳动者未进行离岗前职业健康检查，或者疑似职业病病人在诊断或者医学观察期间的；②在本单位患职业病或者因工负伤并被确认丧失或者部分丧失劳动能力的；③患病或者非因工负伤，在规定的医疗期内的；④女职工在孕期、产期、哺乳期的；⑤在本单位连续工作满十五年，且距法定退休年龄不足五年的；⑥法律、行政法规规定的其他情形。

用人单位违反《劳动合同法》规定解除或者终止劳动合同，劳动者要求继续履行劳动合同的，用人单位应当继续履行；劳动者不要求继续履行劳动合同或者劳动合同已经不能继续履行的，用人单位当依法向劳动者支付赔偿金。赔偿金标准为经济补偿标准的2倍。

2. 劳动合同的终止

【案例6-6】易某想起曾经在手机上看到过的一个事件，甲公司因经营不善被乙公司收购，双方在协商收购条件时，乙公司明确表示，只接收甲公司，不接收公司的任何员工。甲公司告知员工，因公司的股东和法定代表人将发生变更，因此，决定终止与公司现有员工的劳动关系。他想问刘律师如果自己以后碰到这种情况，是否建筑公司可以终止和他的合同呢？

请问：公司投资人变更，可以终止劳动合同吗？

案例6-6解析

劳动合同的终止，是指劳动合同期满或者出现法定情形以及当事人约定的情形而导致劳动合同的效力消灭，劳动合同即行终止。

《劳动合同法》第四十四条规定，有下列情形之一的，劳动合同终止：①劳动合同期满的；②劳动者开始依法享受基本养老保险待遇的；③劳动者死亡，或者被人民法院宣告死亡或者宣告失踪的；④用人单位被依法宣告破产的；⑤用人单位被吊销营业执照、责令关闭、撤销或者用人单位决定提前解散的；⑥法律、行政法规规定的其他情形。

但是，在劳动合同期满时，有《劳动合同法》第四十二条规定的情形之一的，劳动合同应当继续延续至相应的情形消失时才能终止。但是，在本单位患有职业病或者因工负伤并被确认丧失或者部分丧失劳动能力的劳动者的劳动合同的终止，按照国家有关工伤保险的规定执行。

2010年12月经修改后颁布的《工伤保险条例》规定：①劳动者因工致残被鉴定为1级至4级伤残的，即丧失劳动能力的，保留劳动关系，退出工作岗位，用人单位不得终止劳动合同；②劳动者因工致残被鉴定为5级、6级伤残的，即大部分丧失劳动能力的，经工伤职工本人提出，该职工可以与用人单位解除或者终止劳动关系，否则，用人单位不得终止劳动合同；③职工因工致残被鉴定为7级至10级伤残的，即部分丧失劳动能力的，劳动合同期满终止。

3. 经济补偿金

经济补偿金是用人单位解除劳动合同时，给予劳动者的经济补偿。经济补偿金是在劳动合同解除或终止后，用人单位依法一次性支付给劳动者的经济上的补助。

有下列情形之一的，用人单位终止劳动合同应当向劳动者支付经济补偿：

① 劳动者依照《劳动合同法》第三十八条规定解除劳动合同的；

② 用人单位向劳动者提出解除劳动合同并与劳动者协商一致解除劳动合同的；

③ 用人单位依照《劳动合同法》第四十条规定解除劳动合同的；

④ 用人单位依照《劳动合同法》第四十一条第1款规定解除劳动合同的；

⑤ 除用人单位维持或者提高劳动合同约定条件续签劳动合同，劳动者不同意续签的

情形外，依照《劳动合同法》第四十四条第 1 项规定终止固定期限劳动合同的；

　　⑥ 依照《劳动合同法》第四十四条第 4 项、第 5 项规定终止劳动合同的；

　　⑦ 法律、行政法规规定的其他情形。

　　经济补偿的标准，按劳动者在本单位工作的年限，每满 1 年支付 1 个月工资的标准向劳动者支付。6 个月以上不满 1 年的，按 1 年计算；不满 6 个月的，向劳动者支付半个月工资的经济补偿。劳动者月工资高于用人单位所在直辖市、设区的市级人民政府公布的本地区上年度职工月平均工资 3 倍的，向其支付经济补偿的标准按职工月平均工资 3 倍的数额支付，向其支付经济补偿的年限最高不超过 12 年。月工资是指劳动者在劳动合同解除或者终止前 12 个月的平均工资。

【任务 6.2 小结】

　　1. 熟悉订立劳动合同应遵守的合法、公平、平等自愿、协商一致、诚实信用原则；

　　2. 熟悉劳动合同的订立的相关内容；

　　3. 熟悉用人单位与劳动者各自的义务；

　　4. 熟悉劳动合同的解除和终止的条件以及经济补偿的相关规定。

班级：_____　　　姓名：_____　　　成绩：_____

【任务 6.2 习题】

一、单项选择题

1. 劳务派遣单位与被派遣劳动者签订的劳动合同的法定最低期限为(　　)。

A. 6 个月　　　　　　　　　　　　B. 1 年

C. 2 年　　　　　　　　　　　　　D. 5 年

2. 劳动者有(　　)行为的，用人单位可以单方解除合同。

A. 在试用期间被证明不符合录用条件的

B. 因公负伤，在规定的医疗期的

C. 女职工在孕期、产期、哺乳期的

D. 在本单位连续工作满 15 年，且距法定退休年龄不足 5 年的

3. 用人单位需要裁减人员 20 人以上，或者不足 20 人但占企业职工总数 10％以上的，提前(　　)向工会或全体职工说明情况，并经劳动行政部门报告。

A. 10 日　　　　　　　　　　　　B. 15 日

C. 28 日　　　　　　　　　　　　D. 30 日

4. 在本单位连续工作满(　　)，且距法定退休年龄不足(　　)的职工，企业不得解除其劳动合同。

A. 10 年，10 年　　　　　　　　　B. 15 年，10 年

C. 10 年，5 年　　　　　　　　　 D. 15 年，5 年

5. 职工李某因参与打架斗殴被判处有期徒刑一年，缓期三年执行，用人单位决定解除与李某的劳动合同。考虑到李某在单位工作多年，决定向其多支付一个月的额外工资，随后书面通知了李某。这种劳动合同解除的方式称为(　　)。

A. 随时解除　　　　　　　　　　B. 预告解除

C. 经济性裁员　　　　　　　　　D. 刑事性裁员

6. 根据《劳动合同法》，劳动者不能胜任工作，经过培训或者调整工作岗位，仍不能胜任工作的，用人单位提前 30 日以书面形式通知劳动者本人或者(　　)后，可以解除劳动合同。

A. 额外支付劳动者一个月工资　　B. 其同住的近亲属

C. 发布决定　　　　　　　　　　D. 赔偿损失

7. 依据《劳动合同法》用人单位自用工之日起超过 1 个月不满 1 年未与劳动者订立书面劳动合同的，应当向劳动者每月支付(　　)倍的工资。

A. 1.5　　　　　　　　　　　　　B. 2

C. 3　　　　　　　　　　　　　　D. 4

8. 用人单位非法招用未满(　　)周岁未成年人的，由劳动行政部门责令改正，处以罚款，情节严重的，由工商行政管理部门吊销营业执照。

A. 14　　　　　　　　　　　　　B. 16

C. 18　　　　　　　　　　　　　D. 20

9. 用人单位招用与其他用人单位尚未解除或者终止劳动合同的劳动者，给其他用人单位造成损失的，应当（   ）。

A. 与该劳动者承担连带赔偿责任   B. 承担全部责任

C. 由该劳动者承担责任   D. 不承担任何责任

10. 用人单位违反《劳动合同法》规定解除或者终止劳动合同的，应当依照《劳动合同法》规定的经济补偿标准的（   ）向劳动者支付赔偿金。

A. 4 倍   B. 3 倍

C. 2 倍   D. 1 倍

11. 不属于我国规定的缩短工作时间的工作是（   ）。

A. 从事夜班工作的劳动者   B. 在哺乳期工作的女职工

C. 16 至 18 岁的未成年劳动者   D. 企业中的高级管理人员

12. 用人单位由于生产经营需要，经与工会和劳动者协商可以延长工作时间，一般每日不得超过（   ）。

A. 1 小时   B. 2 小时

C. 3 小时   D. 4 小时

13. 不属于法律、法规规定的其他休假节日是（   ）。

A. 清明节   B. 重阳节

C. 端午节   D. 中秋节

14. 甲与用人单位发生劳动争议，经过多方调解无效。甲又向当地劳动争议仲裁委员会申请仲裁解决，事后，甲对仲裁裁决不服，拟向人民法院提起诉讼。提起诉讼的时间应不超过收到仲裁裁决后的（   ）天。

A. 7   B. 15

C. 30   D. 60

15. 国家对女职工实行特殊劳动保护的规定不包括（   ）。

A. 不得安排女职工从事矿山井下作业

B. 不得安排女职工在经期从事低温、冷水作业

C. 必须定期为女职工进行健康检查

D. 不得安排怀孕女职工从事第 3 级体力劳动强度的劳动

16. 用人单位自用工之日起满一年未与劳动者订立书面劳动合同的，视为用人单位已经与劳动者（   ）。

A. 订立一年以上三年以下固定期限劳动合同

B. 解除劳动关系并给予补偿

C. 订立三年以上固定期限劳动合同

D. 订立无固定期限劳动合同

17. 2015 年 6 月 1 日王某经面试合格与某开发公司签订了为期 5 年的劳动合同，并约定了试用期，该试用期最长截止时间为（   ）。

A. 2015 年 6 月 1 日   B. 2015 年 8 月 1 日

C. 2015 年 12 月 1 日   D. 2016 年 6 月 1 日

18. 用人单位与劳动者在用工前订立劳动合同的，劳动关系自（   ）之日起建立。

A. 实际用工　　　　　　　　　　　B. 订立劳动合同

C. 劳动合同备案　　　　　　　　　D. 实际支付工资

19. 劳动者拒绝用人单位管理人员违章指挥、强令冒险作业的，（　　　）。

A. 视为违反劳动合同　　　　　　　B. 应当给予处罚

C. 不视为违反劳动合同　　　　　　D. 劳动者不得拒绝

20. 下列不属于失业保险金的领取条件是（　　　）。

A. 失业前用人单位和本人已经缴纳失业保险满 2 年

B. 因单位破产导致失业

C. 因不愿从事本工作辞职失业

D. 进行失业登记，并有求职要求

二、多项选择题

1. 根据《劳动合同法》，劳务派遣用工岗位具有（　　　）。

A. 替代性　　　　　　　　　　　　B. 辅助性

C. 临时性　　　　　　　　　　　　D. 长期性

E. 关键性

2. 集体合同草案应当提交（　　　）讨论通过。

A. 职工代表大会　　　　　　　　　B. 劳动行政部门

C. 用人单位　　　　　　　　　　　D. 全体职工

E. 上级工会

3. 合同应当以书面形式订立，并具备（　　　）必备条款。

A. 劳动合同期限　　　　　　　　　B. 工作地点

C. 工作时间和休息休假　　　　　　D. 劳动形式

E. 劳动合同终止的条件

任务6.3　劳动保护制度

【案例6-7】刘律师告诉易某作为劳动者也可以保护自己的劳动权利，并且和他说了一个事件。某年9月2日，据某网友爆料，某科技有限公司让员工自愿签署《奋斗者自愿申请书》，做"公司奋斗者"。

该公司人事部门发布的文件中写道，"公司奋斗者"需自愿加班，放弃带薪休假，放弃加班费，自己能力不足时接受公司淘汰，并承诺不与公司产生法律纠纷。

提问：公司要求员工自愿加班、放弃带薪休假和加班费的条款是否有效？

案例6-7解析

6.3.1　劳动者的工作时间和休息休假

1. 劳动者的工作时间

《中华人民共和国劳动法》（下简称《劳动法》）对劳动者的工作时间、休息休假、工资、劳动安全卫生、女职工和未成年工特殊保护、社会保险和福利等作了法律规定。

工作时间（又称劳动时间），是指法律规定的劳动者在一昼夜和一周内从事生产、劳动或工作的时间。休息休假（又称休息时间），是指劳动者在国家规定的法定工作时间外，不从事生产、劳动或工作而由自己自行支配的时间，包括劳动者每天休息的时数、每周休息的天数、节假日、年休假、探亲假等。

具体来说，国家规定实行劳动者每日工作时间不超过8小时、平均每周工作时间不超过44小时的工时制度。用人单位应当保证劳动者每周至少休息1日。

2. 劳动者的休息休假

《劳动法》规定，用人单位在下列节日期间应当依法安排劳动者休假：①元旦；②春节；③国际劳动节；④国庆节；⑤法律、法规规定的其他休假节日。目前，法律、法规规定的其他休假节日有：全体公民放假的节日是清明节、端午节和中秋节；部分公民放假的节日及纪念日是妇女节、青年节、儿童节、中国人民解放军建军纪念日。

劳动者连续工作1年以上的，享受带薪年休假。此外，劳动者按有关规定还可以享受探亲假、婚丧假、生育（产）假、节育手术假等。

用人单位由于生产经营需要，经与工会和劳动者协商可以延长工作时间，一般每日不得超过1小时；因特殊原因需要延长工作时间的，在保障劳动者身体健康的条件下延长工作时间每日不得超过3小时，但是每月不得超过36小时。在发生自然灾害、事故等需要紧急处理，或者生产设备、交通运输线路、公共设施发生故障必须及时抢修等法律、行政法规规定的特殊情况的，延长工作时间不受上述限制。

《劳动法》规定，劳动者在法定休假日和婚丧假期期间以及依法参加社会活动期间，用人单位应依法支付工资。用人单位应当按照下列标准支付高于劳动者正常工作时间工资的工资报酬：安排劳动者延长工作时间的，支付不低于工资150%的工资报酬；休息日安排劳动者工作又不能安排补休的，支付不低于工资200%的工资报酬；法定休假日安排劳动者工作的，支付不低于300%的工资报酬。

6.3.2　劳动者工资

1. 工资基本规定

《劳动法》规定，工资分配应当遵循按劳分配原则，实行同工同酬。工资水平在经济发展的基础上逐步提高。国家对工资总量实行宏观调控。用人单位根据本单位的生产经营特点和经济效益，依法自主确定本单位的工资分配方式和工资水平。

工资应当以货币形式按月支付给劳动者本人。不得克扣或者无故拖欠劳动者的工资。劳动者在法定休假日和婚丧假期间以及依法参加社会活动期间，用人单位应当依法支付工资。

在我国，企业、机关（包括社会团体）、事业单位实行不同的基本工资制度。企业基本工资制度主要有等级工资制、岗位技能工资制、岗位工资制、结构工资制、经营者年薪制等。

2. 最低工资保障制度

最低工资标准，是指劳动者在法定工作时间或依法签订的劳动合同约定的工作时间内提供了正常劳动的前提下，用人单位依法应支付的最低劳动报酬。所谓正常劳动，是指劳动者按依法签订的劳动合同约定，在法定工作时间或劳动合同约定的工作时间内从事的劳动。劳动者依法享受带薪年休假、探亲假、婚丧假、生育（产）假、节育手术假等国家规定的假期间，以及法定工作时间内依法参加社会活动期间，视为提供了正常劳动。

《劳动法》规定，国家实行最低工资保障制度。最低工资的具体标准由省、自治区、直辖市人民政府规定，报国务院备案。用人单位支付劳动者的工资不得低于当地最低工资标准。

3. 在劳务派遣模式下，被派遣的劳动者在无工作期间，派遣单位应按照所在地人民政府所规定的最低工资标准，向其按月支付报酬。劳务派遣单位不得克扣用工单位按照劳务派遣协议支付给被派遣劳动者的劳动报酬。

6.3.3　劳动者安全卫生、特殊保护制度

1. 劳动者安全卫生的法律规定

《劳动法》规定，用人单位必须建立、健全劳动安全卫生制度，严格执行国家劳动安全卫生规程和标准，对劳动者进行劳动安全卫生教育，防止劳动过程中的事故，减少职业危害。

劳动安全卫生设施必须符合国家规定的标准。新建、改建、扩建工程的劳动安全卫生设施必须与主体工程同时设计、同时施工、同时投入生产和使用。用人单位必须为劳动者提供符合国家规定的劳动安全卫生条件和必要的劳动防护用品，对从事有职业危害作业的劳动者应当定期进行健康检查。

从事特种作业的劳动者必须经过专门培训并取得特种作业资格。劳动者在劳动过程中必须严格遵守安全操作规程，对用人单位管理人员违章指挥、强令冒险作业，有权拒绝执行；对危害生命安全和身体健康的行为，有权提出批评、检举和控告。

2. 女职工特殊保护

《劳动法》规定，禁止安排女职工从事矿山井下、国家规定的第 4 级体力劳动强度的劳动和其他禁忌从事的劳动。不得安排女职工在经期从事高处、低温、冷水作业和国家规定的第 3 级体力劳动强度的劳动。不得安排女职工在怀孕期间从事国家规定的第 3 级体力

劳动强度的劳动和孕期禁忌从事的活动。对怀孕 7 个月以上的女职工，不得安排其延长工作时间和夜班劳动。女职工生育享受不少于 90 天的产假。不得安排女职工在哺乳未满 1 周岁的婴儿期间从事国家规定的第 3 级体力劳动强度的劳动和哺乳期禁忌从事的其他劳动，不得安排其延长工作时间和夜班劳动。

3. 未成年工特殊保护

未成年工的特殊保护是针对未成年工处于生长发育期的特点，以及接受义务教育的需要，采取的特殊劳动保护措施。未成年工是指年满 16 周岁未满 18 周岁的劳动者。

知识链接6-4
《女职工劳动保护特别规定》相关内容

《劳动法》规定，禁止用人单位招用未满 16 周岁的未成年人。不得安排未成年工从事矿山井下、有毒有害、国家规定的第 4 级体力劳动强度的劳动和其他禁忌从事的劳动。用人单位应对未成年工定期进行健康检查。

原劳动部颁布的《未成年工特殊保护规定》中规定，用人单位应根据未成年工的健康检查结果安排其从事适合的劳动，对不能胜任原劳动岗位的，应根据医务部门的证明，予以减轻劳动量或安排其他劳动。对未成年工的使用和特殊保护实行登记制度。用人单位招收未成年工除符合一般用工要求外，还须向所在地的县级以上劳动行政部门办理登记。未成年工上岗前用人单位应对其进行有关的职业安全卫生教育、培训。

6.3.4　劳动者的社会保险与福利

社会保险是政府通过立法强制实施，多渠道筹集资金，运用保险方式处置劳动者面临的特定社会风险，在劳动者由于年老、患病、工伤、失业、生育等原因，暂时或永久丧失劳动能力而失去生活收入时，依法从国家和社会获得物质帮助的一项社会保障制度。社会保险具有以下特征：

（1）强制性。社会保险作为劳动者享有的一项法律赋予的权利，必须通过立法强制实施才能得到保证。凡法律规定范围内的用人单位和劳动者都必须按照规定缴纳社会保险费，不能拒绝，对不履行法定义务的要追究相应的法律责任。

（2）互助性。社会保险实际上是借助国家的力量进行国民收入的再次分配的一种制度，是经济收入在不同的劳动者之间横向转移，具有互助性。

（3）储存性。在每一个劳动者能够劳动的时候，由社会将其创造的一部分收入逐年扣除并储存起来，再由社会进行统一分配和使用。

（4）差别性。社会保险待遇并非实行人人一样平均，而是和劳动者的劳动付出有一定的联系。

（5）社会性。社会保险待遇享受人数众多，惠及社会不同地区、行业、不同经济形式中的所有法定劳动者，对社会的政治经济稳定有重大的影响。

《中华人民共和国社会保险法》规定，国家建立基本养老保险、基本医疗保险、工伤保险、失业保险、生育保险等社会保险制度，保障公民在年老、疾病、工伤、失业、生育等情况下依法从国家和社会获得物质帮助的权利。

1. 基本养老保险

基本养老保险是国家和社会根据一定的法律和法规，为解决劳动者在达到国家的解除劳动义务的劳动年龄界限，或因年老丧失劳动能力退出劳动岗位后的基本生活而建立的一种社会保险制度。基本养老保险以保障离退休人员的基本生活为原则。它具有强制性、互

济性和社会性。它的强制性体现于由国家立法并强制实行，企业和个人都必须参加而不得违背；互济性体现在养老保险费用来源，一般由国家、企业和个人三方共同负担，统一使用、支付，使企业职工得到生活保障并实现广泛的社会互济；社会性体现在养老保险影响很大，享受人多且时间较长，费用支出庞大。

职工应当参加基本养老保险，由用人单位和职工共同缴纳基本养老保险费。用人单位应当按照国家规定的本单位职工工资总额的比例缴纳基本养老保险费，记入基本养老保险统筹基金。职工应当按照国家规定的本人工资的比例缴纳基本养老保险费，记入个人账户。

2. 基本医疗保险

基本医疗保险是为补偿劳动者因疾病风险造成的经济损失而建立的一项社会保险制度。通过用人单位和个人缴费，建立医疗保险基金，参保人员患病就诊发生医疗费用后，由医疗保险经办机构给予一定的经济补偿，以避免或减轻劳动者因患病、治疗等所带来的经济风险。

按照《国务院关于建立城镇职工基本医疗保险制度的决定》的规定，城镇所有用人单位，包括企业（国有企业、集体企业、外商投资企业、私营企业等）、机关、事业单位、社会团体、民办非企业单位及其职工，都要参加基本医疗保险。这就是说，必须参加城镇职工基本医疗保险的单位和职工，既包括机关事业单位也包括城镇各类企业，既包括国有经济也包括非国有经济单位，既包括效益好的企业也包括困难企业。这是我国社会保险制度中覆盖范围最广的险种之一。

职工应当参加职工基本医疗保险，由用人单位和职工按照国家规定共同缴纳基本医疗保险费。医疗机构应当为参保人员提供合理、必要的医疗服务。

3. 工伤保险

工伤保险是指国家立法建立的，通过社会统筹的办法，集中用人单位工伤保险费，建立工伤保险基金，对在生产、工作过程中受伤致残、患职业病丧失或者部分丧失劳动能力的劳动者及对劳动者死亡后无生活来源、无劳动能力的遗属提供经济帮助。这种补偿既包括医疗、康复等费用，也包括保障基本生活的费用。职工应当参加工伤保险，由用人单位缴纳工伤保险费，职工不缴纳工伤保险费。

此外，《建筑法》还规定，"鼓励企业为从事危险作业的职工办理意外伤害保险，支付保险费。"

（1）工伤认定申请

根据《社会保险法》和《工伤保险条例》等法律规定，下列单位的人员在工作中受伤，可以申请工伤认定。

1）中国境内的所有形式企业中的劳动者，包括公司、合伙、个人独资企业及有雇工的个体工商户。

2）不属于财政拨款支持范围或没有经常性财政拨款的事业单位、民间非营利组织的工作人员因工作遭受事故伤害或者患职业病的，其工伤范围、工伤认定、劳动能力鉴定、待遇标准等按照《工伤保险条例》的规定执行。

3）无营业执照或者未经依法登记、备案的单位以及被依法吊销营业执照或者撤销登记、备案单位的工作人员，或者用人单位非法用的重工，可以比照工伤保险待遇的标准，由用人单位支付一次性补偿。

（2）工伤的范围

1）认定为工伤的情形。《工伤保险条例》第14条规定，职工有下列情形之一的应当认定为工伤：

① 在工作时间和工作场所内，因工作原因受到事故的。

② 工作时间前后在工作场所内，从事与工作有关的预备性或者收尾性工作受到事故伤害的。

③ 在工作时间和工作场所内，因履行工作职责受到暴力等意外伤害的。

④ 患职业病的。

⑤ 因公外出期间，由于工作原因受到伤害或者发生事故下落不明的。

⑥ 在上下班途中，受到非本人主要责任的交通事故或者城市轨道交通、客运轮费、火车事故伤害的。

⑦ 法律、行政法规规定应当认定为工伤的其他情形，

2）视同工伤的情形。《工伤保险条例》第15条规定，职工有下列情形之一，视同工伤：

① 在工作时间和工作岗位，突发疾病死亡或者在48小时之内经抢救无效死亡的。

② 在抢险救灾等维护国家利益、公共利益并受到伤害的。

③ 职工原在军队服役，因战、因公负伤致残，已取得伤残军人证，到用人单位后旧伤复发的，职工有第①、②项情形的，按照有关规定享受工伤保险待遇；职工有第③项情形的，按照有关规定享受除一次性伤残补助金以外的工伤保险待遇。

3）不得认定为工伤情形。《工伤保险条例》第16条规定，职工符合本条例第14条、第15条的规定，但是有下列情形之一的，不得认定为工伤或者视同工伤。

①故意犯罪的；②醉酒或者吸毒的；③自残或者自杀的。

（3）工伤认定申请

职工发生事故伤害或者按照职业病防治法规定被诊断、鉴定为职业病，所在单位应当自事故伤害发生之日或者被诊断、鉴定为职业病之日起30日内，向统筹地区社会保险行政部门提出工伤认定申请。遇有特殊情况，经报社会保险行政部门同意，申请时限可以适当延长。

用人单位未按规定提出工伤认定申请的，工伤职工或者其近亲属、工会组织在事故伤害发生之日或者被诊断、鉴定为职业病之日起1年内，可以直接向用人单位所在地统筹地区社会保险行政部门提出工伤认定申请。

用人单位未在规定的时限内提交工伤认定申请，在此期间发生符合《工伤保险条例》规定的工伤待遇等有关费用由该用人单位负担。

提出工伤认定申请应当提交下列材料：1）工伤认定申请表；2）与用人单位存在劳动关系（包括事实劳动关系）的证明材料；3）医疗诊断证明或者职业病诊断证明书（或者职业病诊断鉴定书）。工伤认定申请表应当包括事故发生的时间、地点、原因以及职工伤害程度等基本情况。工伤认定申请人提供材料不完整的，社会保险行政部门应当一次性书面告知工伤认定申请人需要补正的全部材料。申请人按照书面告知要求补正材料后，社会保险行政部门应当受理。

社会保险行政部门受理工伤认定申请后，根据审核需要可以对事故伤害进行调查核实，用人单位、职工、工会组织、医疗机构以及有关部门应当予以协助。职业病诊断和诊断争议的鉴定，依照《职业病防治法》的有关规定执行。对依法取得职业病诊断证明书或者职业病诊断鉴定书的，社会保险行政部门不再进行调查核实。职工或者其近亲属认为是工伤，用人单位不认为是工伤的，由用人单位承担举证责任。

社会保险行政部门应当自受理工伤认定申请之日起 60 日内作出工伤认定的决定，并书面通知申请工伤认定的职工或者其近亲属和该职工所在单位。社会保险行政部门对受理的事实清楚、权利义务明确的工伤认定申请，应当在 15 日内作出工伤认定的决定。作出工伤认定决定需要以司法机关或者有关行政主管部门的结论为依据的，在司法机关或者有关行政主管部门尚未作出结论期间，作出工伤认定决定的时限中止。社会保险行政部门工作人员与工伤认定申请人有利害关系的，应当回避。

（4）劳动能力鉴定

劳动能力鉴定是指劳动功能障碍程度和生活自理障碍程度的等级鉴定：劳动功能障碍分为 10 个伤残等级，最重的为 1 级，最轻的为 10 级。生活自理障碍分为 3 个等级：生活完全不能自理、生活大部分不能自理和生活部分不能自理。

职工发生工伤，经治疗伤情相对稳定后存在残疾、影响劳动能力的，应当进行劳动能力鉴定。劳动能力鉴定由用人单位、工伤职工或者其近亲属向设区的市级劳动能力鉴定委员会提出申请，并提供工伤认定决定和职工工伤医疗的有关资料。

省、自治区、直辖市劳动能力鉴定委员会和设区的市级劳动能力鉴定委员会分别由省、自治区、直辖市和设区的市级社会保险行政部门、卫生行政部门、工会组织、经办机构代表以及用人单位代表组成。劳动能力鉴定委员会建立医疗卫生专家库。列入专家库的医疗卫生专业技术人员应当具备下列条件：1）具有医疗卫生高级专业技术职务任职资格；2）掌握劳动能力鉴定的相关知识；3）具有良好的职业品德。

设区的市级劳动能力鉴定委员会收到劳动能力鉴定申请后，应当从其建立的医疗卫生专家库中随机抽取 3 名或者 5 名相关专家组成专家组，由专家组提出鉴定意见。设区的市级劳动能力鉴定委员会应当自收到劳动能力鉴定申请之日起 60 日内作出劳动能力鉴定结论，必要时，作出劳动能力鉴定结论的期限可以延长 30 日。劳动能力鉴定结论应当及时送达申请鉴定的单位和个人。

申请鉴定的单位或者个人对设区的市级劳动能力鉴定委员会作出的鉴定结论不服的，可以在收到该鉴定结论之日起 15 日内向省、自治区、直辖市劳动能力鉴定委员会提出再次鉴定申请。省、自治区、直辖市劳动能力鉴定委员会作出的劳动能力鉴定结论为最终结论。

自劳动能力鉴定结论作出之日起 1 年后，工伤职工或者其近亲属、所在单位或者经办机构认为伤残情况发生变化的，可以申请劳动能力复查鉴定。

（5）工伤保险待遇

职工因工作遭受事故伤害或者患职业病进行治疗，享受工伤医疗待遇。

1）工伤的治疗

职工治疗工伤应当在签订服务协议的医疗机构就医，情况紧急时可以先到就近的医疗机构急救。治疗工伤所需费用符合工伤保险诊疗项目目录、工伤保险药品目录、工伤保险住院服务标准的，从工伤保险基金支付。职工住院治疗工伤的伙食补助费，以及经医疗机构出具证明，报经办机构同意，工伤职工到统筹地区以外就医所需的交通、食宿费用从工伤保险基金支付，基金支付的具体标准由统筹地区人民政府规定。工伤职工到签订服务协议的医疗机构进行工伤康复的费用，符合规定的，从工伤保险基金支付。

工伤职工治疗非工伤引发的疾病，不享受工伤医疗待遇，按照基本医疗保险办法处理。社会保险行政部门作出认定为工伤的决定后发生行政复议、行政诉讼的，行政复议和行政诉讼期间不停止支付工伤职工治疗工伤的医疗费用。

工伤职工因日常生活或者就业需要，经劳动能力鉴定委员会确认，可以安装假肢、矫形器、假眼、假牙和配置轮椅等辅助器具，所需费用按照国家规定的标准从工伤保险基金支付。

2）工伤医疗的停工留薪期

职工因工作遭受事故伤害或者患职业病需要暂停工作接受工伤医疗的，在停工留薪期内，原工资福利待遇不变，由所在单位按月支付。停工留薪期一般不超过12个月。伤情严重或情况特殊，经设区的市级劳动能力鉴定委员会确认，可以适当延长，但延长不得超过12个月。

工伤职工评定伤残等级后，停发原待遇，按照有关规定享受伤残待遇。工伤职工在停工留薪期满后仍需治疗的，继续享受工伤医疗待遇。

3）工伤职工的护理

生活不能自理的工伤职工在停工留薪期需要护理的，由所在单位负责。

工伤职工已经评定伤残等级并经劳动能力鉴定委员会确认需要生活护理的，从工伤保险基金按月支付生活护理费。生活护理费按照生活完全不能自理、生活大部分不能自理或者生活部分不能自理3个不同等级支付，其标准分别为统筹地区上年度职工月平均工资的50%、40%或者30%。

4）职工因工致残的待遇

根据职工因工致残的等级，应由用人单位或工伤保险基金给予相应待遇。

5）职工因工死亡的丧葬补助金、抚恤金和一次性工亡补助金

职工因工死亡，其近亲属按照下列规定从工伤保险基金领取丧葬补助金、供养亲属抚恤金和一次性工亡补助金：①丧葬补助金为6个月的统筹地区上年度职工月平均工资；②供养亲属抚恤金按照职工本人工资的一定比例发给由因工死亡职工生前提供主要生活来源、无劳动能力的亲属。标准为：配偶每月40%，其他亲属每人每月30%，孤寡老人或者孤儿每人每月在上述标准的基础上增加10%，核定的各供养亲属的抚恤金之和不应高于因工死亡职工生前的工资。③一次性工亡补助金标准为上一年度全国城镇居民人均可支配收入的20倍。伤残职工在停工留薪期内因工伤导致死亡的，其近亲属享受以上规定的待遇1级至4级伤残职工在停工留薪期满后死亡的，其近亲属可以享受以上第①项、第②项规定的待遇。

知识链接6-5　职工因工致残的待遇

6）其他规定

职工因工外出期间发生事故或者在抢险救灾中下落不明的，从事故发生当月起3个月内照发工资，从第4个月起停发工资，由工伤保险基金向其供养亲属按月支付供养亲属抚

恤金。生活有困难的，可以预支一次性工亡补助金的 50%。职工被人民法院宣告死亡的，按照职工因工死亡的规定处理。

工伤职工有下列情形之一的，停止享受工伤保险待遇：①丧失享受待遇条件的；②拒不接受劳动能力鉴定的；③拒绝治疗的。

用人单位分立、合并、转让的，承继单位应当承担原用人单位的工伤保险责任；原用人单位已经参加工伤保险的，承继单位应当到当地经办机构办理工伤保险变更登记。用人单位实行承包经营的，工伤保险责任由职工劳动关系所在单位承担。职工被借调期间受到工伤事故伤害的，由原用人单位承担工伤保险责任，但原用人单位与借调单位可以约定补偿办法。企业破产的，在破产清算时依法拨付应当由单位支付的工伤保险待遇费用。

职工被派遣出境工作，依据前往国家或者地区的法律应当参加当地工伤保险的，参加当地工伤保险，其国内工伤保险关系中止；不能参加当地工伤保险的，其国内工伤保险关系不中止。

职工再次发生工伤，根据规定应当享受伤残津贴的，按照新认定的伤残等级享受伤残津贴待遇。

2014 年 6 月公布的《最高人民法院关于审理工伤保险行政案件若干问题的规定》中规定，社会保险行政部门认定下列单位为承担工伤保险责任单位的，人民法院应予支持：①职工与两个或两个以上单位建立劳动关系，工伤事故发生时，职工为之工作的单位为承担工伤保险责任的单位；②劳务派遣单位派遣的职工在用工单位工作期间因工伤亡的，派遣单位为承担工伤保险责任的单位；③单位指派到其他单位工作的职工因工伤亡的，指派单位为承担工伤保险责任的单位；④用工单位违反法律、法规规定将承包业务转包给不具备用工主体资格的组织或者自然人，该组织或者自然人聘用的职工从事承包业务时因工伤亡的，用工单位为承担工伤保险责任的单位；⑤个人挂靠其他单位对外经营，其聘用的人员因工伤亡的，被挂靠单位为承担工伤保险责任的单位。前款④、⑤项明确的承担工伤保险责任的单位承担赔偿责任或者社会保险经办机构从工伤保险基金支付工伤保险待遇后，有权向相关组织、单位和个人追偿。

（6）针对建筑行业特点的工伤保险制度

2014 年 12 月，人力资源和社会保障部、住房和城乡建设部、安全监管总局、全国总工会颁发的《关于进一步做好建筑业工伤保险工作的意见》提出，针对建筑行业的特点，建筑施工企业对相对固定的职工，应按用人单位参加工伤保险；对不能按用人单位参保、建筑项目使用的建筑业职工特别是农民工，按项目参加工伤保险。

按用人单位参保的建筑施工企业应以工资总额为基数依法缴纳工伤保险费。以建设项目为单位参保的，可以按照项目工程总造价的一定比例计算缴纳工伤保险费。要充分运用工伤保险浮动费率机制，根据各建筑企业工伤事故发生率、工伤保险基金使用等情况适时适当调整费率，促进企业加强安全生产，预防和减少工伤事故。

建设单位要在工程概算中将工伤保险费用单独列支，作为不可竞争费，不参与竞标，并在项目开工前由施工总承包单位一次性代缴本项目工伤保险费，覆盖项目使用的所有职工，包括专业承包单位、劳务分包单位使用的农民工。

施工总承包单位应当在工程项目施工期内督促专业承包单位、劳务分包单位建立职工花名册、考勤记录、工资发放表等台账，对项目施工期内全部施工人员实行动态实名制管理。施工人员发生工伤后，以劳动合同为基础确认劳动关系。对未签订劳动合同的，由人力资源社会保障部门参照工资支付凭证或记录、工作证、招工登记表、考勤记录及其他劳动者证言等证据，确认事实劳动关系。

职工发生工伤事故，应当由其所在用人单位在 30 日内提出工伤认定申请，施工总承包单位应当密切配合并提供参保证明等相关材料。用人单位未在规定时限内提出工伤认定申请的，职工本人或其近亲属、工会组织可以在 1 年内提出工伤认定申请，经社会保险行政部门调查确认工伤的，在此期间发生的工伤待遇等有关费用由其所在用人单位负担。对于事实清楚、权利义务关系明确的工伤认定申请，应当自受理工伤认定申请之日起 15 日内作出工伤认定决定。

对认定为工伤的建筑业职工，各级社会保险经办机构和用人单位应依法按时足额支付各项工伤保险待遇。对在参保项目施工期间发生工伤、项目竣工时尚未完成工伤认定或劳动能力鉴定的建筑业职工，其所在用人单位要继续保证其医疗救治和停工期间的法定待遇，待完成工伤认定及劳动能力鉴定后，依法享受参保职工的各项工伤保险待遇；其中应由用人单位支付的待遇，工伤职工所在用人单位要按时足额支付，也可根据其意愿一次性支付。针对建筑业工资收入分配的特点，对相关工伤保险待遇中难以按本人工资作为计发基数的，可以参照统筹地区上年度职工平均工资作为计发基数。

未参加工伤保险的建设项目，职工发生工伤事故，依法由职工所在用人单位支付工伤保险待遇，施工总承包单位、建设单位承担连带责任；用人单位和承担连带责任的施工总承包单位、建设单位不支付的，由工伤保险基金先行支付，用人单位和承担连带责任的施工总承包单位、建设单位应当偿还；不偿还的，由社会保险经办机构依法追偿。

建设单位、施工总承包单位或具有用工主体资格的分包单位将工程（业务）发包给不具备用工主体资格的组织或个人，该组织或个人招用的劳动者发生工伤的，发包单位与不具备用工主体资格的组织或个人承担连带赔偿责任。

施工总承包单位应当按照项目所在地人力资源社会保障部门统一规定的式样，制作项目参加工伤保险情况公示牌，在施工现场显著位置予以公示，并安排有关工伤预防及工伤保险政策讲解的培训课程，保障广大建筑业职工特别是农民工的知情权，增强其依法维权意识。

开展工伤预防试点的地区可以从工伤保险基金提取一定比例用于工伤预防。

4. 建筑意外伤害保险的规定

《建筑法》规定，鼓励企业为从事危险作业的职工办理意外伤害保险，支付保险费。意外伤害保险属于法定的鼓励性保险。

《建设工程安全生产管理条例》还规定，施工单位应当为施工现场从事危险作业的人员办理意外伤害保险。意外伤害保险费由施工单位支付。实行施工总承包的，由总承包单位支付意外伤害保险费。意外伤害保险期限自建设工程开工之日起至竣工验收合格止。

（1）建筑意外伤害保险的范围，保险期限和最低保险金额

2003 年 5 月，原建设部发布的《关于加强建筑意外伤害保险工作的指导意见》中指出，建筑施工企业应当为施工现场从事施工作业和管理的人员，在施工活动过程中发生的人身意外伤亡事故提供保障，办理建筑意外伤害保险、支付保险费。范围应当覆盖工程项目。已在企业所在地参加工伤保险的人员，从事现场施工时仍可参加建筑意外伤害保险。

保险期限应涵盖工程项目开工之日到工程竣工验收合格日。提前竣工的，保险责任自行终止。因延长工期的，应当办理保险顺延手续。

各地建设行政主管部门要结合本地区实际情况，确定合理的最低保险金额。最低保险金额要能够保障施工伤亡人员得到有效的经济补偿。施工企业办理建筑意外伤害保险时，投保的保险金额不得低于此标准。

（2）建筑意外伤害保险的保险费和费率

保险费应当列入建筑安装工程费用。保险费由施工企业支付，施工企业不得向职工摊派。

施工企业和保险公司双方应本着平等协商的原则，根据各类风险因素商定建筑意外伤害保险费率，提倡差别费率和浮动费率。差别费率可与工程规模、类型、工程项目风险程度和施工现场环境等因素挂钩。浮动费率可与施工企业安全生产业绩、安全生产管理状况等因素挂钩。对重视安全生产管理、安全业绩好的企业可采用下浮费率；对安全生产业绩差、安全管理不善的企业可采用上浮费率。通过浮动费率机制，激励投保企业安全生产的积极性。

（3）建筑意外伤害保险的投保

施工企业应在工程项目开工前，办理完投保手续。鉴于工程建设项目施工工艺流程中各工种调动频繁、用工流动性大，投保应实行不记名和不计人数的方式。工程项目中有分包单位的由总承包施工企业统一办理，分包单位合理承担投保费用。业主直接发包的工程项目由承包企业直接办理。

投保人办理投保手续后，应将投保有关信息以布告形式张贴于施工现场，告知被保险人。

（4）建筑意外伤害保险的索赔

建筑意外伤害保险应规范和简化索赔程序，搞好索赔服务。各地建设行政主管部门要积极创造条件，引导投保企业在发生意外事故后即向保险公司提出索赔，使施工伤亡人员能够得到及时、足额的赔付。

（5）建筑意外伤害保险的安全服务

施工企业应当选择能提供建筑安全生产风险管理、事故防范等安全服务和有保险能力的保险公司，以保证事故后能及时补偿与事故前能主动防范。目前还不能提供安全风险管理和事故预防的保险公司，应通过建筑安全服务中介组织向施工企业提供与建筑意外伤害保险相关的安全服务。建筑安全服务中介组织必须拥有一定数量、专业配套、具备建筑安全知识和管理经验的专业技术人员。

安全服务内容可包括施工现场风险评估、安全技术咨询、人员培训、防灾防损设备配置、安全技术研究等。施工企业在投保时可与保险机构商定具体服务内容。

5. 失业保险

失业保险制度是国家通过立法强制实施，由社会集中建立失业保险基金，对非因本人意愿中断就业失去工资收入的劳动者提供一定时期的物质帮助及再就业服务的一项社会保险制度。它是社会保障体系的重要组成部分，是社会保险的重要项目之一。

失业保险具有如下几个主要特点：①普遍性。它主要是为了保障有工资收入的劳动者失业后的基本生活而建立的，其覆盖范围包括劳动力队伍中的大部分成员。因此，在确定适用范围时，参保单位应不分部门和行业，不分所有制性质，其职工应不分用工形式，不分家居城镇、农村，解除或终止劳动关系后，只要本人符合条件，都有享受失业保险待遇的权利。分析我国失业保险适用范围的变化情况，呈逐步扩大的趋势。②强制性。它是通过国家制定法律、法规来强制实施的。按照规定，在失业保险制度覆盖范围内的单位及其职工必须参加失业保险并履行缴费义务。根据有关规定，不履行缴费义务的单位和个人都应当承担相应的法律责任。③互济性。失业保险基金主要来源于社会筹集，由单位、个人和国家三方共同负担，缴费比例、缴费方式相对稳定，筹集的失业保险费，不分来源渠道，不分缴费单位的性质，全部并入失业保险基金，在统筹地区内统一调度使用以发挥互济功能。

《社会保险法》规定，职工应当参加失业保险，由用人单位和职工按照国家规定共同缴纳失业保险费。职工跨统筹地区就业的，其失业保险关系随本人转移，缴费年限累计计算。

6. 生育保险

《社会保险法》规定，职工应当参加生育保险，由用人单位按照国家规定缴纳生育保险费，职工不缴纳生育保险费。用人单位已经缴纳生育保险费的，其职工享受生育保险待遇；职工未就业配偶按照国家规定享受生育医疗费用待遇。所需资金从生育保险基金中支付。根据这一规定，生育保险制度覆盖了所有用人单位及其职工。

生育保险是指国家通过立法确立的在职业妇女因生育子女而暂时中断劳动时，由国家和社会及时给予生活保障和物质帮助的一项社会保险制度。国家建立生育保险制度的宗旨是，通过提供生育津贴、医疗服务和产假等待遇，维持、恢复和增进生育妇女身体健康，并使婴儿得到精心的照顾和哺育。

7. 福利

《劳动法》规定，国家发展社会福利事业，兴建公共福利设施，为劳动者休息、休养和疗养提供条件。用人单位应当创造条件，改善集体福利，提高劳动者的福利待遇。

6.3.5 劳动争议的解决

【案例6-8】刘律师最后和易某解释如果以后他遇到了劳动争议，应该如何处置，刘律师和他讲了王某的经历。王某系外来务工人员，随亲戚张某在深圳市龙华区某工地务工，某年10月12日，在工作的过程中腿部受伤，在亲戚以及现场管理人员的帮助下送往医院接受治疗，作为包工头的亲戚张某支付完3000元住院押金以后再没有支付过任何费用，工地发包人亦没有支付任何费用。经确认，发包人没有为王某缴纳社会保险费，也没有购买商业保险。无奈之下，王某只能先自行垫付治疗费用，待伤情稳定后再寻求问题的解决途径。

王某出院后，便与张某、发包人进行三方面谈，协商解决赔偿事宜。但张某以自己没钱为由，拒绝承担责任，发包人则认为自己的责任相对占比较低，即便赔偿也不应该由其承担主要责任。

请问： 王某如何维护自己的合法权益呢？

劳动争议，又称劳动纠纷，是指劳动关系当事人（用人单位与劳动者）之间关于劳动权和义务的争议。适用《劳动争议调解仲裁法》的劳动争议包括以下几点：

案例6-8解析

（1）因确认劳动关系发生的争议；

（2）因订立、履行、变更、解除和终止劳动合同发生的争议；

（3）因除名、辞退和辞职、离职发生的争议；

（4）因工作时间、休息休假、社会保险、福利、培训以及劳动保护发生的争议；

（5）因劳动报酬、工伤医疗费、经济补偿或者赔偿金等发生的争议；

（6）法律、法规规定的其他劳动争议。

根据《劳动争议调解仲裁法》第四条、第五条规定，发生劳动争议，劳动者可以与用人单位协商，也可以请工会或者第三方共同与用人单位协商，达成和解协议。发生劳动争议，当事人不愿协商、协商不成或者达成和解协议后不履行的，可以向调解组织申请调解；不愿调解、调解不成或者达成调解协议后不履行的，可以向劳动争议仲裁委员会申请仲裁；对仲裁裁决不服的，除法律另有规定的外，可以向人民法院提起诉讼。由此可见，我国劳动争议的解决途径有协商、调解、仲裁和诉讼。

1. 协商解决劳动争议

协商，是指当事人各方在自愿、互谅的基础上，按照法律规定，通过摆事实讲道理解决纠纷的一种方法。劳动者可以与用人单位协商，也可以请工会或者第三方共同与用人单位协商协商解决劳动争议是一种简便易行，也是最有效最经济的方法，能及时解决争议，消除分歧，提高办事的效率，节省费用，也有利于双方的团结和相互的协作关系。

2. 申请调解解决劳动争议

调解程序是指劳动纠纷的一方当事人就已经发生的劳动纠纷向劳动争议调解委员会申请调解的程序。根据《劳动法》规定：在用人单位内，可以设立劳动争议调解委员会负责调解本单位的劳动争议。调解委员会委员由单位代表、职工代表和工会代表组成。一般具有法律知识、政策水平和实际工作能力，又了解本单位具体情况，有利于解决纠纷。除因签订、履行集体劳动合同发生的争议外均可由本企业劳动争议调解委员会调解。但是，与协商程序一样，调解程序也由当事人自愿选择，且调解协议也不具有强制执行力，如果一方反悔，同样可以向仲裁机构申请仲裁。

通过调解解决劳动争议，有利于把争议及时解决在基层，最大限度地降低当事人双方的对抗性，节约仲裁资源和诉讼资源。为了充分发挥调解的作用，《劳动争议调解仲裁法》不仅规定在仲裁程序中，仲裁庭作出裁决前应当先行调解，而且单列一章专门规定调解程序，突出了调解的作用，意在引导当事人双方更多地通过调解解决劳动争议。

（1）调解组织

发生劳动争议，当事人可以到下列调解组织申请调解：企业劳动争议调解委员会；依法设立的基层人民调解组织；在乡镇、街道设立的具有劳动争议调解职能的组织。

企业劳动争议调解委员会由职工代表和企业代表组成。职工代表由工会成员担任或者由全体职工推举产生，企业代表由企业负责人指定。企业劳动争议调解委员会主任由工会成员或者双方推举的人员担任。

劳动争议调解组织的调解员应当由公道正派、积极联系群众、热心调解工作，并具有一定法律知识、政策水平和文化水平的成年公民担任。

（2）调解程序

当事人申请劳动争议调解可以书面申请，也可以口头申请。口头申请的，调解组织应当当场记录申请人基本情况、申请调解的争议事项、理由和时间，调解劳动争议，应当充分听取双方当事人对事实和理由的陈述，耐心疏导，帮助其达成协议。

（3）调解协议

经调解达成协议的，应当制作调解协议书。调解协议书由双方当事人签名或者盖章，经调解员签名并加盖调解组织印章后生效，对双方当事人具有约束力，当事人应当履行，自劳动争议调解组织收到调解申请之日起15日内未达成调解协议的，当事人可以依法申请仲裁。

达成调解协议后，一方当事人在协议约定期限内不履行调解协议的，另一方当事人可以依法申请仲裁。

（4）申请支付令

因支付拖欠劳动报酬、工伤医疗费、经济补偿或者赔偿金事项达成调解协议，用人单位在协议约定期限内不履行的，劳动者可以持调解协议书依法向人民法院申请支付令，人民法院应当依法发出支付令。

3. 劳动争议仲裁

仲裁程序是劳动纠纷的一方当事人将纠纷提交劳动争议仲裁委员会进行处理的程序。该程序既具有劳动争议调解灵活、快捷的特点，又具有强制执行的效力，是解决劳动纠纷的重要手段。劳动争议仲裁委员会是国家授权、依法独立处理劳动争议案件的专门机构。申请劳动仲裁是解决劳动争议的选择程序之一，也是提起诉讼的前置程序，即如果想提起诉讼打劳动官司，必须要经过仲裁程序，不能直接向人民法院起诉。

（1）劳动争议仲裁的特点

劳动仲裁不同于仲裁法规定的一般经济纠纷的仲裁，其不同之处体现在以下几点。

1）申请程序不同。一般经济纠纷的仲裁，要求双方当事人在事先或事后达成仲裁协议，然后才能据此向仲裁机构提出仲裁申请。而劳动争议的仲裁，则不要求当事人事先成事后达成仲裁协议，只要当事人一方提出申请，有关的仲裁机构即可受理。

2）仲裁机构设置不同。《仲裁法》规定的仲裁机构，主要在直辖市，省会城市及根据需要在其他设区的市设立；而劳动争议仲裁机构的设置，主要是在省、自治区的市、县设立，或者直辖市的区、县设立。

3）裁决的效力不同。《仲裁法》规定一般经济纠纷的仲裁实行一裁定终局制度，即仲裁裁决作出后，当事人就同一纠纷再申请仲裁或者向人民法院起诉的，仲裁委员会或者人民法院不予受理。而当事人对劳动争议仲裁裁决不服的，除《劳动争议调解仲裁法》规定的几类特殊劳动争议外，可以向人民法院起诉。由此可见，劳动争议的裁决一般不是终局的。法律规定仲裁这一程序，主要是考虑到这类纠纷的处理专业性较强，由一些熟悉这方面业务的人员来处理效果比较好，有利于快速、高效地解决纠纷。同时也在一定程度上减轻了法院的诉讼压力，节约了审判资源。

（2）劳动争议仲裁委员会与仲裁员

1）劳动争议仲裁委员会

劳动争议仲裁委员会是依法成立的，通过仲裁方式处理劳动争议的专门机构，它独立行使劳动争议仲裁权。劳动争议仲裁委员会按照统筹规划，合理布局和适应实际需要的原则设立。省、自治区人民政府可以决定在市、县设立；直辖市人民政府可以决定在区、县设立。直辖市、设区的市也可以设立一个或者若干个劳动争议仲裁委员会,劳动争议仲裁委员会不按行政区划层层设立。

2)仲裁员

①仲裁员的条件。劳动争议仲裁委员会应当设仲裁员名册。仲裁员应当公道正派并符合下列条件之一:A.曾任审判员的;B.从事法律研究、教学工作并具有中级以上职称的;C.具有法律知识、从事人力资源管理或者工会等专业工作满5年的;D.律师执业满3年的。

知识链接6-6 劳动争议仲裁委员会的职责

②仲裁员的回避。仲裁员有下列情形之一,应当回避,当事人也有权以口头或者书面方式提出回避申请:A.是本案当事人或者当事人、代理人的近亲属的;B.与本案有利害关系的;C.与本案当事人、代理人有其他关系,可能影响公正裁决的;D.私自会见当事人、代理人,或者接受当事人、代理人的请客送礼的。

(3)劳动争议仲裁的管辖

劳动争议仲裁委员会负责管辖本区域内发生的劳动争议。劳动争议由劳动合同履行地或者用人单位所在地的劳动争议仲裁委员会管辖。双方当事人分别向劳动合同履行地和用人单位所在地的劳动争议仲裁委员会申请仲裁的,由劳动合同履行地的劳动争议仲裁委员会管辖。

(4)劳动争议仲裁的程序

1)申请和受理。劳动争议申请仲裁的时效期间为1年。仲裁时效期间从当事人知道或者应当知道其权利被侵害之日起计算。仲裁时效,因当事人一方向对方当事人主张权利,或者向有关部门请求权利救济,或者对方当事人同意履行义务而中断。从中断时起,仲裁时效期间重新计算。因不可抗力或者有其他正当理由,当事人不能在上述规定的仲裁时效期间申请仲裁的,仲裁时效中止。从中止时效的原因消除之日起,仲裁时效期间继续计算。

劳动关系存续期间因拖欠劳动报酬发生争议的,劳动者申请仲裁不受前款规定的仲裁时效期间的限制;但是,劳动关系终止的,应当自劳动关系终止之日起1年内提出。

2)开庭和裁决。劳动争议仲裁委员会裁决劳动争议案件实行仲裁庭制。仲裁庭由3名仲裁员组成,设首席仲裁员。简单劳动争议案件可以由1名仲裁员独任仲裁。当事人申请劳动争议仲裁后,可以自行和解。达成和解协议的,可以撤回仲裁申请。

(5)劳动争议仲裁体制

1)一裁终局制。《劳动争议调解仲裁法》第四十七条规定,下列劳动争议,除本法另有规定的外,仲裁裁决为终局裁决,裁决书自作出之日起发生法律效力:①追索劳动报酬、工伤医疗费、经济补偿或者赔偿金,不超过当地月最低工资标准十二个月金额的争议;②因执行国家的劳动标准在工作时间、休息休假、社会保险等方面发生的争议。

《劳动争议调解仲裁法》尽管规定了对两大类劳动争议案件的一裁终局制,但并未全然关闭诉讼大门,其特别向劳动者开通了法律救济的"绿色通道"。该法第四十八条规定,劳动者对本法第四十七条规定的仲裁裁决不服的,可以自收到仲裁裁决书之日起十五日内向人民法院提起诉讼。可见,劳动者如果不认可该裁决,可以在十五天的法定期限内提起诉讼,那么仲裁裁决并不能产生终局效力。

特别值得注意的是,法律只赋予劳动者提出诉讼的权利,用人单位对于此两类裁决不

服，是不能向法院提出起诉的。在用人单位不能对该裁决提起诉讼的前提下，法律同时赋予用人单位权利救济的途径，即用人单位可以依据该法第四十九条的规定，向法院申请撤销违法裁决。《劳动争议调解仲裁法》第四十九条规定，用人单位有证据证明第四十七条规定的仲裁裁决有下列情形之一，可以自收到仲裁裁决书之日起三十日内向劳动争议仲裁委员会所在地的中级人民法院申请撤销裁决：①适用法律、法规确有错误的；②劳动争议仲裁委员会无管辖权的；③违反法定程序的；④裁决所根据的证据是伪造的；⑤对方当事人隐瞒了足以影响公正裁决的证据的；⑥仲裁员在仲裁办案时有索贿受贿，徇私舞弊枉法裁决行为的。人民法院经组成合议庭。审查核实裁决有前款规定情形之一的，应当裁定撤销。仲裁裁决被人民法院裁定撤销的，当事人可以自收到裁定书之日起十五日内就该劳动争议事项向人民法院提起诉讼。

2）一裁二审制。《劳动争议调解仲裁法》第五十条规定，当事人对该法第四十七条规定以外的其他劳动争议案件的仲裁裁决不服的，可以自收到仲裁裁决书之日起十五日内向人民法院提起诉讼；期满不起诉的，裁决书发生法律效力。一裁二审制将仲裁作为诉讼的一个前置程序，不经仲裁，当事人不能直接向人民法院提起诉讼。

【能力训练】撰写劳动仲裁申请书

劳动仲裁申请书

申请人：×××，男，汉族，身份证号：×××××××××××，住×市×区×（县）×路×号，联系电话：××××××××××。（如果委托了律师，不要写劳动者自己的电话）

被申请人：×××××××，统一社会信用代码：×××××××××，住所地：×市×区×（县）×路×号，联系电话：×××××××××。

法定代表人：×××（职务：×××）。

仲裁请求：

一、请求确认申请人与被申请人×年×月×日至×年×月×日（或至今）存在劳动关系；

二、请求裁令被申请人支付申请人×年×月×日至×年×月×日的正常工作时间工资/工作日延长工作时间工资/休息日加班费/法定节假日加班费×元；

三、请求裁令被申请人支付申请人×年×月×日至×年×月×日的高温津贴×元；

四、请求裁令被申请人支付申请人×年×月×日至×年×月×日未签订书面劳动合同的二倍工资差额×元；

五、请求裁令被申请人支付申请人×年×月×日至×年×月×日的（其他项目）×元；

六、请求裁令被申请人支付申请人×年×月×日至×年×月×日的未休带薪年休假（×天）工资×元；

七、请求裁令被申请人支付申请人因被申请人未购买社保、未及时足额发放劳动报酬而解除劳动关系的经济补偿金×元；

八、请求裁令被申请人支付申请人违法解除劳动关系的赔偿金×元；

九、请求裁令被申请人支付申请人工伤医疗费×元、住院伙食补助费×元、停工停薪期工资×元、护理费×元、劳动能力鉴定费×元、一次性伤残补助金×元、一次性工伤医疗补助金×元、一次性伤残就业补助金×元；

十、请求裁令被申请人支付申请人一次性失业保险金损失×元、一次性生活补助×元；

十一、请求裁令被申请人依据《中华人民共和国劳动合同法实施条例》第二十四条规定的内容向申请人出具解除劳动合同的证明，并在十五日内为申请人办理档案和社会保险关系转移手续；

十二、请求裁令被申请人返还申请人（工作服）押金×元/身份证/毕业证/学位证。

上述第×项至第×项申请请求金额共计×元。

事实与理由：

（事实与理由部分，应当紧扣仲裁请求简要说明劳动合同（或事实劳动关系）的建立、履行、变更、解除等情况）

"申请人于×年×月×日与被申请人签订劳动合同"或"申请人于×年×月×日起在被申请人处工作，任××一职，但至今被申请人未与申请人签订劳动合同"……（劳动合同或事实劳动关系的建立）

申请人在被申请人处工作期间，被申请人要求法定节假日照常上班，但被申请人未依据法律规定额外支付3倍工资……在申请人工作过程中，被申请人未依据国家法律规定支付高温津贴……（劳动合同的履行）

×年×月×日，被申请人未与申请人协商，擅自将申请人岗位从广州调至北京……（劳动合同的变更）

"×年×月×日，被申请人在申请人工作未有任何过错的情况下，违法解除与申请人的劳动合同……"或"×年×月×日，申请人因被申请人未依法为申请人购买社会保险依法向被申请人提出解除劳动关系"或"×年×月×日，申请人因被申请人未依法为申请人购买社会保险、未依法及时足额发放劳动报酬、加班工资等原因委托律师向被申请人发函解除了劳动关系"。（劳动合同的解除）

综上所述，被申请人的行为已经严重侵害申请人的合法权益，为了维护申请人的合法权益，申请人依据《劳动法》《劳动合同法》等法律法规之规定，特向贵委申请劳动仲裁，请求贵委依法裁决！

此致

×市×区（县）劳动人事争议仲裁委员会

申请人：×××
×年×月×日

4. 通过人民法院处理劳动争议

根据《劳动法》第八十三条规定，劳动争议当事人对仲裁裁决不服的，可以自收到仲裁裁决书之日起十五日内向人民法院提起诉讼。一方当事人在法定期限内不起诉又不履行仲裁裁决的，另一方当事人可以申请人民法院强制执行。

《劳动争议调解仲裁法》中规定了三种可以向法院起诉的模式：

1）申请人对不作为案件可以不经仲裁直接起诉

根据《劳动争议调解仲裁法》第二十九条规定，对劳动争议仲裁委员会不予受理或者逾期未作出决定的，申请人可以就该劳动争议事项向人民法院提起诉讼。

2）劳动者对一裁终局劳动争议的仲裁裁决不服可以起诉

根据《劳动争议调解仲裁法》第四十八条规定，劳动者对本法第四十七条规定的仲裁裁决不服的，可以自收到仲裁裁决书之日起十五日内向人民法院提起诉讼。

3）当事人对一般劳动争议仲裁裁决不服可以起诉

根据《劳动争议调解仲裁法》第五十条规定，当事人对本法第四十七条规定以外的其他劳动争议案件的仲裁裁决不服的，可以自收到仲裁裁决书之日起十五日内向人民法院提起诉讼。人民法院处理劳动争议适用《民事诉讼法》规定的程序，由各级人民法院受理，实行二审终审制。

【任务6.3 小结】

1. 熟悉劳动者的工作时间和休息休假和劳动者工资的相关规定；
2. 熟悉劳动者安全卫生、特殊保护制度，以及对未成年工特殊保护；
3. 熟悉基本养老保险、基本医疗保险、工伤保险、失业保险、生育保险等社会保险制度；
4. 熟悉劳动争议解决的方式，协商解决，调解、仲裁、提起诉讼。

班级：_____　　姓名：_____　　成绩：_____

【任务 6.3 习题】

一、单项选择题

1. 王某的日工资为 80 元。政府规定 2010 年 10 月 1 日至 7 日放假 7 天，其中 3 天属于法定休假日，4 天属于前后两周的周末休息日。公司安排王某在这 7 天加班不能安排补休。公司应当向王某支付加班费合计（　　）元。

A. 560　　　　　　　　B. 1360　　　　　　　　C. 800　　　　　　　　D. 1120

2. 某矿山企业的如下工作安排中，不违反《劳动法》中关于劳动保护规定的是（　　）。

A. 安排怀孕 4 个月的李某夜班看护仪表　　B. 未对未成年工进行定期健康检查

C. 安排女职工王某从事井下作业　　　　　D. 安排未成年工进行井下作业

3. 女学生孙某毕业后被企业录用。孙某为了锻炼自己，主动要求到最苦、最累、最脏的岗位上工作。企业可以满足她的要求，但不得安排的工作是（　　）。

A. 参与高温工作　　　　　　　　B. 低温、冷水作业

C. 夜班劳动　　　　　　　　　　D. 矿山井下作业

4. 关于女职工特殊劳动保护的规定，正确的是（　　）。

A. 不得安排女职工从事国家规定的第三级体力劳动强度的劳动

B. 女职工生育享受 98 天产假

C. 禁止安排未育女职工从事有毒有害的劳动

D. 用人单位应当对女职工定期进行健康检查

5. 安全及劳动卫生规程未对用人单位提出严格要求的是（　　）。

A. 为劳动者办理意外伤害保险

B. 对劳动者进行劳动安全卫生教育

C. 执行国家劳动安全卫生规程和标准

D. 对从事有职业危害作业的劳动者应当定期进行健康检查

6. 下列争议中，属于劳动争议的是（　　）。

A. 企业职工张某与某地方劳动保障行政部门因工伤认定结论发生的争议

B. 公司股东李某因股息分配与该公司产生的争议

C. 退休职工王某与社会保险经办机构因发生退休费用发生的争议

D. 进城务工的黄某与劳务分包企业因支付工资报酬产生的争议

7. 依据《劳动争议调解仲裁法》的规定，下列选项中，可担任企业劳动争议调解委员会主任的是（　　）。

A. 企业职工　　　　　　　　　　B. 用人单位代表

C. 工会代表　　　　　　　　　　D. 劳动行政主管部门代表

8. 甲公司拖欠职工刘某的工资，并已与其解除劳动合同，则刘某申请劳动仲裁的规定中，正确的是（　　）。

A. 劳动仲裁时效为 2 年，从解除劳动合同时起算

B. 劳动仲裁时效为 2 年，从发生拖欠工资时起算

C. 劳动仲裁的时效为 1 年，从解除劳动合同时起算

D. 劳动仲裁的时效为 1 年，从发生拖欠工资时起算

9. 关于劳动争议解决方式的说法，正确的是（　　）。

A. 用人单位与劳动者发生劳动争议的，劳动者应当先申请单位劳动争议调解委员会调解

B. 用人单位与劳动者发生劳动争议，劳动者可以依法申请调解、仲裁、提起诉讼，也可以协商解决

C. 企业劳动争议调解委员会由职工代表，用人单位代表、工会代表，劳动行政部门代表组成

D. 用人单位与劳动者发生劳动争议的，可以向劳动者住所地的仲裁委员会申请仲裁

10. 下列关于劳动争议解决的说法，正确的是（　　）。

A. 经调解达成的劳动争议调解协议具有强制执行效力

B. 劳动者对仲裁裁决不服的，可自收到仲裁裁决书之日起 15 日内向人民法院提起诉讼

C. 根据"一裁终局原则"，劳动者对仲裁裁决不服的，不能向人民法院提起诉讼

D. 提出仲裁要求的一方应当自劳动争议发生之日起 30 日内向劳动争议仲裁委员会提出书面申请

二、多项选择题

1. 下列关于劳动安全卫生的说法，正确的有（　　）。

A. 新建、改建、扩建工程的劳动安全卫生设施必须与主体工程同时设计、同时施工、同时投入生产和使用

B. 用人单位必须为劳动者提供符合国家规定的劳动安全卫生条件和必要的劳动防护用品

C. 用人单位必须对从事有职业危害作业的劳动者随时进行健康检查

D. 从事特种作业的劳动者必须经过专门培训并取得特种作业资格

E. 劳动者在劳动过程中必须严格遵守安全操作规程

2. 根据《社会保险法》，国家建立（　　）等社会保险制度，保障公民享有从国家和社会获得物质帮助的权利。

A. 意外伤害保险　　　　　　　　B. 工伤保险

C. 生育保险　　　　　　　　　　D. 基本养老保险

E. 基本医疗保险

3. 根据《社会保险法》，失业人员从失业保险基金中领取失业保险金应符合的条件有（　　）。

A. 本人应征服兵役的

B. 非因本人意愿中断就业的

C. 本人已经失业，有身份证明的

D. 本人已经进行失业登记，并有求职要求的

E. 失业前用人单位和本人已经缴纳失业保险费满 1 年的

4. 下列争议中，属于劳动争议范围的有(　　)。

A. 家庭与家政服务人员之间的争议

B. 个体工匠与学徒之间的争议

C. 因确认劳动关系发生的争议

D. 因工作时间发生的争议

E. 因终止劳动合同发生的争议

学习情境 7　建设工程纠纷解决法律制度与实务

知识点

1. 民事纠纷与行政纠纷的概念与类型；
2. 民事管辖制度：级别管辖，地域管辖，管辖权异议；
3. 民事诉讼当事人与代理人；
4. 民事诉讼证据；
5. 民事诉讼时效；
6. 民事诉讼审判程序：一审程序，二审程序，审批监督程序；
7. 仲裁协议；
8. 仲裁的开庭和审理；
9. 仲裁的裁决及执行；
10. 和解制度、调解制度与争议评审制度；
11. 行政复议制度；
12. 行政诉讼制度。

能力点

1. 能够编写起诉状、答辩状、仲裁协议；
2. 能够正确选择管辖法院、确定诉讼当事人；
3. 能够搜集整理民事诉讼证据；
4. 能够适用民事诉讼程序解决建设工程中的纠纷；
5. 能够运用仲裁制度解决建设工程中的纠纷；
6. 能够运用司法调解、仲裁调解、专业机构调解解决建设工程中的纠纷；
7. 能够运用和解的方式解决建设工程中的大部分纠纷；
8. 能够运用行政复议和行政诉讼制度对不合理的行政行为进行救济。

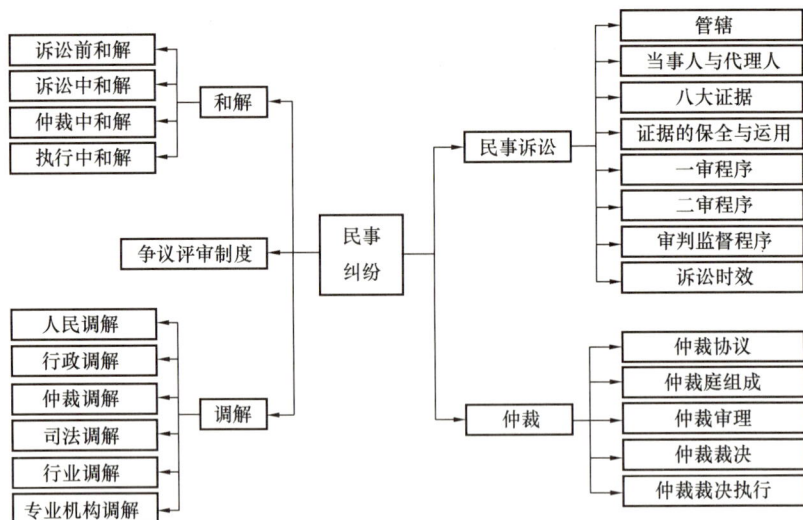

思维导图

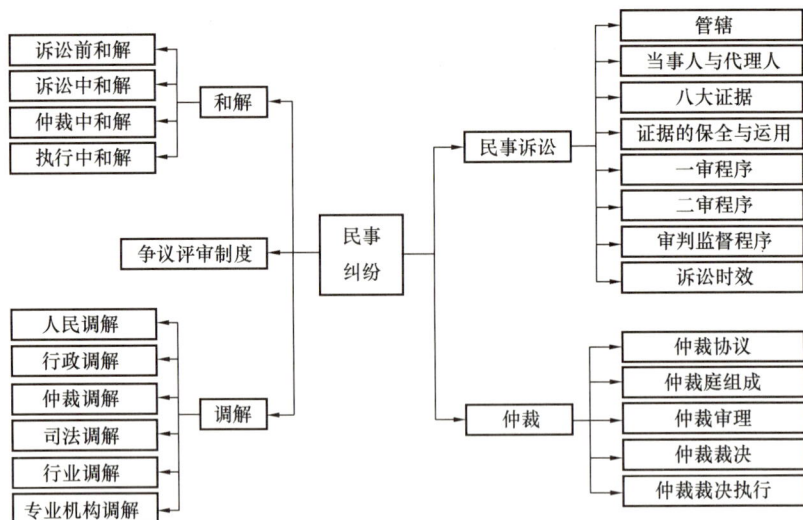

【案例7-1】2019 年 3 月，易某与建筑总承包二级企业 A 公司签订了劳务分包协议，按照协议，由易某负责某市状元区天上人间楼盘 4 号栋住宅的建造。合同约定，由易某以包工包料的形式垫资施工，A 公司按照设定的形象进度控制点支付工程款。但在施工过程中，除了第一次付款较为正常外，其他的工程款均未支付，导致工程进度严重滞后。至2020 年 1 月，新冠疫情来袭，工程全面停工。易某为了发放民工工资，在多次找 A 公司协商未果的情况下，直接找到建设单位 B 开发商，要求支付已完部分的工程款。

但 B 开发商认为：首先，易某与 A 公司的劳务承包协议是非法分包，易某作为自然人不具备专业承包的资质，且分包事先也未经业主同意。其次，B 开发商只需履行和 A 公司签订的施工承包合同中约定的付款义务即可，基于合同的相对性原则，易某应当找 A 公司索要工程款。第三，因为 4 号栋住宅进度滞后，B 开发商不能正常向业主交房，损失很大，易某和 A 公司应承担连带责任。

请问：

1. 劳务分包和专业工程分包有何区别？易某与 A 公司的协议到底是什么性质的合同？

2. 如果你是易某，面对困境准备怎么办？

案例7-1解析

任务 7.1　建设工程纠纷主要种类及解决途径

所谓法律纠纷，是指公民、法人、其他组织之间因人身、财产或其他法律关系所发生的对抗冲突（或者争议），主要包括民事纠纷、行政纠纷、刑事纠纷。民事纠纷是平等主体间的有关人身、财产权的纠纷；行政纠纷是行政机关之间或行政机关同公民、法人和其他组织之间由于行政行为而产生的纠纷；刑事纠纷是因犯罪而产生的纠纷。

在建设工程领域里常见的是民事纠纷和行政纠纷。

7.1.1　建设工程民事纠纷及解决途径

建设工程民事纠纷，是在建设工程活动中平等主体之间发生的以民事权利义务法律关系为内容的争议。民事纠纷又可分为两大类：一类是财产关系方面的民事纠纷，如合同纠纷、损害赔偿纠纷等；另一类是人身关系的民事纠纷，如名誉权纠纷、继承权纠纷等。

1. 在建设工程领域，较为普遍和重要的民事纠纷主要是合同纠纷、侵权纠纷。

（1）合同纠纷

合同纠纷是指因合同的生效、解释、履行、变更、终止等行为而引起的合同当事人之间的所有争议。合同纠纷的内容，主要表现在争议主体对于导致合同法律关系产生、变更与消灭的法律事实以及法律关系的内容有着不同的观点与看法。合同纠纷的范围涵盖了一项合同从成立到终止的整个过程。在建设工程领域，合同纠纷主要有工程总承包合同纠纷、工程勘察合同纠纷、工程设计合同纠纷、工程施工合同纠纷、工程监理合同纠纷、工程分包合同纠纷、材料设备采购合同纠纷以及劳动合同纠纷等。

（2）侵权纠纷

侵权纠纷是指一方当事人对另一方侵权而产生的纠纷。在建设工程领域也易发生侵权纠纷，如施工单位在施工中未采取相应防范措施造成对他方损害而产生的侵权纠纷，未经许可使用他方的专利、工法等而造成的知识产权侵权纠纷等。

发包人和承包人就有关工期、质量、造价、付款等产生的建设工程合同争议，是建设工程领域最常见的民事纠纷。

2. 民事纠纷的法律解决途径主要有四种：和解、调解、仲裁、诉讼。

（1）和解是民事纠纷的当事人在自愿互谅的基础上，就已经发生的争议进行协商、妥协与让步并达成协议，自行（无第三方参与劝说）解决争议的一种方式。和解可以在民事纠纷的任何阶段进行，无论是否已经进入诉讼或仲裁程序。

（2）调解是指双方当事人以外的第三方应纠纷当事人的请求，以法律、法规和政策或合同约定以及社会公德为依据，对纠纷双方进行疏导、劝说，促使他们相互谅解，进行协商自愿达成协议，解决纠纷的活动。

（3）仲裁是当事人根据在纠纷发生前或纠纷发生后达成的协议，自愿将纠纷提交第三方（仲裁机构）作出裁决，纠纷各方都有义务执行该裁决的一种解决纠纷的方式。

（4）民事诉讼是指人民法院在当事人和其他诉讼参与人的参加下，以审理、裁判、执行等方式解决民事纠纷的活动，以及由此产生的各种诉讼关系的总和。

课程思政：知法懂法才能更好维护自身权益

我们经常会在学习、工作、生活当中碰到各种问题。比如说：宿管阿姨强行进入宿舍查大功率电器，她是否侵犯了大学生的隐私？买了一个不合格的手机，消费者应当向零售商索赔还是向生产厂家索赔？用人单位故意不和劳动者签订书面合同，劳动者应当怎么维权……，类似这种问题很多很多。作为新时代的大学生应当要有自己的担当，理性思维理性维权，而不是走极端靠着私力解决问题。一个良好的法治社会离不开高素质的公民，而高素质公民的基本特征就知法懂法、守法用法。

社会主义和谐社会有六个基本特征：民主法治、公平正义、诚信友爱、充满活力、安定有序、人与自然和谐相处。民主法治是这六个基本特征中处于第一位的。和谐社会并不是没有矛盾和冲突的社会，而是矛盾和冲突能够得到预防和及时化解的社会。

7.1.2 建设工程行政纠纷

建设工程行政纠纷，是在建设工程活动中行政机关之间或行政机关同公民、法人和其他组织之间由于行政行为而引起的纠纷，包括行政争议和行政案件。

1. 行政行为的特征

（1）行政行为是执行法律的行为。任何行政行为均须有法律根据，具有从属法律性，没有法律的明确规定或授权，行政主体不得作出任何行政行为。

（2）行政行为具有一定的裁量性。这是由立法技术本身的局限性和行政管理的广泛性、变动性、应变性所决定的。

（3）行政主体在实施行政行为时具有单方意志性，不必与行政相对方协商或征得其同意，便可依法自主做出。

（4）行政行为是以国家强制力保障实施的，带有强制性。行政相对方必须服从并配合行政行为，否则行政主体将予以制裁或强制执行。

（5）行政行为以无偿为原则，以有偿为例外。只有当特定行政相对人承担了特别公共负担，或者分享了特殊公共利益时，方可为有偿。

2. 在建设工程领域，易引发行政纠纷的具体行政行为

（1）行政许可，即行政机关根据公民、法人或者其他组织的申请，经依法审查，准予其从事特定活动的行政管理行为，如施工许可、专业人员执业资格注册、企业资质等级核准、安全生产许可等。行政许可易引发的行政纠纷通常是行政机关的行政不作为、违反法定程序等。

（2）行政处罚，即行政机关或其他行政主体依照法定职权、程序对于违法但尚未构成犯罪的相对人给予行政制裁的具体行政行为。常见的行政处罚为警告、罚款、没收违法所得、取消投标资格、责令停止施工、责令停业整顿、降低资质等级、吊销资质证书等。行政处罚易导致的行政纠纷，通常是行政处罚超越职权、滥用职权、违反法定程序、事实认定错误、适用法律错误等。

（3）行政强制，包括行政强制措施和行政强制执行。行政强制措施是指行政机关在行政管理过程中，为制止违法行为、防止证据损毁、避免危害发生、控制危险扩大等情形，依法对公民的人身自由实施暂时性限制，或者对公民、法人或者其他组织的财物实施暂时性控制的行政行为。行政强制执行是指行政机关或者行政机关申请人民法院，对不履行行政决定的公民、法人或者其他组织，依法强制履行义务的行政行为。行政强制易导致的行政纠纷，通常是行政强制超越职权、滥用职权、违反法定程序、事实认定错误、适用法律错误等。

（4）行政裁决，即行政机关或法定授权的组织，依照法律授权，对平等主体之间发生的与行政管理活动密切相关的、特定的民事纠纷（争议）进行审查，并作出裁决的具体行政行为，如对特定的侵权纠纷、损害赔偿纠纷、权属纠纷、国有资产产权纠纷以及劳动工资、经济补偿纠纷等的裁决。行政裁决易引发的行政纠纷，通常是行政裁决违反法定程序、事实认定错误、适用法律错误等。

3. 行政纠纷的法律解决途径主要有两种，即行政复议和行政诉讼。

（1）行政复议。是指公民、法人或其他组织（作为行政相对人）认为行政机关的具体

行政行为侵犯其合法权益，依法请求法定的行政复议机关审查该具体行政行为的合法性、适当性，该复议机关依照法定程序对该具体行政行为进行审查，并作出行政复议决定的法律制度。这是公民、法人或其他组织通过行政救济途径解决行政争议的一种方法。

（2）行政诉讼是公民，法人或者其他组织依法请求法院对行政机关行政行为的合法性进行审查并依法裁判的法律制度。《中华人民共和国行政诉讼法》（以下简称《行政诉讼法》）规定，公民、法人或者其他组织认为行政机关和行政机关工作人员的行政行为侵犯其合法权益，有权依照本法向人民法院提起诉讼。

除法律、法规规定必须先申请行政复议的以外，行政纠纷当事人可以自主选择申请行政复议还是提起行政诉讼。行政复议的结论作出后，即具有法律效力。行政纠纷当事人对行政复议决定不服的，除法律规定行政复议决定为最终裁决的以外，可以依照《行政诉讼法》的规定向人民法院提起行政诉讼。

【任务 7.1 小结】

1. 了解建设工程领域里常见的纠纷类型，主要包括民事纠纷、行政纠纷、刑事纠纷。
2. 掌握民事纠纷的概念、主要类型，以及民事纠纷解决途径。
3. 熟悉行政纠纷的概念、行政行为的特征，以及行政纠纷解决途径。
4. 通过学习后，能够识别出工作中发生的纠纷类型并找到对应的解决途径。

班级：_____　　姓名：_____　　成绩：_____

【任务 7.1 习题】

一、单项选择题

1. 侵权纠纷属于（　　）。

A. 民事纠纷　　　　　　　　　　　B. 刑事纠纷

C. 财产关系方面的纠纷　　　　　　D. 行政纠纷

2.（　　）可以在民事纠纷的任何阶段进行。

A. 和解　　　　　B. 调解　　　　　C. 诉讼　　　　　D. 仲裁

3. 双方当事人以外的第三方应纠纷当事人的请求，以法律、法规和政策或合同约定以及社会公德为依据，对纠纷双方进行疏导、劝说，促使他们相互谅解，进行协商自愿达成协议并解决纠纷的方式是（　　）。

A. 和解　　　　　B. 调解　　　　　C. 争议评审　　　　D. 仲裁

4. 行政行为的特征不包括（　　）。

A. 是执行法律的行为　　　　　　　B. 具有一定的裁量性

C. 具有单方意志性　　　　　　　　D. 以有偿为原则

5. 行政相对方（　　）服从并配合行政行为。

A. 必须　　　　　B. 可以　　　　　C. 不必　　　　　D. 可以不

6. 建设行政主管部门给施工企业颁发安全生产许可证属于（　　）。

A. 行政许可　　　B. 行政强制　　　C. 行政处罚　　　D. 行政裁决

7. 机动车驾驶员张三违法交通规则以致发生交通事故，交警到现场后暂扣了张三的驾驶证和行驶证，这一行为属于（　　）。

A. 行政许可　　　B. 行政强制　　　C. 行政处罚　　　D. 行政裁决

8. 施工单位和建设单位就工程质量问题发生了争议，质量监督部门经过调查和分析后支持了施工单位的主张，这一行为属于（　　）。

A. 司法判决　　　B. 行政强制　　　C. 仲裁裁决　　　D. 行政裁决

9. 公民、法人或其他组织等行政相对人认为行政机关的具体行政行为侵犯其合法权益，可依法请求法定的（　　）机关审查该具体行政行为的合法性、适当性。

A. 行政司法　　　B. 行政监督　　　C. 行政复议　　　D. 行政裁决

10. 平等主体间的有关人身、财产权的纠纷是（　　）。

A. 侵权纠纷　　　B. 财产纠纷　　　C. 民事纠纷　　　D. 刑事纠纷

二、多项选择题

1. 法律纠纷主要包括（　　）。

A. 民事纠纷　　　　　　　　　　　B. 刑事纠纷

C. 工程质量纠纷　　　　　　　　　D. 行政纠纷

2. 行政纠纷的法律解决途径包括（　　）和行政诉讼。

A. 行政调解　　　B. 行政复议　　　C. 行政诉讼　　　D. 行政仲裁

3. 民事纠纷的法律解决途径主要有( )。

A. 和解　　　　　B. 协商　　　　　C. 诉讼　　　　　D. 仲裁

4. 行政行为包括( )。

A. 行政授权　　　B. 行政强制　　　C. 行政处罚　　　D. 行政裁决

5. 公民、法人或者其他组织认为( )的行政行为侵犯其合法权益，有权向人民法院提起诉讼。

A. 权力机关　　　　　　　　　　B. 行政机关

C. 司法机关　　　　　　　　　　D. 行政机关工作人员

三、思考题

必须先申请行政复议才能够提起行政诉讼的情形有哪些？

任务 7.2   民事诉讼制度

【案例 7-2】 实际施工人易某的维权之路

易某听完了"建设工程民事纠纷及解决途径"后，眼前一亮，"我这个不就是合同引起的纠纷吗？人民法院为人民，人民法官肯定公平公正，我要起诉 A 公司！"因为易某之前多次找 A 公司、B 开发商协商，均不能解决问题，所以他对和解、调解失去了信心，而对仲裁又觉得高深莫测，于是决定用诉讼的方式维权。

案例7-2解析

请问： 请问接下来易某应当做什么？

7.2.1   管辖

民事诉讼中的管辖是指各级法院之间和同级法院之间受理第一审民事案件的分工和权限。

《中华人民共和国民事诉讼法》（以下简称《民事诉讼法》）规定的民事案件的管辖，包括级别管辖、地域管辖、移送管辖、指定管辖和管辖权转移。人民法院受理案件后，被告有权针对人民院对案件是否有管辖权提出管辖权异议，这是当事人的一项诉讼权利。

1. 级别管辖。

根据《最高人民法院关于调整高级人民法院和中级人民法院管辖第一审民商事案件标准的通知》（法发〔2015〕7 号）、《最高人民法院关于调整高级人民法院和中级人民法院管辖第一审民事案件标准的通知》（法发〔2019〕14 号），《最高人民法院关于调整部分高级人民法院和中级人民法院管辖第一审民商事案件标准的通知》（法发〔2018〕13 号）三个文件，高级人民法院管辖诉讼标的额 50 亿元（人民币）以上（包含本数）或者其他在本辖区有重大影响的第一审民事案件。中级人民法院管辖第一审民事案件的诉讼标的额上限原则上为 50 亿元（人民币），下限根据各省市、自治区及当事人是否均在受理法院所处省级行政辖区的不同而不同。

婚姻、继承、家庭、物业服务、人身损害赔偿、名誉权、交通事故、劳动争议等案件以及群体性纠纷案件，一般由基层人民法院管辖。

2. 地域管辖

地域管辖是指按照各法院的辖区和民事案件的隶属关系，划分同级法院受理第一审民事案件的分工和权限。地域管辖实际上是以法院与当事人、诉讼标的以及法律事实之间的隶属关系和关联关系来确定的，主要包括如下几种情况：

（1）一般地域管辖

一般地域管辖，是以当事人与法院的隶属关系来确定诉讼管辖，通常实行"原告就被告"原则，即以被告住所地作为确定管辖的标准。根据《民事诉讼法》规定：

1）对公民提起的民事诉讼，由被告住所地人民法院管辖；被告住所地与经常居住地不一致的，由经常居住地人民法院管辖。其中，公民的住所地是指该公民的户籍所在地。

经常居住地是指公民离开住所至起诉时已连续居住满 1 年的地方，但公民住院就医的地方除外。

2）对法人或者其他组织提起的民事诉讼，由被告住所地人民法院管辖。被告住所地是指法人或者其他组织的主要办事机构所在地；主要办事机构所在地不能确定的，其注册地或者登记地为住所地。

3）同一诉讼的几个被告住所地、经常居住地在两个以上人民法院辖区的，原告可以向任何一个被告住所地或经常居住地人民法院起诉。

（2）特殊地域管辖

特殊地域管辖，是指以诉讼标的所在地、法律事实所在地为标准确定的管辖。我国《民事诉讼法》规定了11种特殊地域管辖的诉讼，其中与工程建设领域关系密切的是因合同纠纷提起的诉讼。

《民事诉讼法》规定，因合同纠纷提起的诉讼，由被告住所地或者合同履行地人民法院管辖。2015年1月发布的《最高人民法院关于适用〈中华人民共和国民事诉讼法〉的解释》（以下简称《民事诉讼法解释》）规定，合同约定履行地点的，以约定的履行地点为合同履行地。合同对履行地点没有约定或者约定不明确，争议标的为给付货币的，接收货币一方所在地为合同履行地；交付不动产的，不动产所在地为合同履行地；其他标的，履行义务一方所在地为合同履行地。即时结清的合同，交易行为地为合同履行地。合同没有实际履行，当事人双方住所地都不在合同约定的履行地的，由被告住所地人民法院管辖。

（3）协议管辖

发生合同纠纷的，《民事诉讼法》还规定了协议管辖制度。所谓协议管辖，是指合同当事人在纠纷发生前后，在法律允许的范围内，以书面形式约定案件的管辖法院。协议管辖适用于合同纠纷或者其他财产权益纠纷，其他财产权益纠纷包括因物权、知识产权中的财产权而产生的民事纠纷管辖。《民事诉讼法》规定，合同的当事人可以在书面合同中协议选择被告住所地、合同履行地、合同签订地、原告住所地、标的物所在地等与争议有实际联系的地点的人民法院管辖，但不得违反本法对级别管辖和专属管辖的规定。

（4）专属管辖

专属管辖，是指法律规定某些特殊类型的案件专门由特定的法院管辖。专属管辖是排他性管辖，排除了诉讼当事人协议选择管辖法院的权利。专属管辖与一般地域管辖和特殊地域的关系是：凡法律规定为专属管辖的诉讼，均适用专属管辖。

《民事诉讼法》中规定了3种适用专属管辖的案件，其中因不动产纠纷提起的诉讼，由不动产所在地人民法院管辖，如房屋买卖纠纷、土地使用权转让纠纷等。《民事诉讼法解释》规定，建设工程施工合同纠纷按照不动产纠纷确定管辖。不动产已登记的，以不动产登记簿记载的所在地为不动产所在地；不动产未登记的，以不动产实际所在地为不动产所在地。

知识链接7-1 管辖权异议

7.2.2 民事诉讼当事人与代理人

1. 当事人

民事诉讼中的当事人，是指因民事权利和义务发生争议，以自己的名义进行诉讼，请求人民法院进行裁判的公民法人或其他组织。狭义的民事诉讼当事人包括原告和被告，广义的民事诉讼当事人包括原告、被告、共同诉讼人和第三人。

（1）原告和被告

原告，是指维护自己的权益或自己所管理的他人权益，以自己名义起诉，从而引起民事诉讼程序的当事人。被告，是指原告诉称侵犯原告民事权益而由法院通知其应诉的当事人。

《民事诉讼法》规定，公民、法人和其他组织可以作为民事诉讼的当事人。法人由其法定代表人进行诉讼。其他组织由其主要负责人进行诉讼。公民、法人和其他组织虽然都可以成为民事诉讼中的原告或被告，但在实践中，还是比较复杂的，需要进一步结合《民事诉讼法解释》及相关规定进行正确认定。

（2）共同诉讼人

共同诉讼人，是指当事人一方或双方为 2 人以上（含 2 人），诉讼标的是共同的，或者诉讼标的是同一种类、人民法院认为可以合并审理并经当事人同意，一同在人民法院进行诉讼的人。

（3）第三人

第三人，是指对他人争议的诉讼标的有独立的请求权，或者虽无独立的请求权，但案件的处理结果与其有法律上的利害关系，而参加到原告、被告已经开始的诉讼中进行诉讼的人。

2. 诉讼代理人

诉讼代理人，是指根据法律规定或当事人的委托，代理当事人进行民事诉讼活动的人。与民事法律关系的代理人不同，诉讼代理人通常可分为法定诉讼代理人、委托诉讼代理人和指定诉讼代理人。在建设工程领域，最常见的是委托诉讼代理人。

《民事诉讼法》规定，当事人、法定代理人可以委托 1～2 人作为诉讼代理人。下列人员可以被委托为诉讼代理人：1）律师、基层法律服务工作者；2）当事人的近亲属或者工作人员；3）当事人所在社区、单位以及有关社会团体推荐的公民。

委托他人代为诉讼的，须向人民法院提交由委托人签名或盖章的授权委托书，授权委托书必须记明委托事项和权限。按照诉讼代理人权限的大小，授权分为特别授权和一般授权。

《民事诉讼法》规定，"诉讼代理人代为承认、放弃、变更诉讼请求，进行和解、提起反诉或者上诉，必须有委托人的特别授权"。针对实践中经常出现的授权委托书仅写"全权代理"而无具体授权的情形，最高人民法院还特别规定，在这种情况下不能认定为诉讼代理人已获得特别授权，即诉讼代理人无权代为承认、放弃、变更诉讼请求，进行和解、提起反诉或者上诉。

【案例 7-3】案例背景、条件同【案例 7-2】。

请问：

1. 易某可否在协议签订地市起诉 A 公司？

2. 易某在起诉 A 公司的同时能否起诉 B 开发商？

案例7-3解析

7.2.3　民事诉讼证据

证据是指在诉讼中能够证明案件真实情况的各种资料。当事人要证明自己提出的主张，需要向法院提供相应的证据资料。

1. 证据的种类

根据《民事诉讼法》的规定，根据表现形式的不同，民事证据有以下 8 种，分别是：当事人的陈述、书证、物证、视听资料、电子数据、证人证言、鉴定意见、勘验笔录。

（1）书证和物证

书证，是指以所载文字、符号、图案等方式所表达的思想内容来证明案件事实的书面材料或者其他物品。书证在民事诉讼和仲裁中普遍存在，大量运用，具有非常重要的作用。书证一般表现为各种书面形式文件或纸面文字材料（但非纸类材料亦可成为书证载体），如合同文件、各种信函、会议纪要、电报、传真、电子邮件、图纸、图表等。

物证，则是指能够证明案件事实的物品及其痕迹，凡是以其存在的外形、重量、规格、损坏程度等物体的内部或者外部特征来证明待证事实的一部分或者全部的物品及痕迹，均属于物证范畴。例如，在工程实践中，在对建筑材料、设备以及工程质量进行鉴定的过程中所涉及的各种证据，往往表现为物证这种形式。

在民事诉讼和仲裁过程中，应当遵循"优先提供原件或者原物"原则。《民事诉讼法》规定，"书证应当提交原件。物证应当提交原物。提交原件或者原物确有困难的，可以提交复制品、照片、副本、节录本"。但是，无法与原件、原物核对的复印件、复制品，不能单独作为认定案件事实的依据。

（2）视听资料

视听资料是指利用录音、录像的方法录制的音像和图像或者用电子计算机存储的电子信息用来证明案件事实的证明材料。在实践中，常见的视听资料包括录像带、录音带、胶卷、电话录音、扫描资料以及储存于软盘、硬盘或光盘中的电脑数据等。

但由于现代科技发展使这类技术手段广泛应用于人们日常生活中，视听资料可以用剪接、拼凑的方法进行伪造或加工。因此，民事诉讼证据规定中规定存在有疑点的视听资料，不能单独作为认定案件事实的依据。此外，对于未经对方当事人同意私自录制其谈话取得的资料，根据《民事诉讼证据规定》，只要不是以侵害他人合法权益（如侵害隐私）或者违反法律禁止性规定的方法（如窃听）取得的，仍可以作为认定案件事实的依据。

（3）证人证言和当事人陈述

1）证人证言

证人是指了解案件情况并向法院、仲裁机构或当事人提供证词的人。证人就案件情况所作的陈述即为证人证言。

《民事诉讼法》规定，凡是知道案件情况的单位和个人：都有义务出庭作证。有关单位的负责人应当支持证人作证。证人确有困难不能出庭的，经人民法院许可，可以提交书面证言。不能正确表达意志的人，不能作证。《民事诉讼证据规定》还规定，与一方当事人或者其代理人有利害关系的证人出具的证言，以及无正当理由未出庭作证的证人证言不能单独作为认定案件事实的依据。

2）当事人陈述

当事人陈述，是指当事人在诉讼或仲裁中，就本案的事实向法院或仲裁机构所作的陈述。《民事诉讼法》规定，人民法院对当事人的陈述，应当结合本案的其他证据，审查确定能否作为认定事实的根据。《民事诉讼证据规定》还规定，当事人对自己的主张，只有本人陈述而不能提出其他相关证据的，其主张不予支持。但对方当事人认可的除外。

（4）鉴定意见和勘验笔录

1）鉴定意见

在对建设工程领域诸如工程质量、造价等方面纠纷进行处理的过程中，针对有关的专业问题，由法院或仲裁机构委托具有相应资格的专业鉴定机构进行鉴定，并出具相应鉴定意见，是法院或仲裁机构据以查明案件事实、进行裁判的重要手段之一。因此，鉴定意见作为我国民事证据的一种，在建设工程纠纷的处理过程中，具有特殊的重要性。

当事人申请鉴定，应当注意在举证期限内提出。当事人申请鉴定经人民法院同意后，由双方当事人协商确定有鉴定资格的鉴定机构、鉴定人员，协商不成的，由人民法院指定。当事人对人民法院委托的鉴定部门作出的鉴定结论有异议申请重新鉴定，应提出证据证明。

一方当事人自行委托有关部门作出的鉴定结论，另一方当事人有证据足以反驳并申请重新鉴定的，人民法院应予准许。

2）勘验笔录

勘验笔录是指人民法院为了查明案件的事实，指派勘验人员对与案件争议有关的现场、物品或物体进行查验、拍照、测量，并将查验的情况与结果制成的笔录。《民事诉讼法》规定，勘验物证或者现场，勘验人必须出示人民法院的证件，并邀请当地基层组织或者当事人所在单位派人参加。当事人或者当事人的成年家属应当到场，拒不到场的，不影响勘验的进行。勘验笔录应由勘验人、当事人和被邀参加人签名或者盖章。

（5）电子数据

所谓"电子证据"，是指与案件事实有关的电子邮件等以电子形式存在的证据。它是基于电子技术生成的，以数字化形式存在于磁盘等载体的内容可与载体分离，并可多次复制到其他载体的信息。电子证据的形成需要借助于电子技术或者电子设备。电子证据作为证据使用时，往往以其派生物形式存在，如经打印机输出的电子数据的计算机截屏图、纸质打印件、经声像设备输出的影像、声音。

电子数据具有技术含量高、脆弱（易被伪造和篡改）、复合性、间接性等特点，常见的电子证据有电子邮件（E-mail）、电子聊天记录（E-chat）、电子数据交换（EDI）、电子资金划拨（EFT）、电子公告牌记录（BBS）和电子签章（E-signature）。此外，可电子编辑的移动通信通话记录、短信也属于电子数据。《民事诉讼法》在传统 7 类证据基础上，将电子证据作为新增的证据种类。

2. 证据的保全

（1）证据保全的概念和作用

所谓证据保全，是指在证据可能灭失或以后难以取得的情况下，法院根据申请人的申请或依职权，对证据加以固定和保护的制度。

民事诉讼或仲裁均是以证据为基础展开的。依据有关证据，当事人和法院、仲裁机构才能够了解或查明案件真相，确定争议的原因，从而正确地处理纠纷。但是，从纠纷的产生直至案件开庭审理必然有一个时间间隔。在这段时间内，有些证据由于自然原因或人为原因，可能会灭失或难以取得。为了防止这种情况可能给当事人的举证以及法院、仲裁机构的审理带来困难，《民事诉讼法》规定，在证据可能灭失或者以后难以取得的情况下，当事人或利害关系人可以向人民法院申请保全证据，人民法院也可以主动采取保全措施。

（2）证据保全的申请

《民事诉讼法》规定，当事人申请诉讼证据保全的，人民法院采取保全措施，可以要求申请人提供担保，申请人不提供担保的，裁定驳回申请。人民法院接受申请后，对情况紧急的，必须在 48 小时内作出裁定；裁定采取保全措施的，应当立即开始执行。

利害关系人申请诉前证据保全的，申请人应当提供担保，不提供担保的，裁定驳回申请。人民法院接受申请后，必须在 48 小时内作出裁定；裁定采取保全措施的，应当立即开始执行。申请人在人民法院采取保全措施后 30 日内不依法提起诉讼或者申请仲裁的，人民法院应当解除保全。申请有错误的，申请人应当赔偿被申请人因保全所遭受的损失。

3. 证据的应用

（1）举证时限

所谓举证时限，是指法律规定或法院、仲裁机构指定的当事人能够有效举证的期限。举证时限是一种限制当事人诉讼行为的制度，其主要目的在于促使当事人积极举证，提高诉讼效率，防止当事人违背诚实信用原则，在证据上搞"突然袭击"或拖延诉讼。

《民事诉讼法》规定，当事人对自己提出的主张应当及时提供证据。人民法院根据当事人的主张和案件审理情况，确定当事人应当提供的证据及其期限。当事人在该期限内提供证据确有困难的，可以向人民法院申请延长期限，人民法院根据当事人的申请适当延长。当事人逾期提供证据的，人民法院应当责令其说明理由；拒不说明理由或者理由不成立的，人民法院根据不同情形可以不予采纳该证据，或者采纳该证据但予以训诫、罚款。

《民事诉讼法解释》中规定，人民法院应当在审理前的准备阶段确定当事人的举证期限。举证期限可以由当事人协商，并经人民法院准许。人民法院确定举证期限，第一审普通程序案件不得少于 15 日，当事人提供新的证据的第二审案件不得少于 10 日。举证期限届满后，当事人对已经提供的证据，申请提供反驳证据或者对证据来源、形式等方面的瑕疵进行补正的，人民法院可以酌情再次确定举证期限，该期限不受前款规定的限制，当事人逾期提供证据的，人民法院应当责令其说明理由，必要时可以要求其提供相应的证据。

（2）证据交换

我国民事诉讼中的证据交换，是指在诉讼答辩期届满后开庭审理前，在法院的主持下，当事人之间相互明示其持有证据的过程。证据交换制度的设立，有利于当事人之间明确争议焦点，集中辩论；有利于法院尽快了解案件，确定双方当事人争议的主要问题、争议焦点，集中审理；有利于当事人尽快了解对方的事实依据，促进当事人和解。

法院组织当事人交换证据的，交换证据之日举证期限届满。当事人申请延期举证经法院准许的，证据交换日相应顺延。证据交换应当在审判人员的主持下进行。在证据交换的过程中，审判人员对当事人无异议的事实、证据应当记录在卷；对有异议的证据，按照需要证明的事实分类记录在卷并记载异议的理由。

（3）质证

质证是指当事人在法庭的主持下，围绕证据的真实性、合法性、关联性，针对证据证明力有无以及证明力大小，进行质疑、说明与辩驳的过程。根据《民事诉讼法》和《民事诉讼证据规定》的规定，证据应当在法庭上出示，由当事人质证。对涉及国家秘密、商业秘密和个人隐私的证据应当保密，需要在法庭出示的，不得在公开开庭时出示。未经质证的证据，不能作为认定案件事实的依据。

（4）认证

认证即证据的审核认定，是指法院对经过质证或当事人在证据交换

知识链接7-2 如何质证

中认可的各种证据材料作出审查判断，确认其能否作为认定案件事实的根据。认证是正确认定案件事实的前提和基础，其具体内容是对证据有无证明力和证明力大小进行审查确认。

证据有无证明力或其证明力大小与"证据三性"有关：

1）合法性：证据的形式、来源是否符合法律规定；

2）真实性：证据的内容是否真实；

3）相关性：证据与本案事实是否相关；

在诉讼中，当事人为达成调解协议或者和解目的作出妥协所涉及的对案件事实的认可，不得在其后的诉讼中作为对其不利的证据；另外，不能单独作为认定案件事实的证据有：

1）未成年人所作的与其年龄和智力状况不相当的证言；

2）与一方当事人或者其代理人有利害关系的证人出具的证言；

3）存有疑点的视听资料；

4）无法与原件、原物核对的复印件、复制品；

5）无正当理由未出庭作证的证人证言。

诉讼过程中，当事人在起诉状、答辩状、陈述及其委托代理人的代理词中承认的对己方不利的事实和认可的证据，法院应当予以确认，但当事人反悔并有相反证据足以推翻的除外。

有证据证明一方当事人持有证据无正当理由拒不提供，如果对方当事人主张该证据的内容不利于证据持有人，可以推定该主张成立。

当出现数个证据时，对同一事实的证明力适用以下原则：

1）国家机关、社会团体依职权制作的公文书证的证明力一般大于其他书证；

2）物证、档案、鉴定结论、勘验笔录或者经过公证、登记的书证，其证明力一般大于其他书证、视听资料和证人证言；

3）证人提供的对与其亲属或者其他密切关系的当事人有利的证言，其证明力一般小于其他证人证言。

【案例 7-4】 易某听完八大类证据及证据的应用后，头有点晕。他的手里只有所谓的"劳务分包协议"，其他的什么形象进度、工程款支付凭证、工资发放凭证等都没有书面证据。A 公司也以工程尚未竣工为理由，一直不跟易某对账和办理结算，怎么才能证明 A 公司欠付自己工程款呢？易某想到上次去找 A 公司的牟副总要钱，牟副总也同意年前支付他五百万元，易某出于谨慎偷偷地用手机把对话过程全部录音了。

案例7-4解析

请问：

1. 根据本案例，易某应该提供那些证据？

2. 易某能否用未经对方许可的录音作为证据证明 A 公司欠付工程款？

7.2.4　民事诉讼时效

诉讼时效，是指权利人在法定的时效期间内，未行使其权利的，依据法律规定消灭其胜诉权的制度。

超过诉讼时效期间，在法律上发生的效力是权利人的胜诉权消灭。超过诉讼时效期间权利人行使权利的，如果符合《民事诉讼法》规定的起诉条件，法院仍然应当受理。当事人未提出诉讼时效抗辩，法院不应对诉讼时效问题进行释明及主动适用诉讼时效的规定进行裁判。

1. 诉讼时效期间的种类

根据我国《民法典》及有关法律的规定，诉讼时效期间通常可划分为 4 类：

（1）普通诉讼时效，即向人民法院请求保护民事权利的期间。普通诉讼时效期间通常为 3 年。

（2）特殊诉讼时效。特殊诉讼时效不是由民法总则规定的，而是由《民法典》分编或其他特别法规定的诉讼时效。例如，《民法典》合同编规定，因国际货物买卖合同和技术进出口合同争议的时效期间为 4 年。

（3）权利的最长保护期限。诉讼时效期间从知道或应当知道权利被侵害时起计算。但是，从权利被侵害之日起超过 20 年的，法院不予保护。

诉讼时效期间自权利人知道或者应当知道权利受到损害以及义务人之日起计算。法律另有规定的，依照其规定。

2. 诉讼时效中止和中断

（1）诉讼时效中止

诉讼时效中止，即诉讼时效期间暂时停止计算。在导致诉讼时效中止的原因消除后，也就是权利人开始可以行使请求权时起，诉讼时效期间继续计算。

《民法典》总则编规定，在诉讼时效期间的最后六个月内，因下列障碍，不能行使请求权的，诉讼时效中止：

1）不可抗力；

2）无民事行为能力人或者限制民事行为能力人没有法定代理人，或者法定代理人死亡、丧失民事行为能力、丧失代理权；

3）继承开始后未确定继承人或者遗产管理人；

4）权利人被义务人或者其他人控制；

5）其他导致权利人不能行使请求权的障碍。

自中止时效的原因消除之日起满六个月，诉讼时效期间届满。

（2）诉讼时效中断

《民法典》总则编规定，有下列情形之一的，诉讼时效中断，从中断、有关程序终结时起，诉讼时效期间重新计算：

1）权利人向义务人提出履行请求；

2）义务人同意履行义务；

3）权利人提起诉讼或者申请仲裁；

4）与提起诉讼或者申请仲裁具有同等效力的其他情形。

诉讼时效的期间、计算方法以及中止、中断的事由由法律规定，当事人约定无效。当事人对诉讼时效利益的预先放弃无效。

7.2.5 民事诉讼审判程序

审判程序是人民法院审理案件适用的程序，常见的审判程序可以分为一审程序、二审程序和审判监督程序。

1. 一审程序

一审程序包括普通程序和简易程序。普通程序是《民事诉讼法》规定的民事诉讼当事人进行第一审民事诉讼和人民法院审理第一审民事案件所通常适用的诉讼程序。简易程序是基层人民法院和它的派出法庭审理事实清楚、权利义务关系明确、争议不大的简单民事案件适用的程序。基层人民法院和它派出的法庭审理上述规定以外的民事案件，当事人双方也可以约定适用简易程序。

适用普通程序审理的案件，根据《民事诉讼法》的规定，应当在立案之日起 6 个月审结。有特殊情况需要延长的，由本院院长批准、可以延长 6 个月；还需要延长的，报上级法院批准。适用简易程序审理的案件，应当在立案之日起 3 个月内审结。

（1）起诉和受理

1）起诉

《民事诉讼法》第一百一十九条规定，起诉必须符合下列条件。①原告是与本案有直接利害关系的公民、法人和其他组织；②有明确的被告；③有具体的诉讼请求、事实、理由；④属于人民法院受理民事诉讼的范围和受诉人民法院管辖。

起诉方式，应当以书面起诉为原则，口头起诉为例外。在工程实践中，基本都采用书面起诉方式。《民事诉讼法》规定，起诉应当向人民法院提交起诉状，并按照被告人数目提出副本。

起诉状应当记明下列事项：①原告的姓名、性别、年龄、民族、职业、工作单位、住所、联系方式，法人或者其他组织的名称、住所和法定代表人或者主要负责人的姓名、职务、联系方式；②被告的姓名、性别、工作单位、住所等信息，法人或者其他组织的名称、住所等信息；③诉讼请求和所根据的事实与理由；④证据和证据来源，证人姓名和住所。

民事起诉状格式见表 7-1。

起诉状中最好写明案由，民事案件案由是民事诉讼案件的名称，反映案件所涉及的民事法律关系的性质，是法院将诉讼争议所包含的法律关系进行的概括。工程实践中常用的有两类：一类是购买建筑材料可能遇到的买卖合同纠纷，包括分期付款买卖合同纠纷、凭样品买卖合同纠纷、试用买卖合同纠纷、互易纠纷、国际货物买卖合同纠纷等；另一类是工程中可能遇到的各种合同纠纷，包括建设工程勘察合同纠纷、建设工程设计合同纠纷、建设工程施工合同纠纷、建设工程分包合同纠纷、建设工程监理合同纠纷、装饰装修合同纠纷。

2）受理

《民事诉讼法》规定，人民法院应当保障当事人依照法律规定享有的起诉权利。对符合本法第一百一十九条的起诉，必须受理。符合起诉条件的，应当在 7 日内立案，并通知当事人；不符合起诉条件的，应当在 7 日内作出裁定书，不予受理；原告对裁定不服的，可以提起上诉。

人民法院在受理起诉状后，应向被告人送达起诉状副本。送达诉讼文书必须有送达回证，由受送达人在送达回证上记明收到日期，签名或者盖章。受送达人在送达回证上的签收日期为送达日期。

诉讼文书送达方式有：

① 直接送达。送达诉讼文书，应当直接送交受送达人。

② 留置送达。受送达人或者他的同住成年家属拒绝接收诉讼文书的，送达人可以邀请有关基层组织或者所在单位的代表到场，说明情况，在送达回证上记明拒收事由和日期，由送达人、见证人签名或者盖章，把诉讼文书留在受送达人的住所；也可以把诉讼文书留在受送达人的住所，并采用拍照、录像等方式记录送达过程，即视为送达。

知识链接7-3 民事诉讼中书写要点

民事起诉状格式　　　　　　　　　　　　　　表 7-1

原告（公民）：×××，男／女，××××年××月××日生，×族，……（写明工作单位和职务或职业），住址：……。联系方式：……。

原告（法人）：×××，住所……。

法定代表人／主要负责人：×××，……（写明职务），联系方式：……。

委托诉讼代理人：×××，……。

被告：×××，男／女，××××年××月××日生，×族，……（写明工作单位和职务或职业），住址：……。联系方式：……。

诉讼请求：

……

事实和理由：

……

证据和证据来源，证人姓名和住所：

……

此致

××××人民法院

附：本起诉状副本×份

　　　　　　　　　　　　　　　　　　　　　　　起诉人（签名）

　　　　　　　　　　　　　　　　　　　　　　　××××年××月××日

---

③ 传真、电子邮件等简易送达方式。经受送达人同意，法院可以采用传真、电子邮件等能够确认其收悉的方式送达诉讼文书，但判决书、裁定书、调解书除外。

④ 委托送达和邮寄送达。直接送达诉讼文书有困难的，可以委托其他人民法院代为送达，或者邮寄送达。邮寄送达的，以回执上注明的收件日期为送达日期。

⑤ 转交送达。受送达人是军人的，通过其所在部队团以上单位的政治机关转交；受送达人被监禁的，通过其所在监所转交；受送达人被采取强制性教育措施的，通过其所在强制性教育机构转交。

⑥ 公告送达。受送达人下落不明，或者用前述方式无法送达的，则可采取公告送达。自发出公告之日起，经过 60 日，即视为送达。公告送达，应当在案卷中记明原因和经过。

《民事诉讼法》规定，人民法院应当在立案之日起 5 日内将起诉状副本发送被告，被告应当在收到之日起 15 日内提出答辩状。答辩状应当记明被告的姓名、性别、年龄、民族、职业、工作单位、住所、联系方式；法人或者其他组织的名称、住所和法定代表人或者主要负责人的姓名、职务、联系方式。人民法院应当在收到答辩状之日起5日内将答辩状副本发送原告。被告不提出答辩状的，不影响人民法院审理。

民事答辩状格式见表7-2。

民事答辩状格式 表7-2

答辩人：×××，男／女，××××年××月××日生，×族，……（写明工作单位和职务或职业），住址：……。联系方式：……。

法定代理人/指定代理人：×××，……。

委托诉讼代理人：×××，……。

（以上写明答辩人和其他诉讼参加人的姓名或者名称等基本信息）

对××××人民法院（××××）……民初……号……（写明当事人和案由）一案的起诉，答辩如下：……（写明答辩意见）。

证据和证据来源，证人姓名和住所：

……

此致

××××人民法院

附：本答辩状副本×份

答辩人（签名）
××××年××月××日

注：1. 本样式根据《中华人民共和国民事诉讼法》第一百二十五条制定，供公民对民事起诉提出答辩用。

2. 被告应当在收到起诉状副本之日起十五日内提出答辩状。被告在中华人民共和国领域内没有住所的，应当在收到起诉状副本后三十日内提出答辩状。被告申请延期答辩的，是否准许，由人民法院决定。

3. 答辩状应当记明被告的姓名、性别、出生日期、民族、工作单位、职业、住所、联系方式。

4. 答辩时已经委托诉讼代理人的，应当写明委托诉讼代理人基本信息。

5. 答辩状应当由本人签名。

（2）开庭审理

1）开庭审理方式

开庭审理根据是否向公众和社会公开，分为公开审理和不公开审理。其中，公开审理是人民法院审理案件的一项基本原则，只有在例外情形下，才可以不公开审理。

《民事诉讼法》规定，人民法院审理民事案件，除涉及国家秘密、个人隐私或者法律另有规定的以外，应当公开进行。离婚案件、涉及商业秘密的案件，当事人申请不公开审理的，可以不公开审理。

2）法庭调查

法庭调查，是在法庭上出示与案件有关的全部证据，对案件事实进行全面调查并有当事人进行质证的程序。

法庭调查按照下列程序进行：①当事人陈述；②告知证人的权利义务，证人作证，宣读未到庭的证人证言；③出示书证、物证、视听资料和电子数据；④宣读鉴定意见；⑤宣读勘验笔录。

3）法庭辩论

法庭辩论是当事人及其诉讼代理人在法庭上行使辩论权，针对有争议的事实和法律问题进行辩论的程序。法庭辩论的目的，是通过当事人及其诉讼代理人的辩论，对有争论的问题逐一进行审查和核实，借此查明案件的真实情况和正确适用法律。

4）法庭笔录

书记员应当将法庭审理的全部活动记入笔录，由审判人员和书记员签名。

法庭笔录应当当庭宣读，也可以告知当事人和其他诉讼参与人当庭或者在 5 日内阅读。当事人和其他诉讼参与人认为对自己的陈述记录有遗漏或者差错的，有权申请补上。法庭笔录由当事人和其他诉讼参与人签名或者盖章。拒绝签名盖章的，记明情况附卷。

5）宣判

法庭辩论终结，应当依法作出判决。根据《民事诉讼法》的规定，判决前能够调解的，还可以进行调解。调解书经双方当事人签收后，即具有法律效力。调解不成的，如调解未达成协议或者调解书送达前一方反悔的，法院应当及时判决。

原告经传票传唤，无正当理由拒不到庭的，或者未经法庭许可中途退庭的，可以按撤诉处理；被告反诉的，可以缺席判决。被告经传票传唤，无正当理由拒不到庭的，或者未经法庭许可中途退庭的，可以缺席判决。

法院一律公开宣告判决，同时必须告知当事人上诉权利、上诉期限和上诉的法院。最高人民法院的判决、裁定，以及超过上诉期没有上诉的判决、裁定，是发生法律效力的判决、裁定。

2. 第二审程序

第二审程序（又称上诉程序或终审程序），是指由于民事诉讼当事人不服地方各级人民法院尚未生效的第一审判决或裁定，在法定上诉期间内，向上一级人民法院提起上诉而引起的诉讼程序。由于我国实行两审终审制，上诉案件经二审法院审理后作出的判决、裁定为终审的判决、裁定，诉讼程序即告终结。

（1）上诉期间

当事人不服地方人民法院第一审判决的，有权在判决书送达之日起 15 日内向上一级人民法院提起上诉；不服地方人民法院第一审裁定的，有权在裁定书送达之日起 10 日内向上一级人民法院提起上诉。

（2）上诉状

当事人提起上诉，应当递交上诉状。上诉状应当通过原审法院提出，并按照对方当事人的人数提出副本。当事人直接向第二审人民法院上诉的，第二审人民法院应当在 5 日内将上诉状移交原审人民法院。

（3）二审法院对上诉案件的处理

第二审人民法院对上诉案件，经过审理，按照下列情形，分别处理：

1）原判决、裁定认定事实清楚，适用法律正确的，判决驳回上诉，维持原判决、裁定；

2）原判决、裁定认定事实错误或者适用法律错误的，依法改判、撤销或者变更；

3）原判决认定基本事实不清的，裁定撤销原判决，发回原审人民法院重审，或者查清事实后改判；

4）原判决遗漏当事人或者违法缺席判决等严重违反法定程序的，裁定撤销原判决，发回原审人民法院重审。

第二审法院作出的具有给付内容的判决，具有强制执行力。如果有履行义务的当事人拒不履行，对方当事人有权向法院申请强制执行。

对于发回原审法院重审的案件，原审法院仍将按照一审程序进行审理。因此，当事人对重审案件的判决、裁定，仍然可以上诉。原审人民法院对发回重审的案件作出判决后，当事人提起上诉的，第二审人民法院不得再次发回重审。

3. 审判监督程序

（1）审判监督程序的概念

审判监督程序即再审程序，是指由有审判监督权的法定机关和人员提起，或由当事人申请，由人民法院对发生法律效力的判决、裁定、调解书再次审理的程序。

（2）审判监督程序类型

1）人民法院提起再审的程序

人民法院提起再审，必须是已经发生法律效力的判决、裁定、调解书确有错误。其程序为：各级人民法院院长对本院已经发生法律效力的判决、裁定、调解书，发现确有错误，认为需要再审的，应当提交审判委员会讨论决定。最高人民法院对地方各级人民法院已经生效的判决、裁定、调解书，上级人民法院对下级人民法院已生效的判决、裁定、调解书，发现确有错误的，有权提审或指令下级人民法院再审。按照审判监督程序决定再审的案件，裁定中止原判决、裁定、调解书的执行，但追索赡养费、抚养费、抚育费、抚恤金、医疗费用、劳动报酬等案件，可以不中止执行。

2）当事人申请再审的程序

当事人申请不一定引起审判监督程序，只有在同时符合下列条件的前提下，由人民法院依法决定，才可以启动再审程序。

① 当事人申请再审的条件。当事人对已经发生法律效力的判决、裁定，认为有错误的，可以向上一级人民法院请再审；当事人一方人数众多或者当事人双方为公民的案件，也可以向原审人民法院申请再审。当事人申请再审的，不停止判决、裁定的执行。

② 当事人可以申请再审的时间。当事人申请再审，应当在判决、裁定发生法律效力后 6 个月内提出；6 个月后发现新证据的，据以作出原判决、裁定的主要证据是伪造的，据以作出原判决、裁定的法律文书被撤销或者变更，以及发现审判人员在审理该案件时有贪污受贿，徇私舞弊，枉法裁判行为的，自当事人知道或者应当知道之日起 6 个月内提出申请再审。申请再审期间不适用中止、中断和延长的规定。

3）人民检察院的抗诉

抗诉是指人民检察院对人民法院发生法律效力的判决、裁定，发现有提起抗诉的法定情形，提请人民法院对案件重新审理。

最高人民检察院对各级人民法院已经发生法律效力的判决、裁定，上级人民检察院对下级人民法院已经发生法律效力的判决、裁定，发现有符合当事人可以申请再审情形之一的，或者发现调解书损害国家利益、社会公共利益的，应当按照审判监督程序提起抗诉、地方各级人民检察院对同级人民法院已经发生法律效力的判决、裁定，发现有符合当事人可以申请再审情形之一的，或者发现调解书损害国家利益、社会公共利益的，可以向同级人民法院提出检察建议，并报上级人民检察院备案；也可以提请上级人民检察院向同级人民法院提出抗诉。

【任务 7.2 小结】

1. 掌握管辖的概念，了解级别管辖的规则，熟悉地域管辖的规则。

2. 了解民事诉讼中关于原告、被告、共同诉讼人和第三人的规定。

3. 掌握当事人的陈述、书证、物证、视听资料、电子数据、证人证言、鉴定意见、勘验笔录等 8 种民事证据的相关规定。

4. 熟悉举证时限、证据交换、质证、认证等证据应用的规则。

5. 熟悉民事诉讼时效的概念、种类，以及诉讼时效中止和中断。

6. 熟悉民事诉讼一审程序，包括起诉和受理，开庭审理等相关规定。了解民事诉讼一审程序、审判监督程序的基本规定。

7. 通过学习后，能够在工作当中运用民事诉讼的方法解决民事纠纷、维护企业和自身权益。

班级：_____　　姓名：_____　　成绩：_____

【任务 7.2 习题】

一、单项选择题

1. 民事诉讼管辖是指各级法院之间和同级法院之间受理（　　）民事案件的分工和权限。

A. 所有　　　　　　　B. 第一审　　　　　　C. 第二审　　　　　　D. 再审

2. 人民法院受理案件后，（　　）有权针对人民院对案件是否有管辖权提出管辖权异议。

A. 原告　　　　　　　B. 原告或者被告　　　C. 被告　　　　　　　D. 原告和被告

3. （　　）是指按照各法院的辖区和民事案件的隶属关系，划分同级法院受理第一审民事案件的分工和权限。

A. 级别管辖　　　　　B. 指定管辖　　　　　C. 地域管辖　　　　　D. 专属管辖

4. "原告就被告"原则体现了（　　）。

A. 一般地域管辖　　　　　　　　　　B. 特殊地域管辖

C. 协议管辖　　　　　　　　　　　　D. 专属管辖

5. 因合同纠纷提起的诉讼，由被告（　　）人民法院管辖。

A. 住所地　　　　　　　　　　　　　B. 合同履行地

C. 住所地和合同履行地　　　　　　　D. 住所地或合同履行地

6. 即时结清的合同，（　　）为合同履行地。

A. 给付货币一方所在地　　　　　　　B. 接受货币一方所在地

C. 被告所在地　　　　　　　　　　　D. 交易行为地

7. 建设工程施工合同纠纷应由（　　）法院管辖。

A. 被告住所地　　　B. 工程所在地　　　C. 合同签订地　　　D. 业主所在地

8. 人民法院受理案件后，当事人对管辖权有异议的，应当在（　　）提出。

A. 开庭前　　　　　B. 判决前　　　　　C. 案件审理期间　　D. 提交答辩状期间

9. 受诉人民法院应当在受理异议之日起（　　）内作出裁定。

A. 15 日　　　　　　B. 10 日　　　　　　C. 7 日　　　　　　D. 5 日

10. 如果授权委托书仅写"全权代理"而无具体授权的情形，则该授权属于（　　）。

A. 一般授权　　　　B. 普通授权　　　　C. 特别授权　　　　D. 特殊授权

11. （　　）是指以所载文字、符号、图案等方式所表达的思想内容来证明案件事实的书面材料或者其他物品。

A. 视听资料　　　　B. 书证　　　　　　C. 电子数据　　　　D. 鉴定意见

12. 工程实践中，在对建筑材料、设备以及工程质量进行鉴定的过程中所涉及的各种证据，往往表现为（　　）这种形式。

A. 勘验笔录　　　　B. 书证　　　　　　C. 物证　　　　　　D. 鉴定意见

13. 关于证人证言和当事人陈述，错误的是（　　）。

A. 凡是知道案件情况的单位和个人都有义务出庭作证

B. 被告妻子的证言可作为认定案件事实的依据

C. 当事人对自己的主张，只有本人陈述而不能提出其他相关证据的，不能单独作为认定案件事实的依据

D. 当事人所作的不利于自己的陈述可以采信

14. 关于勘验物证或者现场，说法错误的是（   ）。

A. 勘验人必须出示人民法院的证件

B. 应邀请当地基层组织或者当事人所在单位派人参加

C. 当事人或者当事人的成年家属应当到场，拒不到场的，暂停勘验

D. 勘验笔录应由勘验人、当事人和被邀参加人签名或者盖章

15. 在证据可能灭失或者以后难以取得的情况下，（   ）。

A. 当事人应当向人民法院申请保全证据

B. 利害关系人应当向人民法院申请保全证据

C. 人民法院应当主动采取保全措施

D. 人民法院可以主动采取保全措施

16. 申请人在人民法院采取保全措施后（   ）内不依法提起诉讼或者申请仲裁的，人民法院应当解除保全。

    A. 30 日   B. 15 日   C. 10 日   D. 20 日

17. 关于举证时限的说法，错误的是（   ）。

A. 举证时限是指法律规定或法院、仲裁机构指定的当事人能够有效举证的期限

B. 举证时限是一种鼓励当事人诉讼行为的制度，其主要目的在于促使当事人积极举证

C. 当事人在该期限内提供证据确有困难的，可以向人民法院申请延长期限

D. 当事人逾期提供证据的，人民法院应当责令其说明理由

18. 人民法院确定举证期限，第一审普通程序案件不得少于（   ），当事人提供新的证据的第二审案件不得少于（   ）。

    A. 10 日；15 日   B. 15 日；10 日

    C. 10 日；10 日   D. 15 日；15 日

19. 关于证据交换，说法正确的有（   ）。

A. 是指在举证期限届满后开庭审理前进行

B. 法院组织当事人交换证据的，交换证据之日诉讼答辩期届满

C. 在证据交换的过程中，审判人员对当事人无异议的事实、证据可不记录

D. 有利于当事人之间明确争议焦点，集中辩论

20. 关于质证，说法错误的是（   ）。

A. 未经质证的证据，不能作为认定案件事实的依据

B. 对涉及国家秘密、商业秘密和个人隐私的证据应当保密

C. 对 B 中的证据可在不公开审理时出示

D. 对 B 中的证据可以不出示

21. 证据的审核认定是（   ）。

    A. 认证   B. 证明   C. 质证   D. 举证

22. 关于诉讼时效，说法正确的是（　　）。

A. 超过诉讼时效期间权利人行使权利的，法院不应当受理

B. 普通诉讼时效期间通常为 2 年

C. 最长保护期限为 10 年

D. 超过诉讼时效期间，在法律上发生的效力是权利人的胜诉权消灭

23. 工程于 2017 年 3 月 1 日竣工，A 公司一直未支付 B 公司剩余工程款。2019 年 11 月 1 日，C 公司发起了对 B 公司的收购程序，B 公司相关工作处于停滞状态，直到 2020 年 6 月 1 日，收购完成并起诉了 A 公司。请问此时 B 公司关于剩余工程款的诉讼时效期间为（　　）。

A. 4 个月　　　　　B. 6 个月　　　　　C. 0　　　　　D. 3 年

24. 适用普通程序审理的一审案件，根据《民事诉讼法》的规定，应当在立案之日起（　　）审结。

A. 3 个月　　　　　B. 1 个月　　　　　C. 6 个月　　　　　D. 12 个月

25. 《民事诉讼法》规定，人民法院对符合本法规定起诉，（　　）受理。

A. 必须　　　　B. 可以　　　　C. 视情况　　　　D. 不予

26. 原告经传票传唤，无正当理由拒不到庭的，或者未经法庭许可中途退庭的，处理（　　）。

A. 可以按撤诉　　　　　　　　B. 应该按撤诉

C. 可以按败诉　　　　　　　　D. 应该按败诉

27. 被告经传票传唤，无正当理由拒不到庭的，或者未经法庭许可中途退庭的，（　　）。

A. 可以按败诉处理　　　　　　B. 应该按败诉处理

C. 可以缺席判决　　　　　　　D. 应该缺席判决

28. 当事人不服地方人民法院第一审判决的，有权在判决书送达之日起（　　）内向上一级人民法院提起上诉。

A. 15 日　　　　　B. 10 日　　　　　C. 7 日　　　　　D. 5 日

29. 关于第二审程序，正确的有（　　）。

A. 上诉状应当向二审法院提出，并按照对方当事人的人数提出副本

B. 原判决认定事实错误或者适用法律错误的，裁定撤销原判决，发回原审人民法院重审

C. 原判决严重违反法定程序的，裁定撤销原判决，发回原审人民法院重审

D. 当事人对重审案件的判决、裁定，不可以上诉

二、多项选择题

1. 关于被告住所地，说法正确的是（　　）。

A. 公民的住所地是指该公民的户籍所在地

B. 经常居住地是指公民离开住所至起诉时已连续居住满 1 年的地方

C. 被告住所地与经常居住地不一致的，由住所地人民法院管辖

D. 被告住所地是指法人或者其他组织的主要办事机构所在地

2. 关于合同履行地的说法，正确的是（　　）。

A. 合同约定履行地点的，以约定的履行地点为合同履行地

B. 合同对履行地点没有约定，争议标的为给付货币的，给付货币一方所在地为合同履行地

C. 交付不动产的，不动产所在地为合同履行地

D. 其他标的，履行义务一方所在地为合同履行地

3. 合同的当事人可以在书面合同中协议选择被告住所地、（   ）、标的物所在地等与争议有实际联系的地点的人民法院管辖。

A. 基层人民法院　　　B. 合同履行地　　　　C. 原告住所地　　　　D. 合同签订地

4. 下列（   ）可以被委托为诉讼代理人。

A. 司法行政人员

B. 律师、基层法律服务工作者

C. 当事人的近亲属或者工作人员

D. 当事人所在社区、单位以及有关社会团体推荐的公民

5. 在民事诉讼和仲裁过程中，应当遵循"优先提供原件或者原物"原则，是指（   ）。

A. 书证应当提交原件，物证应当提交原物

B. 提交原件或者原物确有困难的，可以提交复制品、照片、副本、节录本

C. 无法与原件、原物核对的复印件、复制品，不能单独作为认定案件事实的依据

D. 无法与原件、原物核对的复印件、复制品，不能作为认定案件事实的依据

6. 以下属于电子数据资料的是（   ）。

A. 电子数据交换

B. 移动通信通话记录、短信

C. 扫描资料

D. 储存于硬盘中的电脑数据

7. 关于视听资料的说法，正确的是（   ）。

A. 视听资料是指利用录音、录像的方法录制的音响和图像或者用电子计算机存储的电子信息用来证明案件事实的证明材料

B. 民事诉讼证据规定中规定存在有疑点的视听资料，不能作为认定案件事实的依据

C. 对于未经对方当事人同意私自录制其谈话取得的资料，可以作为认定案件事实的依据

D. 视听资料可以用剪接、拼凑的方法进行伪造或加工

8. 当事人申请鉴定经人民法院同意后，（   ）。

A. 由申请一方当事人确定有鉴定资格的鉴定机构、鉴定人员

B. 由双方当事人协商确定有鉴定资格的鉴定机构、鉴定人员

C. 协商不成的，由人民法院指定

D. 当事人对人民法院委托的鉴定部门作出的鉴定结论有异议的可自行委托有关部门重新鉴定

9. 当事人逾期提供证据的，且拒不说明理由或者理由不成立的，人民法院根据不同情形（   ）。

A. 可以不予采纳该证据

B. 应当不予采纳该证据

C. 可以采纳该证据但予以训诫、罚款

D. 应当采纳该证据但予以训诫、罚款

10. 质证，是指当事人在法庭的主持下，围绕证据的（　　）进行。

A. 真实性　　　　　　B. 合法性　　　　　　C. 公平性　　　　　　D. 关联性

11. 关于质证，说法正确的是（　　）。

A. 对书证、物证进行质证时，当事人有权要求出示证据的原件或者原物

B. 鉴定人应当出庭接受当事人质询

C. 法院认为有必要的，可以让证人进行对质

D. 证人可以旁听法庭审理

12. 不能单独作为认定案件事实的证据有（　　）。

A. 无正当理由未出庭作证的证人证言

B. 未成年人所作的与其年龄和智力状况相当的证言

C. 无法与原件核对的复印件

D. 存有疑点的视听资料

13. 当出现数个证据时，对同一事实的证明力适用以下原则（　　）。

A. 国家机关、社会团体依职权制作的公文书证的证明力一般大于其他书证

B. 物证证明力一般大于其他书证、视听资料和证人证言

C. 证人提供的对与其亲属有利的证言，不具有证明力

D. 物证证明力小于证人证言

14. 下列（　　）不适用简易送达。

A. 开庭传票　　　　　　　　　　　　B. 判决书

C. 裁定书　　　　　　　　　　　　　D. 调解书

15. 审判监督程序包括（　　）。

A. 人民法院提起再审的程序

B. 司法行政机关提起再审的程序

C. 当事人申请再审的程序

D. 人民检察院的抗诉

16. 当事人申请审判监督程序，应当符合的条件有（　　）。

A. 对已经发生法律效力的判决、裁定，认为有错误的，可以向上一级人民法院申请
　　再审

B. 当事人申请再审的，不停止判决、裁定的执行

C. 当事人申请再审，应当在判决、裁定发生法律效力后 6 个月后提出

D. 申请再审期间不适用中止、中断和延长的规定

三、简答题

1. 什么是指定管辖，管辖权转移？

2. 请帮助易某编写一份起诉状（任课教师可适当补充信息）。

三、简答题

1. 什么是指定管辖，管辖权转移？

2. 请帮助易某编写一份起诉状（任课教师可适当补充信息）。

任务7.3 仲 裁 制 度

7.3.1 概述

仲裁是解决民商事纠纷的重要方式之一。根据《中华人民共和国仲裁法》（以下简称《仲裁法》）规定，该法的调整范围仅限于民商事仲裁，即"平等主体的公民、法人和其他组织之间发生的合同纠纷和其他财产权纠纷"；劳动争议仲裁和农业集体经济组织内部的农业承包合同纠纷的仲裁不受《仲裁法》的调整，依法应当由行政机关处理的行政争议等不能仲裁。

仲裁有下列三项基本制度：

（1）协议仲裁制度。仲裁协议是当事人仲裁自愿的体现，当事人申请仲裁，仲裁委员会受理仲裁、仲裁庭对仲裁案件的审理和裁决，都必须以当事人依法订立的仲裁协议为前提。《仲裁法》规定，没有仲裁协议，一方申请仲裁的，仲裁委员会不予受理。

（2）或裁或审制度

仲裁和诉讼是两种不同的争议解决方式，当事人只能选用其中的一种。《仲裁法》规定，"当事人达成仲裁协议，一方向人民法院起诉的，人民法院不予受理，但仲裁协议无效的除外。"因此，有效的仲裁协议可以排除法院对案件的司法管辖权，只有在没有仲裁协议或者仲裁协议无效的情况下，法院才可以对当事人的纠纷予以受理。

（3）一裁终局制度

仲裁实行一裁终局的制度。裁决作出后，当事人就同一纠纷再申请仲裁或者向人民法院起诉的，仲裁委员会或者人民法院不予受理。但是，裁决被人民法院依法撤销或者不予执行的，当事人就该纠纷可以根据双方重新达成的仲裁协议申请仲裁，或者向人民法院起诉。

仲裁机构和法院不同。法院行使国家所赋予的审判权，向法院起诉不需要双方当事人在诉讼前达成协议，只要一方当事人向有审判管辖权的法院起诉，经法院受理后，另一方必须应诉。仲裁机构通常是民间团体的性质，其受理案件的管辖权来自双方协议，没有协议就无权受理仲裁。但是，有效的仲裁协议可以排除法院的管辖权；纠纷发生后，一方当事人提起仲裁的，另一方应当通过仲裁程序解决纠纷。

7.3.2 仲裁协议

1. 仲裁协议的形式

仲裁协议是指当事人自愿将已经发生或者可能发生的争议通过仲裁解决的书面协议。《仲裁法》规定，"仲裁协议包括合同中订立的仲裁条款和其他以书面形式在纠纷发生前或者纠纷发生后达成的请求仲裁的协议。"据此，仲裁协议应当采用书面形式，口头方式达成的仲裁意思表示无效。仲裁协议既可以表现为合同中的仲裁条款，也可以表现为独立于合同而存在的仲裁协议书。在实践中，合同中的仲裁条款是最常见的仲裁协议形式。

2. 仲裁协议的内容

仲裁协议应当具有下列内容：1）请求仲裁的意思表示；2）仲裁事项；3）选定的仲裁委员会。这三项内容必须同时具备，仲裁协议才能有效。

请求仲裁的意思表示，是指条款中应该有"仲裁"两字，表明当事人的仲裁意愿。该意愿应当是确定的，而不是模棱两可的。有的当事人在合同中约定发生争议可以提交仲裁，也可以提交诉讼，根据这种约定就无法判定当事人有明确的仲裁意愿。因此，这样的仲裁协议无效。

仲裁事项，可以是当事人之间合同履行过程中的或与合同有关的一切争议，也可以是合同中某一特定问题的争议；既可以是事实问题的争议，也可以是法律问题的争议，其范围取决于当事人的约定。

选定的仲裁委员会，是指仲裁委员会的名称应该准确。《关于适用〈中华人民共和国仲裁法〉若干问题的解释》规定，仲裁协议约定的仲裁机构名称不准确，但能够确定具体的仲裁机构的，应当认定选定了仲裁机构。仲裁协议约定两个以上仲裁机构的，当事人可以协议选择其中的一个仲裁机构申请仲裁；当事人不能就仲裁机构选择达成一致的，仲裁协议无效。仲裁协议约定由某地的仲裁机构仲裁且该地仅有一个仲裁机构的，该仲裁机构视为约定的仲裁机构。该地有两个以上仲裁机构的，当事人可以协议选择其中的一个仲裁机构申请仲裁；当事人不能就仲裁机构选择达成一致的，仲裁协议无效。

3. 仲裁协议的效力

（1）对当事人的效力

仲裁协议一经有效成立，即对当事人产生法律约束力。发生纠纷后，当事人只能向仲裁协议中所约定的仲裁机构申请仲裁，而不能就该纠纷向法院提起诉讼。

（2）对法院的效力

有效的仲裁协议排除法院的司法管辖权。《仲裁法》规定，当事人达成仲裁协议，一方向人民法院起诉未声明有仲裁协议，人民法院受理后，另一方在首次开庭前提交仲裁协议的，人民法院应当驳回起诉，但仲裁协议无效的除外。

（3）对仲裁机构的效力

仲裁协议是仲裁委员会受理仲裁案件的基础，是仲裁庭审理和裁决案件的依据。没有有效的仲裁协议，仲裁委员会就不能获得仲裁案件的管辖权。同时，仲裁委员会只能对当事人在仲裁协议中约定的争议事项进行仲裁，对超出仲裁协议约定范围的其他争议无权仲裁。

4. 仲裁协议的独立性

仲裁协议独立存在，合同的变更、解除、终止或者无效，以及合同成立后未生效、被撤销等，均不影响仲裁协议的效力，当事人在订立合同时就争议解决达成仲裁协议的，合同未成立也不影响仲裁协议的效力。

5. 仲裁协议效力的确认

当事人对仲裁协议效力有异议的，应当在仲裁庭首次开庭前提出。当事人既可以请求仲裁委员会作出决定，也可以请求人民法院裁定。一方请求仲裁委员会作出决定，另一方请求人民法院作出裁定的，由人民法院裁定。

当事人向人民法院申请确认仲裁协议效力的案件，由仲裁协议约定的仲裁机构所在地的中级人民法院管辖；仲裁协议约定的仲裁机构不明确的，由仲裁协议签订地或者被申请人住所地的中级人民法院管辖。

7.3.3　仲裁的开庭和审理

1. 仲裁庭的组成

仲裁庭的组成形式包括合议仲裁庭和独任仲裁庭两种，即仲裁庭可以由三名仲裁员或者一名仲裁员组成。

（1）合议仲裁庭

根据仲裁规则的规定或者当事人约定由三名仲裁员组成仲裁庭的，应当各自选定或者各自委托仲裁委员会主任指定一名仲裁员，第三名仲裁员由当事人共同选定或者共同委托仲裁委员会主任指定。第三名仲裁员是首席仲裁员。

（2）独任仲裁庭

根据仲裁规则的规定或者当事人约定一名仲裁员成立仲裁庭的，应当由当事人共同选定或者共同委托仲裁委员会主任指定仲裁员。但是，当事人没有在仲裁规定的期限内约定仲裁庭的组成方式或者选定仲裁员的，由仲裁委员会主任指定。

仲裁员有下列情形之一的，必须回避，当事人也有权提出回避申请：是本案当事人或者当事人、代理人的近亲属；与本案有利害关系；与本案当事人、代理人有其他关系，可能影响公正仲裁的；私自会见当事人、代理人，或者接受当事人、代理人的请客送礼的。

当事人提出回避申请，应当说明理由，在首次开庭前提出。回避事由在首次开庭后知道的，可以在最后一次开庭结束前提出。

2. 开庭和审理

仲裁审理的方式分为开庭审理和书面审理两种。仲裁应当开庭审理作出裁决，这是仲裁审理的主要方式。但是，当事人协议不开庭的，仲裁庭可以根据仲裁申请书、答辩书以及其他材料作出裁决，即书面审理方式。

为了保护当事人的商业秘密和商业信誉，仲裁不公开进行，当事人协议公开的，可以公开进行，但涉及国家秘密的除外。

当事人应当对自己的主张提供证据。仲裁庭认为有必要收集的证据，可以自行收集。证据应当在开庭时出示，当事人可以质证。当事人在仲裁过程中有权进行辩论。

仲裁庭可以作出缺席裁决。申请人无正当理由开庭时不到庭的，或在开庭审理时未经仲裁庭许可中途退庭的，视为撤回仲裁申请；如果被申请人提出了反请求，不影响仲裁庭就反请求进行审理，并作出裁决。被申请人无正当理由开庭时不到庭的，或在开庭审理时未经仲裁庭许可中途退庭的，仲裁庭可以进行缺席审理，并作出裁决；如果被申请人提出了反请求，视为撤回反请求。

3. 财产保全和证据保全

为保证仲裁程序顺利进行、仲裁案件公正审理以及仲裁裁决有效执行，当事人有权申请财产保全和证据保全。

当事人提起财产保全及/或证据保全的申请，可以在仲裁程序开始前，也可以在仲裁程序进行中。

当事人要求采取财产保全及/或证据保全措施的，应向仲裁委员会提出书面申请，由仲裁委员会将当事人的申请转交被申请人住所地或其财产所在地及/或证据所在地有管辖权的人民法院作出裁定；当事人也可以直接向有管辖权的人民法院提出保全申请。

申请人在人民法院采取保全措施后30日内不依法申请仲裁的，人民法院应当解除保全。不仅仅是在仲裁程序中可以申请财产保全和证据保全，民事诉讼程序中同样可以。

7.3.4 仲裁裁决及执行

1. 仲裁裁决

仲裁裁决是由仲裁庭作出的具有强制执行效力的法律文书。独任仲裁庭审理的案件由独任仲裁员作出仲裁裁决，合议仲裁庭审理的案件由三名仲裁员集体作出仲裁裁决。裁决也可以按照多数仲裁员的意见作出，少数仲裁员的不同意见可以记入笔录或者附在裁决书后，但该少数意见不构成裁决书的组成部分。仲裁庭无法形成多数意见时，按照首席仲裁员的意见作出。仲裁裁决书由仲裁员签名，加盖仲裁委员会的印章。对裁决持不同意见的仲裁员可以签名，也可以不签名。裁决书自作出之日起发生法律效力。

2. 仲裁裁决的强制执行力

裁决书一裁终局，当事人不得就已经裁决的事项再申请仲裁，也不得就此提起诉讼。仲裁裁决作出后，当事人应当履行裁决。一方当事人不履行的，另一方当事人可以依照我国《民事诉讼法》的规定，向人民法院申请执行。受申请的人民法院应当执行。根据我国最高人民法院的相关司法解释，当事人申请执行仲裁裁决案件，由被执行人所在地或者被执行财产所在地的中级人民法院管辖。

仲裁裁决在所有《承认和执行外国仲裁裁决公约》缔约国或者地区，均可以得到承认和执行。

申请仲裁裁决强制执行必须在法律规定的期限内提出。《民事诉讼法》第二百三十九条的规定，申请执行的期间为二年。申请执行时效的中止、中断，适用法律有关诉讼时效中止、中断的规定。申请仲裁裁决强制执行的期限，自仲裁裁决书规定履行期限或仲裁机构的仲裁规则规定履行期间的最后1日起计算。仲裁裁决书规定分期履行的，依规定的每次履行期间的最后1日起计算。仲裁裁决书未规定履行期间的，从仲裁裁决书生效之日起计算。

【任务 7.3 小结】

1. 了解仲裁三项基本制度。

2. 熟悉仲裁协议的概念，以及关于仲裁协议形式、内容、效力等的规定。

3. 了解仲裁的开庭和审理的基本规定。

4. 了解仲裁裁决及执行的基本规定。

5. 通过学习后，能够在工作当中运用仲裁的方法解决民事纠纷、维护企业和自身权益。

班级：_____　　姓名：_____　　成绩：_____

【任务 7.3 习题】

一、单项选择题

1.《仲裁法》规定，该法的调整范围为（　　）。

A. 劳动争议　　　　　　　　　　　B. 婚姻纠纷

C. 农业承包合同纠纷　　　　　　　D. 分包合同纠纷

2. 仲裁机构属于（　　）的性质。

A. 事业单位　　　B. 国家机关　　　C. 民间团体　　　D. 企业法人

3. 当事人向人民法院申请确认仲裁协议效力的案件，由（　　）人民法院管辖。

A. 当事人双方约定的

B. 仲裁协议约定的仲裁机构所在地的基层

C. 仲裁协议约定的仲裁机构所在地的中级

D. 仲裁协议约定的仲裁机构所在地的高级

4. 以下说法错误的是（　　）。

A. 仲裁庭的组成形式包括合议仲裁庭和独任仲裁庭两种

B. 仲裁审理的方式分为公开和不公开

C. 仲裁审理的方式分为开庭审理和书面审理两种

D. 合议仲裁庭第三名仲裁员是首席仲裁员

5. 当事人（　　）对自己的主张提供证据。仲裁庭认为有必要收集的证据，（　　）可以自行收集。

A. 应当/应当　　　B. 应当/可以　　　C. 可以/应当　　　D. 可以/可以

6. 申请人无正当理由开庭时不到庭的，或在开庭审理时未经仲裁庭许可中途退庭的，视为（　　）。

A. 撤回仲裁申请　　　　　　　　　B. 同意仲裁庭裁决

C. 仲裁申请失败　　　　　　　　　D. 放弃相关权利

7. 被申请人无正当理由开庭时不到庭的，或在开庭审理时未经仲裁庭许可中途退庭的，（　　）。

A. 放弃相关权利　　　　　　　　　B. 同意仲裁庭裁决

C. 同意申请人主张　　　　　　　　D. 仲裁庭可以进行缺席审理，并作出裁决

8. 申请人在人民法院采取保全措施后（　　）不依法申请仲裁的，人民法院应当解除保全。

A. 5 日内　　　　　B. 10 日内　　　　C. 15 日内　　　　D. 30 日内

9. 关于仲裁裁决，错误的是（　　）。

A. 裁决也可以按照多数仲裁员的意见作出，少数仲裁员的不同意见可以记入笔录或者附在裁决书后，但该少数意见不构成裁决书的组成部分

B. 仲裁庭无法形成多数意见时，按照首席仲裁员的意见作出

C. 仲裁裁决书由仲裁员签名，加盖仲裁委员会的印章

D. 对裁决持不同意见的仲裁员也应当签名

10. 当事人申请执行仲裁裁决案件，由（　　）。

A. 被执行人所在地或者被执行财产所在地的中级人民法院管辖

B. 被执行人所在地或者被执行财产所在地的基层人民法院管辖

C. 被执行财产所在地的仲裁委员会管辖

D. 被执行人所在地的中级人民法院管辖

二、多项选择题

1. 仲裁协议应当包括（　　）。

A. 请求仲裁的意思表示　　　　　B. 选定的仲裁员

C. 仲裁事项　　　　　　　　　　D. 选定的仲裁委员会

2. 仲裁协议（　　）。

A. 不能排除法院管辖

B. 应当采用书面形式

C. 可以表现为合同中的仲裁条款

D. 可以表现为独立于合同而存在的仲裁协议书

3. 当事人提出回避申请，应当说明理由，（　　）。

A. 在首次开庭前提出

B. 在首次开庭结束前提出

C. 回避事由在首次开庭后知道的，可以在最后一次开庭结束前提出

D. 回避事由在首次开庭后知道的，可以在最后一次开庭前提出

4. 当事人提起财产保全及/或证据保全的申请，（　　）。

A. 应向仲裁委员会提出书面申请

B. 可以在仲裁程序开始前，也可以在仲裁程序进行中

C. 可以直接向有管辖权的人民法院提出保全申请

D. 只可以在仲裁程序开始前

5. 关于仲裁裁决，说法正确的是（　　）。

A. 申请执行的期间为三年

B. 申请仲裁裁决强制执行的期限自裁决书作出之日起计算

C. 当事人不得就已经裁决的事项再申请仲裁，也不得就此提起诉讼

D. 当事人申请执行仲裁裁决案件，由被执行人所在地或者被执行财产所在地的中级人民法院管辖

三、思考题

在我国，仲裁案件适用的是一裁终局制，仲裁裁决一经作出，既具有法律效力，当事人即可以申请人民法院强制执行。但如果裁决确实存在一些瑕疵，如仲裁员在仲裁该案时徇私舞弊，当事人或利害关系人如何救济？

任务 7.4　调解与和解制度

7.4.1　调解制度

调解是指双方当事人以外的第三方应纠纷当事人的请求，以法律、法规和政策或合同约定以及社会公德为依据，对纠纷双方进行疏导、劝说，促使他们相互谅解，进行协商，自愿达成协议，解决纠纷的活动。

在我国，调解的主要方式是人民调解、行政调解、仲裁调解、司法调解、行业调解以及专业机构调解。

1. 人民调解

2010 年 8 月颁布的《中华人民共和国人民调解法》（以下简称《人民调解法》）规定，人民调解"是指人民调解委员会通过说服、疏导等方式，促使当事人在平等协商基础上自愿达成调解协议，解决民间纠纷的活动。"人民调解制度作为一种司法辅助制度，是人民群众自己解决纠纷的法律制度，也是一种具有中国特色的司法制度。

（1）人民调解的原则和人员机构

人民调解的基本原则是：当事人自愿原则；当事人平等原则；合法原则；尊重当事人权利原则。

人民调解的组织形式是人民调解委员会。《人民调解法》规定，人民调解委员会是村民委员会和居民委员会下设的调解民间纠纷的群众性自治组织，在人民政府和基层人民法院指导下进行工作。人民调解委员会由 3～9 人组成，设主任 1 人，必要时可以设副主任若干人。

人民调解员由人民调解委员会委员和人民调解委员会聘任的人员担任。人民调解员应当具备的基本条件是：公道正派；热心人民调解工作；具有一定文化水平；有一定的法律知识和政策水平；成年公民。

（2）调解协议

经人民调解委员会调解达成调解协议的，可以制作调解协议书。当事人认为无需制作调解协议的，可以采取口头协议的方式，人民调解员应当记录协议内容。经人民调解委员会调解达成的调解协议具有法律约束力，当事人应当按照约定履行。当事人就调解协议的履行或者调解协议的内容发生争议的，一方当事人可以向法院提起诉讼。

经人民调解委员会调解达成调解协议后，双方当事人认为有必要的，可以按照《民事诉讼法》的规定，自调解协议生效之日起 30 日内共同向调解组织所在地基层人民法院申请司法确认调解协议。人民法院受理申请后，经审查，符合法律规定的，裁定调解协议有效，一方当事人拒绝履行或者未全部履行的，对方当事人可以向人民法院申请强制执行。

不符合法律规定的，裁定驳回申请，当事人可以通过调解方式变更原调解协议或者达成新的调解协议，也可以向人民法院起诉。

2. 行政调解

行政调解是指国家行政机关应纠纷当事人的请求，依据法律、法规和政策，对属于其职权管辖范围内的纠纷，通过耐心的说服教育，使纠纷的双方当事人互相谅解，在平等协商的基础上达成一致协议，促成当事人解决纠纷。

行政调解属于诉讼外调解。行政调解达成的协议也不具有强制约束力。

3. 仲裁调解

仲裁调解是仲裁机构对受理的仲裁案件进行的调解。

仲裁庭在作出裁决前，可以先行调解。当事人自愿调解的，仲裁庭应当调解。调解不成的，应当及时作出裁决。调解达成协议的，仲裁庭应当制作调解书或者根据协议的结果制作裁决书。调解书经双方当事人签收后，即发生法律效力。调解书与裁决书具有同等法律效力。在调解书签收前当事人反悔的，仲裁庭应当及时作出裁决。

仲裁与调解相结合是中国仲裁制度的特点。该做法将仲裁和调解各自的优点紧密结合起来，不仅有助于解决当事人之间的争议，还有助于保持当事人的友好合作关系，具有很大的灵活性和便利性。

【案例 7-5】 实际施工人易某的维权之路

如易某和 A 公司的协议中有发生争议时进行仲裁调解的条款。

请问

1. 该条款是否有效？

2. 仲裁过程中，当事人不愿调解的，仲裁庭可否强制调解？

3. 仲裁庭调解不成的应该怎么办？

案例7-5解析

4. 仲裁调解书的法律效力如何？调解书何时发生法律效力？

4. 法院调解

（1）基本规定

《民事诉讼法》规定，人民法院审理民事案件，根据当事人自愿的原则，在事实清楚的基础上，分清是非，进行调解。法院调解是人民法院对受理的民事案件、经济纠纷案件和轻微刑事案件在双方当事人自愿的基础上进行的调解，是诉讼内调解，效力与判决书相同。调解未达成协议或者调解书送达前一方反悔的，人民法院应当及时判决。在民事诉讼中，除适用特别程序的案件和当事人有严重违法行为，需给予行政处罚的经济纠纷案件的情形外，各案件均可适用调解。

（2）调解协议

调解达成协议，必须双方自愿，不得强迫。调解协议的内容不得违反法律规定。调解达成协议，人民法院应当制作调解书。调解书应当写明诉讼请求、案件的事实和调解结果。调解书由审判员、书记员署名，加盖人民法院印章，送达双方当事人。调解书经双方当事人签收后，即具有法律效力。

但是，下列案件调解达成协议，人民法院可以不制作调解书：调解和好的离婚案件；调解维持收养关系的案件；能够即时履行的案件；其他不需要制作调解书的案件。对不需要制作调解书的协议，应当记入笔录，由双方当事人、审判人员、书记员签名或者盖章后，即具有法律效力。

5. 专业机构调解

专业机构调解是当事人在发生争议前或争议后，协议约定由依法成立的具有独立调解规则的机构按照其调解规则进行调解。专业调解机构制定有调解员名单，供当事人在个案中选定。调解员由专业调解机构聘请经济、贸易、金融、投资、知识产权、工程承包、运输、保险、法律等领域里具有专门知识及实际经验、公道正派的人士担任。

专业调解机构进行调解达成的调解协议对当事人双方具有合同约束力。

7.4.2　和解制度

和解与调解的区别在于：和解是当事人之间自愿协商，达成协议，没有第三方参加，而调解是在第三方主持下进行疏导、劝说，使之相互谅解，自愿达成协议。

1. 和解的类型

和解的应用很灵活，可以发生在解决纠纷的各个阶段。

（1）诉讼前的和解

诉讼前的和解是指发生诉讼以前，双方当事人互相协商达成协议，解决双方的争执。这是一种民事法律行为，是当事人依法处分自己民事实体权利的表现。

和解成立后，当事人所争执的权利即归确定，所抛弃的权利随即消失，当事人不得任意反悔要求撤销。但是，如果和解所依据的文件，事后发现是伪造或涂改的；和解事件已为法院判决所确定，而当事人于和解时不知情的；当事人对重要的争执有重大误解而达成协议的，当事人都可以要求撤销和解。

（2）诉讼中的和解

诉讼中的和解是当事人在诉讼进行中互相协商，达成协议，解决双方的争执。《民事诉讼法》规定："双方当事人可以自行和解"，这种和解在法院作出判决前，当事人都可以进行。当事人可以就整个诉讼标的达成协议，也可以就诉讼标的个别问题达成协议。

诉讼阶段的和解没有法律效力。当事人和解后，可以请求法院调解，制作调解书，经当事人签名盖章产生法律效力、从而结束全部或部分诉讼程序，结束全部程序的，即视为当事人撤销诉讼。

【案例 7-6】 易某和 A 公司始终达不成仲裁协议，迫于无奈，易某提起诉讼，索要其认为尚欠的结算款。A 公司在法院作出判决之前，与易某就其起诉的所有事宜达成一致，并要求易某撤回起诉。

问题：

1. 当事人能否在诉讼期间自行和解？

2. 诉讼阶段的和解如何才能产生法律效力？

3. 当事人就诉讼的所有事宜均已达成和解，诉讼程序该如何继续？

案例7-6解析

（3）执行中的和解

执行中的和解是在发生法律效力的民事判决、裁定后，法院在执行中，当事人互相协商，达成协议，解决双方的争执。《民事诉讼法》规定，在执行中，双方当事人自行和解达成协议的，执行员应当将协议内容记入笔录，由双方当事人签名或者盖章。一方当事人不履行和解协议的，人民法院可以根据对方当事人的申请，恢复对原生效法律文书的执行。

（4）仲裁中的和解

《仲裁法》规定，当事人申请仲裁后，可以自行和解。和解是双方当事人的自愿行为，不需要仲裁庭的参与。达成和解协议的，可以请求仲裁庭根据和解协议作出裁决书，也可以撤回仲裁申请。当事人达成和解协议，撤回仲裁申请后又反悔的，可以根据原仲裁协议重新申请仲裁。

2. 和解的效力

和解协议不具有强制约束力，如果一方当事人不按照和解协议执行，另一方当事人不可以请求人民法院强制执行，但可以向法院提起诉讼，也可以根据仲裁协议申请仲裁。

法院或仲裁庭通过对和解协议的审查，对于意思真实而又不违反法律强制性或禁止性规定的和解协议予以支持，也可以支持遵守协议方要求违反协议方就不执行该和解协议承担违约责任的请求。但是，对于一方非自愿作出的或违反法律强制性或禁止性规定的和解协议不予支持。

7.4.3 争议评审制度

1. FIDIC 合同条件下的争议评审制度

国际咨询工程师联合会（Fédération Internationaledes Ingénieurs-Conseils，FIDIC）的系列合同条件目前在国际工程中应用广泛，对我国工程承包合同的标准化影响也很大。FIDIC 合同条件（2017 版）中专门设立了解决合同争议的机构——DAAB（Dispute Avoidance/Adjudication Board，争端避免/裁决委员会）。DAAB 由合同双方在专用条件中约定一人或三人，其主要责任是合同实施过程中的争端避免和裁决。

知识链接7-4 争议评审制度的起源

以 FIDIC 黄皮书为例，DAAB 启动后，各方应迅速向 DAAB 提供必要的资料、现场进入权和相关设施。DAAB 应在收到争端委托的 84 天内或双方认可的其他期限内向双方同时发出决定并抄送工程师。若任一方对 DAAB 决定全部不满意或部分不满意，可在收到决定的 28 天内向另一方发出不满意通知，明确标出不满意的部分，并抄送 DAAB 和工程师。若 DAAB 没有在规定时限内给出决定，任一方可在期限到期后 28 天内向另一方发出不满意通知。

若合同双方在收到 DAAB 决定后的 28 天内未发出不满意通知，或已发出部分不满意通知并明确标出不满意部分，则已满意的决定（或部分决定）将成为最终具有约束力的决定，并应迅速遵照执行。但若有一方同意但未执行该决定（或部分决定），则另一方可提交仲裁。在这种情形下，仲裁庭不是改变 DAAB 的决定，而是将 DAAB 的决定升级为仲裁裁决。如果另一方仍拒绝执行，则可向法院申请强制执行。

由于 DAAB 未就绪、不满意 DAAB 决定、不执行 DAAB 决定等原因，争端将直接进入仲裁程序。2017 版 FIDIC 系列合同条件中还规定，任一方就 DAAB 决定发出不满意通知后，应在着手仲裁前努力以友好方式解决争端。但无论是否尝试了友好解决，只要争端还存在，就可在不满意通知发出 28 天后正式启动仲裁程序。

2. 我国的争议评审制度

2007 年 11 月国家发改委、建设部、信息产业部等 9 部委联合发布了《〈标准施工招标资格预审文件〉和〈标准施工招标文件〉试行规定》，其《标准施工招标文件》"通用合同条款"的争议解决条款部分规定了争议评审内容，即当事人之间的争议在提交仲裁或者诉讼前可以申请由专家组成的评审组进行评审。

2013 年 5 月住房和城乡建设部、国家工商总局联合发布的《建设工程施工合同示范文本》GF—2013—0201，在"通用合同条款"第 20 条中正式引入了"争议评审"，在"专用合同条款"部分也预留了相应选填项目。该示范文本的正式执行，标志着建设工程争议评审制度已在我国建筑市场中得到确立。

现行《建设工程施工合同（示范文本）》（2017 版）对"争议评审"规定是：

（1）争议评审小组的确定

合同当事人可以共同选择一名或三名争议评审员，组成争议评审小组。除专用合同条款另有约定外，合同当事人应当自合同签订后 28 天内，或者争议发生后 14 天内，选定争议评审员。

选择一名争议评审员的，由合同当事人共同确定；选择三名争议评审员的，各自选定一名，第三名成员为首席争议评审员，由合同当事人共同确定或由合同当事人委托已选定的争议评审员共同确定，或由专用合同条款约定的评审机构指定第三名首席争议评审员。除专用合同条款另有约定外，评审员报酬由发包人和承包人各承担一半。

（2）争议评审小组的决定

合同当事人可在任何时间将与合同有关的任何争议共同提请争议评审小组进行评审。争议评审小组应秉持客观、公正原则，充分听取合同当事人的意见，依据相关法律、规范、标准、案例经验及商业惯例等，自收到争议评审申请报告后 14 天内作出书面决定，并说明理由。合同当事人可以在专用合同条款中对本项事项另行约定。

（3）争议评审小组决定的效力

争议评审小组作出的书面决定经合同当事人签字确认后，对双方具有约束力，双方应遵照执行。任何一方当事人不接受争议评审小组决定或不履行争议评审小组决定的，双方可选择采用其他争议解决方式。

DAAB、争议评审小组不是常设的专业调解机构，它的使命随着工程项目的结束而结束。这种制度的优点在于：

（1）争议评审组专家从争议产生之前就可以介入工作，通过事前控制能够更好地避免或消除争议。

（2）争议评审组专家都是行业内技术精湛、学识渊博、经验丰富的专业人士，其决定往往具备较高的合理性。

（3）争议评审组专家由双方共同选定并共同支付报酬，基于诚信及个人利益，专家将秉持公平、公正的原则开展工作。

争议评审制度目前在我国仍处于初步发展阶段，在制度设计方面还有很多不完善之处，在实际工作中也运用较少，但随着我国建设行业整体素质的提升，争议评审制度的发展空间将越来越大。

【任务 7.4 小结】

1. 了解调解的基本方式及其效力，熟悉仲裁调解、司法调解。

2. 熟悉和解的基本方式及其效力。

3. 了解 FIDIC 合同条件下的争议评审制度，及我国的争议评审制度。

4. 通过学习后，能够在工作当中综合运用各种和解、调解的方式解决民事纠纷、维护企业和自身权益。

班级：_____　　姓名：_____　　成绩：_____

【任务 7.4 习题】

一、单项选择题

1. 人民调解委员会是(　　)下设的调解民间纠纷的群众性自治组织。

A. 工会组织　　　　　　　　　　B. 人民法院

C. 村民委员会和居民委员会　　　D. 司法行政机关

2. 以下具有强制约束力的是(　　)。

A. 人民调解　　　B. 行政调解　　　C. 专业机构调解　　　D. 仲裁调解

3. 法院调解，人民法院应当制作调解书，经(　　)即具有法律效力。

A. 双方当事人签收后　　　　　　B. 双方自愿达成协议后

C. 审判员、书记员署名　　　　　D. 加盖人民法院印章

4. 专业调解机构进行调解达成的调解协议对当事人双方具有(　　)。

A. 合同约束力　　　B. 强制约束力　　　C. 专业约束力　　　D. 一定约束力

5. 关于调解与和解的效力，错误的是(　　)。

A. 和解协议不具有强制约束力

B. 法院可以支持遵守协议方要求违反协议方就不执行该和解协议承担强制执行的请求

C. 仲裁调解书与裁决书具有同等法律效力

D. 行政调解属于诉讼外调解

6. FIDIC 是指(　　)。

A. 建设工程争议评审委员会　　　B. 美国仲裁协会

C. 国际咨询工程师联合会　　　　D. 争端避免/裁决委员会

7. DAAB 由合同双方在专用条件中约定(　　)，其主要责任是合同实施过程中的争端避免和裁决。

A. 1 人　　　　　B. 3 人　　　　　C. 1~3 人　　　　D. 1 人或 3 人

8. 关于争议评审小组的确定，错误的是(　　)。

A. 选择一名争议评审员的，由合同当事人共同确定

B. 选择三名争议评审员的，各自选定一名，第三名成员由仲裁委员会主任确定

C. 第三名成员由专用合同条款约定的评审机构指定

D. 第三名成员为首席争议评审员

9. 争议评审小组应秉持客观、公正原则，充分听取合同当事人的意见，依据相关法律、规范、标准、案例经验及商业惯例等，应在自收到争议评审申请报告后(　　)天内作出书面决定。

A. 7　　　　　　B. 28　　　　　　C. 14　　　　　　D. 56

10. 在执行中的做法错误的是(　　)。

A. 未经主审法官同意不得私自和解

B. 双方当事人自行和解达成协议的，执行员应当将协议内容记入笔录，由双方当事

人签名或者盖章

C. 一方当事人不履行和解协议的，人民法院可以根据对方当事人的申请，恢复对原生效法律文书的执行

D. 判决生效后未执行前可以和解，和解表示当事人双方均同意放弃判决书中的权利义务

二、多项选择题

1. 关于诉讼和解，以下说法正确的是(　　　)。

A. 诉讼阶段的和解没有法律效力

B. 诉前和解一旦成立，当事人所争执的权利即归确定，所抛弃的权利随即消失

C. 诉讼中双方和解即视为当事人撤销诉讼

D. 判决生效且法院在执行中，当事人不得再行和解

2. 关于仲裁和解，以下说法正确的是(　　　)。

A. 当事人申请仲裁后，可以自行和解

B. 和解需要仲裁庭的参与

C. 达成和解协议的，可以请求仲裁庭根据和解协议作出裁决书，也可以撤回仲裁申请

D. 当事人达成和解协议，撤回仲裁申请后又反悔的，不得重新申请仲裁

3. 和解与调解的区别在于(　　　)。

A. 和解和调解都可以发生在解决纠纷的各个阶段

B. 和解是当事人之间自愿协商，达成协议，没有第三方参加

C. 调解是在第三方主持下进行疏导、劝说，使之相互谅解，自愿达成协议

D. 和解可以发生在解决纠纷的各个阶段

4. 《建设工程施工合同（示范文本）》（2017版）对"争议评审"规定包括(　　　)。

A. 争议评审小组的确定

B. 争议评审小组的决定

C. 争议评审小组决定的效力

D. 争议评审的程序

5. 调解达成协议，人民法院可以不制作调解书的情况有(　　　)。

A. 调解和好的离婚案件

B. 调解维持收养关系的案件

C. 调解工程质量纠纷的案件

D. 能够即时履行的案件

三、思考题

1. 您认为解决纠纷的方式中哪一种效率更高？为什么？

2. 课后思考：在国外工程实践中，争议评审被证明为一种很有效率的制度，但在国内工程界却很少使用。我国社会历来注重人际关系，有了争议人们也往往倾向于私下解决问题，把诉讼作为最后的解决手段。争议评审不是正好符合国人的偏好吗，为何难以推广？

任务7.5　行政复议与行政诉讼制度

【案例7-7】施工企业甲公司承揽了某市一商住楼工程项目，因为偷工减料，在该市例行的建筑业质量安全大检查中被通报批评。某市住建局认为甲公司的违法行为很典型、影响很不好，决定对甲公司加重处罚，于是做出了责令改正，处以罚款并吊销甲公司资质证书的行政处罚。甲公司则认为，虽然在该项目的施工中存在着偷工减料的现象，但情节并不严重，并未影响到工程结构安全和使用功能。该项目之所以出现偷工减料的现象，主要是因为项目经理王某想要谋取非法利润，这是一种个人行为。甲公司其他的项目中并未出现偷工减料的行为。甲公司也成为在管理上存在缺失，同意改正错误、缴纳罚款，但对吊销资质证书的严厉处罚存在异议。

案例7-7解析

问题：甲公司可以采取哪些措施自我救济？

7.5.1　行政复议制度

行政复议的目的，是为了防止和纠正违法的或者不当的具体行政行为，保护公民、法人和其他组织的合法权益，保障和监督行政机关依法行使职权。因此，只要是公民、法人或者其他组织认为行政机关的具体行政行为侵犯其合法权益，就有权向行政机关提出行政复议申请。

1. 可复议的具体行政行为

根据2009年8月经修改后公布的《中华人民共和国行政复议法》（以下简称《行政复议法》）规定，有11项可申请行政复议的具体行政行为，结合建设工程实践，其中7种尤为重要：

（1）对行政机关作出的警告、罚款、没收违法所得、没收非法财物、责令停产停业、暂扣或者吊销许可证、暂扣或者吊销执照、行政拘留等行政处罚决定不服的；

（2）对行政机关作出的限制人身自由或者查封、扣押、冻结财产等行政强制措施决定不服的；

（3）对行政机关作出的有关许可证、执照、资质证、资格证等证书变更、中止、撤销的决定不服的；

（4）认为行政机关侵犯合法的经营自主权的；

（5）认为行政机关违法集资、征收财物、摊派费用或者违法要求履行其他义务的；

（6）认为符合法定条件，申请行政机关颁发许可证、执照、资质证、资格证等证书，或者申请行政机关审批、登记有关事项，行政机关没有依法办理的；

（7）认为行政机关的其他具体行政行为侵犯其合法权益的。

此外，公民、法人或者其他组织认为行政机关的具体行政行为所依据的下列规定不合法，在对具体行政行为申请行政复议时，可以一并向行政复议机关提出对该规定的审查申请：1）国务院部门的规定；2）县级以上地方各级人民政府及其工作部门的规定；3）乡、镇人民政府的规定。但以上规定不含国务院部、委员会规章和地方人民政府规章。规章的审查依照法律、行政法规办理。

2. 行政复议申请

公民、法人或者其他组织认为具体行政行为侵犯其合法权益的，可以自知道该具体行政行为之日起 60 日内提出行政复议申请；但法律规定申请期限超过 60 日的除外。因不可抗力或者其他正当理由耽误法定申请期限的，申请期限自障碍消除之日起继续计算。

依法申请行政复议的公民、法人或者其他组织是申请人。作出具体行政行为的行政机关是被申请人。申请人可以委托代理人代为参加行政复议。申请人申请行政复议，可以书面申请，也可以口头申请。

对于行政复议，应当按照《行政复议法》的规定向有权受理的行政机关申请，如"对县级以上地方各级人民政府工作部门的具体行政行为不服的，由申请人选择，可以向该部门的本级人民政府申请行政复议，也可以向上一级主管部门申请行政复议"。

申请行政复议，凡行政复议机关已经依法受理的，或者法律、法规规定应当先向行政复议机关申请行政复议、对行政复议决定不服再向人民法院提起行政诉讼的，在法定行政复议期限内不得向人民法院提起行政诉讼。公民、法人或者其他组织向人民法院提起行政诉讼，人民法院已经依法受理的，不得申请行政复议。

3. 行政复议受理

行政复议机关收到行政复议申请后，应当在 5 日内进行审查，依法决定是否受理，并书面告知申请人；对符合行政复议申请条件，但不属于本机关受理范围的，应当告知申请人向有关行政复议机关提出。

在行政复议期间，行政机关不停止执行该具体行政行为，但有下列情形之一的，可以停止执行：1) 被申请人认为需要停止执行的；2) 行政复议机关认为需要停止执行的；3) 申请人申请停止执行，行政复议机关认为其要求合理，决定停止执行的；4) 法律规定停止执行的。

4. 行政复议决定

行政复议原则上采取书面审查的办法，但申请人提出要求或者行政复议机关负责法制工作的机构认为有必要时，可以向有关组织和人员调查情况，听取申请人、被申请人和第三人的意见。行政复议决定作出前，申请人要求撤回行政复议申请的，经说明理由，可以撤回；撤回行政复议申请的，行政复议终止。

行政复议机关应当在受理行政复议申请之日起 60 日内作出行政复议决定，其主要类型有：

（1）对于具体行政行为认定事实清楚，证据确凿，适用依据正确，程序合法，内容适当的，决定维持。

（2）对于被申请人不履行法定职责的，决定其在一定期限内履行。

（3）对于具体行政行为有下列情形之一的，决定撤销、变更或者确认该具体行政行为违法；决定撤销或者确认该具体行政行为违法的，可以责令被申请人在一定期限内重新作出具体行政行为：①主要事实不清、证据不足的；②适用依据错误的；③违反法定程序的；④超越或者滥用职权的；⑤具体行政行为明显不当的。

申请人在申请行政复议时可以一并提出行政赔偿请求，行政复议机关对符合国家赔偿法有关规定应当给予赔偿的，在决定撤销、变更具体行政行为或者确认具体行政行为违法时，应同时决定被申请人依法给予赔偿。

7.5.2　行政诉讼制度

课程思政：法律面前，人人平等

中华人民共和国成立前"穷不跟富斗，富不跟官斗"是很多人明哲保身的重要法则。古代，"官"居于社会的统治阶层，始终把持着绝对的权力，在长时间内以"人治"覆盖"法治"，埋下了官民关系紧张的祸根。

曾任全国人大常务委员会委员长的彭真在领导起草制定民事诉讼法时，听到群众说："官告民，一告一个准，民告官没门。"他当即表态："这个问题要解决！"并指示相关同志开展对行政诉讼问题的研究。1988 年 9 月 5 日，最高人民法院设立行政审判庭。行政审判庭的广泛出现标志着人民法院行政审判工作的规范化和专业化，为我国行政诉讼法律体系的完善和行政诉讼制度的正式确立奠定了坚实基础。

在中国特色社会主义法治体系中，行政诉讼制度起源的最晚，却发展的最快，在短短几十年内实现了从无到有、从起步到完善。中华人民共和国成立 70 余年来，中国特色社会主义法治体系从破土新芽成长为参天大树，行政诉讼则是大树上最亮眼的硕果之一。

1. 行政诉讼管辖

行政诉讼管辖指不同级别和地域的人民法院之间在受理第一审行政案件的权限分工。

（1）级别管辖

基层人民法院管辖第一审行政案件。中级人民法院管辖下列第一审行政案件：1）对国务院部门或者县级以上地方人民政府所作的行政行为提起诉讼的案件；2）海关处理的案件；3）本辖区内重大、复杂的案件；4）其他法律规定由中级人民法院管辖的案件。

高级人民法院管辖本辖区内重大、复杂的第一审行政案件。最高人民法院管辖全国范围内重大、复杂的第一审行政案件。

（2）一般地域管辖

行政案件由最初作出行政行为的行政机关所在地人民法院管辖。经复议的案件，复议机关改变原行政行为的，也可以由复议机关所在地人民法院管辖。经最高人民法院批准，高级人民法院可以根据审判工作的实际情况，确定若干人民法院跨行政区域管辖行政案件，对限制人身自由的行政强制措施不服提起的诉讼，由被告所在地或者原告所在地人民法院管辖。因不动产提起的行政诉讼，由不动产所在地人民法院管辖。

两个以上人民法院都有管辖权的案件，原告可以选择其中一个人民法院提起诉讼。原告向两个以上有管辖权的人民法院提起诉讼的，由最先立案的人民法院管辖。

2. 起诉与受理

提起诉讼应当符合下列条件：1）原告是行政行为的相对人以及其他与行政行为有利害关系的公民、法人或者其他组织；2）有明确的被告；3）有具体的诉讼请求和事实根据；4）属于人民法院受案范围和受诉人民法院管辖。

行政争议未经行政复议，由当事人直接向法院提起行政诉讼的，除法律另有规定的外，应当在知道作出行政行为之日起 6 个月内起诉。经过行政复议但对行政复议决定不服而依法提起行政诉讼的，可以在收到行政复议决定书之日起 15 日内起诉；若行政复议机关逾期不作复议决定的，除法律另有规定的外，申请人可以在行政复议期满之日起 15 日内起诉。

人民法院在接到起诉状时对符合本法规定的起诉条件的，应当登记立案。对当场不能判定是否符合本法规定的起诉条件的，应当接收起诉状，出具注明收到日期的书面凭证，并在 7 日内决定是否立案。不符合起诉条件的，作出不予立案的裁定。裁定书应当载明不予立案的理由。原告对裁定不服的，可以提起上诉。

对于不接收起诉状、接收起诉状后不出具书面凭证，以及不一次性告知当事人需要补正的起诉状内容的，当事人可以向上级人民法院投诉，上级人民法院应当责令改正，并对直接负责的主管人员和其他直接责任人员依法给予处分。人民法院既不立案，又不作出不予立案裁定的，当事人可以向上一级人民法院起诉。

3. 审理

《行政诉讼法》规定，行政诉讼期间，除该法规定的情形外，不停止行政行为的执行。

人民法院公开审理行政案件，但涉及国家秘密、个人隐私和法律另有规定的除外。涉及商业秘密的案件，当事人申请不公开审理的，可以不公开审理。

人民法院审理行政案件，以法律和行政法规、地方性法规为依据。地方性法规适用于本行政区域内发生的行政案件；审理民族自治地方的行政案件，并以该民族自治地方的自治条例和单行条例为依据。人民法院审理行政案件，参照规章。

经人民法院传票传唤，原告无正当理由拒不到庭，或者未经法庭许可中途退庭的，可以按照撤诉处理；被告无正当理由拒不到庭，或者未经法庭许可中途退庭的，可以缺席判决。

人民法院审理行政案件，不适用调解。但是，行政赔偿、补偿以及行政机关行使法律、法规规定的自由裁量权的案件可以调解。

4. 判决

法院经过审理，根据不同情况，分别就行政案件作出判决。

当事人不服人民法院第一审判决的，有权在判决书送达之日起 15 日内提起上诉；不服人民法院第一审裁定的，有权在裁定书送达之日起 10 日内提起上诉。逾期不提起上诉的，人民法院的第一审判决或者裁定发生法律效力。

知识链接7-5 行政诉讼可能出现的判决情形

第二审判决、裁定，是终审判决、裁定。当事人对已经发生法律效力的行政判决、裁定，认为确有错误的，可以向上一级人民法院申请再审，但判决、裁定不停止执行。

5. 执行

当事人必须履行人民法院发生法律效力的判决、裁定、调解书。公民、法人或者其他组织拒绝履行判决、裁定、调解书的，行政机关或者第三人可以向第一审人民法院申请强制执行，或者由行政机关依法强制执行。

行政机关拒绝履行判决、裁定的，第一审人民法院可以采取以下措施：

（1）对应当归还的罚款或者应当给付的款额，通知银行从该行政机关的账户内划拨；

（2）在规定期限内不执行的，从期满之日起，对该行政机关负责人按日处 50~100 元的罚款；

（3）将行政机关拒绝履行的情况予以公告；

（4）向监察机关或者该行政机关的上一级行政机关提出司法建议。接受司法建议的机关，根据有关规定进行处理，并将处理情况告知人民法院；

（5）拒不执行判决、裁定、调解书，社会影响恶劣的，可以对该行政机关直接负责的主管人员和其他直接责任人员予以拘留；情节严重，构成犯罪的，依法追究刑事责任。

公民、法人或者其他组织对行政行为在法定期间不提起诉讼又不履行的，行政机关可以申请人民法院强制执行，或者依法强制执行。

【任务 7.5 小结】

1. 熟悉可复议的具体行政行为有哪些，以及行政复议申请程序。

2. 了解行政复议受理、行政复议决定的相关规定。

3. 熟悉行政诉讼管辖制度。

4. 了解行政诉讼起诉与受理、审理、判决、执行的基本规定。

5. 通过学习后，能够在工作当中运用行政复议或者行政诉讼的方式解决行政纠纷、维护企业和自身权益。

班级：_____ 姓名：_____ 成绩：_____

【任务 7.5 习题】

一、单项选择题

1. 以下不属于具体行政行为的是（　　）。
A. 没收非法财物　　　　　　　　B. 限制人身自由
C. 行政调解行为　　　　　　　　D. 不颁发许可证

2. 公民、法人或者其他组织认为具体行政行为侵犯其合法权益的，可以自知道该具体行政行为之日起（　　）内提出行政复议申请。
A. 7 日　　　　B. 15 日　　　　C. 30 日　　　　D. 60 日

3. 行政复议机关收到行政复议申请后，应当在（　　）内进行审查，依法决定是否受理，并书面告知申请人。
A. 5 日　　　　B. 7 日　　　　C. 10 日　　　　D. 15 日

4. 行政复议机关应当在受理行政复议申请之日起（　　）内作出行政复议决定。
A. 7 日　　　　B. 15 日　　　　C. 30 日　　　　D. 60 日

5. 关于行政诉讼一般地域管辖的原则，错误的是（　　）。
A. 行政案件由最初作出行政行为的行政机关所在地人民法院管辖
B. 对限制人身自由的行政强制措施不服提起的诉讼，由被告所在地人民法院管辖
C. 复议机关改变原行政行为的，也可以由复议机关所在地人民法院管辖
D. 两个以上人民法院都有管辖权的案件，原告可以选择其中一个人民法院提起诉讼

6. 提起行政诉讼的条件不包括（　　）。
A. 原告只能是行政行为的相对人
B. 有明确的被告
C. 有具体的诉讼请求和事实根据
D. 属于人民法院受案范围和受诉人民法院管辖

7. 施工企业甲公司在 2020 年 7 月 1 日收到市住建局的行政处罚决定，于 7 月 10 日向省住建厅申请了行政复议，省住建厅 7 月 15 日依法受理但逾期未做决定，甲公司应在（　　）前提起行政诉讼。
A. 2021 年 1 月 1 日　　　　　　B. 2020 年 8 月 30 日
C. 2020 年 9 月 8 日　　　　　　D. 2020 年 9 月 28 日

8. 关于行政诉讼案件的审理，错误的是（　　）。
A. 行政诉讼期间，除该法规定的情形外，不停止行政行为的执行
B. 涉及商业秘密的案件，当事人申请不公开审理的，可以不公开审理
C. 人民法院审理行政案件，可以适用调解
D. 行政机关行使法律、法规规定的自由裁量权的案件可以调解

9. 人民法院判决确认违法，但不撤销行政行为有（　　）。
A. 主要证据不足的
B. 行政行为依法应当撤销，但撤销会给社会公共利益造成重大损害的

C. 行政行为违法，但不具有可撤销内容的

D. 被告不履行或者拖延履行法定职责，判决履行没有意义的

10. 人民法院就行政案件作出的判决，错误的有(　　)。

A. 行政行为没有依据，原告申请确认行政行为无效的，人民法院判决确认无效

B. 人民法院判决确认违法或者无效的，可以同时判决责令被告采取补救措施

C. 当事人对已经发生法律效力的行政判决，认为确有错误的，可以向上一级人民法院申请再审，且判决停止执行

D. 人民法院判决变更，不得加重原告的义务或者减损原告的权益

二、多项选择题

1. 公民、法人或者其他组织认为行政机关的具体行政行为所依据的下列规定不合法，在对具体行政行为申请行政复议时，可以一并向行政复议机关提出对该规定的审查申请：(　　)。

A. 诉讼阶段的和解没有法律效力

B. 县级以上地方各级人民政府及其工作部门的规定

C. 乡、镇人民政府的规定

D. 地方人民政府规章

2. 申请人申请行政复议，可以(　　)。

A. 明示申请　　　B. 默示申请　　　C. 书面申请　　　D. 口头申请

3. 对县级以上地方各级人民政府工作部门的具体行政行为不服的，可以向(　　)申请行政复议。

A. 作出具体行政行为的原工作部门

B. 该部门的本级人民政府

C. 上一级主管部门

D. 有管辖权的人民法院

4. 在行政复议期间，行政机关不停止执行该具体行政行为，但有下列情形之一的，可以停止执行：(　　)。

A. 被申请人认为需要停止执行的

B. 行政复议机关认为需要停止执行的

C. 申请人认为需要停止执行的

D. 申请人申请停止执行，行政复议机关认为其要求合理，决定停止执行的

5. 行政复议机关认为具体行政行为违反法定程序的，可以(　　)。

A. 决定撤销该具体行政行为　　　B. 决定变更该具体行政行为

C. 决定被申请人依法给予赔偿　　　D. 确认该具体行政行为违法

6. 行政机关拒绝履行判决、裁定的，第一审人民法院可以采取以下措施(　　)。

A. 对应当归还的罚款或者应当给付的款额，通知银行从该行政机关账户内划拨

B. 从期满之日起，对该行政机关负责人按日处50～100元的罚款

C. 对该行政机关直接负责的主管人员和其他直接责任人员予以拘留

D. 向监察机关或者该行政机关的上一级行政机关提出司法建议

三、案例分析

A 市 ZR 科技发展有限公司诉深圳市财政委员会招投标投诉处理纠纷

上诉人（原审原告）：A 市 ZR 科技发展有限公司

被上诉人（原审被告）：B 市财政委员会

【案例精要】

行政机关对投诉举报事项履行调查处理职责，不仅要在形式上符合法律规定的程序，更要在实体上查清事实，在处理结果上体现公平正义，避免形式主义，实现实质法治。法院对行政机关履职行为的合法性审查，既要对履职行为进行形式上的审查，更要对其进行实质性审查，形式作为但实质不作为的，应当认定为没有全面、正确履行法定职责，判决撤销其作出的履职行为并责令其重新履行法定职责。

【案情介绍】

2016 年 6 月 30 日，A 市 ZR 科技发展有限公司（以下简称 ZR 公司）向 B 市政府采购中心就"探地雷达综合检测车采购"提出质疑，质疑事项为供应商 C 市 BH 电子有限责任公司（以下简称 BH 公司）自身没有探地雷达研制能力也没有探地雷达产品，该公司提供的招标文件中关于其多通道雷达主机及天线产品资料均是虚假的。B 市政府采购中心组织专家就 ZR 公司投诉组织复评，《专家评审意见表》中可见"依据 C 市 BH 电子有限责任公司提供的承诺函，对投标文件的真实性承担法律责任，质疑无效"等意见，评议结果为"维持原评标结果"。2016 年 8 月 30 日，B 市政府采购中心作出深府购函〔2016〕451 号《关于探地雷达综合检测车采购项目有关情况的答复函》，没有支持 ZR 公司的质疑请求。2016 年 9 月 24 日，ZR 公司遂向 B 市财政委员会递交投诉书，请求查明 BH 公司提供虚假资料谋取中标的违法行为，取消 BH 公司的中标人资格。

2016 年 9 月 28 日，B 市财政委员会将投诉书转交给 B 市政府采购中心及 BH 公司。2016 年 9 月 29 日，B 市政府采购中心回函给 B 市财政委员会称，其已就 ZR 公司就涉案项目的质疑于 2016 年 9 月 1 日向 ZR 公司回函，现将该函抄送 B 市财政委员会，并无新的意见。BH 公司对 B 市财政委员会转交的投诉书并未回应。2016 年 10 月 31 日，B 市财政委员会作出财书〔2016〕229 号《投诉处理决定书》，驳回了 ZR 公司的投诉，并送达给 ZR 公司。ZR 公司不服，提起诉讼。

【案例思考】

如果你是法官，如何看待 B 市财政委员会的行政行为和 ZR 公司的主张？如何做出裁决？

功能性插页（1）

功能性插页（2）

功能性插页（3）

功能性插页（4）

功能性插页（5）

功能性插页（6）

功能性插页（7）

功能性插页（8）

参 考 文 献

[1] 中国安全生产科学研究院. 安全生产法律法规[M]. 北京：应急管理出版社，2019.
[2] 全国一级建造师执业资格考试用书编写委员会. 建设工程法规及相关知识[M]. 北京：中国建筑工业出版社，2020.
[3] 全国二级建造师执业资格考试用书编写委员会. 建设工程法规及相关知识[M]. 北京：中国建筑工业出版社，2021.
[4] 刘旭灵，陈博. 建设工程招投标与合同管理[M]. 长沙：中南大学出版社，2021.